뼈에 사무치는 영어문법

**LOGICAL & CREATIVE
ENGLISH GRAMMAR & STRUCTURE**

모든 지식은 궁극적으로 개인과 특정집단의 이기주의를 넘어 인류보편의 양심에 헌신하는 것이다. -저자-

뼈에 사무치는 영어문법

초 판 발행 2005년 6월 3일
제4개정판 발행 2012년 9월 1일

지은이 · 손 창 연
펴낸이 · 손 창 연
펴낸곳 · 시잉글리쉬 서울 서초구 양재동 106-6 정오B/D 402호 (우-137-891)

Tel : (02) 573-3581

등록번호: 제 22-2733호

Homepage : www.seeenglish.com

ISBN : 89-956711-0-6 13740

정가 : 15,600원

FIRST EDITION, Copyright ⓒ 2005 See English

All rights reserved. No part of this production may be reproduced, stored in a retrieval system, or transmitted in any form or by any means, electronic, mechanical, photocopying, recording, or otherwise, without the prior permission of the copywriter owner.

● 본서의 독창적인 내용에 대한 일체의 무단 전재 및 모방은 법률로 금지되어 있습니다.
● 파본은 교환해 드립니다.

영어로부터 자유를 꿈꾸는 독자들에게!

　10여년의 현장강의 – 중고교 내신 및 수능, 특목고, TOEFL, TOEIC, 편입영어 – 와 연구에 의해 기존의 영어문법책과는 발상에 있어 현저히 다른 본서를 세상에 내놓는다. 영어문법은 영어를 이치에 맞게 이해하여 각종 영어시험의 문법문제는 기본이고, Reading, Writing, Speaking 등에 활용하여 새로운 것을 창조하는 강력한 힘이라는 관점에서 저술하였다.

　100권의 책을 만들기보다 제대로 된 한권의 책을 만든다는 자세로 나름대로 심혈을 기울였다. 제대로 된 책이 아니면 지식과 정보의 홍수 속에서 책으로서 생명력을 가질 수 없을 뿐만 아니라 독자들에게 귀중한 시간을 낭비하게 하는 것으로 일종의 죄악이기 때문이다. 요컨대 가장 쉽고 빠르게, 그리고 완전하게 이해하도록 정리했으며 저자의 직접적인 진행하에 세심한 편집으로 연결시켰다. 하지만 저자의 마음에 여전히 1퍼센트 부족하다. 이는 독자 여러분의 애정 어린 비판으로 채워질 부분이다. 독자들의 비판에 기쁜 마음으로 귀 기울일 것이다. 비판은 새로운 발전을 내재하는 것이라 믿기 때문이다.

　이 책이 출간될 수 있었던 것은 본 저자의 강의에 일정시간을 투자했던 그 동안의 많은 중·고생에서 대학생과 대학원생, 그리고 일반 직장인에 이르는 광범위한 수강생들 덕분이다. 가르치는 것은 저자에게 더 많은 것을 배울 수 있는 기회를 제공했기 때문이다. 그들에게 무한한 감사와 사랑을 전하고 싶다. 아무쪼록 이 책으로 공부하는 각각 다른 목적을 가진 독자들이 뜻한 바 소기의 목표를 달성하여 영어로부터 자유의 길로 한걸음 나아가고 인생의 자양분이 되길 바란다.

　모든 지식은 그 기능과 실용을 넘어 궁극적으로 진실과 정의를 담보해야 한다. 우리 사회가 부정과 부패가 없는 좀 더 맑고 이성적인 사회가 되도록 독자들에게 정의의 편에 서는 용기와 영감까지를 주고 싶은 심정이 간절하다.

　　　　　　　　　　영어로 고통받는 이 땅의 모든 분들께 가장 쉽고 빠르게,
　　평생 동안 지속되는 영원한 영어의 빛을 드릴 수 있을 것이라 확신한다.

2005년 6월

저 자 손 창 연

◁◁◁ 기성의 영어문법에 대한 비판

 입시학원에서 수능 및 내신, 특목고 준비생과 특목고생, 대학가에서 TOEFL 및 편입영어, 어학원에서 TOEFL, TOEIC, 대학 편입영어 등을 가르치면서 대한민국 영어 관련 서적과 학습에 있어서 수많은 문제점이 있음을 깨달았다.

그 상황을 두 가지만 보면
첫째,
 일본에서 들어온 잘못된 영어문법 책들에 대해 일선 학교와 학원가 등 영어교육영역과 영어출판영역에서 무비판적이고 맹목적인 수용과 그의 확대재생산에 의하여 전 국민이 영어문법의 덫에 걸려 소중한 시간과 돈을 낭비하고 있다.

둘째,
 마치 영어문법학습이 단순히 영어 문법문제를 풀기 위한 것이거나 단편적 암기의 대상 정도로 잘못 이해됨으로써 영어원리에 대한 핵심적 의미의 흐름을 제대로 이해하지 못하고 파편적이고 표피적인 학습에 머물러 있다.

 이 같은 잘못 설정된 영어문법 때문에 중학교 문법과 고등학교 문법, TOEFL이나 TOEIC, TEPS 등의 문법이 따로 놀고 있다. 또한 Reading이나 Speaking, Writing 등에 창의적인 응용은커녕, 문법문제에 대한 주체적인 활용도 제대로 못한 채, '깨진 항아리에 물붓기식'이 되고 있다. 영어에 생명을 불어 넣어야 할 영어문법이 제 기능을 못하고 오히려 영어에 대한 강한 거부감만을 심어 영어를 싫어하고 중도 포기하도록 하고 있다.

◁◁◁ 영어문법의 바람직한 방안

필자가 생각하는 영어문법은 무엇인가?

첫째, 중학교 때 나오는 문법만 논리적으로 제대로 이해한다면 중고교 내신과 수능은 물론, TOEFL과 TOEIC 및 TEPS, 그리고 대학 편입 영어와 공무원 시험 등 모든 영어시험의 문법문제도 전혀 문제없이 가장 쉽고 완전하게 해결할 수 있다.

둘째, 영어문법은 영어라는 큰 산의 길라잡이이자 조정자이다.
단편적이고 피상적이거나 영어문법문제를 풀기 위한 것으로서의 역할을 훨씬 넘어 영어의 나무와 숲을 보도록 하며 Reading과 Writing, 그리고 Speaking 등에도 강력한 힘을 제공하는 것이 영어문법이다.

요컨대, 영어가 물고기라면 영어문법은 물고기이면서도 물고기 잡는 법이기도하다. 영어문법을 제대로 공부하는 것은 학습자에게 영어에 자신감을 주어 영어에 생명을 불어 넣는 영어학습의 가장 중요한 하나의 큰 축이며 원동력이다.

◀◀◀ 영어학습의 대변혁으로서의 본서

 온 나라가 영어를 위해 엄청난 시간과 비용을 지불하고 있다. 수많은 책과 테이프, 학원과 어학연수 등을 위해 천문학적인 돈을 쏟아 붓고 있지만 효과는 그리 신통치 않다. 이는 근본적으로 잘못된 영어문법 때문에 기인한 바도 크다. 이에 잘못된 영어문법개념에 대한 개념 재정립이 시급히 요청되는 까닭이다. 늪에서 허우적거리는 전 국민의 영어학습에 확실한 빛이 되고자 하는 마음으로 다음을 유념하면서 본서를 집필하게 되었다.

첫째, 본서는 중학교 중상위권 이상에서 고교생과 대학생은 물론, TOEFL 등 각종시험 고득점자, 해외 유학생 등 모든 학습자들 뿐만 아니라 영어를 알기 쉽게 가르치고자하는 중고교 및 대학과 학원 등의 모든 영어선생님들을 포함한 영어전문가 등에게도 큰 도움이 되도록 했다.

둘째, 영어를 고통스럽게 만드는 적절하지 않은 일본식 용어를 최소화하고 쉽고 의미있는 용어로 대체했다. 또한 잘못된 분류 및 개념을 적절하고 알기 쉬운 개념으로 재분류·정립했다. (예: 현재생거짓말, 원소명사, 황제부사 등)

셋째, 수능과 내신영어는 물론, TOEIC과 TEPS 등 전문 영어시험의 문법문제에 100% 적용되도록 했다.

넷째, 독해와 회화, Writing과 Listening을 활용하도록 영어의 핵심원리를 상세하고 명쾌하게 정리하여 영어문법의 전체 숲과 나무를 동시에 보도록 했다.

말하자면, 시간과 공간 – 중고교 내신과 수능, TOEIC과 TOEFL, 그리고 TEPS, 편입과 공무원 시험, Speaking과 Writing, 그리고 Reading 등 – 을 넘어 세상에 존재하는 모든 영어에 반드시 필요한 내용만을 독창적으로 정리했다.

◀◀◀ 본서의 구성

- 본서는 총 26개의 Chapter로 구성되어 있다.
- 문법내용의 핵심적 줄기는 로마자 번호(Ⅰ, Ⅱ …….)로 본문을 정리했다. 추가적으로 중요한 내용들은 참고 등으로 정리했다.
- 문법 설명에서 필요시 해설을 통하여 설명을 추가했다.
- 각 Chapter별 핵심내용을 문제로 체크하도록 확인문제를 두었다.
- 한 가지 내용이 두 개 이상의 Chapter와 관계 있을 때 각 Chapter별 독립적인 완결성을 높이기 위해 일정부분의 반복을 감수했다.

◀◀◀ 학습방법

기초학습자라면 Chapter1에서부터 차근차근 정독하길 바란다. 전체적인 맥을 잡기 위해 핵심적 개념이 정리된 로마자(Ⅰ, Ⅱ, Ⅲ)부분 만을 먼저 공부하고 나중에 참고 등을 공부하는 것도 무방하겠다. 만약 중급이나 상급의 학생이라면 자기가 약한 부분이나 잘 이해가 가지 않는 부분 등 필요한 부분부터 먼저 학습 하는 것도 좋은 방법이다.

본서의 독창적 문법용어

용 어	의 미	기성의 개념 등	주요사용 Chapter
주장문	일반적인 '주어 + 동사 ~' 문장으로 긍정문과 부정문이 있다.	평서문	02, 10
주어의 동사	단어의 품사를 말하는 경우와 문장에서 주어 뒤에 오는 '동사'를 똑같이 '동사'라고 하여 혼란을 일으킨다. 그래서 이 책에서는 단어의 품사로서 '동사'가 아닌 주어 뒤에 오는 '동사'를 분명히 표시하고자 할 때 '주어의 동사'로 일부 표기했다.	동사	03, 04, 05
구간시제	특정시점이 아니고 두 시점사이의 구간을 나타내는 시간표시법	완료시제	02, 06
현재구간	과거에서부터 현재까지의 구간을 나타내는 시간표시법	현재완료	02, 06, 07
과거구간	앞선 과거에서부터 과거의 어느 시점까지의 구간을 나타내는 시간표시법	과거완료	02, 06, 07
미래구간	미래까지의 구간을 나타내는 시간표시법	미래완료	02, 06, 07
현재구간진행	현재구간과 진행형을 한꺼번에 나타내는 시간표시법	현재완료진행	06, 07
과거구간진행	과거구간과 진행형을 한꺼번에 나타내는 시간표시법	과거완료진행	06, 07
미래구간진행	미래구간과 진행형을 한꺼번에 나타내는 시간표시법	미래완료진행	06, 07
수식받는 앞명사	접속대명사 · 접속부사가 꾸며주는 앞에 나온 명사	선행사	04, 11, 18
동명형부사	동사가 명사, 형용사, 부사로 성격 전환 - 'to+동사원형'과 '동사원형ing' (동명사, 현재분사, 분사구문)형태의 통합적 개념	저자 새로운 개념화	03, 20, 21, 22
동형부사	동사가 형용사와 부사로 성격전환 - 일반적인 p.p(과거분사)와 분사구문에서 'Being'이나 'Having been'이 생략된 형태	저자 새로운 개념화	03, 22
주어보충어	2형식 문장에서 주어 보충설명	주격보어	03, 04, 05
목적어보충어	5형식 문장에서 목적어 보충설명	목적격보어	03, 04, 05
문장의 필수품	문장이 성립하기 위해 반드시 필요한 요소, 즉 주어, 동사, 목적어, 보충어 등	저자 새로운 개념화	04, 15
문장의 부속품	문장의 추가적인 요소, 즉 부사역할하는 수식어구와 동격	저자 새로운 개념화	04, 15
동시성 동사	동작이나 상태가 일어나는 시점이 시간차가 없는 동사(지각 · 사역동사)	저자 새로운 개념화	05
미래성 동사	동작이나 상태가 일어나는 시점이 시간차가 있는 동사(소망동사 등)	저자 새로운 개념화	05
현재 생거짓말	현재 전혀 사실이 아닌 내용을 가정하는 내용	가정법 과거	08
과거 생거짓말	과거 전혀 사실이 아닌 내용을 가정하는 내용	가정법 과거완료	08
원소 명사	그 구성원들이 여러 개의 원소로 구성되어 있고 그 구성원을 칭할 때	군집명사	11
집합 명사	그 구성원들이 여러 개의 원소로 구성되어 있고 그 전체 집합 덩어리를 칭할 때	저자 개념변화	11

용 어	의 미	기성의 개념 등	주요사용 Chapter
셀 수 없는 추상명사	머리 속에만 연상될 뿐 실체가 없는 명사로서 셀 수도 없는 것	추상명사	11
셀 수 있는 추상명사	머리 속에서만 연상될 뿐 실체가 없지만 한 번 두 번 셀 수 있는 것	저자 새로운 개념화	11
사람 대명사	사람을 칭하는 대명사	인칭대명사	13
다시 돌아온 대명사	주어가 목적어에 다시 나오는 경우 등	재귀대명사	13
사람 아닌 주어	사람을 나타내지 않고 시간 날짜 요일 계절 거리 명암 막연한 상황 등을 표현	비인칭 주어	13
가짜 주어	주어가 길 때 긴 주어를 문장의 뒤로 빼고 주어자리에 대신 쓰는 것	가주어	13
가짜 목적어	목적어가 길 때 목적어를 문장의 뒤로 빼는 경우 목적어 자리에 대신 쓰는 것	가목적어	13
대장 형용사	대명사로부터 유래한 형용사로 명사 앞의 형용사중 맨 앞에 오는 형용사	저자 새로운 개념화	14
황제 부사	대장형용사 앞에 오는 부사	저자 새로운 개념화	14
횟수부사	얼마나 자주 발생하는가를 나타내는 부사	빈도부사	16
연결사	절(S+V)과 절(S+V)을 연결하는 접속사역할하는 모든 것들 (접속사, 접속대명사, 접속부사, 의문사)	저자 개념정립	17
접속 부사	접속사와 부사역할을 동시에 하는 것들	관계부사	15, 17
접속 대명사	접속사와 대명사역할을 동시에 하는 것들	관계대명사	15, 17
쿠데타 접속대명사	수식 받는 앞명사를 쿠데타로 점령하는 명사절역할하는 접속대명사 what	저자 새로운 개념화	17, 18
평등 접속사	절(S+V)과 절(S+V)을 서로 평등하게 연결하는 접속사	등위접속사	17
짝꿍 평등접속사	절(S+V)과 절(S+V)을 서로 평등하게 연결하는 쌍을 이루는 접속사	등위상관접속사	17
불평등 접속사	절(S+V)과 절(S+V)을 서로 불평등하게 연결하는 접속사	종속접속사	17
대장절	불평등 접속사에 의해 연결되는 두개의 절 중 핵심을 이루는 상위의 절	주절	17
졸병절	불평등 접속사에 의해 연결되는 두개의 절 중 대장절에 비해 하위의 절	종속절	17, 18
상황 상관없음	'~일지라도 / 이든 아니든'등 어떤 상황과 관련 없음을 표현	양보	18
모양태도	'~하는 대로 / ~이 듯' 모습이나 태도를 표현	양태	18
궁합	주어와 동사 등이 서로 맞아야 하는 경우	일치	24
끼워넣기	단어나 구, 절 등이 문장의 중간에 들어가는 것	삽입	26
같은 문법구조	어떤 말이 나열될 때, 같은 품사를 사용한다는 것	병렬법/평행구조	26

C·o·n·t·e·n·t·s

- □ 영어로부터 자유를 꿈꾸는 독자들에게! ··· 1
- □ 기성의 영어문법에 대한 비판 ··· 2
- □ 영어문법의 바람직한 방안 ·· 2
- □ 영어학습의 대변혁으로서의 본서 ··· 3
- □ 본서의 구성 ··· 3
- □ 학습방법 ·· 3
- □ 본서의 독창적 문법용어 ·· 4

Chapter 1
기초동사 (Basic Verbs) ·· 11
  I. be 동사 ··· 12
  II. do동사 ··· 13
  III. have 동사 ··· 14

Chapter 2
문장의 종류와 부정문과 의문문 만들기 (Sentences, Negative & Question sentence) ··· 17
  I. 문장의 종류 ·· 18
  II. 부정문 만들기 ·· 19
  III. 의문문 만들기 ··· 21

Chapter 3
Words와 기본 Sentence형성 (Words & Making sentences) ························ 29
  I. 단어들의 문장에서 역할 ··· 30
  II. Words(명사와 동사)의 문장에서 역할 전환 ······························ 37

Chapter 4
주요품사와 문장에서의 주요요소 (Main words & Essential Elements in sentences) 41
  I. 주요 품사와 문장에서의 역할 ·· 42
  II. 문장의 필수품과 부속품 ·· 45

Chapter 5
주어의 상태와 동작을 나타내는 동사-문장의 형식 (Verbs & Kinds of Sentence forms) 57
  I. 1형식: S+V1+(M) ·· 58
  II. 2형식: S+V2+S.C+(M) ·· 59
  III. 3형식: S+V3+O+(M) ··· 60
  IV. 4형식: S+V4+I.O+D.O+(M) ·· 63
  V. 5형식: S+V5+O+O.C+(M) ··· 64
  VI. 여러 형식으로 쓰이는 동사들 ··· 69
  VII. 혼동하기 쉬운 동사들 ··· 71

Chapter 6
동사의 동작이나 상태의 시점을 나타내는 시제 (Tenses) ······ 73
- I. 12가지 시제 ······ 74
- II. 단순시제 ······ 76
- III. 진행시제 ······ 79
- IV. 완료시제 ······ 80
- V. 완료진행시제 (완료+진행) ······ 81

Chapter 7
주어가 영향을 받는 수동태 (Passive Voices) ······ 83
- I. 수동태 만드는 법 ······ 84
- II. 12가지 시제별 수동태 등 ······ 85
- III. 문장의 형식별 수동태 ······ 89
- IV. 의문문의 수동태 ······ 91
- V. by 이외의 전치사 ······ 92

Chapter 8
거짓말을 표현하는 가정법 (Subjunctive Mood) ······ 95
- I. 가정법의 일반형 ······ 96
- II. 가정법의 변형 (직설법+가정법) ······ 99

Chapter 9
동사를 돕는 조동사 (Auxiliary Verbs) ······ 105
- I. Do-Does-Did ······ 106
- II. Can & Could ······ 107
- III. May & Might ······ 108
- IV. Will & Would ······ 110
- V. Shall & Should ······ 112
- VI. Must ······ 115
- VII. 기타 조동사들 ······ 116
- ♫ My love ······ 120

Chapter 10
누가 한 말을 전달하는 화법 (Narration) ······ 121
- I. 주장문 전달 ······ 123
- II. 의문문 전달 ······ 124
- III. 명령문 전달 ······ 125
- IV. 감탄문 전달 ······ 126
- V. 기원문 전달 ······ 127

Chapter 11
주어, 목적어, 보충어자리에 쓰이는 명사 (Nouns) ·············· 129
  I. 명사 역할 하는 것들과 기능 ·············· 130
  II. 셀 수 있는 명사와 셀 수 없는 명사 ·············· 138
  III. (대)명사 [of 명사] 형태 ·············· 144

Chapter 12
막연한 하나를 표시하는 a/an, 구체적으로 지정하는 the (Articles) ·············· 149
  I. 부정관사(정해지지 않은 하나) a/an ·············· 150
  II. 정관사(정해진 것) the ·············· 151
  III. 관사 쓰지 않는 것 ·············· 154

Chapter 13
명사를 대신 사용하는 대명사 (Pronouns) ·············· 159
  I. 사람대명사 ·············· 160
  II. 지시대명사 ·············· 162
  III. 정해지지 않은 대명사 ·············· 165
  IV. 의문대명사 ·············· 172
  V. It의 용법 ·············· 173

Chapter 14
명사 맨 앞에 오는 대장형용사와 황제부사 (Adjectives from Pronouns & Royal Adverbs) ·············· 179
  I. 대장형용사 ·············· 180
  II. 황제부사 ·············· 182

Chapter 15
명사의 졸병-형용사 (Adjectives) ·············· 185
  I. 형용사 역할 할 수 있는 것들과 그 기능 ·············· 186
  II. 문장의 부속품으로 사용된 형용사(구/절) ·············· 190
  III. 문장의 필수품으로 사용된 형용사(구/절) ·············· 194

Chapter 16
동사, 형용사, 다른 부사, 문장전체의 졸병-부사 (Adverbs) ·············· 199
  I. 부사 역할 하는 것들과 기능 ·············· 200
  II. 부사의 위치 ·············· 204
  III. 특수부사 ·············· 208
  IV. 중요부사 ·············· 213

Chapter 17
신랑과 신부를 중매하는 마담뚜 – 연결사 (Conjunctions) ·········· 217
Ⅰ. 평등접속사 ·········· 218
Ⅱ. 불평등접속사 ·········· 220
🎵 One summer night ·········· 224

Chapter 18
졸병절(명사절, 형용사절, 부사절)을 통한 문장의 확장 (Assistant Clauses) ·········· 225
Ⅰ. 명사절 ·········· 226
Ⅱ. 형용사절 ·········· 231
Ⅲ. 부사절 ·········· 239
🎵 When you believe ·········· 252

Chapter 19
졸병절(명사절/형용사절/부사절) Diet론 (Dieting assistant clauses)
– to 동사원형, 동명사, 분사의 완전한 이해 ·········· 253
Ⅰ. 명사절의 Diet ·········· 254
Ⅱ. 형용사절의 Diet ·········· 258
Ⅲ. 부사절의 Diet ·········· 261
🎵 Hero ·········· 266

Chapter 20
동사의 성전환 수술법 1 (동명형부사) – 명사, 형용사, 부사로 전환하는 'to 동사원형' (Infinitive) ·········· 267
Ⅰ. 'to 동사원형'의 용법 ·········· 268
Ⅱ. 'to 동사원형' 실제적인 주어 ·········· 274

Chapter 21
동사의 성전환 수술법 2 – 명사로 전환하는 동명사 (Gerund) ·········· 281
Ⅰ. 동명사 용법 ·········· 282
Ⅱ. 동명사의 실제적인 주어 ·········· 283
Ⅲ. 관용어구 ·········· 287

Chapter 22
동사의 성전환 수술법 – 형용사로 전환하는 분사 (Participle) ·········· 293
Ⅰ. 현재분사와 과거분사의 용법 ·········· 294
Ⅱ. 부사절을 간단히 하는 분사구문 ·········· 299
Ⅲ. p.p(과거분사)와 현재분사(동사원형ing)의 기준명사 ·········· 303

Chapter 23
명사를 형용사나 부사로 바꾸는 전치사 (Prepositions) ········· 307
- I. 전치사 및 「전치사+명사」의 역할 ········· 308
- II. 공간에서의 전치사 ········· 309
- III. 전치사의 시간 및 추상적 의미 활용 ········· 315
- IV. 시험에 나오는 전치사구 ········· 322

Chapter 24
반드시 궁합이 맞아야 하는 경우 (Agreement) ········· 329
- I. 주어의(대)명사의 수와 동사의 궁합 ········· 329
- II. 대명사(형용사)와 동사·명사의 궁합 ········· 335
- III. 유사한 대명사(형용사)의 동사·명사 궁합 ········· 340
- ♪ Woman in love ········· 346

Chapter 25
비 교 (Comparatives) ········· 347
- I. 비교의 종류 ········· 348
- II. 비교급과 최상급 만드는 방법 ········· 350
- III. 최상급에 해당하는 표현법 ········· 352
- IV. 알아야 할 관용표현 ········· 353

Chapter 26
문장 순서 바꿈, 같은 문법구조, 불필요한 반복피하기, 생략, 끼워넣기, 공통관계
(Inversion, Parallelism & Avoiding unnecessary repetition, etc) ········· 357
- I. 도치(문장 순서 바꿈) ········· 358
- II. 같은 문법구조 ········· 365
- III. 불필요한 반복 피하기 ········· 368
- IV. 생략 ········· 369
- V. 끼워넣기 ········· 372
- VI. 공통관계 ········· 374
- VII. 부정 ········· 378

부록 ········· 381
1. 불규칙 동사변화표 (Irregular verbs) ········· 382
2. 필수속담 (Provervs) ········· 386
3. 수를 표현하는 방법 ········· 390
※ 정답 및 해설 ········· (1~38)

01 >>>

be 동사
- 1형식 : ~가 있다
- 2형식 : ~이다. ~되다

do 동사
- 조동사 : 부정문, 의문문, 도치문, 동사강조, 동사 대신
- 일반동사 : ~를 행하다.

have 동사
- 구간형 만들 때
  have(has)/had + p.p
- 일반동사
  3형식 - 주어와 목적어가 합해지다.
  5형식 - 목적어가 목적어 보충어 하도록 시키다.

기초동사 Basic Verbs

I. be 동사
II. do동사
III. have 동사

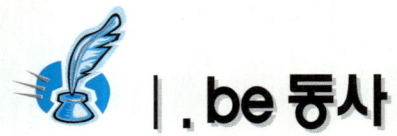

Ⅰ. be 동사

인칭	수		현재	과거	과거분사
1	단수	I	am	was	been
	복수	we			
2	단수	you (너 한 명)	are	were	
	복수	you (너희들)			
3	단수	he, she, this that, it, a dog	is	was	
	복수	they, these, those, dogs	are	were	

→ **1형식** – 있다. 존재하다
　I think, therefore *I am*. 나는 생각한다. 그러므로 존재한다.
　There are *a lot of flowers* in the garden. 정원에 많은 꽃이 있다.
　There is no one best method of learning English. 영어학습에 어떠한 한 가지 베스트 방법도 없다.
　There were other differences from our name system. 우리의 이름체계와 다른 차이점들이 있었다.
　I will be there by 5 o'clock. 다섯시까지 거기에 갈 것이다. (해설) be동사 '있다' 라는 뜻은 '가다' 라는 뜻을 포함한다.
　She will be here next month. 그녀는 다음달 여기에 올 것이다. (해설) be동사 '있다' 라는 뜻은 '오다' 라는 뜻을 포함한다.

→ **2형식**
　① ~이다
　　Your dream is real. 너의 꿈은 현실적이다.
　　Water is essential for travelers in the desert. 물은 사막을 여행하는 사람들에게 필수적이다.
　② ~되다 (수동태 등)
　　She was tired. 그녀는 피곤해 졌다.
　　She will be an architect. 그녀는 건축가가 될 것이다.
　③ ~중이다 (진행형과 함께)
　　I'm teaching English. 나는 영어를 가르치고 있는 중이다.
　　They were planting a tree. 그들은 나무를 심고 있는 중이었다.

II. do 동사

Chapter 1

인칭	수	현재	과거	과거분사
1인칭	단수	do	did	done
	복수			
2인칭	단수			
	복수			
3인칭	단수	does		
	복수	do		

1. 조동사 do

(암기법 - **의부증있는 대강도**)

- **의문문** – *Do* you teach English? 너는 영어를 가르치느냐?
- **부정문** – I *didn't* teach English. 나는 영어를 가르치지 않았다.
- **부가의문문** – The actor sings well, *doesn't* he? 그 배우는 노래를 잘한다, 안 그러니?
- **동사대신**
  A : I *learn* web-design. 난 웹디자인을 배운다.
  B : So *do* I. 나도 그래. (= I learn web-design, too) (해설) do는 learn 이하를 대신 사용

  She *speaks* English better than you *do*. 그녀는 네가 영어를 말하는 것보다 더 영어를 잘 말한다.
- **동사강조** – She *does teach* English. 그녀는 영어를 가르친다.
- **도치문(문장순서 바꿈)** –
  Seldom did he *talk* about his own work.(He seldom talked about his own work.)
  그는 자신의 일에 관해 결코 이야기하지 않았다.

2. 일반동사 do

- **1형식동사** – 충분하다
  That will *do*. 저것이면 충분하다.
  Any part time job will *do*. 어떠한 파트타임이라도 좋다.

- **2형식동사** – ~가 되다 (do good 이익이 되다 do harm 해가 되다)
  His action *does* harm. 그의 행동은 해가 된다.

- **3형식동사** – ~하다
  My wife *doesn't do* the dishes. 나의 아내는 설거지를 하지 않는다.

- **4형식동사** – ~에게 ~을 주다
  Will you *do* me a favor? 너는 나에게 도움을 좀 주시겠습니까?

기초동사 | **13**

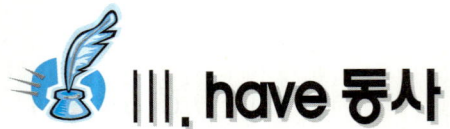

III. have 동사

인칭	수	현재	과거	과거분사
1인칭	단수	have	had	had
	복수			
2인칭	단수			
	복수			
3인칭	단수	has		
	복수	have		

1. 조동사적 성격(구간 표시)

- 현재(까지)구간 : have(has) + p.p
  I have taught English for 10 years. 나는 영어를 10년 동안 가르쳐 왔다.

- 과거(까지)구간 : had + p.p
  I had met her by 1999. 나는 1999년까지 그녀를 만났었다.
  He remembered the appointment he had made with a dentist. 그는 치과의사와 했던 예약을 기억했다.

- 미래(까지)구간 : will(shall) + have + p.p
  I will have taught English by next year. 나는 내년까지 영어를 가르칠 것이다.

2. 일반동사

- 3형식 – 주어와 목적어가 하나 되다
  I have a book to read. 나는 읽을 책을 가지고 있다.
  They have breakfast at 7 o'clock. 그들은 7시에 아침을 먹는다.
  Let's have seats, please. 앉지요.
  (해설) 위 문장에서 각각 책을 가지고 있는 것(나와 책), 밥을 먹는 것(그들과 아침식사), 앉는 것(우리와 의자) 모두 하나가 되는 것이다.

- 5형식 – 목적어가 목적어 보충어 상태가 되도록 하다(되다)
  Our teacher had us study English hard. 우리선생님은 우리가 영어공부를 열심히 하도록 했다.
  I had my car towed. 나의 차가 견인 당했다. (해설) 나의 차가 견인하는 게 아니라 견인되어 지는 것이므로 수동이 되었다.

Chapter 1

3. 관용표현

● **have to + 동사원형** (=must) ~해야만 한다.
  I **have to** drop by my friend's house to borrow his camera.
  나는 그의 카메라를 빌리기 위해 나의 친구집을 들려야만 한다.

● **had better + 동사원형** ~하는 게 낫겠다.
  I **had better** tell my teacher, go home and rest.
  나의 선생님께 말씀드리고 집에 가서 쉬는 게 낫겠다.

참고   do와 make

do – 일상의 정해진 일이나 막연한 행위	make – 새로운 것 창조 및 구체적 행위
do the work 일을 하다	make a plan 계획을 세우다
do the cooking 요리를 하다	make a mistake/peace 잘못/화해하다
do the washing 빨래하다	make trouble 소동을 [문제를] 일으키다
do the shopping 쇼핑하다	make a fortune 큰돈을 벌다
'쇼핑(하러) 가다'는 the 없이 go shopping	make friends/enemies 친구를/적을 만들다
do lecturing/teaching 강의/교사하다	make good marks 좋은 성적을 올리다
do packing 짐 꾸리다	make an effort/an excuse 노력/변명하다
do writing 저술을 하다	make a speech[an address] 연설하다
do one's military service 병역에 복무하다	make an attempt/amends 시도/보상하다
do business with ~와 거래하다	make an appointment 약속하다
do a good deed 선행을 하다	make a contract/a choice 계약/선택하다
do repairs 수리를 하다	make a decision/a demand 결정/요구하다
do a hauling job 짐 운반을 하다	make a discovery/a guess 발견/추측하다
do odd jobs 임시 일을 하다	make a journey/a gesture 여행/몸짓하다
do something wrong 무언가 나쁜 짓을 하다	make haste 급히 서둘다
do research on history 역사 연구를 하다	make a living 생계를 이어가다
do a problem 문제를 풀다	make a move/progress 행동/진보하다

Chapter 1

Question
확·인·문·제

기초동사
정답 및 해설 2page

1 다음 빈칸에 be동사를 넣으시오.

01 All the tickets (   ) sold out. (현재형)
02 The man (   ) opening an envelope. (현재형)
03 I think the traffic will (   ) heavy in the afternoon.
04 Where (   ) you ten years ago?
05 It (   ) ten minutes before eleven o'clock. (현재형)
06 You will (   ) a good pianist in the future.
07 I have (   ) to Canada.
08 Why (   ) you wearing a paper hat? (현재형)

2 다음 밑줄 친 do동사의 성격이 조동사인지 일반 동사인지를 구별하고 구체적 쓰임을 아래에서 골라보자.

조동사 (부정문/의문문/문장순서 바꿈/동사강조/동사대신), 일반동사

01 I do not read animal stories.
02 Tommy does write detective stories.
03 Do you wear lipstick?
04 Where does the president go during his holidays?
05 Little did she eat.
06 Only yesterday did I see him.
07 Never did I dream of seeing you again.
08 What are you doing?
09 What ⓐ does he ⓑ do?

3 밑줄의 have동사가 구간을 표시하는 조동사적 성격인지 일반동사(3형식/5형식)인지를 구별하고 해석하시오.

구간을 표시하는 조동사적 성격(현재구간/과거구간/미래구간), 일반동사(3형식/5형식)

01 We sometimes have a snack between meals.
02 Charlie and James have finished their exercises.
03 Tim has brought a baby rabbit to school.
04 Have you heard about our new English teacher?
05 I have an important meeting at 10:30.
06 You still have plenty of time to get there.
07 The book had a chapter on cooking.
08 The professor had us write a long report.
09 Have children sit in a circle.

02

문장의 종류
주장문, 명령문, 감탄문, 부정문, 의문문

부정문 만들기
be/조동사/do동사 다음에 not을 쓴다.

의문문 만들기
be/조동사/do동사를 주어 앞에 쓴다. 의문사가 있으면 의문사를 맨 앞에 쓴다.

문장의 종류와 부정문과 의문문 만들기

Sentences, Negative & Question sentence

Ⅰ. 문장의 종류
Ⅱ. 부정문 만들기
Ⅲ. 의문문 만들기

I. 문장의 종류

■ **주장문** 긍정문과 부정문으로 나눌 수 있다. 일반적으로 보통 'S+V~' 형태로 쓴다.

□ **긍정문** : Korea is a republic of democracy. 대한민국은 민주공화국이다.
Dokdo is Korean territory. 독도는 한국의 영토이다.

□ **부정문** : 보통 be/조동사/do동사 다음에 not이나 never를 써서 만든다.
이들 이외에 hardly/scarcely/seldom (거의 ~하지 않다) 등을 쓰기도 한다.
She doesn't have much money. 그녀는 많은 돈을 가지고 있지 않다.
I did not miss my wallet and cell phone till I got home.
내가 집에 올 때까지 지갑과 휴대폰을 잊어버리지 않았다.
You can not get anything good, unless you work for it.
네가 그것을 위해 일하지 않는다면 좋은 어떤 것도 얻을 수 없다.

■ **명령문** 요청, 권유, 지시, 충고, 명령 등을 표시한다. 보통 주어 you를 생략하고 동사원형으로 시작하지만 you를 써 주는 경우도 있다.
Look at the board.
Please, help me carry this heavy box. 내가 이 무거운 상자를 운반하도록 도와주세요.
(해설) 요청을 강조하기 위하여 Please를 문장 맨 앞이나 맨 뒤에 쓰기도 한다.
Be ambitious, and you can do it. 큰 꿈을 가져라, 그러면 너는 할 수 있다.
You try your best, and you will make it. 너의 최선을 다해라, 그러면 이룰 수 있다.

■ **감탄문** 감정을 나타내는 표현으로 'How 형용사/부사 주어+동사!' 형태와 'What a(n) 형용사 명사 주어+동사!' 가 있다.
How wonderful the scene is! (←The scene is very wonderful) 정말 멋진 광경이다!
What a beautiful girl she is! (←She is a very beautiful girl) 정말 아름다운 소녀이구나!

■ **의문문** 보통 직접 묻는 문장으로 의문사가 없는 경우와 의문사가 있는 경우 두 가지가 있다.
be/조동사/do 동사를 앞으로 한다. 의문사가 있으면 의문사를 맨 앞에 쓰고 끝에 '?' 한다.
Did you have breakfast? 아침식사 했어요?
How was the interview for a job? 잡 인터뷰가 어땠어요?

간접의문문

주장문과 의문문, 의문문과 의문문 등이 합쳐진 경우의 특별한 문장
I wonder if she will pass the exam. (I wonder +Will she pass the exam?)
나는 그녀가 시험에 합격할 수 있을지 궁금하다.
Do you know who he is? (Do you know?+Who is he?) 너는 그녀가 누군지 아세요?

II. 부정문 만들기

Chapter 2

be동사/조동사 유무	시제와 인칭	예문
be/조동사 있는 경우 be/조동사 다음에 not을 쓴다.	시제 인칭 관계없이 be/조동사 다음에 not만 쓰면 된다.	That is my wife. → That is not my wife. You must go there. → You must not go there.
be/조동사 없는 경우 일반 동사 앞에 do/does/did를 쓰고 not을 쓴다. 동사는 반드시 원형으로 고쳐 써야 한다.	do사용 – 주어가 3인칭 단수가 아닐 때	I like sports. → I do not like sports.
	does사용 – 주어가 3인칭 단수이고 시제가 현재 일 때	She plays the piano. → She does not play the piano.
	did사용 – 시제가 과거일 때	She visited her friend. → She did not visit her friend.

01 be동사, 조동사가 있는 경우

be동사나 조동사 다음에 not만 집어넣는다.

You are		a scholar.	너는 학자가 아니야.
She is		washing the dishes.	그녀는 설거지를 하고 있는 중이 아니다.
I can		swim here.	나는 여기에서 수영할 수 없다.
You have	not	read this magazine.	너는 이 잡지를 읽지 않았다.
I have		lost my key.	나의 키를 잃어버리지 않았다.
They are		getting married.	그들은 결혼하지 않을 것이다.
This is		for me.	이것은 나를 위한 것이 아니야.
We must		be in bed.	우리는 침대에 있어서는 안 된다.

02 be동사나 조동사가 없을 때

동사 앞에 not 쓰고, 다시 not 앞에 do를 쓴다. 다만 3인칭 단수 현재일 때는 does를 과거일 때는 did를 쓴 다음 동사는 원형으로 고쳐준다.

1. 3인칭 단수를 제외한 현재일 때

do not (don't)를 사용하여 부정문 만든다.

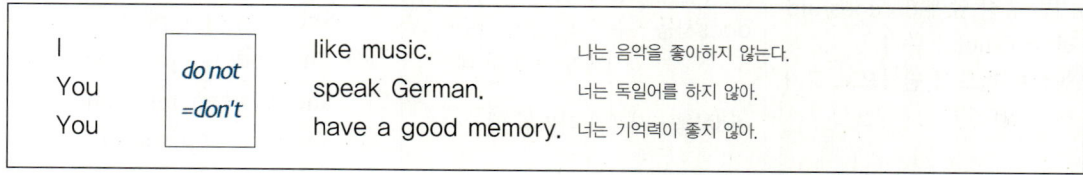

2. 주어가 3인칭 단수이고 현재일 때

동사 앞에 does not(doesn't)를 쓰고 동사는 원형을 쓴다.

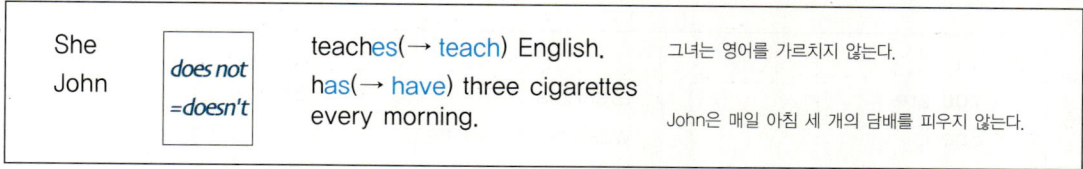

3. 시제가 과거일 때

동사 앞에 did not(didn't)를 쓰고 동사는 원형을 쓴다.

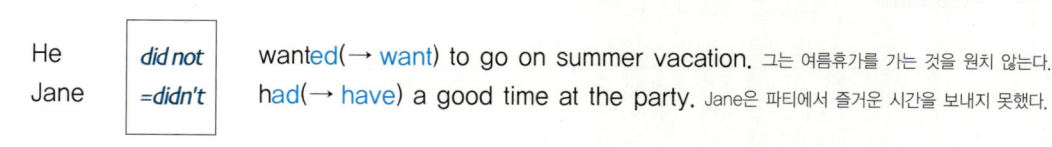

III. 의문문 만들기

Chapter 2

의문사 유무	be동사/조동사 유무	인칭과 시제
의문사 없는 의문문 be/조동사/do동사를 주어 앞으로 쓰고 맨 끝에 '?' 표시 한다.	be/조동사 있는 경우 be동사나 조동사를 주어 앞으로	
	be/조동사 없는 경우 주어 앞에 do/does/did를 쓰고 동사를 원형으로 써준다	do 사용 - 3인칭 단수가 아닌 경우
		does 사용 - 3인칭 단수인 경우
		did 사용 - 과거인 경우
의문사 있는 의문문 의문사 없는 의문문에서 처럼 똑같이 be/조동사/do 동사를 주어 앞에 뺀다. 그 다음 맨 앞에 의문사를 쓰고 맨 끝에 '?' 표시한다.	be/조동사 있는 경우 의문사를 맨 앞으로 하고 be동사나 조동사를 그 다음으로	
	be/조동사 없는 경우 의문사를 맨 앞에 쓰고 그 다음에 do/does/did를 쓴다. 동사는 원형으로 바꾼다.	do 사용 - 3인칭 단수가 아닌 경우
		does 사용 - 3인칭 단수인 경우
		did 사용 - 과거인 경우

01 의문사 없는 의문문

➲ be동사나 조동사가 있는 경우 - be동사나 조동사를 주어 앞으로 하고 끝에 ? mark 한다.

She is(→ Is she) the girl we met last week? 그녀가 지난주 우리가 만난 소녀입니까?

You are(→ Are you) leaving next week? 다음주에 떠날 겁니까?

We can(→ Can we) sign the papers without our lawyers here?
변호사 없이 여기 서류에 서명할 수 있습니까?

The man has(→ Has the man) been with the firm long?
그 남자는 그 회사에서 오랫동안 근무했습니까?

You would(→ Would you) please sign your name? 이름을 서명해 주세요.

I may(→ May I) take your order, please? 주문을 하시겠습니까?

I can(→ Can I) take my shoes off? 신발을 벗어도 되겠습니까?

You have(→ Have you) ever been to Chicago before? 이전에 시카고에 가 본 적이 있으세요?

I could(→ Could I) speak to the manager, please? 매니저 좀 바꿔 주세요

We haven't(→ Haven't we) met somewhere before? 전에 만난 적이 있지 않나요?

You could(→ Could you) help me move this file cabinet? 이 파일 서랍을 옮기는데 도와 주시겠습니까?

● **be 동사나 조동사가 없을 때** (일반 동사가 올 때)
주어 앞에 do를 쓴다. 다만 3인칭 단수 현재일 때 does, 과거일 때 did를 쓰고 동사는 원형으로 바꿔 쓴다.

① do를 사용 의문문 만드는 경우 – do나 don't만 앞에 오고 ? mark한다.
You (→ Do you) *want* coffee or green tea? 커피나 녹차 한 잔 하시지요?
You (→ Do you) *need* the cost estimate for tomorrow's meeting?
내일회의에 대한 비용견적서가 필요합니까?
You *don't* (→ Don't you) know the way to his office? 너는 그의 사무실에 가는 길을 아느냐?

② does를 사용 의문문 만들기 – does를 앞에 쓰고 동사는 반드시 원형으로 쓴다. 끝에 ? mark한다.
It *rings* (→ Does it *ring*) when someone calls you? 누가 너에게 전화할 때 그것이 울립니까?
She *speaks* (→ Does she *speak*) Russian, Italian, and French?
그녀가 러시아어 이태리어 프랑스어를 말합니까?

③ did를 사용 의문문 만들기 – did를 앞에 쓰고 동사의 과거형을 반드시 원형으로 고친다. 끝에 ? mark한다.
You *went* (→ Did you *go*) to the concert or movies? 콘서트나 영화 보러 갔습니까?
You *finished* (→ Did you *finish*) your assignment? 너는 너의 과제를 끝냈니?
You *submitted* (→ Did you *submit*) the proposal by the due date? 만기일까지 그 제안서를 제출했습니까?

02 의문사 있는 의문문

의문사가 있는 경우에는 의문사 없는 의문문을 만들고, 맨 앞에 의문사를 쓰고 끝에 '?' mark 한다. 다만 의문사가 의문 형용사일 때는 의문형용사에 붙은 명사를, 또 의문부사일 때 의문부사에 딸린 형용사(명사)가 있을 때, **의문부사 + 형용사(부사)**가 덩어리 채 앞으로 움직인다.

1. 의문대명사가 있는 의문문 – 의문대명사가 주어, 목적어, 보충어자리에서 사용.

[의문사가 주어인 경우]
문장 끝에 '?' mark만 한다.
Who has the key to the supply room? 누가 재고창고 열쇠를 가지고 있지요?
What is wrong with the photocopy machine? 복사기에 무엇이 문제입니까?

[의문사가 주어가 아닌 경우]
be/조동사 앞으로(일반동사일 때 do-does-did를 앞으로 쓰고 동사는 원형으로)하고 그 앞에 의문사를 앞으로 한다. 끝에 물론 '?' mark 한다.

Chapter 2

🔆 참고 의문사의 종류

의문사(품사별)		의문사 (예)
의문대명사	사 람	주어 – 주어자리에서 who
		목적어 – 목적어자리에서 whom
	사 물	선택의 대상이 없을 때 (무엇) – what
		선택의 대상이 있을 때 (어떤 것) – which
의문형용사	명사 앞에서 사용	whose(누구의) + 명사
		what(무슨) + 명사
		which(어떤) + 명사
	보충어자리에서 사용	how(어떠한 – 상태)
의문부사		when 언제/where 어디에/how 어떻게 – 방법/why 왜
		how often 얼마나 자주/how much 얼마나 많이/how many 얼마나 많이
		how far 얼마나 멀리/how old 얼마나 나이 먹은/how tall 얼마나 큰
		how high 얼마나 높은/how long 얼마나 오래

● be/조동사가 있는 경우

Mr. Rogers is who. (비문)

→ Who *is* Mr. Rogers?

This announcement is directed at whom(who). (비문)

→ Whom(who) *is* this announcement directed at? 이 발표는 누구를 대상으로 한 것입니까?

The men are discussing what. (비문)

→ What *are* the men discussing? 그 남자들은 무엇을 토론하고 있는 중입니까?

Jack is planning to do what. (비문)

→ What *is* Jack planning to do? Jack은 무엇을 계획하고 있습니까?

You could speak which, English or Chinese. (비문)

→ Which *could* you speak, English or Chinese? 영어와 중국어 중 어느 것을 말할 수 있으세요?

● be 동사나 조동사가 없는 경우

① do를 사용, 의문문 만들기 – 3인칭 단수가 아닌 현재일 때

You like which, sports or music (비문)

→ Which *do* you like, sports or music? 스포츠와 음악 중 어떤 것을 좋아하냐?

문장의 종류와 부정문과 의문문 만들기 | **23**

② does사용 의문문 만들기 – 3인칭 단수 현재일 때(동사는 반드시 원형)
　　The man *suggests* whose to Mark. (비문)
　　→ What *does* the man *suggest* to Mark? 그 남자는 Mark에게 무엇을 제안합니까?
　　She *loves* whom. (비문)
　　→ Whom *does* she *love*? 그녀는 누구를 사랑합니까? 　(해설) whom이 원칙이지만 who를 쓸 수도 있다.
③ did사용 의문문 만들기 – 과거동사일 때(동사는 반드시 원형)
　　You *met* whom yesterday. (비문)
　　→ Whom *did* you *meet* yesterday? 너는 어제 누구를 만났습니까?

2. 의문형용사가 있는 경우

의문 형용사중 how(어떠한)를 제외하고 whose, what, which는 명사 앞에 붙는다. 의문문 만들 때, 명사 앞에 붙은 이들은 명사와 하나의 덩어리를 형성해서 문장 맨 앞으로 나온다.

[의문사가 주어에 포함된 경우]

끝에 '?' mark만

What kind of transportation will be used for most of the tour?
여행 내내 어떤 종류의 교통수단이 이용될까요?

[의문사 덩어리가 주어가 아닌 경우]

be/조동사(일반동사일 때 do-does-did를 앞에 쓰고 동사는 원형으로)를 문장 맨 앞으로, 그 앞에 의문사 덩어리를 놓는다. 끝에 '?' mark는 당연.

- **be동사나 조동사가 있는 경우**
　　This *is* whose book, (비문) → Whose book *is* this? 이것이 누구의 책이지요?
　　You *are* doing how these days. (비문) → How *are* you doing these days? 요즘 어떻습니까?
　　You *will* play what sports. (비문) → What sports *will* you play? 어떤 스포츠를 할 거예요?

- **be동사나 조동사가 없는 경우**
　① do를 이용 – 3인칭 단수가 아닌 현재일 때
　　They make here what product. (비문)
　　→ What product do they make here? 그들은 여기에서 어떤 상품을 만듭니까?
　② does를 이용 – 3인칭 단수 현재일 때(동사는 반드시 원형)
　　She likes which sports, tennis or swimming. (비문)
　　→ Which sports does she *like*, tennis or swimming?
　　그녀는 테니스와 수영 중 어떤 스포츠를 좋아합니까? 　(해설) 동사는 반드시 원형을 쓴다

Chapter 2

③ did를 이용 – 과거일 때(동사는 반드시 원형)
  The doctor *arrived* what time. (비문)
  → What time *did* the doctor *arrive*? 그 의사는 몇 시에 도착했지요?
  Sales meeting *went* how. (비문)
  → How *did* sales meeting *go*? 세일즈 회의가 어떠했습니까? (해설) 동사는 반드시 원형을 쓴다.

3. 의문 부사가 있는 경우

의문 부사 중 정도를 나타내는 how(얼마나)는 형용사(+명사)앞에 붙는다. 의문문 만들 때, 하나의 덩어리로 함께 문장 맨 앞으로 나온다.

● be동사나 조동사가 있을 때
  Your next flight *will* depart when. (비문)
  → When *will* your next flight depart? 다음 비행기는 언제 떠나요?
  Sally *is* working so late tonight why. (비문)
  → Why *is* Sally working so late tonight? Sally는 왜 오늘밤 그렇게 늦게 일하고 있습니까?
  We *will* get home from the convention center how. (비문)
  → How *will* we get home from the convention center? 우리가 집회장소로부터 어떻게 집에 가지요?
  We *will* need to reserve how many tables. (비문)
  → How many tables *will* we need to reserve? 얼마나 많은 테이블을 예약하는 것이 필요합니까?
  You *will* be in America how long. (비문)
  → How long *will* you be in America? 미국에 얼마나 오래 머물 예정입니까?

● be동사나 조동사가 없을 때
① do를 사용 – 3인칭 단수가 아닌 현재일 때
  I *get* this drawer open how. (비문)
  → How *do* I *get* this drawer open? 이 서랍을 어떻게 열지요?
  I *renew* my driver's license where. (비문)
  → Where *do* I *renew* my driver's license? 나의 운전면허증을 어디에서 갱신하지요?
② does를 사용 – 3인칭 단수 현재일 때
  Your family *goes* during the summer where. (비문)
  → Where *does* your family *go* during the summer? 너의 가족은 여름에 어디에 갑니까?
  (해설) 동사는 반드시 원형을 쓴다.

It *takes* to complete a job how long. (비문)
→ How long *does* it *take* to complete a job? 그 일을 끝내는데 얼마나 오래 걸리지요?
The auto exhibition *takes* place when. (비문)
→ When does the auto exhibition *take* place? 자동차 전시회가 언제 개최되지요?

③ did를 사용 의문문 만들기
You *learned* how to drive so well where. (비문)
→ Where *did* you *learn* how to drive so well? 어디에서 그렇게 잘 운전하는 법을 배웠어요?
〈해설〉 동사는 반드시 원형을 쓴다.
You *moved* from your last apartment why. (비문)
→ Why *did* you *move* from your last apartment? 지난번 아파트에서 왜 이사했어요?

03 부가의문문 (동사 반대 주어 copy 의문문)

* 동사 – 대장절 주어의 동사에서 be/조동사가 있을 때는 be/조동사를, 일반동사는 do(does/did)
* 반대 – not 등이 있는 부정이면 긍정으로, 긍정이면 부정으로 대장절의 동사와 반대로 쓰고,
* 주어 – 주어를 대명사로 copy한다.

They were very angry, weren't (← were not) they? 그들이 매우 화났다. 안 그래요?
You have never been to America, have you? 당신은 미국에 가본 적이 없다. 그렇지요?
You like a pop music, don't (← do not) you? 팝뮤직을 좋아하지요? 안 그래요?
South Korea beat U.S. 7-3 in World Baseball Classic, didn't it?
대한민국이 미국을 WBC에서 7대3으로 이겼다. 그렇지 않아요?
〈해설〉 주어가 명사인 경우 대명사로 받는다.

다만 Let's로 시작할 경우는 shall we?, 명령문은 will you?를 쓴다.
Let's dance, shall we? 〈해설〉 Let's~로 시작하는 말은 shall we를 쓴다.
Do it at once, will you? 그것을 즉시 하세요. 〈해설〉 명령문은 will you를 쓴다.

Chapter 2

04 의문사절의 결합 (간접의문문)

➡ 의문사가 있을 때

의문사 절이 다른 문장의 일부로 들어갈 때 반드시 「의문사 + 주어 + 주어의 동사」 순이 된다.

Do you know _____ ? + Who is the girl?
→ Do you know who the girl is? 그 소녀가 누군지 아세요? (해설) 두 문장을 연결할 때 '의문사+주어+주어의 동사' 순으로 연결

I wonder _____ + Where does she live?
→ I wonder where she lives. 그녀가 어디에 사는지 궁금하다.
(해설) 두 문장을 연결할 때 '의문사+주어+주어의 동사' 순으로 연결, does는 없애고 대신 동사 live에 s를 붙인다.

➡ 의문사가 없을 때

의문사가 없는 의문문의 경우 접속사 whether나 if로 연결하고 '주어 + 주어의 동사' 순으로 연결한다.

I don't know _____ + Will he join us?
→ I don't know whether/if he will join us. 나는 그가 우리와 함께 할지 어떨지 모른다.

---

cf. What do you think S+V형

주어의 동사가 think/believe/guess/suppose/imagine이 있을 때 의문사에 말의 중심이 있기 때문에 강조를 위해 의문사를 맨 앞으로 이동한다.

Do you think _____ + What is she doing?
→ Do you think what she is doing? (✕)
→ What do you think she is doing? (○) 그녀가 무엇을 하고 있는 중이라고 생각합니까?

Do you know what she is doing? 와 **What do you think she is doing?** 비교

Do you know what she is doing?	What do you think she is doing?
그녀가 무엇을 하고 있는 중인지 너는 아느냐?	그녀가 무엇을 하고 있는 중이라고 너는 생각하느냐?
know가 문장의 중심	what이 문장의 중심
know에 대해 답인 'Yes/No'로 대답	what에 대한 답 '~를 하고 있어' 등으로 대답
what 보다 know가 앞에 위치함	think보다 what이 중요하므로 what을 맨 앞에 쓴다.

Chapter 2

Question
확·인·문·제

문장의 종류와 부정문과 의문문 만들기
정답 및 해설 2~3page

1 다음 문장을 부정문으로 바꾸시오.

01 The old man heard from his daughter.
02 John and Sue were wanted by the police.
03 I can remember his name.
04 He works for the advertising company.
05 Susan lives in that house.
06 The beggar had his hair cut at the barber's.
07 The old took a trip around the world.

2 다음을 의문문으로 고치시오.

01 The children were surprised at the news.
02 You had a good time last weekend.
03 You can operate this copy machine.
04 We haven't met somewhere before.
05 Your wife wanted to go on a vacation.
06 You have studied English 얼마동안.
07 Your teacher is 누구.
08 You want to study 무엇 at college.
09 This jacket is 얼마.

3 다음 문장의 부가의문문을 만들어라.

01 David's school is quite nice, _____?
02 You have never been to America, _____?
03 Jack applied for the job, _____?
04 She lives near here, _____?
05 Lock the car door, _____?
06 Let's have a party, _____?

4 다음 두 문장을 연결하시오.

01 Could you tell me ....? + Which bus do I have to take to the post office?
02 Do you know ....? + What time do the buses leave at?
03 May I ask ....? + What is your name?
04 Do you think ....? + Who will win the race?
05 I wonder .... + Where did he go?
06 No one knows .... + Why was he sad?

핵심 품사와 문장에서의 역할

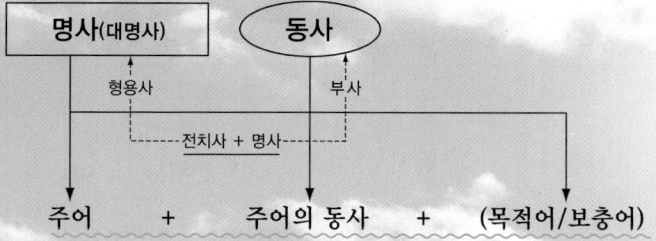

명사의 역할 전환
전치사와 결합[전치사+명사]하여 형용사나 부사로 쓰인다.

동사의 역할 전환
- to+동사원형(동명형부사) : 명사, 형용사, 부사로 쓰인다.
- 동사원형ing(동명형부사) : 명사, 형용사, 부사로 쓰인다.
- p.p(과거분사)-동형부사 : 형용사와 부사로 쓰인다.

Words와 기본 Sentence형성
Words & Making sentences

Ⅰ. 단어들의 문장에서 역할
Ⅱ. Words(명사와 동사)의 문장에서 역할 전환

# I. 단어들의 문장에서의 역할

기 본 도 표

※약어 설명 : S-주어 V-동사 O-목적어 C-보충어(S.C 주어보충어/O.C 목적어보충어) M-수식어

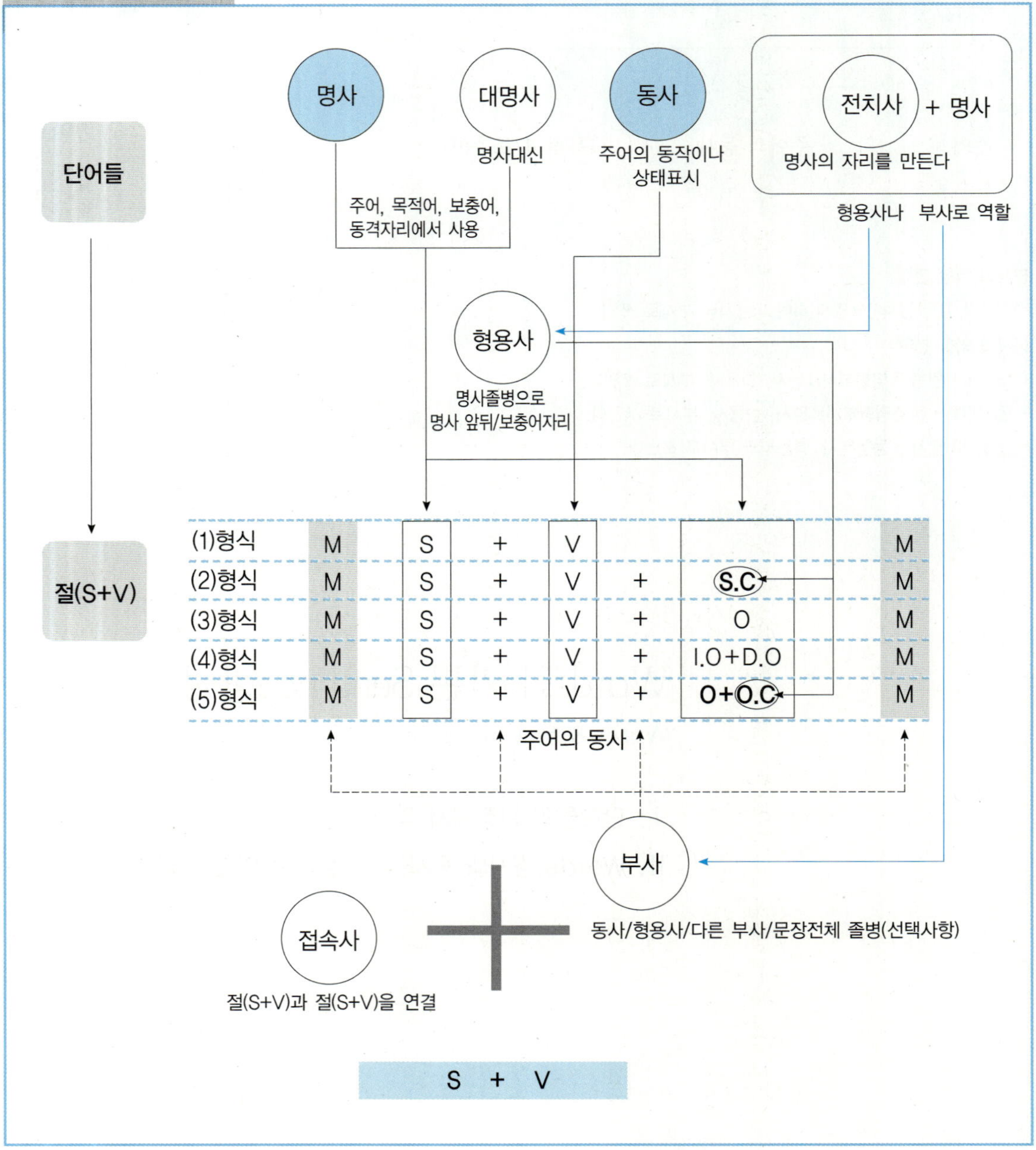

단어들 → **절(S+V)**

- **명사**: 주어, 목적어, 보충어, 동격자리에서 사용
- **대명사**: 명사대신
- **동사**: 주어의 동작이나 상태표시
- **전치사 + 명사**: 명사의 자리를 만든다 / 형용사나 부사로 역할
- **형용사**: 명사졸병으로 명사 앞뒤/보충어자리

(1)형식	M	S	+	V				M
(2)형식	M	S	+	V	+	S.C		M
(3)형식	M	S	+	V	+	O		M
(4)형식	M	S	+	V	+	I.O+D.O		M
(5)형식	M	S	+	V	+	O+O.C		M

주어의 동사

- **부사**: 동사/형용사/다른 부사/문장전체 졸병으로(선택사항)
- **접속사**: 절(S+V)과 절(S+V)을 연결

$+$

S + V

30 | 뼈에 사무치는 영어문법

Chapter 3

01 품사들의 의미 및 역할

1. 명사 (noun)

- 의미 – 눈에 보이든 보이지 않든 세상의 모든 사람과 사물의 이름
  ① 보이는 것 : computer, desk, water etc   ② 보이지 않는 것 : hope, dream, happiness etc
- 문장에서의 역할 – 문장에서 주어, 목적어, 보충어, 동격자리에 쓰인다.
  A computer is necessary. (주어) 컴퓨터는 필수적이다.
  I need a desk. (목적어) 나는 책상이 필요하다.
  This is my book. (보충어) 이것은 나의 책이다.
  John, my friend, is very diligent. (동격) 내 친구 John은 매우 근면하다.

2. 대명사 (pronoun)

- 의미 – 명사대신 사용
  ① 사람 : I, me, mine, you, he, him, they, them, etc   ② 사물 : it, they, them etc
- 문장에서의 역할 – 명사처럼 주어, 목적어, 보충어자리에 쓰인다.
  I want bread. (주어) 나는 빵을 원한다.
  The children love me. (목적어) 그 아이들은 나를 사랑한다.
  The computer is mine. (보충어) 그 컴퓨터는 나의 것이다.

3. 동사 (verb)

- 의미 – 사람이나 사물의 움직임이나 상태표현.
  ① 움직임동사 : say, fight, play, clean   ② 상태동사 : know, have, believe
- 문장에서의 역할 – 반드시 주어 다음에 오며 **주어의 동작이나 상태**를 표현하는 **주어의 동사**로 사용된다.
  She sings very well. 그녀는 노래를 잘 부른다.
  They know what I say. 그들은 내가 말한 것을 안다.
  I have many friends. 나는 많은 친구가 있다.

4. 형용사 (adjective)

- 의미 – 명사나 대명사의 졸병, 즉 명사와 대명사를 꾸미는 말
  large, tall, old, much, wise etc
- 문장에서의 역할
  (대)명사의 앞뒤에서 명사나 대명사를 수식[부속품]하거나 보충어자리[필수품]에서 사용할 수 있다.

① 문장의 부속품 - 명사앞뒤와 대명사 뒤
[명사 앞]
 The tall boy is my son. 그 큰 소년은 내 아들이다. (해설) 명사앞 [부속품]
[(대)명사 뒤]
 The children merry with play shouted happily. 놀이로 즐거운 아이들이 행복하게 소리쳤다.
 Someone strange dropped by the small cottage. 낯선 누군가가 그 작은 오두막을 방문했다.
 (해설) 대명사를 꾸며주는 형용사는 대명사 뒤에 온다.

② 문장의 필수품 - 주어보충어나 목적어 보충어
[주어 보충어]
 My wife is positive. 나의 아내는 긍정적이다. (해설) 보충어자리 [필수품]
[목적어 보충어]
 Our boss makes us merry with his joke. 우리 사장은 그의 조크로 우리를 유쾌하게 한다.
 (해설) 목적어 보충어자리[필수품]

5. 부사 (adverb)

- 의미 - 동사, 형용사, 다른 부사, 문장전체를 수식하는 낱말.
  very, well, maybe, probably etc
- 문장에서의 역할 - 문장에서 동사, 형용사, 다른 부사, 문장전체를 수식.
  She runs well. (동사 수식) 그녀는 잘 달린다.
  She is very clever. (형용사 수식) 그녀는 매우 영리하다.
  They lived very happily. (다른 부사 수식) 그들은 매우 행복하게 산다.
  Probably she is honest. (문장 전체 수식) 아마 그녀는 정직하다.

6. 전치사 (preposition)

- 의미 - 명사 앞에 놓여 명사와의 공간적, 시간적, 추상적인 관계를 표현한다. in, on, at, under, for etc
- 문장에서의 역할 - (대)명사가 주어, 목적어, 보충어, 동격자리가 아닌 자리에서 쓰일 때, (대)명사의 자리를 만들어 주며 명사의 성격을 형용사나 부사로 바꿔준다.
  ① 형용사 역할
   The books on the desk are yours. 책상 위의 책들은 너의 것이다. (해설) on the desk가 앞 명사 the books 수식
   Britney Spears is a young singer from Louisiana. Britney Spears는 Louisiana 출신의 젊은 가수이다.
   (해설) From Louisiana는 앞 명사 a young singer를 꾸며주는 형용사
  ② 부사역할
   There are many children in the room. 방안에 많은 아이들이 있다. (해설) in the room이 동사 are를 수식
   The earth moves around the sun. 지구는 태양주변을 돈다. (해설) around the sun이 동사 moves 수식
   The student interferes with the plan. 그 학생은 그 계획에 반대한다. (해설) with the plan이 동사 interferes 수식

Chapter 3

7. 접속사 (conjunction)

- 의미 – 남자와 여자를 연결해 주는 커플매니저처럼 절(S+V~)과 절(S+V~)을 연결.
  that, when, as, because etc
- 문장에서의 역할 – 두 개의 절을 서로 연결해 준다.
  I am happy now because I passed the exam. 나는 시험에 합격했기 때문에 지금 행복하다.
  I know a good place where we can go fishing. 나는 우리가 낚시 갈 좋은 장소를 알고 있다.

8. 감탄사 (interjection)

- 의미 – 기쁨, 놀람, 슬픔 등의 감정을 표현하는 말
  oh, alas(슬픔이나 근심을 나타낼 때), bravo, oops(놀람이나 낭패 등을 나타낼 때) etc
- 문장에서의 역할 – 문장에서 독립적으로 쓰인다.
  Oh, what a good idea it is! 정말 좋은 생각이다!
  Oops! I did it again. 아 이런 내가 또다시 했구나!

02 단어들에 의한 문장성립과정

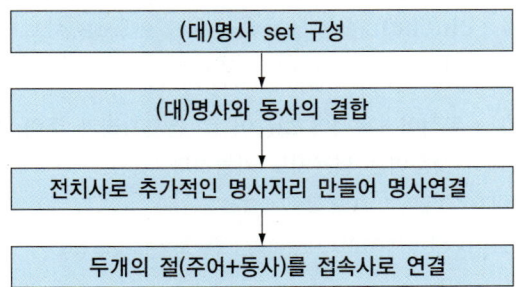

1. step 1

명사는 다음과 같이 명사앞뒤에 여러 어구가 붙은 (대)명사(세트)를 만들어 주어(S), 목적어(O), 보충어(C), 동격 위치에 쓰인다.

- 명사(세트) → (형용사) 명사 (형용사)
  즉, 명사 앞뒤에 형용사가 올 수 있다. 물론 명사 단독으로 쓰일 수도 있다.
  spring, (a) dog, (that beautiful) girl, (some very clever) boys, (a) bowl (full of water) (an) auditorium (full of students) 학생들로 가득찬 강당
- 대명사(세트) → 대명사 (형용사)
  대명사는 보통 단독으로 쓰인다. 꾸며주는 형용사가 있을 때는 대명사 뒤에서 꾸며준다.
  this, we, them, someone (strange), something (special)

2. **step 2**

'(대)명사(세트)' 은 동사와 결합, 절(S+V)을 만든다. 절은 동사에 따라 5가지 패턴, 소위 5형식이 형성된다. 5형식 패턴이란 하나의 동사가 취할 수 있는 명사의 자리수에 따라 달라진다. 즉, 명사는 주어, 목적어, 보충어 자리에 쓰이는데,

- 1형식은 '주어 + 주어의 동사' 이므로 명사의 자리는 **주어 하나뿐**
  Spring comes. 봄이 왔구나.
  The train arrived. 열차가 도착했다.
  My head aches. 내 머리가 아프다.

- 2형식이란 '주어 + 주어의 동사 + 보충어' 형식이므로 명사자리는 2개, 즉 **주어와 보충어**이다. 물론 보충어 자리는 형용사도 가능하다.
  The boy was a famous singer. 그 소년은 유명한 가수이다.
  Frank is intelligent. Frank는 지적이다.

- 3형식은 '주어 + 주어의 동사 + 목적어' 이므로 명사자리는 **주어와 목적어** 2개
  Some clever boys joined the program. 몇몇의 영리한 소년들이 그 프로그램에 참가했다.
  My sister enjoyed the game. 나의 누이는 그 게임을 즐겼다.

- 4형식은 '주어 + 주어의 동사 + 간접목적어 + 직접목적어' 형태로 **주어와 두 개의 목적어**가 명사자리이다.
  The poor man gave us a chicken. 그 가난한 남자는 우리에게 닭한마리를 주었다.
  The firm gave Sam a watch. 그 회사는 Sam에게 시계를 주었다.

- 5형식은 '주어 + 주어의 동사 + 목적어 + 목적어 보충어' 로 명사자리가 **주어, 목적어, 목적어보충어** 3개가 될 수 있다. 물론 여기서 목적어 보충어는 형용사도 가능하다.
  They call the man a hero. 그들은 그 남자를 영웅이라 부른다.
  The employees made him chairman. 노동자들은 그를 의장으로 만들었다.

3. **step 3**

명사의 자리가 없을 때 전치사로 추가적인 명사자리를 만든다.
They rely on the support of the community. 그들은 공동체의 지원에 의존한다.
Britney has appeared on screen and a magazine. Britney는 스크린과 잡지에 출연한다.

4. **step 4**

두 개의 절을 연결하는 것은 접속사이다.
They are poor, but they are happy. 그들은 가난하지만 행복하다.
Although she was exhausted, she kept on working. 그녀는 지쳤음에도 불구하고 계속해서 일했다.

Chapter 3

 참고 단어(word)가 모여 구(phrase)와 절(clause)이 된다.

단어 (word)	2개 이상의 단어로 이루어진 형태	
	구 (phrase) '주어 + 주어의 동사~' 형태가 아닌 것	절 (clause) '주어 + 주어의 동사~' 형태

※ 단어 – 하나하나의 낱말을 말한다. 명사, 대명사, 동사, 형용사, 부사, 전치사, 접속사, 감탄사 등이 있다.
※ 구(phrase)와 절(clause) – 2개 이상의 단어로 이루어진 것들 중 '주어 + 주어의 동사 ~'로 이루어진 것을 절(clause)이라 하고 '주어 + 주어의 동사 ~'의 형태가 아닌 것을 구(phrase)라고 한다.

A. 단어(word)
   명사(history), 대명사(everyone), 동사(teach), 형용사(cute), 부사(merrily), 전치사(on), 접속사(because), 감탄사(oops) 등이 있다.

B. 구(phrase)
   역할에 따라 명사구, 형용사구, 부사구, 동사구 등이 있다.
   (a) **명사구** : 주어, 목적어, 보충어 자리에 사용
   Having a good friend is happy. 좋은 친구를 갖는 것은 행복하다.
   (b) **형용사구** : 명사의 졸병으로 사용
   This is *the man* to marry the ballerina. 이 사람은 그 발레리나와 결혼할 남자이다.
   (c) **부사구** : 동사, 형용사, 다른 부사, 문장 전체의 졸병으로 사용
   He plants a tree *to preserve environment*. 그는 환경을 보존하기 위하여 나무를 심는다.
   (d) **동사구** : 주어의 동사로 사용
   My husband *looks after* our baby. 나의 남편이 우리 아기를 돌본다.

C. 절(clause)
   역할에 따라 명사절, 형용사절, 부사절 등이 있다.
   (a) **명사절** : 주어, 목적어, 보충어 자리에 사용
   We haven't known *that he is a well-known writer*. 우리는 그가 유명한 작가라는 것을 알지 못했다.
   (b) **형용사절** : 명사의 졸병으로 사용
   These are the pyramids *which we are not familiar with*. 이것들은 우리가 익숙하지 않은 피라미드들이다.
   (c) **부사절** : 동사, 형용사, 다른 부사, 문장 전체의 졸병으로 사용
   If water is present with oil, the one is separated from the other.
   물이 기름과 함께 있다면 물은 기름과 합쳐지지 않는다.

03 의문사와 품사(명사/형용사/부사) 영역

우리는 육하원칙이란 걸 배웠다. 육하원칙이란 누가(who/whom), 무엇(what)을, 언제(when) 어디서(where), 어떻게(how), 왜(why)이다. 여기에 어떤 것(which), 어떠한(how), 얼마나(how~), 누구의(whose) 등을 포함한 것이 의문사들이다. 이들은 역할에 따라 의문대명사, 의문형용사, 의문부사로 분류할 수 있다.

의문사의 품사	의문사에 해당하는 말의 문장에서의 위치	의문사의 종류		예문
의문대명사	(대)명사영역 주어/목적어/보충어에 쓰인다.	who 누구(는/가)		The man is a programmer.
		whom 누구(을/를/와)		I know the beggar. They went with a policeman.
		what 무엇		The beggar stole bread. This is a psychologist.
		which 어느 것		I like an apple, an apple or a pear.
의문형용사	형용사영역 보충어자리/명사의 앞뒤	명사 앞에서 사용	whose N 누구의	That is your car.
			what N 무슨	I prefer a romantic cinema.
			which N 어느	She likes a fantastic novel.
		보충어에서 사용	how 어떠한	It is cloudy.
의문부사	부사영역 문장앞이나 끝, 동사 앞뒤 형용사나 부사 앞등 (주어 목적어 보충어자리가 아닌 곳)	when 언제		I met the lady last week.
		where 어디에서		They went home.
		how 어떻게		The sailor arrived safely.
		why 왜		Thank you for helping me.
		how often/how much/how many how old/how tall/how high/how far how long/how fast/how soon 얼마나~한		We sometimes meet at the coffee shop. He is 21 years old.

 참고 how – how는 부사용법으로 방법과 정도를, 형용사용법으로 상태를 나타낸다.

[부사 용법]
* 방법(어떻게) – How did you contact her? 어떻게 그녀를 접촉했습니까?
* 정도(얼마나) – How much is it? 그것이 얼마지요?

[형용사 용법]
* 상태(어떠한) – How are things? 어떻게 지내십니까?

II. Words와 문장에서 역할 전환

Chapter 3

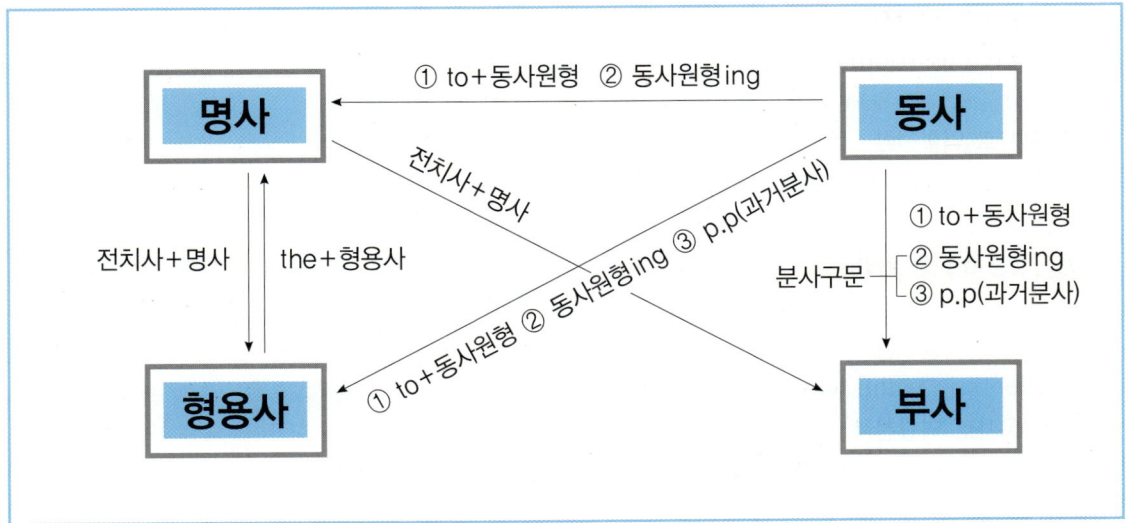

1. 명사의 역할 전환

명사는 전치사와 결합(전치사+명사)하여 형용사나 부사로 역할을 바꾼다.

① 형용사역할
   This part of this river isn't very wide. 이 강에서 이 부분은 매우 넓지 않다.　[해설] of this river는 앞 명사 this part를 수식한다.

② 부사역할
   The young couple *received* two tickets by mail. 그 젊은 커플은 메일로 두장의 티켓을 받았다.
   [해설] by mail은 동사 received를 수식하는 부사로 역할을 바꿨다.

2. 동사의 역할 전환

동사는 주어 다음에 와서 주어의 동작이나 상태를 나타내는 것이 본래 성격이다. 하지만 동사의 본래 성격을 바꾸어 다른 용도로 사용할 수 있다. 동사의 성격을 바꾸는 방법은 'to+동사원형' '동사원형ing' 'p.p(과거분사)' 3가지가 있다.

▶ to+동사원형(동명형부사)

동사원형 앞에 to를 결합하여 동사가 명사, 형용사, 그리고 부사로 역할한다.

① 명사로 역할전환
   I remember *to mail to my parents*. 나는 나의 부모님께 메일 보낼 것을 기억하고 있다.
   [해설] to mail은 동사 remember의 목적어로 명사의 자리에 쓰였다. 바로 명사로 역할 전환이다.

Words와 기본 Sentence형성 | **37**

② 형용사로 역할전환
I have no room to stay there. 나는 거기에서 머물 방이 없다.
(해설) to stay there는 room을 꾸며주는 형용사로 역할 전환

③ 부사로 역할전환
I am pleased to meet you. 나는 너를 만나니 반갑다. (해설) to meet you는 문장전체를 꾸며주고 있다. 부사로 역할 전환

▶ **동사원형ing (동명형부사)** – 동사원형에 ing를 붙여 명사(동명사)나 형용사(현재분사), 그리고 부사(분사구문)로 역할을 바꾼다.
① 명사로 역할전환
Sleeping is the way for rest. 잠자는 것은 휴식을 위한 좋은 방법이다. (해설) sleeping은 주어자리에 쓰여 명사로 역할 전환
② 형용사로 역할전환
The sleeping dog is my teacher's. 잠자고 있는 개는 나의 선생님의 것이다.
(해설) sleeping는 명사 dog를 수식하는 형용사로 역할 전환
③ 부사로 역할전환(분사구문)
Sally answered the phone, watching TV. Sally는 TV를 보면서 전화를 받았다.
(해설) watching TV는 앞의 문장 전체를 꾸며주는 부사로 역할전환

▶ **p.p(과거분사) : 동형부사** – 수동이나 완료를 나타내는 형용사와 부사(분사구문)로 역할을 바꾼다.
① 형용사로 역할전환
The tired woman went home to sleep. 그 피곤한 여자는 잠자기 위해 집에 갔다.
(해설) tired는 명사 woman을 수식하는 형용사로 역할 전환
② 부사로 역할전환(분사구문)
(Being) Written in English, the poem is hard to students. 그 시는 영어로 씌어졌기 때문에 학생들에게 어렵다.
(해설) Written in English는 뒤의 문장 전체를 꾸며주는 부사로 역할 전환

3. 형용사의 역할 전환

the 형용사(people/person/thing)에서 people/person/thing이 생략되면 'the+형용사' 만으로 명사처럼 주어, 목적어, 보충어 자리에 쓰인다.

[명사역할]
The blind (people) get together in this park every Sunday. 그 맹인들은 매주 일요일 이공원에서 모인다.
The handicapped (people) were not different from the normal. 장애인들은 정상인과 다르지 않다.

Chapter 3

저자명강 동명형부사와 동형부사

대한민국 영어문법 용어들 중 'to 부정사'와 '동명사', '현재분사'와 'p.p(과거분사)'가 학습자들에게 제대로 의미를 전달하지 못하고 있다. 그 중 동사를 명사로 바꾼다는 뜻의 '동명사'는 대체로 많은 학습자들이 쉽게 이해하는데 그 이유는 용어자체가 명사를 바로 떠올릴 수 있기 때문이다. 하지만 이것도 완전하지 않다. '동사원형ing'는 명사기능뿐만 아니라 형용사와 부사 역할도 하기 때문이다. 그래서 본 책에서는 동사가 명사, 형용사, 부사로 성격을 바꾸는 'to+동사원형'과 '동사원형ing'를 '동명형부사'라고 하고 동사를 형용사와 부사로 역할을 바꾸는 'p.p(과거분사)'를 '동형부사'라고 칭한다.

명칭	형 태	기성의 명칭
동명형부사	to+동사원형	to 부정사
	동사원형ing	동명사, 현재분사, 분사구문
동형부사	p.p(과거분사)–동사 변화형 중 3번째	p.p(과거분사), 분사구문 중 being생략형

참고 동사의 성격변화와 그들간의 차이점

A. 동사가 명사가 될 수 있는 방법

to+동사원형 – 시간차 표현	동사원형ing – 시간차 없음

I promise **to lend** you some money tomorrow. 나는 너에게 내일 얼마간의 돈을 빌려줄 것을 약속한다.
She minds **using** her computer. 그녀는 그녀의 컴퓨터를 사용하는 것을 꺼려한다.

B. 동사가 형용사가 될 수 있는 방법

to+동사원형 – 시간차 표현	동사원형ing – 진행, 상태의 지속, 감정유발	p.p(과거분사) – 수동과 끝남을 표현

Nancy has *a letter* **to write** down. Nancy는 쓸 편지를 가지고 있다.
That boy **singing** on the stage is my friend. 무대에서 노래하고 있는 저 소년은 나의 친구다.
The candidate **embarrassed** at the question stopped an address. 그 질문에 당황한 후보자는 연설을 중단했다.

C. 동사가 부사로 성격변화할 수 있는 방법 : 특히 문장전체를 수식하는 경우가 많다.

to+동사원형 – 시간차를 나타내며 감정의 원인, 조건, 목적, 결과, 이유 등 표현	동사원형ing – 원인, 조건, 시간, 동시·연속 동작, 상황상관없음을 표현하는 분사구문	p.p(과거분사) – 부사절을 간단히 하는 분사구문에서 Being 등이 생략된 형태.
	분사구문	

She went to China **to study** Chinese. 그녀는 중국어를 공부하기 위해 중국에 갔다.
The girls chatted on the internet, **listening** to music. 그 소녀들은 음악을 들으면서 인터넷에서 채팅했다.
(**Being**) **scolded** by her boss, the woman secretary ran out of the office.
그녀의 상관으로부터 꾸중 받았기 때문에 그 여비서는 사무실 밖으로 달려 나갔다.

Chapter 3

Question
확·인·문·제

정답 및 해설 3~4page

Words와 기본 Sentence형성

1 다음 문장에서 각 낱말의 품사를 말하시오.

01 Water on the land runs into lakes and rivers.
→

02 Sometimes he goes abroad on business.
→

03 The salt in the jar is from the ocean.
→

04 He is ignorant of economics.
→

05 Life in the big city is very busy and life in the country is with leisure.
→

2 다음 문장에서 각 밑줄 그은 어구의 문장의 역할(주어, 주어의 동사, 목적어, 보충어, 수식어구 등)을 말하시오.

01 <u>He</u> <u>is</u> <u>in the room</u>.
→

02 <u>I</u> <u>am</u> <u>fond</u> <u>of him</u>.
→

03 <u>I</u> <u>met</u> <u>Jina</u> <u>at the station</u>.
→

04 <u>Jennifer</u> <u>gave</u> <u>me</u> <u>a novel</u> <u>for free</u>.
→

05 <u>To my joy</u>, <u>the news</u> <u>made</u> <u>me</u> <u>happy</u>.
→

3 ( ) 안의 단어의 형태를 적절하게 바꾸시오.

01 These signs show that someone is (interest) in you.
02 Here are some tips (help) you develop good study habits.
03 We are constantly talking without (say) a word.
04 She was (elect) again for a second term in 1978.
05 The only way (ⓐ improve) a skill is (ⓑ practice) what you want to do physically.
06 Green and Blue have a (ⓐ calm) and (ⓑ relax) effect.
07 Dark gray and black create a (depress) effect.
08 We must proceed (caution).
09 A sense (humor) is a real asset in business.

주요 품사와 문장에서의 역할
- 명사 역할 : 주어, 목적어, 보충어, 동격자리에 사용
- 형용사 역할 : 보충어자리와 명사 앞뒤
- 부사 역할 : 동사, 형용사, 다른 부사, 문장전체 수식

문장의 필수품과 부속품
- 필수품 : 주어의 동사, 주어, 목적어, 보충어
- 부속품 : 수식어구(부사, 명사 앞뒤에 쓰인 형용사), 동격

04

주요품사와 문장에서의 주요요소
Main words & Essential Elements in sentences

Ⅰ. 주요 품사와 문장에서의 역할
Ⅱ. 문장의 필수품과 부속품

I. 주요 품사와 문장에서의 역할

명사역할 - 주어, 목적어, 보충어, 동격자리에 사용	명사, 대명사, to+동사원형, 동사원형ing, the+형용사 명사절(that, whether/if, 의문사, 접속대명사 what/wh-ever, 수식받는 앞명사가 생략된 접속부사절)
형용사역할 - 보충어자리와 명사 앞뒤에서 명사 수식	형용사, to+동사원형, 동사원형ing, p.p(과거분사) 전치사+명사, 형용사절(접속대명사절, 접속부사절)
부사역할 - 동사, 형용사, 다른 부사, 문장 전체 수식	부사, to+동사원형, 전치사+명사, 부사절 분사구문(동사원형ing, p.p)

01 명사역할

주어, 목적어, 보충어 및 동격자리에서 사용된다.

> 명사, 대명사, to+동사원형, 동사원형ing, the+형용사,
> 명사절(that, whether/if, 의문사, 접속대명사 what/wh-ever, 수식받는 앞명사가 생략된 접속부사)

◉ **명사**
The kids looked at each other. 그 아이들은 서로 바라보았다. (해설) 동사 looked의 주어자리

◉ **대명사**
He seemed confused. 그는 혼란스러워진 것처럼 보였다. (해설) 동사 seemed의 주어자리

◉ **to+동사원형**
We decided to take a taxi home. 우리는 집에 택시를 타기로 결정했다. (해설) 동사 decided의 목적어자리

◉ **동사원형 ing**
He prefers being neutral to taking sides. 그는 편들기보다는 중립을 지킨다.
(해설) 동사 prefer와 전치사 to의 목적어자리

◉ **명사절**
We will check whether she is guilty or not. 우리는 그녀가 죄가 있는지 아닌지 검토할 것이다.
(해설) 동사 check의 목적어자리

Chapter 4

02 형용사 역할

보충어자리에 사용되면 필수품, 명사의 앞뒤에 사용되면 부속품이다.

1. 문장의 필수품

보충어(주어보충어/목적어보충어)자리에 쓰인 경우

> 형용사, 전치사＋명사, to＋동사원형, 동사원형 ing, p.p(과거분사)

➡ 형용사
　The dog is very pretty. 　해설 주어 the dog를 보충 설명하는 주어보충어

➡ 전치사＋명사
　Your document is of value. 너의 자료는 가치가 있다. 　해설 주어 Your document를 보충 설명하는 주어보충어

➡ to＋동사원형
　They are to start a business. 그들은 사업을 시작할 예정이다. 　해설 주어 they를 보충 설명하는 보충어

➡ 동사원형 ing
　The manager is having a meeting. 매니저는 회의를 하고 있는 중이다.
　해설 주어 The manager를 보충 설명하는 주어보충어

➡ p.p(과거분사)
　The man was killed in the war. 그 남자는 전쟁에서 죽었다. 　해설 주어 the man을 보충 설명하는 주어보충어

2. 문장에서 부속품

명사 앞뒤에서 명사 수식한다. 다만 형용사절은 (대)명사 뒤에서만 쓰인다.

> 형용사, 전치사＋명사, to＋동사원형, 동사원형 ing, p.p(과거분사), 형용사절(접속대명사절/접속부사절)

➡ 형용사
　The small house is my father's. 그 조그마한 집은 나의 아버지의 것이다. 　해설 명사 house 수식

➡ 전치사＋명사
　Sally's life in foreign countries was very wonderful. 샐리의 외국생활은 매우 멋졌다. 　해설 명사 life 수식

- **to + 동사원형**
  Do you have *something* to drink? 마실 것 좀 있으세요? 〔해설〕 something 수식

- **동사원형 ing**
  Look at *the house* standing on the hill. 언덕 위에 서있는 집을 보아라. 〔해설〕 명사 house 수식

- **p.p(과거분사)**
  She lives in the **damaged** *house*. 그녀는 그 파손된 집에서 산다. 〔해설〕 명사 house 수식

- **형용사절**
  This is *the letter* which she wrote. 이것이 그녀가 쓴 편지다. 〔해설〕 명사 the letter 수식

03 부사역할

동사, 형용사, 다른 부사, 문장전체를 수식한다.

> 부사, 전치사+명사, to+동사원형, 부사절, 분사구문(동사원형ing, p.p)

- **부사**
  She *danced* beautifully. 그녀는 아름답게 춤을 췄다. 〔해설〕 동사 danced 수식

- **전치사+명사**
  The stone *hit* him on the head. 그 돌은 그의 머리를 타격했다. 〔해설〕 동사 hit 수식

- **to + 동사원형**
  To save money, *she gets to work on foot.* 돈을 모으기 위해 그녀는 걸어서 일하러 간다. 〔해설〕 문장전체 수식

- **부사절**
  Though he is young, *he is clever.* 그는 어리지만 영리하다. 〔해설〕 문장전체 수식

- **분사구문(동사원형ing, p.p)**
  Singing merrily, *she was preparing dinner.* 즐겁게 노래 부르면서 그녀는 저녁을 준비하고 있는 중이다.
  (Being) Excited at the sight, *they jumped down.* 그들은 그 광경에 흥분되었기 때문에 아래로 뛰어 내렸다.
  〔해설〕 문장전체 수식

II. 문장에서의 주요요소

Chapter 4

문장에서 필수품 및 부속품

문장의 필수품 : 문장에서 핵심요소	문장의 부속품 : 문장에서 부가적인 요소
주어의 동사, 주어, 목적어, 보충어(명사/형용사)	동격, 수식어구(부사, 형용사 – 형용사 중 명사 앞뒤에 쓰인 경우)

문장의 절에서 필수적인 요소는 **주어**와 **주어의 동사**, **목적어**와 **보충어**가 있다. 필수적이지 않은 부속품으로 명사의 내용을 구체적으로 나타내는 동격과 수식어구–부사와 명사의 앞뒤에 쓰여서 명사를 꾸며주는 형용사–가 있다. 다만, 형용사는 보충어 자리에 쓰이면 문장의 필수품 역할하지만 명사 앞뒤에서 쓰이면 부속품에 해당된다.

Diagram으로 표현하면,

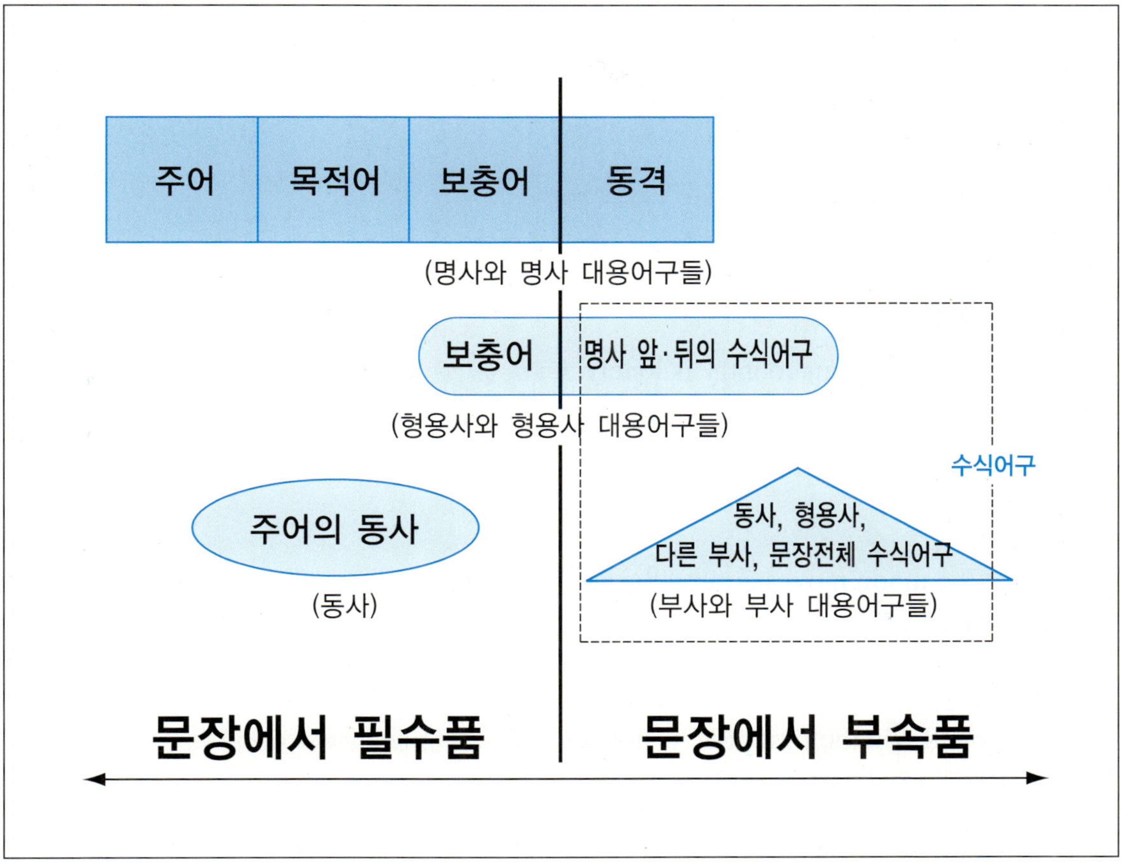

01 문장의 필수품

| 주어 | 주어의 동사 | 목적어 | 보충어 |

모든 문장의 2가지 필수품은 **주어**와 **주어의 동사**이다. 동사에 따라 **목적어**와 **보충어**가 필수적으로 필요한 경우도 있다.

1. 주어

| 명사와
명사 대용어구 | 명사, 대명사, to+동사원형, 동사원형 ing, the+형용사
명사절(that, whether/if, 의문사, 접속대명사 what/wh-ever, 수식받는 앞명사가 생략된 접속부사) |

주어는 문장에서 가장 중요한 요소로 능동태 문장에서는 동사의 행위자가, 수동태 문장에서는 동사의 대상이 주어가 된다. 주어자리는 명사가 쓰이며 명사를 대신해서 쓰이는 대명사, 동사가 명사로 역할을 바꿀 수 있는 'to+동사원형~', '동사원형 ing~'과 '명사절'이 주어자리에 쓰일 수 있다.

➔ **명사**
  Mr.Kim married Miss Lee. 김씨는 미스 리와 결혼했다.

➔ **대명사**
  He quit school. 그는 학교를 그만 두었다.

➔ **to+동사원형**
  To live in the foreign country is lonely. 외국에서 사는 것은 외롭다.

➔ **동사원형 ing**
  Seeing is believing. 보는 것이 믿는 것이다.

➔ **명사절**
  ① that S+V
     That the moon moves around the earth is certain. 달이 지구둘레를 돈다는 것은 확실하다.
  ② whether S+V
     Whether it will snow or not matters now. 눈이 내리든 안내리든 지금 문제가 된다.
  ③ 의문사 (S)+V
     Who will win the first prize is not certain. 누가 우승할 것인가는 확실하지 않다.
  ④ 접속(관계)대명사 what S+V
     What she wants is food. 그녀가 원하는 것은 음식이다.

➔ **the+형용사**
  The deaf talk in sign language. 귀먹은 사람들은 손시늉으로 말한다.

2. 주어의 동사

모든 문장은 **주어** 다음에 **주어의 동사**가 와야 된다.

| Be동사 | 일반동사 | 조동사+동사원형 |

⊙ Be동사
The architect *was* very good. 그 건축가는 매우 훌륭했다.

⊙ 일반동사
His fame *disappeared* because of his mistake. 그의 명성은 실수 때문에 사라졌다.

⊙ 조동사+동사원형
The people *must keep* the nation. 국민들은 국가를 지켜야 한다.

3. 목적어

| 명사와
명사 대용어구 | 명사, 대명사, to+동사원형, 동사원형ing, the+형용사
명사절(that, whether/if, 의문사, 접속대명사 what/wh-ever, 수식받는 앞명사가 생략된 접속부사) |

목적어란 동사의 대상을 말한다. 목적어 자리에는 주어처럼 명사가 쓰이며 명사를 대신해서 쓰이는 대명사, 동사가 명사로 역할을 바꿀 수 있는 'to+동사원형~', '동사원형ing~' 과 '명사절' 이 목적어 자리에 쓰일 수 있다.

⊙ 명사
The child *caught* a worm in the yard. 그 아이는 뜰에서 벌레를 잡았다.

⊙ 대명사
Miss Martin *bought* this. Miss Martin은 이것을 샀다.

⊙ to+동사원형
Nancy *wants* to marry the business man. Nancy는 그 사업가와 결혼하는 것을 원한다.

⊙ 동사원형ing
David *finished* writing the report. David는 보고서를 쓰는 것을 끝마쳤다.

⊙ the+형용사
A great man wants the true over the beautiful. 위인은 미보다 진실을 원한다.

> **명사절**
> ① that S+V　　I *know* that Mary is a liar. 나는 Mary가 거짓말쟁이라고 안다.
> ② whether S+V　I *wonder* whether he is a professor. 나는 그가 교수인지 궁금하다.
> ③ 의문사 (S)+V
>   The criminal *explained* to me how he escaped. 그 죄수는 나에게 그가 도망간 방법을 설명했다.
> ④ 접속(관계)대명사 what S+V
>   I *regret* what I did. 나는 내가 행했던 것을 후회한다.

4. 보충어

보충어란 보충 설명한다는 의미로 주어를 보충 설명하는 것(주어 보충어)과 목적어를 보충 설명하는 것(목적어 보충어) 두 가지가 있다. **명사와 형용사가 가능하다.**

명사와 명사 대용어구	명사, 대명사, to+동사원형, 동사원형ing, the+형용사, 명사절(that, whether/if, 의문사, 접속대명사 what/wh-ever, 수식받는 앞명사가 생략된 접속부사)
형용사와 형용사 대용어구	형용사, to+동사원형, 동사원형ing, p.p(과거분사), 전치사+명사

A. 주어 보충어

[명사와 명사 대용어구]

> **명사**　　*This* is Ms. Lindon. 이 사람은 Ms. Lindon이다.
> **대명사**　*That building* is mine. 저 빌딩은 나의 것이다.
> **to+동사원형**
>   *His hope* is to buy a car. 그의 희망은 차를 사는 것이다.
> **동사원형ing**
>   *My hobby* is playing the guitar. 나의 취미는 기타를 연주하는 것이다.
> **명사절**
> ① that S+V
>   *The fact* is that she suffers from lung cancer. 사실은 그녀가 폐암으로 고생하고 있다는 것이다.
> ② whether S+V
>   *The problem* is whether she is happy or not. 문제는 그녀가 행복한가 행복하지 않은가이다.
> ④ 의문사 (S)+V
>   *The key* is how we will find the robber. 핵심은 우리가 어떻게 강도를 찾을 것인가이다.
> ③ 접속(관계)대명사 what S+V
>   *That* is what I am saying. 그것이 내가 말하고 있는 것이다.

Chapter 4

[형용사와 형용사 대용어구]
- 형용사
  She is sure of his success. 그녀는 그의 성공을 확신한다.
- 전치사 + 명사
  The used car is of use. 중고차가 유용하다.
- to + 동사원형
  She is to go abroad. 그녀는 해외에 갈 예정이다.
- 동사원형 ing
  The clerk is selling the book. 그 점원은 책을 팔고 있는 중이다.
- p.p(과거분사)
  The car was repaired. 차가 수선되었다.

B. 목적어 보충어

[명사와 명사 대용어구]
- 명사
  They called *him* their boss. 그들은 그를 그들의 보스라고 불렀다.
- 대명사
  She made *the book* hers. 그녀는 그 책을 그녀의 것으로 만들었다.
- to + 동사원형 / 동사원형 ing / 명사절
  일반적으로 쓰이지 않음

[형용사와 형용사 대용어구]
- 형용사
  His action made *us* angry. 그의 행동은 우리를 화나게 만들었다.
- 전치사 + 명사
  We considered *the bomb* of use. 우리는 그 폭탄을 유용하다고 생각했다.
- to + 동사원형
  The doctor wants *him* to go to the hospital. 그 의사는 그가 병원에 가기를 원한다.
- 동사원형 ing
  I saw *her* running away. 나는 그녀가 도망가고 있는 것을 보았다.
- p.p(과거분사)
  His president made *the window* repaired. 그의 회장은 창문이 수선되도록 시켰다.

참고 명사 보충어와 형용사 보충어

원칙적으로 보충어는 명사가 가능하다. 하지만 보충어자리의 명사를 꾸며주는 형용사가 있을 때, 명사가 생략되고 형용사만으로 보충어역할하게 된 것이다. 명사보충어는 주어(혹은 목적어)와 **같은 사람·사물**이다. 하지만 형용사보충어는 단순히 주어(혹은 목적어)를 설명할 뿐 **같은 사람·사물**은 아니다.

A. 주어보충어

– 명사보충어

    His father is a famous professor. 그의 아버지는 유명한 교수다.
    [*His father* 그의 아버지 = a famous professor 유명한 교수]

위문장에서 주어 His father(그의 아버지)가 곧 보충어, a famous professor(유명한 교수)로 같은 사람이다. .

– 형용사 보충어
His father is a~~ famous ~~professor~~. 그의 아버지는 유명하다.
[*His father* 그의 아버지 ≒ famous 유명한]

주어보충어 famous가 주어 His father의 상태를 설명할 뿐 **같은 사람·사물**은 아니다.

B. 목적어 보충어

– 명사보충어
His parents made *him* a famous professor. 그의 부모님은 그를 유명한 교수로 만들었다.
[*him* 그 = a famous professor 유명한 교수]

– 형용사 보충어
His parents made *him* a~~ famous ~~professor~~.그의 부모님은 그를 유명한 교수로 만들었다.
[*him* 그 ≒ famous 유명한]
목적어 보충어 famous가 목적어 him의 상태를 설명할 뿐이지 **같은 사람·사물**은 아니다.

Chapter 4

📖 to 동사원형과 동사원형ing의 보충어

'to 동사원형'나 '동사원형ing'의 경우 명사기능과 형용사기능이 있다. 구별은 앞에서처럼 **같은 사람·사물 관계가 성립되면 명사용법이고 같은 사람·사물 관계가 성립되지 않으면 형용사 용법**이다. 먼저 명사용법(~하는 것)으로 해석해서 성립하면 명사용법이고 성립하지 않으면 형용사용법이다.

A. 주어보충어

[to 동사원형]
- 명사용법 - '~하는 것'으로 해석

Our goal is to develop the environment. 우리의 목표는 환경을 개선하는 것이다.
[*Our goal* 우리의 목표 = to develop the environment 환경을 개선하는 것]

- 형용사용법 - '~할'로 해석

She is to develop the environment.
그녀는 환경을 개선할 예정이다.
[*She* 그녀 ≒ to develop the environment 환경을 개선하는 것]

참고) 형용사 용법의 경우 'be to 동사원형'은 의도, 예정, 가능, 의무, 운명으로 해석한다.

[동사원형 ing]
- 명사용법 - '~하는 것'

His hobby is playing a computer game. 그의 취미는 컴퓨터 게임을 하는 것이다.
[*His hobby* 그의 취미 = playing a computer game 컴퓨터 게임을 하는 것]

- 형용사용법 - '~하는 중인'이나 '~하게 하는'

They are playing a computer game. 그들은 컴퓨터 게임을 하는 중이다.
[*They* 그들 ≒ playing a computer game 컴퓨터 게임을 하는 것]

B. 목적어 보충어

목적어보충어에 쓰이는 'to 동사원형' 이나 '동사원형 ing' 는 명사용법으로 쓰이지 않고 형용사 용법으로만 사용된다. 즉 앞에서 말한 **같은 사람·사물** 관계가 성립되지 않으므로 **형용사 용법**이다.

[to 동사원형]
The policeman asked *the man* to show a driver's licence. 경찰관은 그 남자가 운전면허증을 보여주도록 요구했다.
[*the man* 그 남자 ≒ to show a driver's licence 운전면허증을 보여 주는 것]

[동사원형 ing]
The children saw *a policeman* running after the robber.
그 아이들은 그 경찰관이 그 강도를 쫓고 있는 것을 보았다.
[*a policeman* 경찰관 ≒ running after the robber 그 강도를 쫓고 있는 것]

Chapter 4

02 문장에서 부속품

| 수식어구 | 동 격 |

1. 수식어(구)

형용사와 형용사 상당어구	형용사, to+동사원형, 동사원형ing, p.p(과거분사), 전치사+명사, 형용사절
부사와 부사 상당어구	부사, to+동사원형, 전치사+명사, 부사절, 분사구문

문장에서 부속품(보통 수식어)은 필수요소가 아니고 부가적인 요소이다. 수식어구에는 명사의 앞뒤에서 명사를 수식하는 형용사(구/절)과, 동사, 형용사, 다른 부사, 문장전체를 수식하는 부사(구/절)가 있다.

[형용사와 형용사 상당어구]
명사 수식어구로 (대)명사의 앞과 뒤에서 사용할 때
- 형용사
  Take care of *thin ice.* 얇은 얼음을 조심해라.
- 전치사+명사
  They felled *the branches* of the trees in the forest. 그들은 그 숲에서 나무들의 모든 가지를 베었다.
- to+동사원형
  This is *a house* to live in. 이곳이 살 집이다.
- 동사원형 ing
  She likes *food* containing water. 그녀는 물이 포함된 음식을 좋아한다.
- p.p(과거분사)
  Look for *buried diamond.* 묻혀 있는 다이아몬드를 찾아라.
- 형용사 절
  The car which runs fast is dangerous. 빠르게 달리는 차는 위험하다.

[부사와 부사 상당어구]
동사, 형용사, 다른 부사, 문장전체의 수식어구
- 일반 부사
  She *ran* away. 그녀는 도망갔다.
- to+동사원형
  She was frightened to see a thing white. 그녀는 하얀 것을 보고 무서웠다.

주요품사와 문장에서의 주요요소 | 53

- **전치사 + 명사**
  They *met* in Korea. 그들은 한국에서 만났다.
- **부사절**
  We discussed the program while they were fighting each other.
  그들이 서로 싸우고 있는 동안에 우리는 그 프로그램을 토론했다.
- **분사구문(동사원형ing, p.p)**
  Losing the key [=As she lost the key], *she couldn't enter the room.*
  그녀는 키를 잃어버렸기 때문에 그녀는 방에 들어갈 수 없었다.

  (Being) Written in an easy style(= As the book is written in an easy style), *the book has many readers.* 쉬운 문체로 쓰였기 때문에 그 책은 많은 독자를 갖고 있다.

2. 동격 – 명사나 대명사를 좀더 구체적으로 풀어 쓴 말

명사, 대명사, to 동사원형, of 동사원형ing, 명사절(that, whether/if, 의문사, 접속대명사 what/wh–ever, 접속부사)

- **명사**
  We Koreans are known as a diligent people. 우리 한국인들은 근면한 민족으로 알려져 있다.
- **대명사**
  The soldiers all abandoned fighting at the war. 그 군인들 모두 그 전쟁에서 싸우는 것을 포기했다.
- **to 동사원형**
  He made *a promise* to buy me a car. 그는 나에게 차를 사주겠다는 약속을 했다.
- **of 명사/동사원형 ing**
  He was born in *the city* of Paris. 그는 파리라는 도시에서 태어났다.
  We have *the idea* of his parting from his wife. 우리는 그가 그의 아내와 헤어질지 모른다는 생각을 가지고 있다.
- **명사절**
  They don't know *the fact* that she is industrious. 그들은 그녀가 근면하다는 사실을 모른다.
  I have *some doubt* whether he will get well again. 그가 다시 회복될 것인가에 대해 얼마간의 의문을 가지고 있다.

Chapter 4

주요 품사와 문장에서의 주요요소
정답 및 해설 4~5page

1 다음 밑줄 친 어구(절)이 어떤 것으로 쓰였는지 다음 중에서 선택하시오.

명사(구/절), 형용사(구/절), 부사(구/절)

01 I found ⓐ your e-mail address ⓑ on the Internet.
02 I am a little nervous because this is my first pen-pal letter.
03 I hope you will understand our difficulty.
04 Having a friend from abroad sounds very exciting.
05 That's why I looked for a pen pal on the Internet.
06 Learning about other cultures is really fun for me.
07 I get up ⓐ at 6:30 a.m. and arrive ⓑ at school just ⓒ before 8 o'clock.
08 We all wear our school uniforms which are white and navy blue.
09 There are about 40 students in my class.
10 What hobbies do you have?

2 다음 문장에서 밑줄 친 부분이 다음 중 무엇으로 사용되었는지 고르시오.

주어, 목적어, 주어 보충어, 목적어 보충어

01 ⓐ English and biology are ⓑ my favorite subjects.
02 The classes are fifty minutes long, with ten-minute recesses between them.
03 Playing music helped her improve in all areas of her life.
04 What kind of books do you like, Jennifer?
05 Detective Smart was sitting at his desk when he heard something.
06 I like reading and going to the movies.
07 ⓐ How is ⓑ the weather there?
08 Here are some simple skills to be an effective information hunter.
09 I heard noise coming from the living room.
10 I hope that we can meet each other in person someday.
11 A good science fiction makes me feel like a science expert.

Chapter 4

Question
확·인·문·제

주요 품사와 문장에서의 주요요소
정답 및 해설 5page

3 다음 문장에서 수식어로 쓰인 밑줄 친 부분이 다음 중 무엇으로 사용되었는지 고르시오.

> 형용사(구/절) – 명사수식어구, 부사(구/절) – 동사, 형용사, 부사, 문장 전체 수식어구

01 <u>When he rang the doorbell</u>, Mr. Black came out.
02 Imagine going to your doctor <u>because of your frequent headaches</u>.
03 Mozart's music is remarkable in its ability <u>to calm its listeners</u>.
04 Hospitals ⓐ<u>in India</u> use different kinds of music ⓑ<u>to treat mental illness</u>.
05 American astronauts had brought it <u>from the moon</u> in 1972.
06 One musician seems to have a unique ability <u>to heal the human body</u>.
07 ⓐ<u>For each subject</u>, a different teacher comes ⓑ<u>to our classroom</u> to teach.
08 ⓐ<u>Sometimes</u> we get bored ⓑ<u>with the lessons</u>.
09 They think people probably sang <u>before they talked</u>.
10 <u>To their astonishment</u>, Krissy was able to play musical pieces from memory.
11 In the center of the room was a table <u>with two old silver candlesticks</u>.
12 <u>On the opening days</u> he saw a man come into his office.
13 In France, cows <u>serenaded with Mozart</u> give more milk.
14 There are many countries <u>whose medical experts are giving the same advice to their patients</u>.

05

문장에서 대표적인 필수요소인 **주어와 동사**는 주어의 **상태**와 **동작**을 나타낸다. 동사에 따라 취할 수 있는 명사의 갯수가 다르다. 즉 명사자리가 몇개냐에 따라 문장의 형식은 달라진다. 명사의 자리는 주어, 목적어, 보충어, 동격자리이고 이들 이외의 자리에 명사가 쓰이기 위해서는 전치사를 써서 명사의 자리를 만들어 주어야 한다.

주어의 상태와 동작을 나타내는 **주어의 동사**
(문장의 형식) Verbs & Kinds of Sentence forms

주어의 동사

I. 1형식 : S + V_1 + (M)
II. 2형식 : S + V_2 + S.C + (M)
III. 3형식 : S + V_3 + O + (M)
IV. 4형식 : S + V_4 + I.O + D.O + (M)
V. 5형식 : S + V_5 + O + O.C + (M)
VI. 여러 형식으로 쓰이는 동사들
VII. 혼동하기 쉬운 동사들

Ⅰ. 1형식 : S + V₁ + (M)

1형식 동사는 명사의 자리가 주어뿐이다. 아래 동사들은 1형식 동사이기 때문에 주어 이외의 자리에 명사를 쓰고자 하면 명사의 자리를 만들어 주어야 한다. 즉 전치사를 쓰고 명사를 써야 한다.

- pay 수지 맞다
- interfere [+with] 간섭하다
- object [+to] 반대하다
- arrive [+at] 도착하다 (=get[+to]/reach)
- concentrate/focus [+on] 집중하다
- rise [+in] 오르다
- graduate [+from] 졸업하다
- do 충분하다
- belong [+to] ~에 속하다
- comply [+with] 준수하다 (=obey)
- wait [+for] 기다리다 (=await)
- depend/rely/count [+on] 의존하다
- move [+around] 움직이다
- consist [+of] 구성되다

The business *pays* these days. 그 사업은 요즈음 수지 맞다.
That will *do*. 그것이면 충분하다.
The government *interfered with* the freedom. 정부는 자유를 방해했다.
You must *comply with* this regulation. 너는 이 규칙을 지켜야 한다.
My wife *objected to* my proposal. 나의 아내는 나의 제안에 반대했다.

They *waited for* their supervisor. 그들은 그들의 상관을 기다렸다.
| They *awaited* their supervisor.

They *arrived at* Kimpo airport at 7 o'clock. 그들은 7시에 김포공항에 도착했다.
| They *reached* Kimpo airport at 7 o'clock.

They *concentrated on* his remark. 그들은 그의 발표에 집중했다.
It *depends on* traffic. 교통상황에 달려있다.
He *graduated from* Edinburgh. 그는 에든버러 대학을 졸업하였다.
The South Korean men's football team *consists of* 11 players. 한국남자축구팀은 11명의 선수들로 구성되어있다.

1형식 특별 구조 - There [be/seem/remain/exist/live 등] 주어

There는 주어가 아니고 말을 이끌어 내는 부사일 뿐이다. 주어는 동사 다음에 온다.

There is only red dirt, [where the farmhouse once stood.]
농가가 한 때 있었던 곳에 단지 빨간 먼지만 있다.

There remains the possibility [that mistakes have been made.]
실수들이 생겼다는 가능성이 있다.

A long time ago, *there lived* a man [named Robin Hood.]
오래전에 로빈 후드라고 불리는 한 남자가 살았다.

II. 2형식 : S + V₂ + S.C + (M)

Chapter 5

2형식 동사는 명사의 자리가 주어와 주어 보충어 2개이다. 다만 주어 보충어는 형용사도 가능하다. 결국 보충어(S.C)자리에는 명사와 형용사가 가능하지만 부사는 불가능하다.

be동사는 대표적인 2형식동사이다.
Nonviolence is the greatest virtue. 비폭력은 최상의 덕목이다.
Cowardice is the greatest vice. 비겁함은 최대의 악이다.
Babies are great mentors to adults. 아이들이 성인들에게 최대의 스승이다.

▶ 5감(5가지 감각동사) 동사

| look/seem/appear 보이다 | sound 들리다 | smell 냄새나다 | taste 맛이 나다 | feel 느끼다 |

The rose smells *sweet*. [sweetly(X)] 그 장미는 달콤하게 냄새가 난다. (해설) 보충어자리에 부사 안 된다.
This carpet feels *soft*. [softly(X)] 이 카펫은 부드러운 촉감이다. (해설) 보충어자리에 부사 안 된다.

▶ ~되다 (암기법 – 고개코로 포탄이 비 오듯 왔구려 호호!)

| go(고) get(개) come(코) run(로) fall(포) turn(탄) be(비) become(비가 왔다) grow(구려) hold(호호!) |

The plan went *wrong*. 그 계획은 잘못되었다.
She became *a tycoon* in business circle. 그녀는 사업계에서 거물이 되었다.
She grew *a psychologist*. 그녀는 심리학자가 되었다.

   ※ • go wrong/mad/bald 잘못되다/미치다/대머리 되다   • turn red/pale 붉게 변하다/창백하게 변하다
     • run dry/short 마르다/부족하게 되다   • come true 실현되다
     • fall calm/asleep 고요해 지다/졸다

▶ 지속 유지동사

| keep ~한 상태로 유지하다   remain ~한 상태로 남아 있다   stay ~한 상태로 머무르다   lie ~한 채 놓여있다 |

The player didn't keep *cool*. 그 선수는 진정하지 못했다.
Tens of thousands of ballots remain *uncounted*. 수만 장의 투표용지가 개표되지 않은 채 남아있다.
The weather stays *fine* these days. 요즘 날씨가 좋다.
They still lie *wounded*. 그들은 여전히 상처 입은 채 누워있다.

▶ 판명동사

| turn out / prove ~로 판명되다 |

His answer turned out *wrong*. 그의 대답은 잘못으로 판명되었다.
She proved *a spy*. 그녀는 스파이로 판명되었다.

III. 3형식 : S + V₃ + O + (M)

3형식동사는 주어와 목적어가 명사의 자리다. 반드시 동사의 목적어가 있어야 한다.

I bought the book in London. 나는 런던에서 그 책을 샀다.
My boss raised my salary. 나의 사장은 나의 봉급을 올려 주었다.
She remembered my father. 그녀는 나의 아버지를 기억했다.

01 전치사를 쓰기 쉬운 3형식 동사

아래 단어들은 원래 3형식 동사로 명사 자리인 목적어 자리가 있다. 별도의 전치사를 쓰지 않는다.

• resemble (with/after) ~와 닮다	• survive (over) ~에서 살아남다
• marry (with) ~와 결혼하다	• approach (to) ~에게 다가가다
• discuss (about) ~를 토론하다	• describe (about) ~를 설명하다
• mention (about) ~를 언급하다	• enter (into) ~에 들어가다
• reach (at) ~에 도착하다	• await (for) ~를 기다리다

I resemble (after) my father. 나는 나의 아버지를 닮았다.
The salary man married (with) the famous pianist. 그 샐러리맨은 그 유명한 피아니스트와 결혼했다.
We discussed (about) what to do and where to go. 우리는 무엇을 할 것인지 어디에 갈 것인지 토론했다.
She described exactly (about) how it happened. 그녀는 정확히 그것이 어떻게 발생했는지 설명했다.
He hardly even mentioned (about) the new scheme in his speech.
그는 그의 연설에서 새로운 계획을 언급조차 하지 않았다.
The sailors survived(over) all perils. 그 선원들은 모든 위험에서 살아남았다.

02 3형식 특별형식

● S+V+O+with 명사

A는 명사자리(목적어)이지만 B는 명사자리가 아니기 때문에 전치사 with를 써야 한다.

provide ┐
supply ├ 공급하다   A (O)   with B   A에게 B를
furnish ┘   +
present 선물로 주다   = B (O)   for A
equip 장비를 장착하다

Chapter 5

The city will furnish our library *with* more books. 그 도시는 우리 도서관에 더 많은 책들을 공급해 줄 것이다.
= The city will furnish more books *for* our library.
I provided her *with* food. 나는 그녀에게 음식을 제공하였다.
= I provided food *for* her.

▶ S+V+O+of 명사

① 분리제거의 of (off - 떨어져 - 의 의미)

A는 명사자리(목적어)이지만 B는 명사자리가 아니기 때문에 전치사 of를 써주어야 한다.

clear 깨끗이 치우다		
strip 벗기다		
rob 강탈하다	A (O) + of B	A에게 B를
cure 치료하다		
rid 제거하다		
deprive 박탈하다	(암기법 - 클수로 구리대 오빠of!)	

This product will rid your house *of* roaches. 이 제품은 너의 집에서 바퀴벌레를 제거해줄 것이다.
She stripped me *of* my pants. 그녀는 나에게서 나의 바지를 벗겼다.
The physician cured him *of* lung cancer. 그 의사는 그에게서 폐암을 치료했다.

② 관련의 of (on - 접촉/관련 - 의 의미)

A는 명사자리(목적어)이지만 B는 명사자리가 아니기 때문에 전치사 of를 써주어야 한다.

inform 알리다		
remind 상기시키다 (암기법 - 이리와 오빠of!)	A (O) + of B	A에게 B에 관해서
warn 경고하다		

Weather caster warned the residents *of* heavy rain. 기상대는 주민들에게 폭우를 경고했다.
The coast guard warned all ships *of* typhoon. 해안경비대는 모든 선박들에게 태풍을 경고했다.
George reminds us *of* his brother. George는 우리들에게 그의 형을 생각나게 한다.
I informed him *of* her success. 나는 그에게 그녀의 성공을 알렸다.

S+V+O+ to 명사

A는 명사자리(목적어)이지만 B는 명사자리가 아니기 때문에 전치사 to를 써주어야 한다.

explain 설명하다 introduce 소개하다 suggest 제안하다 announce 발표하다 admit 인정하다	A (O) + to B	B에게 A를

My sister introduced me *to* one of the best designers. 나의 누이는 나를 베스트디자이너들 중 한 명에게 소개했다.
She explained the situation *to* me. 그녀는 나에게 그 상황을 설명하였다.
She has announced her marriage *to* her friends. 그녀는 친구들에게 결혼한다고 발표하였다.

S+V+O+ from ~ing

A는 명사자리(목적어)이지만 B는 명사자리가 아니기 때문에 전치사 from를 써주어야 한다.

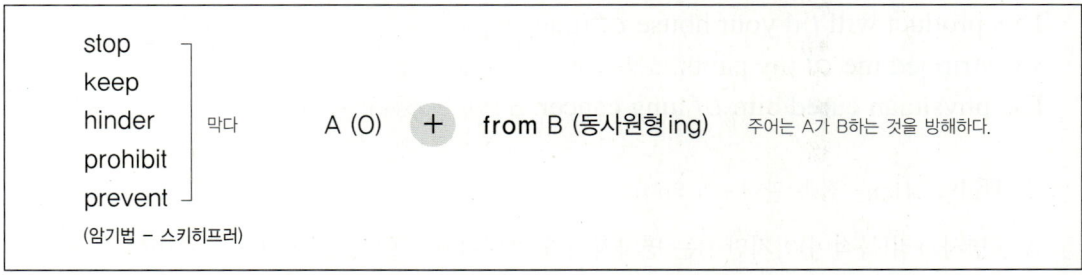

stop / keep / hinder / prohibit / prevent — 막다   A (O) + from B (동사원형 ing)   주어는 A가 B하는 것을 방해하다.
(암기법 – 스키히프러)

This shot will prevent you *from* catching the flu. 이 주사는 네가 독감에 걸리는 것을 예방해 줄 거야.
Heavy rain prevented me *from* going there. 폭우는 내가 거기에 가는 것을 방해했다.
His father didn't stop him *from* abandoning his plan. 그의 아버지도 그가 그의 계획을 포기하는 것을 막지 못했다.
The heavy rain kept us *from* going out. 호우로 외출을 하지 못했다.
This medicine prevents flu *from* spreading. 이 약은 유행성감기의 만연을 예방한다.
The plumber will keep the pipe *from* leaking. 그 배관공은 파이프가 새어나오지 않도록 막을 것이다.

IV. 4형식 : S + V₄ + I.O + D.O + (M)   Chapter 5

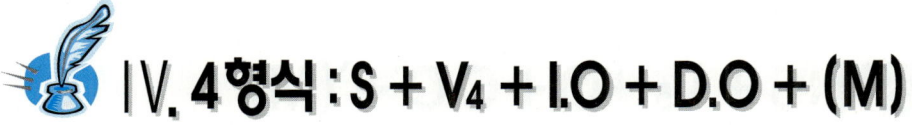

```
4형식 : S + V₄ + I.O + D.O
→ 3형식 : S + V₃ + O + 전치사(to/for/of/on) + (대)명사
                        부속품(부사수식어구)
```

4형식 동사는 명사의 자리가 주어 외에 간접목적어와 직접목적어 두 개 더 있다. 3형식으로 바꿀 수 있고 이때 간접목적어였던 것 앞에 전치사를 쓴다.

● 전치사 to

| give, tell, show, sell, offer, lend, send, write |

God gave us many talents.
→ God gave many talents *to* us. 신은 우리에게 많은 재능을 주었다.

● 전치사 for
두 번의 동작이 나타나는 동사는 for를 쓴다.   (암기법 – 사선만 찾구요)

| buy 사서 주다   choose 선택해서 주다   make 만들어서 주다   find 찾아서 주다   get 구해서 주다   cook 요리해 주다 |

He bought me a watch.
→ He bought a watch *for* me. 그는 나에게 시계를 사주었다.

● 전치사 of
'묻다, 요구하다' 의미의 동사는 of

| ask |

He asked me a question.
→ He asked a question *of* me. 그는 나에게 질문하나를 하였다.

● 전치사 on

| play |

He played me a trick.
→ He played a trick *on* me. 그는 나에게 속임수를 썼다.

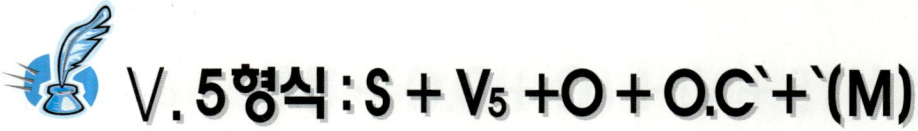
V. 5형식 : S + V₅ + O + O.C` + `(M)

5형식은 두 개의 절이 하나로 합해져 형성된 것이다. 하나의 절의 주어가 5형식 문장에서 목적어가 되고 동사 이하의 내용이 목적어 보충어가 된다.

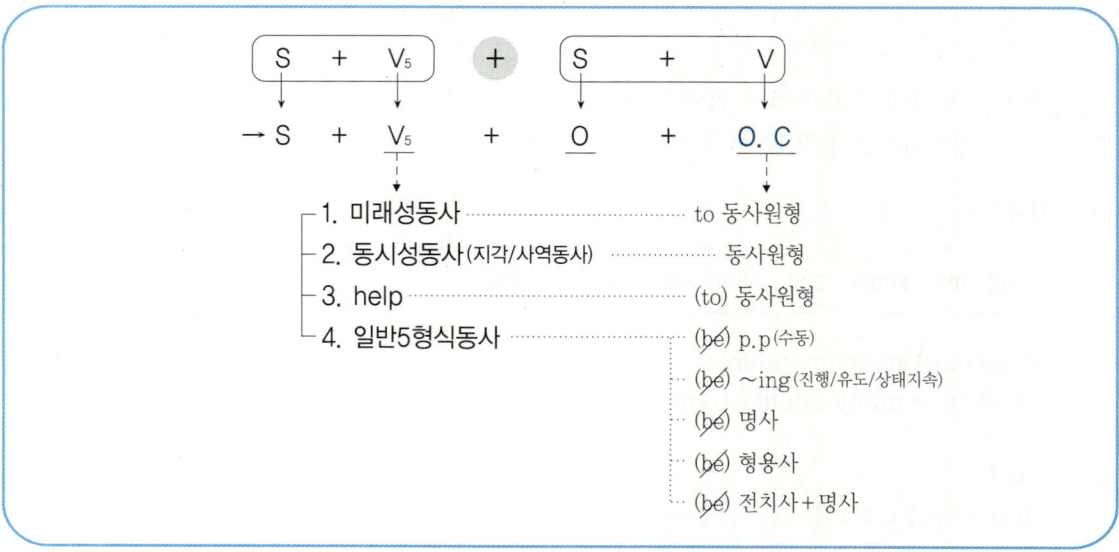

01 미래성 동사 + 목적어 + to 동사원형
(목적어 보충어)

이때 to는 본동사의 시제보다 나중임을 표시한다. 즉 'to동사원형'은 미래성 동사(본동사)와의 시간차를 표시한다.

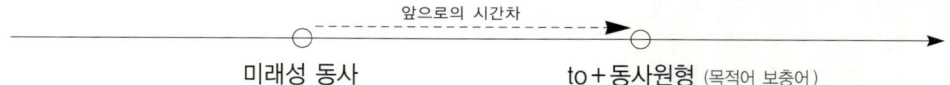

[미래성 동사]

- 소망하다 : want/wish/would like/expect/desire
- 경고하다 : warn
- 설득하다 : persuade
- 격려하다 : encourage
- 허락하다 : permit/allow
- 금지하다 : forbid
- ~하게 하다 : get/set
- 유도하다 : lead

- 요구하다 : ask/require/urge/press/beg
- 충고하다 : advise
- 명령하다 : order/command
- 야기시키다 : cause
- 강요하다 : force/compel
- 말하다 : tell
- 할 수 있게 하다 : enable
- 동기부여하다 : motivate

Chapter 5

I want + you will help me.
→ I *want* you to help me. 나는 네가 나를 돕기를 원한다. (해설) 원하는 것은 현재, 돕는 것은 미래
→ You are wanted to help me. (수동태)
I will persuade + he will help me.
→ I will persuade him to help me. 나는 그가 나를 돕도록 설득할 것이다.
(해설) 내가 설득할 것은 미래, 그가 나를 돕는 것은 설득하는 것보다 더 나중.

02 동시성 동사(지각동사/사역동사)+목적어+동사원형
(목적어 보충어)

지각/사역동사와 목적어 보충어에 오는 동사원형은 시간차 없는 동시적인 사건이다.

동시성 동사 (지각/사역동사)와
목적어 보충어의 동사원형이 같은 시점

[동시성 동사]

- 사역동사
  let 허락하다   make ~하도록 강요하다   have ~하도록 시키다
- 지각동사
  - 보다 : see/look at/watch/notice/observe/witness
  - 듣다 : hear/listen to
  - 느끼다 : feel

I saw + she stole my watch.
→ I *saw* her (to) steal my watch. (해설) 내가 본 것과 그녀가 훔친 것은 동시적이므로 to 쓰면 안 된다
나는 그녀가 나의 시계를 훔치는 것을 보았다.
→ She was seen to steal my watch by me. (수동태) (해설) 수동태에서 to가 살아난다.
I won't let + she will go alone.
→ I won't *let* her go alone. 나는 그녀가 혼자 가도록 허락하지 않는다.
Some smells make + we feel better.
→ Some smells *make* us feel better. 몇몇의 냄새들은 우리가 기분 좋게 느끼도록 한다.

03 미래 및 동시성 동사(help)+목적어+(to) 동사원형
(목적어 보충어)

to를 써도 되고 안 써도 된다. 엄밀히 말하면 시간차가 없는 동시적일 때는 '**동사원형**'이, 시간차가 있는 경우는 'to+동사원형'이 온다.

> help 돕다

I help + she studies English. (동시)
→ I help her study English. 나는 그녀가 영어를 공부하는 것을 돕는다.
(해설) 내가 돕는 것과 그녀가 공부하는 것이 동시적.

I help + she will study English. (시간차)
→ I help her to study English. 나는 그녀가 영어를 공부하도록 돕는다.
(해설) 공부하는 것은 돕는 것보다 나중 일을 표현.

04 보통5형식동사+목적어+(be)+

p.p(수동)
동사원형ing(진행 및 유도)
명사
형용사
전치사+명사

(목적어 보충어)

목적어 보충어에 '(to)동사원형'이 아니고 p.p/~ing/명사/형용사/전치사+명사 등이 오면 be동사가 생략되었다고 보면 된다.

● **목적어 보충어가 p.p(과거분사)** – 목적어와의 관계가 수동일 때

I saw + my money was stolen by her. (← She stole my money의 수동태)
→ I saw my money (be) stolen by her. 나는 그녀에 의해 나의 돈이 훔쳐지는 것을 보았다.
(해설) be동사는 생략. 목적어 my money와 수동관계이므로 p.p가 목적어 보충어

I had + my shoes were repaired. (← Someone repaired my shoes의 수동태)
→ I had my shoes (be) repaired. 나는 나의 신발이 수선되도록 하였다.
(해설) be동사는 생략. 목적어 my shoes와 수동관계인 p.p가 목적어 보충어

Chapter 5

- **목적어 보충어가 '동사원형 ing'** – 목적어가 ~하고 있는 진행 중이거나 감정유발일 때
  ① 진행 중
  I saw + she was stealing my money.
  → I saw her (b̶e̶) stealing my money. 나는 그녀가 나의 돈을 훔치고 있는 진행 중인 상황을 보았다.
  (해설) be동사는 생략, 목적어 her가 진행 중이므로 '동사원형 ing'이 목적어 보충어
  Our homeroom teacher kept + Our classmates were waiting for him for 2 hours.
  → Our homeroom teacher kept our classmates (b̶e̶) waiting for him for 2 hours.
  우리 담임선생님은 우리학급 학생들이 두 시간 동안 그를 기다리도록 했다.
  (해설) be동사는 생략, 목적어 our classmates가 진행 중이므로 'waiting'이 목적어 보충어

  ② 감정유발
  We found + Baduk was interesting.
  → We found Baduk (b̶e̶) interesting. 우리는 바둑이 재미있다는 것을 알았다.
  (해설) be동사는 생략, 목적어 Baduk이 유도(~하게하는)이므로 '동사원형 ing'이 목적어 보충어

- **목적어 보충어가 명사**
  We will choose + you will be captain in our team.
  → We will choose you (b̶e̶) captain in our team. 우리는 너를 우리의 팀장으로 선출할 것이다.
  (해설) be동사는 생략. 명사가 목적어 보충어
  We elected + he was mayor.
  → We elected him (b̶e̶) mayor. 우리는 그를 시장으로 선출했다. (해설) be동사는 생략. 명사가 목적어 보충어
  They call + the child is their hope.
  → They call the child (b̶e̶) their hope. 그들은 그 아이를 그들의 희망이라고 부른다.
  (해설) be동사는 생략. 명사가 목적어 보충어

- **목적어 보충어가 형용사**
  His remark made + I was angry.
  → His remark made me (b̶e̶) angry. 그의 발언은 나를 화나게 하였다. (해설) be동사는 생략. 형용사가 목적어 보충어
  Ms. Green found + the air was terrible during the meeting.
  → Ms. Green found the air (b̶e̶) terrible during the meeting
  Ms. Green씨는 회의동안 분위기가 끔찍하다는 것을 알았다.. (해설) be동사는 생략. 형용사가 목적어 보충어

- **목적어 보충어가 '전치사+명사'**
  We think + the computer is still of use.
  → We think the computer(b̶e̶) still of use. 우리는 그 컴퓨터가 여전히 쓸만하다고 생각한다.
  (해설) be동사는 생략. 전치사+명사가 목적어 보충어

 참고

동시성동사인 **지각동사**나 **사역동사**일 때 일반적인 상황일 때는 목적어 보충어자리에 **'동사원형'** 이 오지만 **수동**일 때는 **p.p(과거분사)**, 진행 중일 때는 **'동사원형ing'** 이 오기도 한다.

A. 지각동사

- 보다 : see/look at/watch/notice/observe
- 듣다 : hear/listen to
- 느끼다 : feel

(a) 일반적인 상황 : 동사원형
I saw + she stole my money.
I saw *her* steal my money. 나는 그녀가 나의 돈을 훔치는 것을 보았다.
해설 내가 본 것과 그녀가 훔친 것이 동시적이므로 목적어 보충어 steal이 동사원형

(b) 진행 중인 상황 : 동사원형ing
I saw + she was stealing my money.
I saw *her* (be) stealing my money. 나는 그녀가 나의 돈을 훔치고 있는 진행 중인 상황을 보았다.
해설 be동사는 생략. 목적어 her가 진행 중이므로 동사원형 ing이 목적어 보충어

(c) 수동적인 상황 : p.p(과거분사)
I saw + my money was stolen by her.
I saw *my money* (be) stolen by her. 나는 나의 돈이 그녀에 의해 훔쳐지는 것을 보았다.
해설 be동사는 생략. 목적어 my money와 수동관계로 p.p가 목적어 보충어

B. 사역동사

- let 허락하다
- make 시키다
- have 하도록 하다

(a) 일반적인 상황 : 동사원형
I had + he walked
→ I had *him* walk. 나는 그가 걷도록 했다. 해설 내가 시킨 것과 그가 걷는 것이 동시적이므로 목적어 보충어 walk가 동사원형

(b) 수동적인 상황 : p.p(과거분사)
I had + my shoes were repaired.
→ I had *my shoes* (be) repaired. 나는 나의 신발이 수선되도록 하였다.
해설 be동사는 생략. 목적어 my shoes와 수동관계인 p.p가 목적어 보충어

VI. 여러 형식으로 쓰이는 동사들   Chapter 5

하나의 동사가 하나의 문장 형식으로만 쓰이는 것이 아니고 동사에 따라 여러 문장형식으로 사용될 수 있는 것들도 있다.

◉ feel
  ① 1형식 - ~ (전치사) 느끼다
    They feel for the boy. 그들은 그 소년을 동정한다. 해설 feel for ~를 동정하다.
  ② 2형식 - ~ 하게 느끼다
    Do you feel hungry yet? 벌써 배고프니?
  ③ 3형식 - ~ 를 만져보다
    Just feel the quality of the cloth. 단지 천의 품질을 만져보세요.
  ④ 5형식 - 목적어가 목적어 보충어 하는 것을 느끼다
    She felt her heart beating faster. 그녀는 그녀의 심장이 빠르게 뛰는 것을 알았다.

◉ taste
  ① 2형식 - ~하게 맛이 나다.
    These oranges taste nice. 이 오렌지들은 맛이 좋다.
  ② 3형식 - ~을 맛보다.
    I've never tasted such delicious beef! 나는 결코 그처럼 맛있는 소고기를 맛본 적이 없다.

◉ look
  ① 1형식 - ~(전치사) 보다
    Look for your lost books. 잃어버린 책을 찾아라. 해설 look for ~를 찾다.
  ② 2형식 - ~처럼 보이다
    You look unhappy. 너는 불행하게 보인다.

◉ make
  ① 1형식 - ~로 향하다 (for/toward)
    They made for the land. 그들은 육지로 향해 갔다.
  ② 2형식 - ~가 되다
    The story makes a good reading. 그 이야기는 좋은 읽을거리가 된다.
  ③ 3형식 - ~를 만들다
    Did you make this dress? 네가 이 드레스를 만들었느냐?

④ 4형식
- ~에게 ~을 만들어 주다.
  My wife made me a warm sweater. 나의 아내는 나에게 따뜻한 스웨터를 만들어 주었다.
- ~에게 ~가 되다
  She would make him a good wife. 그녀는 그에게 좋은 아내가 될 것이다.
⑤ 5형식 – '목적어'가 '목적어 보충어' 하도록 하다
  Eating unripe apples made him ill. 덜 익은 사과를 먹어서 그가 아팠다.
  Don't make me laugh! 나를 웃기지 마라!

find
① 3형식 – ~를 찾다
  We've found oil under the North Sea. 우리는 북해에서 석유를 찾았다.
② 4형식 – ~에게 ~를 찾아주다.
  Mom found me the key. 엄마는 나에게 키를 찾아주었다.
③ 5형식 – '목적어'가 '목적어 보충어' 하는 것을 발견하다
  The jury found the prisoner guilty. 배심원은 그 죄수가 유죄라고 판단했다.

keep
① 2형식 – ~한 상태로 유지하다
  Keep cool. 진정하세요.
② 3형식 – ~를 지키다
  You must keep your promise. 너는 약속을 지켜야 한다.
③ 5형식 – '목적어'가 '목적어 보충어' 하게 하다
  This coat will keep you warm. 이 코트는 너를 따뜻하게 할 것이다.

stand
① 1형식 – 서다
  A tall tree stands on the riverside. 강변에 높은 나무가 서 있다.
② 2형식
- ~ 되다(이다)
  He stood accused of having betrayed his friend. 그는 친구를 배반했다는 일로 비난받았다.
  He stands innocent of any wrong. 그는 하등 양심에 부끄러울 것이 없다.
- 높이가 …이다
  He stands six feet three. 키가 6피트 3인치이다.
③ 3형식 – 참다
  Can you stand the pain? 고통을 참을 수 있는가?

VII. 혼동하기 쉬운 동사들

- find – found – found 발견하다
  found – founded – founded 설립하다

  He found a treasure by accident. 그는 우연히 보물을 발견했다.
  The natives founded a house on a rock. 원주민들은 집을 반석 위에 지었다.

- lie ┌ lied – lied – lying   1형식 거짓말하다
       ├ lay – lain – lying   1형식 놓여 있다, 누워 있다   2형식 ~한 상태로 놓여있다
       └ lay – laid – laid – laying 3형식 ~을 놓다 / (알)를 낳다

  You lie to me. 너는 나에게 거짓말을 하고 있어.
  He lay down on the grass. 그는 풀밭에 누워 있었다.
  The farmers lies idle in winter. 농부들은 겨울에 한가하다.
  A soldier must not lay a gun on the ground. 군인은 땅에 총을 놓아서는 안 된다.

- rise – rose – risen   1형식 오르다
  raise – raised – raised 3형식 ~를 올리다.

  The price of the necessities rises nowadays. 생활 필수품 가격이 최근에 오른다.
  Raise your right hand. 너의 오른손을 들어라.

- sit – sat – sat   1형식 앉다.
  seat – seated – seated   3형식 앉히다.

  Sit down.
  Seat yourself.(=Be seated) 앉으시오.

- wind – wound – wound 감다.
  wound – wounded – wounded 상처를 입히다.

  She wound her arms round the child. 그녀는 그 아이를 안았다.
  Ten soldiers were killed and thirty were wounded. 10명의 군인들이 죽었고 30명이 부상했다.

Chapter 5

Question
확·인·문·제

주어의 상태와 동작을 나타내는 동사(문장의 형식)

정답 및 해설 6~7page

1 다음 문장에서 _____ 에 알맞은 형태의 단어를 ( )에서 찾아 넣어라.

01 He lived _____ . (happy / happily)
02 The rose smells _____ . (sweet / sweetly)
03 These shirts wash _____ . (easy / easily)
04 The poor man looks _____ . (healthy / healthily)
05 She remained _____ . (silent / silently)
06 The chinese food tastes _____ . (good / well)

2 다음 문장에서 알맞은 동사(의 형태)는 무엇인가?

01 Tom (arrived / reached) safely.
02 The sun (rises / raises) in the east.
03 The computer programmer (arrived / reached) the station.
04 Time and tide (waits / awaits) for no man.
05 The train (went / entered) a tunnel.
06 Mr. Gardiner (married / married with / married to) the reporter.
07 We (discussed / discussed about) many things at the meeting.
08 The candidate for the mayor (graduated / graduated from) Harvard in 1998.
09 He (resembles / resembles after) his mother.

3 다음 문장에서 어법상 틀린 부분을 올바로 고치시오.

01 The managers discussed about your need for an extension for credit.
02 Unfortunately, the heavy rain prevented students to go camping.
03 Few people could survive in the tragic ship crash.
04 The heavy rainfalls will rise the price of agricultural products.
05 We provided the reporters the convenience facilities.

4 다음 문장에서 ( ) 안에 알맞은 형태는 무엇인가?

01 My mother persuaded me (go) to the party.
02 Jane made a waiter (bring) her a cup of coffee.
03 I saw the detective (chase) the criminal.
04 I urged her (apply) for the job.
05 I heard the cars (crash) in the street.
06 The passengers from China had the porter (carry) their suitcase.
07 The old lady found the seats (take).
08 They didn't hear the clock (tick).
09 He kept us (wait) for an hour.

시제는 **동작이나 상태의 시점을** 나타낸다. 다만 일반적인 시점과 완전히 일치하지는 않는다.
동작이나 상태의 시점을 나타내는 시제에는 **12가지 시제**가 있다.

- 현재	David studies French.
- 과거	David studied French.
- 미래	David will study French.
- 현재진행	David is studying French.
- 과거진행	David was studying French.
- 미래진행	David will be studying French.
- 현재구간	David has studied French.
- 과거구간	David had studied French.
- 미래구간	David will have studied French.
- 현재구간진행	David has been studying French.
- 과거구간진행	David had been studying French.
- 미래구간진행	David will have been studying French.

동사의 동작이나 상태의 시점을 나타내는 시제 Tenses

Ⅰ. 12가지 시제

Ⅱ. 단순시제

Ⅲ. 진행시제

Ⅳ. 구간시제

Ⅴ. 구간진행시제 : 구간 + 진행

Ⅰ. 12가지 시제

1. 단순시제

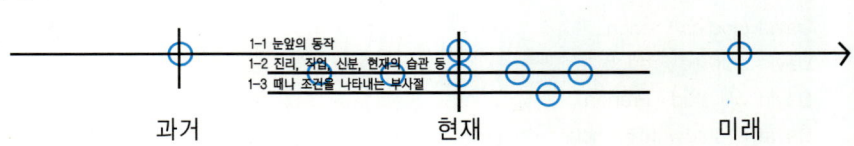

2. 진행시제

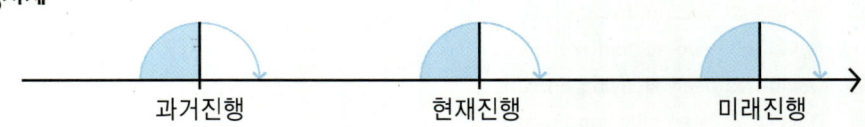

3. 구간시제

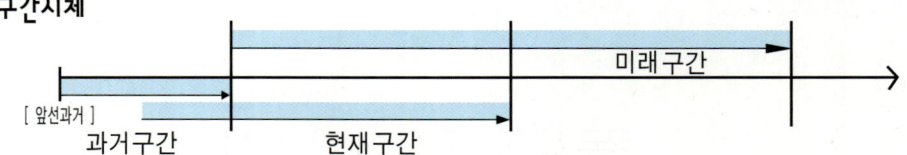

4. 구간진행시제

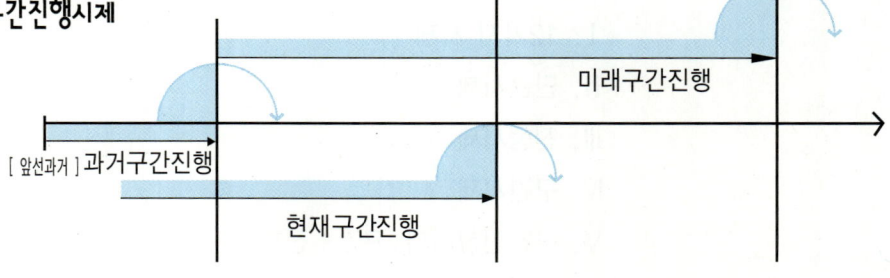

Chapter 6

1. 단순시제

- 현 재 : She teaches English. 그녀는 (현재)영어를 가르친다.
- 과 거 : She taught English. 그녀는 (과거에) 영어를 가르쳤다.
- 미 래 : She will teach English. 그녀는 (미래에) 영어를 가르칠 것이다.

2. 진행시제

- 현재진행 : She is teaching English. 그녀는 (현재) 영어를 가르치고 있는 진행 중이다.
- 과거진행 : She was teaching English. 그녀는 (과거의 어느 시점에) 영어를 가르치고 있는 진행 중이었다.
- 미래진행 : She will be teaching English. 그녀는 (미래의 어느 시점에서) 영어를 가르치고 있는 진행 중일 것이다.

3. 구간시제

- 현재구간 : She has taught English. 그녀는 영어를 (현재까지) 가르쳐 오고 있다.
- 과거구간 : She had taught English. 그녀는 영어를 (과거의 어느 시점까지) 가르쳐 왔었다.
- 미래구간 : She will have taught English. 그녀는 (미래 어느 시점까지) 영어를 가르칠 것이다.

4. 구간진행시제

- 현재구간진행 : She has been teaching English. 그녀는 (과거에서부터 현재에도) 영어를 가르쳐 오고 있는 진행 중이다.
- 과거구간진행 : She had been teaching English.
  그녀는 영어를 (앞선 과거에서 과거의 어느 시점에서도) 가르쳐 오고 있는 진행 중 이었다.
- 미래구간진행 : She will have been teaching English.
  그녀는 (미래의 어느 시점에까지) 영어를 가르치고 있는 진행 중일 것이다.

대한민국 영어문법에서 현재완료, 과거완료, 미래완료라는 대표적인 문법용어는 내용을 파악하는데 전혀 도움이 되지 못한다. 그래서 이 책에서는 현재완료를 **현**(까지)**구간**, 과거완료를 **과거**(까지)**구간**, 미래완료를 **미래**(까지)**구간**으로 대체하여 사용한다. 74p 표에서 보는 바와 같이 어느 한 점이 아니고 구간을 표시하기 때문이다.

II. 단순시제

1. 현재

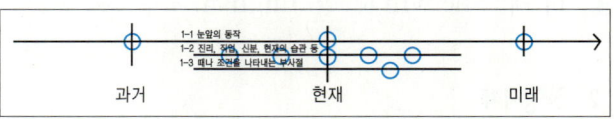

		3인칭 단수일 때		나머지일 때
be동사		is		are(I-am)
have동사		has		동사원형(have)
do동사		does		동사원형(do)
일반 동사	동사원형+es	[s], [z], [ʃ], [tʃ], [dʒ] 로 끝날 때 [암기법-수저시치지]	teaches finishes	동사원형
		자음+y로 끝날 때 y → i+es	fly → flies, study → studies	동사원형
		자음+o	go → goes	동사원형
	동사원형+s		learns	동사원형

위 표에서 보는 바와 같이 현재를 나타낼 때, 주어가 3인칭 단수일 때는 특별하다. 즉 is, has, does, '일반동사(e)s'로 반드시 표시해 주어야 한다. 나머지는 be동사를 제외하고는 모두 동사원형을 쓴다.

▶ 눈앞의 동작
Here comes the bus. 여기 버스가 온다.

▶ 진리, 직업, 신분, 현재의 습관 등
① 진리
The earth moves around the sun.
지구는 태양 주위를 돈다.

The earth is even bigger than the moon. 지구는 달보다 훨씬 더 크다.
② 직업이나 신분
She is a science teacher. 그녀는 과학선생님이다.
③ 현재의 습관
She doesn't smoke. 그녀는 담배를 피우지 않는다.
He usually practices at about this time. 그는 보통 대략 이 시간에 연습한다.

Chapter 6

🔸 **미래를 현재로 표현**

① 때나 조건, 상황상관없음을 나타내는 부사절
- 반드시 현재형태로 미래표현

If it *rains* tomorrow, I will go shopping. 내일 비가 내리면 나는 쇼핑갈 것이다.
We will meet you tomorrow *after* you *finish* your work. 네가 일을 마치면 우리는 내일 너를 만날 것이다.
When it *gets* warmer, the snow will start to melt. 날씨가 더 따뜻할 때 눈이 녹기 시작할 것이다.

② 확정적 미래 : 미래를 현재로 대신 쓸 수도 있다. 물론 'will 동사원형'을 쓸 수 있다.
He *leaves* (=will leave) for Chicago tomorrow. 그는 내일 시카고를 향해 떠날 것이다.

2. 과거 – 과거동사를 쓴다. 보통 동사원형에 ed를 붙인다.

지난 일을 나타낼 때 쓴다.
특히 과거의 시간표시가 있을 때 반드시 과거를 써야 한다.

※ 과거표현
   yesterday, ten years ago/last week/this morning/just now

She *died ten years ago*. 그녀는 10년 전에 죽었다.
I *lost* my purse *this morning*. 나는 오늘 아침 지갑을 잃어 버렸다.

동사변화형의 두번째가 과거형

규칙변화형	1. 동사원형+ed 일반적으로 동사원형에 ed를 붙인다.
	   visit - **visited** - visited clean - **cleaned** - cleaned
	2. 동사원형+d 다만 동사원형이 -e로 끝날 때는 d만 붙인다.
	   endure - **endured** - endured 참다 love - **loved** - loved
	3. 마지막에 자음을 추가하는 경우
	   단모음+단자음일 때 마지막 자음을 추가하고 ed를 붙인다.
	   ① 1음절에서 stop - **stopped** - stopped beg - **begged** - begged
	   ② 2음절 중 뒤에 강세가 있는 경우
	      occúr - **occurred** - occurred 일어나다 omít - **omitted** - omitted 생략하다
	   📝 2음절 중 앞에 강세가 있는 경우
	      énter/óffer/vísit+ed → entered/offered/visited
	4. 자음+y는 y를 i로 고치고 ed를 붙인다.
	   cry 울다 cried cried marry 결혼하다 married married

불규칙변화형	1. A-A-A burst - **burst** - burst (폭탄, 풍선 등)터지다 cast - **cast** - cast 던지다. 2. A-B-A become - **became** - become 이 되다 come - **came** - come 오다 3. A-B-B bend - **bent** - bent 구부리다 bind - **bound** - bound 묶다 4. A-B-C choose - **chose** - chosen 선택하다 do [does] - **did** - done 하다

☞ *382page* 「부록1 불규칙 동사 변화표」 참고

3. 미래

다가올 사건을 나타낸다.

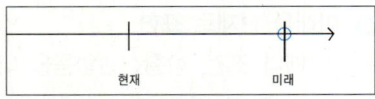

미래는 보통 will이나 shall을 사용하며 보조적으로 다른 조동사 (may/can/must/should)로 미래를 나타낼 수도 있다. 또한 아래와 같은 표현으로 미래를 표현하기도 한다.

표현방법

- will/shall + 동사원형

[보조적 미래 표현]
- may/can/must/should
- be going to 동사원형
- be about to 동사원형   ~ 할 예정이다
- be due to 동사원형
- be [expected / supposed] to 동사원형
- be to + 동사원형 - 의도, 예정, 가능, 의무, 운명 (암기법 - 도예가의 운명)

I will visit my hometown next week. 나는 다음주에 고향을 방문할 것이다.
You may go home now. 집에 가도 좋다.
You should attend the meeting tomorrow. 너는 내일 회의에 참석해야만 한다.
You must get up at 6 o'clock. 너는 6시에 일어나야만 한다.
I am going to meet her next week. 나는 그녀를 다음주 만날 예정이다.
She is about to finish class. 그녀는 막 수업을 끝낼 참이다.
She is due to visit France. 그녀는 프랑스를 방문할 예정이다.
Bradly is expected to come back. Bradly는 돌아올 예정이다.
You are to obey law. 너는 법을 지켜야 한다.

III. 진행시제

Chapter 6

원칙적으로 진행형은 한 시점에서 진행 중인 동작 표현으로 동작동사 만이 진행형을 쓸 수 있다. 하지만 현대 영어에서 상태동사의 진행형을 사용하여 상태의 동적상황을 나타내기도 한다.

※ 상태 동사
  인식 – know   위치 – stand   외관 – resemble
  소유 – have, belong   의미 – mean

1. 현재 진행형

일반적으로 현시점에서 동작의 진행을 나타낸다.

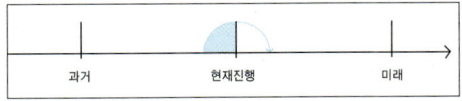

[am / are / is] 동사원형ing

➡ **현재 동작 진행**
She *is cooking*. 그녀는 요리하고 있는 중이다.

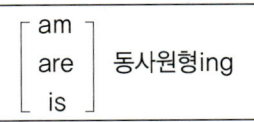 곧 다가올 미래, 상태의 동적상황, 반복적 행위를 나타낼 때도 am/are/is ing를 쓴다.

- 곧 다가올 미래
  She *is leaving* for London *next week*. 그녀는 다음주 런던을 향해 떠날 예정이다.

- 상태의 동적상황
  They *are having* a good time in the shore. 그녀는 해변에서 좋은 시간을 보내고 있다.
  Some boats *are floating* in the front sea of Yeosu. 얼마간의 배들이 여수앞바다에 떠있다.

- 반복적 행위
  Tommy is *always* complaining about his task. Tommy는 항상 그의 과제를 불평한다.

2. 과거 진행형

과거 한 시점에서 동작의 진행을 나타낸다.

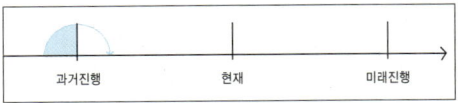

[was / were] 동사원형ing

They *were playing* baseball in the playground *that night*. 그들은 그날 밤 운동장에서 야구를 하고 있는 중이었다.

3. 미래 진행형

미래의 한 시점에서 동작의 진행을 나타낸다.

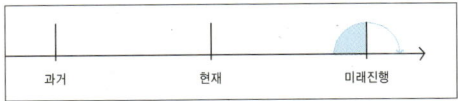

[will / shall] be 동사원형ing

She *will be reading* a book in the afternoon. 그녀는 오후에 책을 읽고 있는 중일 것이다.

 **IV. 구간시제**

1. 현재(까지) 구간

과거에서 현재까지 구간표현

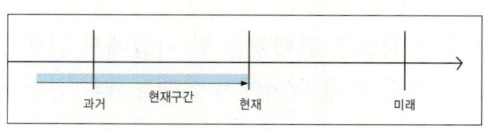

$$\begin{bmatrix} \text{have} \\ \text{has} \end{bmatrix} + \text{p.p}$$

※ 현재구간과 찰떡궁합 표현들
for ~동안 since ~한 이후로 now 지금
just 방금 how long 얼마나 오래

How long have you *stayed* in China? 중국에서 얼마나 오랫동안 머물러 왔습니까?
She has written novels *for 30 years.* 그녀는 30년 동안 소설들을 써왔다.
Maria has studied English *since she graduated from university.*
Maria는 대학을 졸업한 이후로 영어를 공부해 왔다.

 현재(까지) 구간과 절대 쓸 수 없는 표현들

현재구간은 구간을 표현하는 말이기 때문에 명백한 과거나 한 시점만 표현하는 말과는 어울릴 수 없다.

- 명확한 과거표현 : 과거와 사용 ※ yesterday/last year/10 years ago/just now/a moment ago
  I have met John *last year* . (X)/I met John *last year*. (O)
- 한 시점(when) : 과거나 미래 등과 사용
  When have you met her? (X)/When did you meet her? (O)
  When will you climb Mt. Baeckdoo? (O) 너는 언제 백두산에 오를 것입니까?

2. 과거(까지) 구간

앞선 과거에서 과거시점까지의 구간을 표시한다.

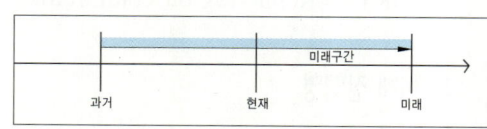

had + p.p

I had played the flute by 2003. 나는 2003년까지 플룻을 연주해 왔다.

3. 미래(까지) 구간

미래의 특정시점까지의 구간을 표시한다.

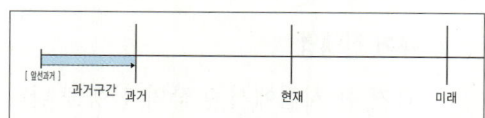

$$\begin{bmatrix} \text{will} \\ \text{shall} \end{bmatrix} \text{have} + \text{p.p}$$

I will have taught English for 11 years by 2013. 나는 2013년까지면 영어를 11년 가르치게 된다.

 Chapter 6

1. 현재구간진행 (현재구간 + 진행)

과거에서부터 현재까지를 나타내는 현재구간과
현시점에서 진행중인 현재 진행형이 합해진 시제이다.

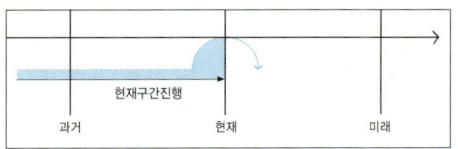

I have been studying English *for 10 years.* 나는 10년 동안 영어를 공부해오고 있는 진행 중이다.

2. 과거구간진행 (과거구간 + 진행)

앞선 과거에서 과거 어느 시점까지를 나타내는
과거구간과 과거 어느 시점에서 진행 중인
과거 진행형이 합해진 시제이다.

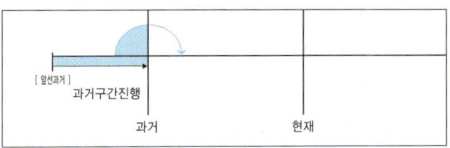

had been + ~ing
과거구간 진행형

She had been writing poems *when I met her in 1999.*
내가 1999년에 만났을 때 그녀는 그때까지 시를 쓰고 있는 중이었다.

3. 미래구간진행 (미래구간 + 진행)

미래 어느 시점까지를 나타내는 미래 구간과
미래 어느 시점에서의 진행 중임을 나타내는
미래 진행형을 합한 시제이다.

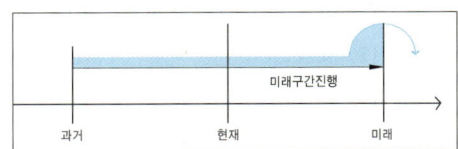

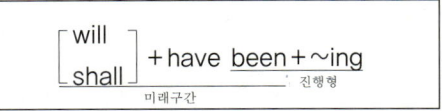

I will have been teaching English at Chong-ro *in 2020.* 나는 2020년에도 종로에서 영어를 가르치고 있는 중일 것이다.

Question
확·인·문·제

동사의 동작이나 상태의 시점을 나타내는 시제
정답 및 해설 8page

1 다음의 우리말 문장을 12가지 시제에 따라 각각 쓰시오.

> 그 작가는 탐정소설을 쓴다. (탐정소설 – a detective novel)

01 현재 –
02 과거 –
03 미래 –
04 현재진행 –
05 과거진행 –
06 미래진행 –
07 현재구간 –
08 과거구간 –
09 미래구간 –
10 현재구간진행 –
11 과거구간진행 –
12 미래구간진행 –

2 다음 문장의 _____에 ( ) 안의 동사 꼴을 알맞게 넣으시오.

01 I will tell him so when he _____ back. (come)
02 The earth's population _____ since the Second World War. (double)
03 Betty _____ as the manager for sales promotion for 5 years up to now. (work)
04 When Sarah arrived at the party, Paul _____ home. (go already)
05 The research _____ carried out 9 years ago. (be)
06 The professor _____ in this university for 35 years by the time he retires next year. (serve)
07 It _____ since last Thursday. (snow)
08 I will come back home if I _____ the work. (finish)
09 I don't know when they _____ back home next week. (come)
10 In the summer of 2001, he _____ Korea, to participate in a house-building project. (visit)
11 Unless you _____ asked, you must ask a question. (be)

문장에서 핵심요소는 동사의 행위자와 동사의 대상이다.
문장에서 가장 중요한 자리인 주어 자리에 동사의 행위자를 쓰는 문장을 능동태라고 하고
동사의 대상을 쓰는 문장을 수동태라고 한다.

- **능동태** : 주어가 영향을 준 문장형식
- **수동태** : 주어가 영향을 받은 문장형식

07

주어가 영향을 받는 수동태 Passive Voice

Ⅰ. 수동태 만드는 법
Ⅱ. 12가지 시제별 수동태 등
Ⅲ. 문장의 형식별 수동태
Ⅳ. 의문문의 수동태
Ⅴ. by 이외의 전치사

I. 수동태 만드는 법

수동태 만드는 방법

기본 유형:

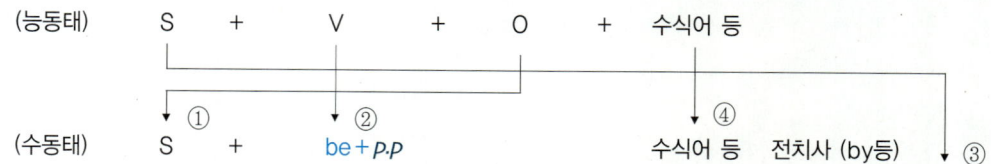

수동태 만드는 순서
① 동사의 대상, 즉 목적어를 주어로 가져온다.
② 주어의 동사를 be+p.p로 한다. 이때 p.p는 모든 수동태에서 똑같고 시제(능동태 문장에서 확인)와 인칭(수동태의 주어=능동태의 목적어)에 따라 be 동사를 알맞게 표시한다.
③ 능동태의 주어는 수동태에서 전치사 by(at/in/of 등) 다음에 쓴다.(대명사의 경우 당연히 목적격을 쓴다) 다만, 일반인(we, they 등)은 보통 생략한다.
④ 부사 등 수식어구는 수동태에서도 그대로 써준다.

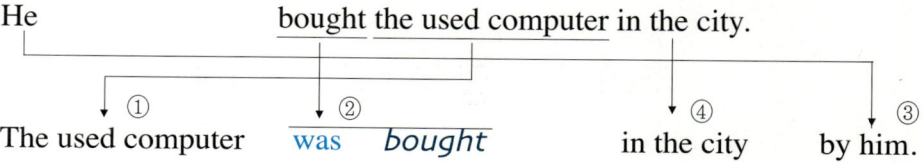

참고 일반적으로 수동태를 쓰는 경우

문장에서 주어는 가장 중요한 부분이다. 능동태는 동사의 대상보다는 **행위자**를, 반면에 수동태는 동사의 대상을 더 중요하게 다룬다. 특히 동사의 행위자를 잘 모른다거나 너무나 뻔한 경우, 이를 주어 자리에 쓸 필요 없이 동사의 대상을 주어자리에 써 수동태를 쓴다.

[동사의 행위자를 잘 모르는 경우]
His father was *killed* in the Korean war. (by someone 누군지 잘 모른다)

[동사의 행위자가 뻔한 경우]
English and French are *spoken* in Canada. (by Canadian people 누군지 뻔하다)
Rice is *grown* in Asia. (by Asian people 너무 뻔하다)

II. 12가지 시제별 수동태 등

Chapter 7

수동태를 만들더라도 시점의 변화는 없으므로 능동태의 시제를 그대로 유지시켜야만 한다. 즉 'be+p.p'에서 모든 수동태에서 p.p는 똑같고 다만 be에 능동태 시제를 수동태의 주어의 인칭과 수에 맞게 표현한다. 수동태의 주어의 단수 및 복수에 따라 be동사와 have동사가 달라진다.

※ 단수 – is/was/has been 등 + p.p, 복수 – are/were/have been 등 + p.p

● 현재 수동태

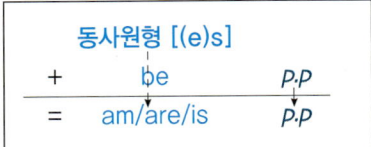

능동태가 현재이므로 p.p 앞의 be동사를 현재형(am/are/is)으로 쓰면 된다.

She teaches English. 그녀는 영어를 가르친다.
→ English is *taught* by her.

● 과거 수동태

능동태가 과거이므로 p.p 앞의 be동사를 과거형(was/were)으로 쓰면 된다.

She taught English. 그녀는 과거에 영어를 가르쳤다.
→ English was *taught* by her.

● 미래 수동태

능동태가 미래이므로 p.p 앞의 be동사를 미래형(will be - 조동사 will은 그대로 쓰고, 조동사 다음에 동사 원형 be)으로 쓰면 된다.

She will teach English. 그녀는 영어를 가르칠 것이다.
→ English will be *taught* by her.

🔵 현재진행 수동태

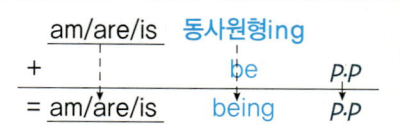

능동태가 현재진행이므로 p.p 앞의 be동사를 현재진행형(am/are/is being – am/are/is는 그대로, be만 진행형 만들기 위해 being)으로 쓰면 된다.

She <u>is</u> teaching English. 그녀는 (현재) 영어를 가르치고 있는 진행 중이다.
→ English is being *taught* by her.

🔵 과거진행 수동태

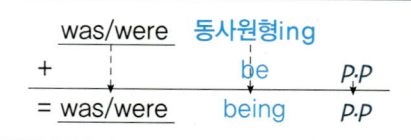

능동태가 과거진행이므로 p.p 앞의 be동사를 과거진행형(was/were being – was/were는 그대로, be만 진행형 만들기 위해 being)으로 쓰면 된다.

She <u>was</u> teaching English. 그녀는 (과거의 어느 시점에) 영어를 가르치고 있는 진행중이었다.
→ English was being *taught* by her.

🔵 미래진행 수동태

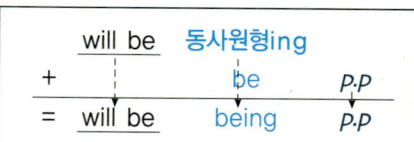

능동태가 미래진행이므로 p.p 앞의 be동사를 미래진행형(will be being – will be는 그대로, be만 진행형 만들기 위해 being)으로 쓰면 된다.

She will be teaching English. 그녀는 (미래의 어느 시점에서) 영어를 가르치고 있는 진행 중일 것이다.
→ English will be being *taught* by her.

🔵 현재구간 수동태

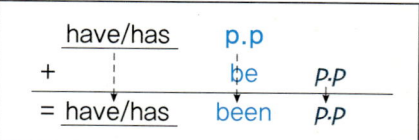

능동태가 현재구간이므로 p.p 앞의 be동사를 현재구간(have/has been – have/has는 그대로, 구간형 만들기 위해 be는 p.p형 been)으로 쓰면 된다.

Chapter 7

She　　has taught English. 그녀는 영어를 (현재까지)가르쳐 오고 있다.
→ English has been taught by her.

● 과거구간 수동태

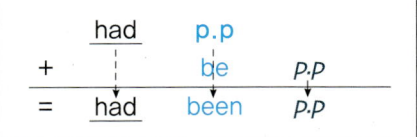

능동태가 과거구간이므로 p.p 앞의 be동사를 과거구간(had been - had는 그대로, 구간형 만들기 위해 be는 p.p형 been)으로 쓰면 된다.

She　　had taught English. 그녀는 영어를(과거의 어느 시점까지) 가르쳐 왔었다.
→ English had been taught by her.

● 미래구간 수동태

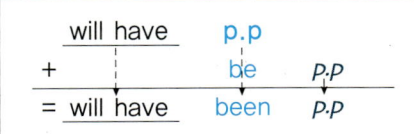

능동태가 미래구간이므로 p.p 앞의 be동사를 미래구간(will have been - will have는 그대로, 구간형 만들기 위해 be는 p.p형 been)으로 쓰면 된다.

She　　will have taught English. 그녀는 (미래 어느 시점까지) 영어를 가르칠 것이다.
→ English will have been taught by her.

● 현재구간진행 수동태

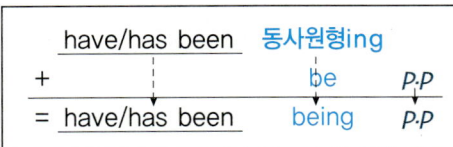

능동태가 현재구간진행이므로 p.p 앞의 be동사를 현재구간진행(have/has been being - have/has been은 그대로, 구간진행형 만들기 위해 being)으로 쓰면 된다.

She　　has been teaching English. 그녀는 (과거에서부터 현재에도) 영어를 가르쳐 오고 있는 진행 중이다.
→ English has been being taught by her.

🔵 **과거구간진행 수동태**

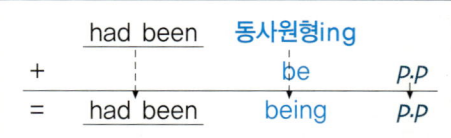

능동태가 과거구간진행이므로 p.p 앞의 be동사를 과거구간진행(had been being - had been은 그대로, 구간진행형 만들기 위해 being)으로 쓰면 된다.

She had been teaching English. 그녀는 영어를 (앞선 과거에서 과거의 어느 시점에서도)가르쳐오고 있는 진행 중이었다.
→ English had been being *taught* by her.

🔵 **미래구간진행 수동태**

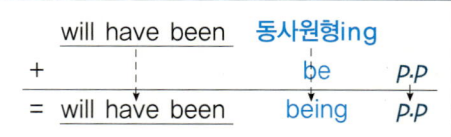

능동태가 미래구간진행이므로 p.p 앞의 be동사를 미래구간진행(will have been being - will have been은 그대로, 구간진행형 만들기 위해 being)으로 쓰면 된다.

She will have been teaching English. 그녀는 (미래의 어느 시점에까지)영어를 가르치고 있는 진행 중일 것이다.
→ English will have been being *taught* by her.

💡 **참고 조동사가 있는 수동태**

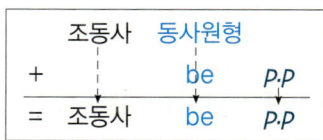

조동사가 있을 때 조동사는 그대로 두고 p.p앞에 be를 쓴다.
(이때 be동사는 조동사 다음으로 동사원형 be를 쓴다.)

- 조동사 : will/can/may/must/would/should/could/might 등.
- 조동사취급 : be able to/have to/be going to/be about to 등.

Students must write an essay. 학생들은 에세이를 써야 한다.
→ An essay must be *written* by students.

You have to pay this bill. 너는 이계산서에 대해 지불해야 한다.
→ This bill has to be *paid* by you.

Ann is going to buy the used car. Ann은 중고차를 살 예정이다.
→ The used car is going to be *bought* by Ann.

III. 문장의 형식별 수동태

1. 1형식 / 2형식

목적어 없는 1형식과 2형식은 수동태로 쓸 수 없다.

➔ 1형식

happen, rise, arrive, disappear 등은 1형식 동사로 수동태로 쓰지 않는다.

The earthquake was happened last week.(X)
→ The earthquake happened last week.(O) 지진이 지난주 발생했다.
The sun is risen in the east.(X)
→ The sun rises in the east. (O) 태양이 동쪽에서 뜬다

➔ 2형식

become (~되다) seem/appear (~처럼 보이다) prove (~로 판명되다) 등은 2형식 동사로 수동태 쓸 수 없다.

She was become a psycholosist.(X)
→ She became a psycholosist.(O) 그녀는 심리학자가 되었다.

2. 3형식

목적어를 주어로 수동태를 만든다.

She wrote a novel. → A novel was written by her. 소설은 그녀에 의해 씌어졌다.

3. 4형식

간접목적어(I.O)와 직접목적어(D.O)로 수동태를 2개 만든다.

I gave her(I.O) a book(D.O). 나는 그녀에게 책을 주었다.
→ She was given a book by me. (간접목적어를 주어로)
→ A book was given (to) her by me. (직접목적어를 주어로)

[해설] 직접목적어가 주어가 될 때 간접목적어 앞에는 to를 쓴다.

4. 5형식

목적어를 주어로 하여 수동태를 만든다. 5형식의 수동태는 **주어보충어가 2개인 특별한 2형식문장이** 된다.

I want + You will help me. 해설 두 문장으로 한 문장을 만들면
I want you to help me. (5형식) 나는 네가 나를 도와주길 원한다.
→ You are <u>wanted</u> <u>to help me</u> by me. (수동태) 너는 나를 도와줄 것을 나에 의해 원해지고 있다.
    　　　주어보충어　　주어보충어

해설 주어 you를 보충 설명하는 주어보충어가 2개이다. 즉 원해지는 것도 나를 돕는 것도 주어 You이다.

They advised + She would stop smoking.
→ They <u>advised</u> her to stop smoking. (5형식) 그들은 그녀가 담배를 끊도록 충고했다.
→ She was <u>advised</u> <u>to stop smoking</u> by them. (수동태) 그녀가 담배를 끊도록 그들로부터 충고받고 있다.
    　　　주어보충어　　　주어보충어

해설 주어보충어가 이중구조이다. 즉 advised도 to stop도 주어 She를 보충설명

I saw + She played the piano.
→ I <u>saw</u> her <u>play</u> the piano. (5형식) 나는 그녀가 피아노를 치는 것을 보았다. 해설 saw가 지각동사이므로 동사원형 play
→ She was <u>seen</u> <u>to play</u> the piano by me. (수동태) 해설 수동태에서 to 살아난다.
    　　주어보충어　주어보충어

해설 주어보충어가 이중구조이다. 즉 보이는 것도 피아노 연주하는 것도 모두 주어 She를 설명한다.

The judges made + He would listen to their judgement. 해설 made가 동시성 동사이므로 to를 쓰면 안 된다.
→ The judges <u>made</u> him <u>listen</u> to their judgement. 그 판사들은 그가 그들의 판결을 듣도록 했다.

해설 made가 동시성동사이므로 동사원형 listen이 왔다.

→ He was <u>made</u> <u>to listen</u> to their judgement by the judges. (수동태) 해설 수동태에서 to 살아난다.
    　　주어보충어　주어보충어

해설 주어보충어가 이중구조다. made도 to listen ~도 주어 He를 보충설명한다.

She considers + John is a spy.
→ She considers John (be) a spy. (5형식) 그녀는 존이 스파이라고 생각한다.
→ John is <u>considered</u> <u>a spy</u> by her. (수동태)
    　　　주어보충어　주어보충어

해설 주어보충어가 이중구조이다. 즉 생각되어진 것도 스파이도 주어 John을 설명하는 말이다.

IV. 의문문의 수동태

Chapter 7

> **의문문의 수동태를 만드는 방법**
>
> 첫째, 먼저 의문문을 보통의 문장순서(주장문)로 바꾼다.
> 둘째, 주장문을 수동태로 만든다.
> 셋째, 수동태문장을 의문문으로 바꾼다.

Does Nancy help her mother?
(주장문) Nancy helps her mother.
(수동태) Her mother is helped by Nancy.
(의문문) Is her mother helped by Nancy? 그녀의 어머니가 Nancy에 의해 도움 받았습니까?

Did Charles Darwin write The Origin of Species?
(주장문) Charles Darwin wrote The Origin of Species.
(수동태) The Origin of Species was written by Charles Darwin.
(의문문) Was the Origin of Species written by Charles Darwin?
　　　　　The Origin of Species (종의 기원)이 Charles Darwin에 의해 씌어졌습니까?

What did Graham Bell invent?
(주장문) Graham Bell invented what.(비문)
(수동태) What was invented by Graham Bell.(비문)　(해설) 의문문순서와 같음
(의문문) What was invented by Graham Bell? Graham Bell에 의해 무엇이 발명되었습니까?

Who invented the electric light bulb?　(해설) who가 주어로 주장문어순과 같음
(수동태) The electric light bulb was invented by whom.(비문)
(의문문) (By) Who(m) was the electric light bulb invented (by)? 전구가 누구에 의해 발명되었습니까?
　　　　　(해설) 전치사 by는 의문사 앞이나 문장 끝 둘 다 가능

Where do you buy stationery?
(주장문) You buy stationery where.(비문)
(수동태) Stationery is bought where by you.(비문)
(의문문) Where is stationery bought by you? 너에 의해 문구류가 어디에서 사졌습니까?

When did they build the pyramids?
(주장문) They built the pyramids when.(비문)
(수동태) The pyramids were built when by them.(비문)
(의문문) When were the pyramids built by them? 그들에 의해 피라미드가 언제 세워졌습니까?

주어가 영향을 받는 수동태 | **91**

V. by 이외의 전치사

행위자를 나타낼 때는 by를 쓰지만 순간적인 시점을 표현 할 때는 at을, 공존은 with, 방향은 to를, 내부나 분야를 표현 할 때는 in을, 주변을 나타낼 때는 about를 써야 한다.

● at – 순간적 시점

> be + p. p + at (순간시점)
>
> surprised/amazed/astonished/astounded/alarmed/frightened ~에 놀라다
> delighted ~에 기뻐하다

The news surprised us.
→ We were surprised at the news. 우리는 그 소식에 놀랐다.

● with – 함께 존재함을 나타냄

> be + p. p + with (~와 함께)
>
> satisfied ~로 만족하다 filled ~로 채워지다 crowded ~로 붐비다 pleased ~로 기쁘다 covered ~로 뒤덮이다

His explanation on English grammar satisfied many students.
→ Many students were satisfied with his explanation on English grammar.
많은 학생들은 영어문법에 대한 그의 설명에 만족했다.

Snow covered Mt. Solak.
→ Mt. Solak was covered with snow. 설악산은 눈으로 뒤덮혔다.

● to – 방향을 나타냄

> be + p. p + to (방향)
>
> married ~에게 결혼하다   engaged ~에게 약혼하다   known ~에게 알려지다

Chapter 7

She married the gentleman.
→ The gentleman was married to her. 그 신사는 그녀와 결혼했다.
The students in this area know her.
→ She is known to the students in this area. 그녀는 이지역의 학생들에게 알려져 있다.

● in – 분야

be + p. p + in (분야)

interested ~에 흥미를 느끼다 absorbed ~에 몰두하다 indulged ~에 빠지다 engaged ~에 종사하다.

Physics interests me
→ I am interested in physics. 나는 물리학에 흥미를 느낀다.

● about – 여기저기, 주변

be + worried/concerned + about (여기저기, 주변) ~에 관해 걱정하다

My husband's business worried me.
→ I was worried about my husband's business. 나는 남편의 사업을 걱정했다.

● 기타 : for – 원인/by – 기준/as – 신분 등

| be known to ~에게 알려지다 | be known by ~로 알 수 있다 |
| be known for ~ 때문에 알려지다 | be known as ~로서 알려지다 |

Kelly is known to everybody. Kelly는 모든 사람에게 알려져있다.
She was known for her knowledge of global economy. 그녀는 세계경제에 대한 지식으로 유명하다.
A man is known by the company he keeps. 사람은 그가 사귀는 친구를 보면 알 수 있다.
Harry is known as a writer. Harry는 작가로서 알려졌다.

주어가 영향을 받는 수동태 | 93

Chapter 7

주어가 영향을 받는 수동태
정답 및 해설 8~9page

Question
확·인·문·제

1 다음 12가지 시제에 대한 문장을 수동태로 쓰시오.

01 Mozart writes more than 600 pieces of music.
→

02 Mozart wrote more than 600 pieces of music.
→

03 Mozart will write more than 600 pieces of music.
→

04 Mozart is writing more than 600 pieces of music.
→

05 Mozart was writing more than 600 pieces of music.
→

06 Mozart will be writing more than 600 pieces of music.
→

07 Mozart has written more than 600 pieces of music.
→

08 Mozart had written more than 600 pieces of music.
→

09 Mozart will have written more than 600 pieces of music.
→

10 Mozart has been writing more than 600 pieces of music.
→

11 Mozart had been writing more than 600 pieces of music.
→

12 Mozart will have been writing more than 600 pieces of music.
→

2 다음을 수동태 문장으로 바꾸어라. 수동태로 바꿀 수 없는 것은 X표를 하시오.

01 The company employed two hundred people.
02 Careless driving causes this kind of accident.
03 We could hear music from a long way away.
04 The gunman has shot the president.
05 The old are cleaning the room at the moment.
06 We gave the policeman the information about the accident. (2개)
07 The reporters asked me some difficult questions at the interview. (2개)
08 They want me to help them.
09 I noticed the couple enter a hotel last night.
10 Gary became a great novelist.
11 They heard him enter the room.

08

사실을 사실대로 쓰는 문장을 보통 직설법이라고 하는데 반해
사실이 아닌 것을 가정해서 쓰는 문장을 가정법이라고 한다.

현재 생거짓말
현재 전혀 사실이 아닌 것을 가정해서 쓸 때
If S + 과거동사, S would/should/could/might 동사원형

과거 생거짓말
과거의 전혀 사실이 아니었던 것을 가정해서 쓸 때
If S had + p.p, S would/should/could/might have + p.p

거짓말을 표현하는 가정법 *Subjunctive mood*

Ⅰ. 가정법의 일반형
Ⅱ. 가정법의 변형 (직설법 + 가정법)

Ⅰ. 가정법의 일반형

1. 현재 생거짓말

현재 전혀 사실이 아닌 것을 표현하다.

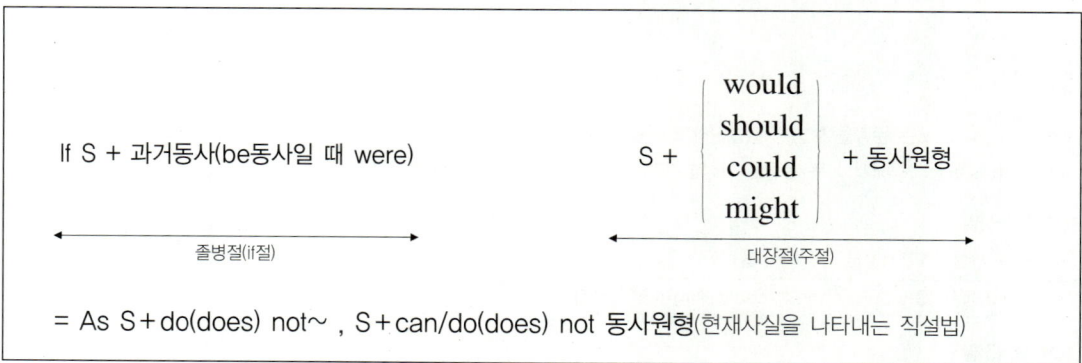

If I were rich, I could buy a car.
= Were I rich, I could buy a car. (현재)내가 부자라면 차를 살 수 있을 텐데. (해설) if 생략되면 be/조동사 도치.
→ As I am not rich, I can't buy a car.(현재사실을 나타내는 직설법) 내가 (현재) 부자가 아니어서 차를 살 수 없다.
If she had much money, she could buy her house. (현재) 그녀가 많은 돈을 가지고 있다면 그녀는 그녀의 집을 살수 있을 텐데.
→ As she doesn't have much money, she can't buy her house.(현재사실을 나타내는 직설법)
그녀가 (현재) 많은 돈을 가지고 있지 않아서 그녀는 그녀의 집을 살 수 없다.

2. 과거 생거짓말

과거의 사실이 전혀 아니었던 것을 표현하다.

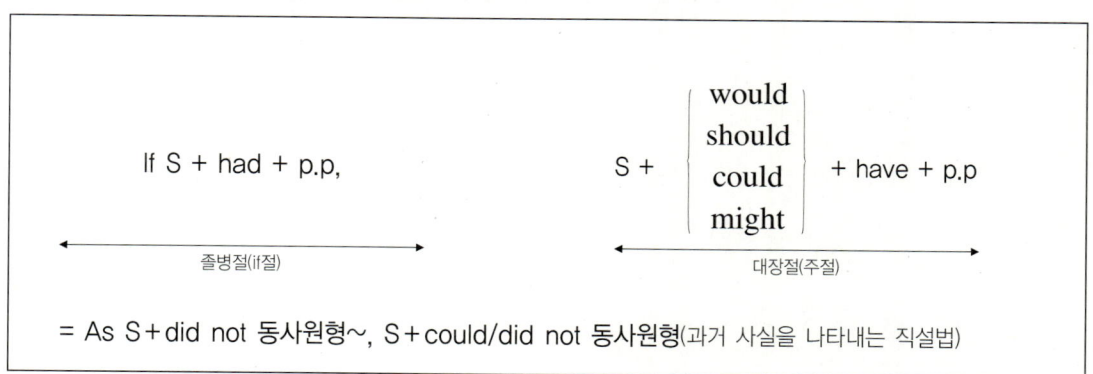

Chapter 8

If I had been rich, I could have bought a car.
= Had I been rich, I could have bought a car. 내가 (과거에) 부자였다면 차를 샀을 텐데. (해설) if 생략되면 be/조동사 도치
→ As I wasn't rich, I couldn't buy a car. (과거 사실을 나타내는 직설법)
  내가 (과거에) 부자가 아니었기 때문에 나는 차를 살 수 없었다.

If she had had much money, she could have bought a house.
= Had she had much money, she could have bought a house.
  그녀가 (과거에) 많은 돈을 가지고 있었다면 집을 샀을 텐데.
→ As she didn't have much money, she couldn't buy a house. (과거 사실을 나타내는 직설법)
  그녀가 (과거에) 많은 돈을 가지고 있지 않아서 그녀는 집을 살 수 없었다.

저자 명강

그동안 대한민국의 거의 모든 영어 책에서 '현재 생거짓말'을 '가정법 과거'라고 표시하고 '과거 생거짓말'을 '가정법 과거완료'라고 표현했다. 이러한 표현은 학습자들에게 심각한 혼란만 주는 잘못된 표현이다.

왜냐하면 학습자들은 과거는 지난 일이라고 알고 있으며 과거완료란 앞선 과거에서부터 과거까지를 표현하는 말로 이미 알고 있다. 그런데 '가정법 과거'라는 것은 현재에 대한 내용이고 '가정법 과거완료'란 과거에 대한 내용으로 전혀 연결이 안 되는 표현이다. 이러한 혼란을 주는 표현은 대한민국 영어에서 완전히 추방해야 할 것이다.

다만 '현재 생거짓말'에서 과거동사를 쓰거나 '과거 생거짓말'에서 had + p.p를 쓰는 것은 실제 상황이 아님을 표현하는 단순한 식별기호일 뿐이다.

졸병절(if절)은 과거생거짓말, 대장절은 현재생거짓말

(과거에) ~했더라면 (현재) ~일 텐데

If S had p.p ~, S would/should/could/might have p.p ~ – 과거생거짓말
If S 과거동사 ~, S would/should/could/might 동사원형 ~ – 현재생거짓말

If I had studied hard in my school days, I might be a professor in anthropology now.
(과거에) 내가 학창시절에 열심히 공부했더라면 (현재) 인류학분야에 교수일 텐데.
(해설) if절 부분은 과거의 전혀 사실이 아닌 내용이고 주절부분은 현재의 전혀 사실이 아닌 내용

거짓말을 표현하는 가정법 | **97**

 **참고** **기타 가정법**

A. 현재·미래 50% 가능성 거짓말
현재나 미래에 가능성이 꽤 있는 경우를 표현한다.

If S + 현재동사	S + (will/can/may) + 동사원형
졸병절(if절)	대장절(주절)

If you are honest, I will employ you. (현재) 네가 정직하다면 나는 너를 고용할 텐데.
If it snows tomorrow, I will go skiing. (미래) 내일 눈이 내리면 나는 스키 타러 갈 것이다.

B. 현재·미래 95% 불가능한 거짓말
현재나 미래에 가능성이 희박한 경우를 표현한다.

If S + should + 동사원형	S + (would/could/might) + 동사원형
졸병절(if절)	대장절(주절)

If you should be honest, I would employ you. (현재) <해설> if 생략되면 be/조동사 도치.
→ Should you be honest, I would employ you. 네가 정직하다면 나는 너를 고용할 텐데.(정직할 가능성 희박)
If it should snow tomorrow, I would go skiing. (미래) 내일 눈이 내리면 스키 타러 갈 텐데.(눈 내릴 가능성 희박)

C. 미래 말장난 (전혀 가능성 없음)
과학적으로 가능성이 전혀 없는 것을 표현한다.

If S + were to 동사원형	S + (would/could/might) + 동사원형
졸병절(if절)	대장절(주절)

If I were to be born again, I would become a doctor. <해설> if 생략되면 be/조동사 도치.
→ Were I to be born again, I would become a doctor. 내가 다시 태어난다 하더라도 의사가 될 텐데.

D. 주어의 의지
주어의 의지를 표현한다.

If S + would + 동사원형	S + must + 동사원형
졸병절(if절)	대장절(주절)

If you would succeed, you must study hard. <해설> if 생략되면 be/조동사 도치.
→ Would you succeed, you must study hard. 네가 성공하고자 한다면 너는 열심히 공부해야한다.

II. 가정법의 변형(직설법+가정법)   Chapter 8

I wish(wished)와 ~ as if 다음에 아래의 '현재 생거짓말/과거생거짓말' 가정법의 졸병절과 주절이 각각 연결되어 총 4가지 문장이 나올 수 있다.

1.
- I wish
- ~ as if/though

현재 생거짓말 — 졸병절①
           — 대장절②
과거 생거짓말 — 졸병절③
           — 대장절④

직설법 ← | → 가정법
(사실)   (거짓)

위의 ①, ②, ③, ④의 유래

[현재 생거짓말]
If S + 과거동사(be-were), S would/should/could/might + 동사원형
    졸병절①   대장절②

[과거 생거짓말]
If S + had + p.p, S would/should/could/might + have + p.p.
    졸병절③   대장절④

▶ I wish – ~라면 얼마나 좋을까!

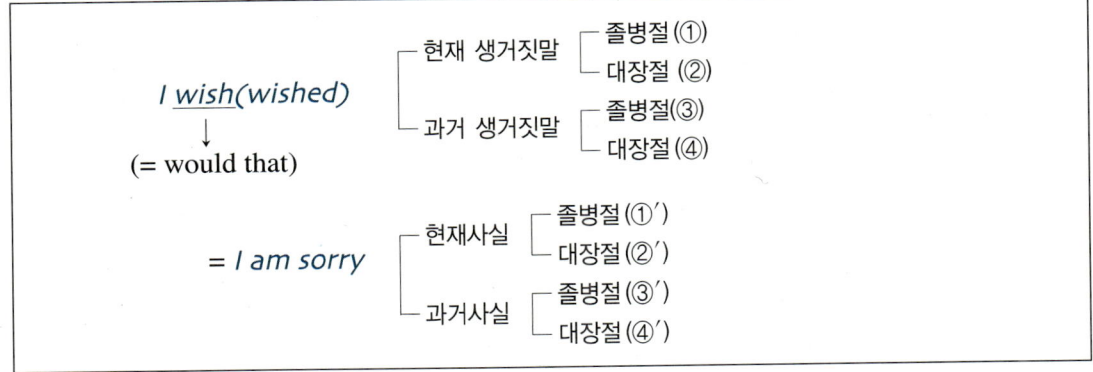

I wish(wished)
얼마나 좋을까! (좋았을까!)

- I were rich. ① (현재) 내가 부자라면
- I could buy a car. ② (현재) 내가 차를 살 수 있다면
- I had been rich. ③ (과거에) 내가 부자였다면
- I could have bought a car. ④ (과거에) 내가 차를 살 수 있었다면

= *I am sorry*
나는 유감이다

- I am not rich. ①′ (현재) 내가 부자가 아니어서
- I can't buy a car. ②′ (현재) 내가 차를 살 수 없어서
- I was not rich. ③′ (과거에) 내가 부자가 아니어서
- I couldn't buy a car. ④′ (과거에) 내가 차를 살 수 없어서

위 문장들은 아래로부터 나온 것들이다.

[현재 생거짓말]

If I <u>were</u> rich, I <u>could buy</u> a car. (현재) 내가 부자라면 차를 살 수 있을 텐데.
　　　①　　　　②

(현재사실) → As I <u>am not</u> rich, I <u>can't buy</u> a car. (현재) 부자가 아니기 때문에 차를 살 수 없다.
　　　　　　　　①′　　　　②′

[과거 생거짓말]

If I <u>had been</u> rich, I <u>could have bought</u> a car. (과거) 내가 부자였다면 차를 살 수 있을 텐데.
　　　③　　　　　　④

(과거사실) → As I <u>was not</u> rich, I <u>could not buy</u> a car. (과거) 부자가 아니었기 때문에 차를 살 수 없었다.
　　　　　　　　③′　　　　④′

● ~ as if/though~   ~처럼 ~한다.

```
                    ┌ if       ┌ 현재 생거짓말 ┌ 졸병절(①)
S + V        as     │          │               └ 대장절(②)
(현재형/과거형)     └ though   └ 과거 생거짓말 ┌ 졸병절(③)
                                               └ 대장절(④)
```

She says(said) *as if*
그녀는 말한다(말했다)

- she had much money. ① (현재) 그녀는 많은 돈이 있는 것처럼.
- she could buy a house. ② (현재) 그녀는 집을 살 수 있는 것처럼.
- she had had much money. ③ (과거에) 많은 돈을 가지고 있었던 것처럼.
- she could have bought a house. ④ (과거에) 집을 살 수 있었던 것처럼.

위 문장들은 아래로부터 유래한 것들이다.

[현재 생거짓말]

If she *had* much money, she *could* buy her house. (현재) 그녀가 많은 돈을 가지고 있다면 그녀는
　　　①　　　　　　　　　②　　　　　　　　　그녀의 집를 살 수 있을 텐데.

[과거 생거짓말]

If she *had had* much money, she *could have bought* a house. (과거에) 그녀가 많은 돈을 가지고 있었
　　　③　　　　　　　　　　　　④　　　　　　　　　다면 그녀는 집을 살 수 있었을 텐데.

2.
> **당위표현**(동사/형용사/명사) that S + (should) + 동사원형
> (제안/요구/주장/명령/권고/충고)

that 다음에 '~해야한다'는 당위를 나타내는 말이 오며 should가 올 수도 생략될 수도 있다. should가 생략되더라도 should가 있다고 보고 다음에는 반드시 동사원형이 와야 한다.

➡ 동사형

- 제안하다 : suggest/propose
- 요구하다 : demand/require/request/ask
- 주장하다 : urge/insist/move/argue   ⎬ that S + (should) + 동사원형
- 명령하다 : order/command
- 권고하다 : recommend
- 충고하다 : advise

I *propose/proposed* that he (should) take a vacation. 나는 그가 휴가를 가야한다고 주장한다(했다).
The doctor *recommends/recommended* that she (should) have surgery.
그 의사는 그녀가 수술을 해야 한다고 권고한다(했다).
The university *requires/required* that all students (should) take this course.
그 대학은 모든 학생이 이 과정을 수강해야한다고 요구한다(했다).

📺 cf. 사실을 표현하는 경우는 적절한 시제 사용

다만 that절의 내용이 당위(해야 한다)를 나타내는 말이 아니고 사실 등을 표현할 때는 should를 쓰지 않고 적절한 시제를 사용한다.

The boy insisted that he *had seen* the beggar in the town.
그 소년은 그가 읍내에서 그 거지를 봤다고 주장했다. (해설) 주장한 것은 과거이고 그가 거지를 본것은 과거보다 앞선과거로 had seen을 썼다
Scientists suggest that computers *will* one day *think* and *act* like people.
과학자들은 컴퓨터가 어느날 사람처럼 생각하고 행동할 것이라고 암시한다. (해설) that 절의 내용은 미래의 일이므로 미래로 쓴다.
Many witnesses insisted that the accident *had taken* place on the crosswalk.
많은 목격자들은 사고가 횡단보도에서 발생했다고 주장했다. (해설) 주장한 것(insisted)은 과거, 사건이 발생한 것(had taken)은 앞선 과거

형용사형

- 당연한 요구(필수적인)
  : essential/necessary/important/imperative/vital/urgent
- 권고 되어진 : recommended
- 제안 되어진 : proposed/suggested
- 요구 되어진 : required

} that S + (should) + 동사원형

It is/was *important* that he (should) be informed immediately. 그에게 즉각 알려야만 하는 것이 중요하(했)다.
It is/was *necessary* that he (should) find the books. 그가 책을 찾아야만 하는 것이 필수이(었)다.
It was *recommended* that we (should) wait for the authorities.
우리가 당국자를 기다려야만 한다는 것이 권고되어졌다.

명사형

- 제안 : proposal
- 명령 : command
- 권고 : recommendation

} that S + (should) + 동사원형

A command [that all the staff (should) assemble in front of the company's auditorium] was received at dinner the night before.
모든 참모들이 회사의 강당 앞에 모여야 한다는 지시를 전날 밤 저녁식사 시간에 받았다.

My proposal [that we (should) leave for Washington] was rejected by my wife.
나의 아내는 우리가 워싱턴을 향해 떠나야한다는 나의 주장을 거절했다.

The recommendation [that he (should) be promoted to sales manager] met with a great deal of resistance in our team.
그를 영업부장에 승진시켜야 한다는 권고사항은 우리 팀의 많은 저항에 부딪쳤다.

3. It is (high/about) time ~ : ~ 해야 할 시간이다

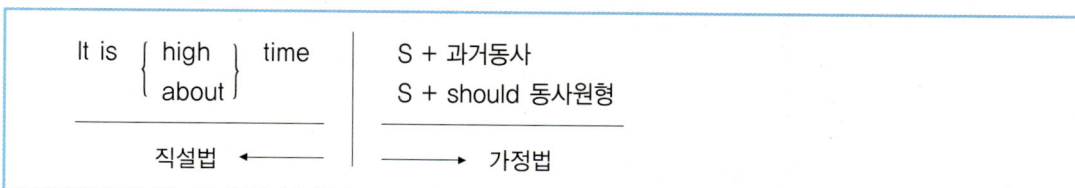

It is (*high/about*) *time* that you went/should go to bed. 네가 잠자러 갈 시간이다.

Chapter 8

 참고 **If절 대신 사용하는 표현들**

A. But for/Without 명사

(a) 대장절이 현재생거짓말(S + would/should/could/might 동사원형 ~) 일 때
   If it were not for ~로 대체 가능

   Without[But for] water, nothing **could live** on earth.
   = **If it were not for water,** nothing **could live** on earth.
   (현재) 물이 없다면 지상에 어떤 것도 살 수 없을 텐데.
   〔해설〕 대장절이 'S could 동사원형'으로 현재생거짓말이므로 'If it were not for ~'로 대체

(b) 대장절이 과거생거짓말(S + would/should/could/might have p.p ~) 일 때
   If it had not been for ~로 대체가능

   But for[Without] your careful care, the dog **would have died**.
   = **If it had not been for your careful care,** the dog **would have died**.
   (과거) 너의 주의 깊은 보살핌이 없었더라면 그 개는 죽었을 텐데.
   〔해설〕 대장절이 'would have p.p'로 과거생거짓말이므로 If it had not been for ~로 대체

B. to 동사원형

I **could go** abroad, **to speak English well.**
= I **could go** abroad, **if I spoke English well.**
(현재) 내가 영어를 잘 말한다면 나는 외국에 갈 수 있을 텐데.

C. 분사구문

Born in a clear society, he **could have succeeded.**
= If he *had been* born in a clear society, he **could have succeeded.**
(과거에) 그가 깨끗한 사회에 태어났더라면 그는 성공했을 텐데.

D. if절과 대장절의 통합형

If you were **a true friend, you** would help me in need.
= **A true friend** would help me in need. (**A true friend = you**)
(현재) 네가 진정한 친구라면 너는 나를 도울 텐데.

E. 기타 전치사구

In your place, I **would ask** him more specific information.
= If I *were* in your place, I **would ask** him more specific information.
(현재) 내가 너의 입장이라면 나는 그에게 보다 많은 상세한 정보를 요청할 텐데.

With your help, I **could have succeeded** in the project.
= If I *had had* your help, I **could have succeeded** in the project.
(과거에) 내가 너의 도움을 받았다면 그 프로젝트에서 성공했을 텐데.

거짓말을 표현하는 가정법 | **103**

Chapter 8

거짓말을 표현하는 가정법

정답 및 해설 9~10page

1 다음을 가정법으로 만들 때 ( ) 안에 적당한 단어를 넣어라.

01 As I am not rich, I cannot buy the car.
→ If I (   ) rich, I (   ) (   ) the car.

02 As he does not know her address, he can't write a letter to her.
→ If he (   ) her address, he (   ) (   ) a letter to her.

03 I have much homework to do, so I cannot help you.
→ If I (   ) (   ) much homework to do, I (   ) (   ) you.

04 As I was not rich, I couldn't help you.
→ If I (   ) (   ) rich, I (   ) (   ) (   ) you.

05 Because he was ill, he didn't go out.
→ If he (   ) (   ) ill, he (   ) (   ) (   ) out.

06 She didn't study hard, so she failed.
→ If she (   ) (   ) hard, she (   ) (   ) (   ).

07 Because I didn't work hard, I am not rich now.
→ If I (   ) (   ) hard, I (   ) (   ) rich now.

2 다음 문장의 ( ) 안에 적당한 단어를 넣으시오.

01 I am sorry I am not a bird.
→ I wish I (   ) a bird.

02 I am sorry I didn't study hard.
→ I wish I (   ) (   ) hard.

03 I am sorry I failed.
→ I wish I (   ) (   ).

04 He looks as if he (   ) honest.
   (= In fact he is not honest.)

05 He talks as though he (   ) everything.
   (= In fact he does not know everything.)

06 He says as if he (   ) (   ) the book.
   (= In fact he did not read the book.)

07 They requested that the painter (   ) the wall himself. 그들은 그 화가가 벽에 직접 그림을 그려야만 한다고 요청했다.

08 Young-suck asked that his name (write) in this book.

09

조동사란 **주어의 동사** 앞에서 동사를 도와 미래(will/shall), 허가(may), 능력(can), 의무(must) 등을 나타낸다.

- **do-does-did** : 의문문 만들기/부정문 만들기/앞에 나온 동사 대신/동사 강조/도치문(문장 순서바꿈)
- **can & could** : 능력/허가/가능성
- **may & might** : 허가/가능성/추측/능력/목적/기원/상황상관없음
- **will & would** : 의지미래/의지없는 미래/습관 및 경향성
- **shall & should** : 의지없는 미래/speaker의 의지/hearer의 의지/법규 예언 등에서의 당위
- **must** : 필요 & 의무/추측/필연
- **ought to** : 당위(=should)
- **used to** : 과거의 규칙적 습관

주어의 동사를 돕는 조동사 *Auxiliary Verbs*

I. Do – Does – Did

II. Can & Could

III. May & Might

IV. Will & Would

V. Shall & Should

VI. Must

VII. 기타조동사들

Ⅰ. Do-Does-Did

일반동사의 조동사로서 3인칭 단수 현재형은 does, 나머지 현재형은 do, 과거형은 did이다.
(암기법 - 의부증있는 대강도)

- 의문문에서의 do
  Do you love her? 너는 그녀를 사랑하느냐?
  Does Sarah want to meet you? Sarah가 너를 만나기를 원합니까?
  Did they fight then? 그들은 그때 싸웠느냐?

- 부정문에서의 do
  You do not want to meet her. 너는 그녀를 만나는 것을 원하지 않는다.
  She does not believe in God. 그녀는 신의 존재를 믿지 않는다.
  I did not visit my father's office. 나는 나의 아버지의 사무실을 방문하지 않았다.

- 앞에 나온 주어의 동사 대신
  He paid double the price that I formerly did.(=paid) 그는 내가 이전에 지불했던 가격의 두 배를 지불했다.

- 주어의 동사 강조
  She does teach Chinese. 그녀는 중국어를 가르친다. (해설) teach를 강조

- 도치문(문장순서 바꿈)
  Not until yesterday did I realize it. (←I didn't realize it until yesterday)
  나는 어제에서야 그것을 깨달았다. (해설) until yesterday를 강조하기 위해 앞으로 빼면서 아님을 강조하기 위해 not을 그 앞에 썼다.

A. 조동사 사용형태

조동사 다음은 동사원형이나 have+p.p가 와야 하고 「조동사+-ing /p.p」 등은 틀린 문장이다.
- 조동사+동사원형 : 현재나 미래 표현
- 조동사+have+p.p : 과거에 대한 표현

B. could/might/would/should의 용법

could/might/would/should는 각각 can/may/will/shall의 과거형의 의미와 **과거와는 상관 없는 독자적 의미**(정중한 표현 등)가 있다.

II. Can & Could

Chapter 9

● 능력

He can speak Spanish but he can't write it very well. 그는 스페인어를 말할 수 있으나 그는 매우 잘 쓸 수는 없다.

[과거의 능력]

I could always beat you at tennis when we were kids. 우리가 아이였을 때 나는 항상 테니스에서 너를 이길 수 있었다.

● 허가

Can I talk to my friend in the library waiting room?
내가 도서관의 대기실에 근무하는 나의 친구와 통화할 수 있을까요?

[과거의 허가]

I said that my brother could use my car. 나는 나의 형이 나의 차를 사용해도 좋다고 말했다.

● 추측 - 0% 가능성 (It is impossible that S + 현재동사/과거동사 .....)

- 현재 추측: can't 동사원형 ~일리 없다
- 과거 추측: can't have + p.p ~이었을리 없다

Sam can't be a spy. Sam은 스파이일리 없다.
Sam can't have been a spy. Sam은 스파이었을리 없다.

● 가능성

American automobile makers can make better cars if they think there's a profit in it.
미국의 자동차 메이커들은 이익이 있다고 생각하면 더 좋은 차를 만들 수 있다.

[과거의 가능성]

They thought that he could pass the course. 그들은 그 과정을 통과할 수 있다고 생각했다.

---

 can의 과거와 상관없는 독자적 의미의 could

A. 정중한 표현

　　Could I ask you one more question? 내가 하나 더 질문해도 되겠습니까?

B. 가정법에서의 능력 및 가능성

　　If he studied harder, he could pass this course.
　　그가 열심히 공부한다면 그는 이 과정을 통과 할 수 있을 텐데.

III. May & Might

- 허가

  May I leave class early? 내가 조퇴할 수 있겠습니까?

  [과거의 허가]
  They *thought* that her father might allow the girl to join our club.
  그들은 그 소녀가 우리의 클럽에 참가하도록 그녀의 아버지가 허락할 것이라고 생각했다.

- 가능성

  She may be my advisor next semester. 그녀는 다음 학기에 나의 고문이 될 가능성이 있다.

  [과거의 가능성]
  All of them *didn't* think that it might rain yesterday. 그들 모두가 어제 비가 내릴 거라 생각한 것은 아니다.

- 추측 – 50% 가능성 (It is possible that S + 현재동사/과거동사 …..)

  - 현재추측 : may + 동사원형 ~일지도 모른다
  - 과거추측 : may + have + p.p ~이었을지도 모른다

  She may be a spy. 그녀는 스파이일지도 모른다.
  She may have been a spy. 그녀는 스파이었을지도 모른다.

- 능력 (can과 같음)

  You may teach English on line. 너는 온라인으로 영어를 가르칠 수 있다.

- 목적 : ~하기 위하여

  (so) that S may ~ = in order that S may ~

  He works hard so that he may succeed. 그는 성공하기 위해 열심히 일한다.

  [과거의 목적]
  He *worked* hard so that he might succeed. 그는 성공하기 위해 열심히 일했다.

Chapter 9

● **기원 : ~하소서**
   May you succeed! 성공하길 기원합니다!

● **상황상관없음 : ~할지라도**
   Whoever may say so, I can not believe it. 누가 그렇게 말할지라도 나는 그것을 믿을 수 없다.

● **관용어구**

> may well + 동사원형 ~하는 것이 당연하다.
> may as well + 동사원형(= had better + 동사원형) ~하는 것이 더 낫다.

She may well be angry. 그녀가 화내는 것이 당연하다.
You may as well leave at once. 너는 즉시 떠나는 것이 더 낫다.

---

cf **may의 과거와 상관없는 독자적 의미의 might**

A. **정중한 표현**

   Might I ask your name? 이름이 어떻게 되십니까?
   If I've finished all my work, might I leave early? 내가 나의 숙제를 모두 끝낸다면, 내가 일찍 떠나도 되겠습니까?

B. **가정법에서의 능력 및 가능성**

   If he *wanted* to go there, he might go. 그가 가길 원한다면, 갈 수 있는데.
   She might have missed the bus. 그녀는 버스를 놓쳤을 텐데.

IV. Will & Would

🠖 미래
① 주어나 듣는 사람들의 의지
I *will* stop smoking. (해설) will은 주어 I의 의지
We're going to the movies. *Will* you join us? (해설) will은 듣는 사람의 의지
I'll do my exercises later on. 나는 연습을 계속할 것이다. (해설) will은 주어 I의 의지

[과거시점에서의 미래 – would]
He *said* that he *would* attend the conference. 그는 그 회의에 참석할 거라고 말했다.

② 의지없는 미래
주어나 말하는 사람 혹은 듣는 사람의 의지와 관계없이 시간 지나면 이루어지는 상황
The meeting *will* be over soon. 회의가 곧 끝날 것이다.
The flow of foreign investment *will* stimulate the economy next year.
외자유입은 내년에 경기를 부양할 것이다.

[과거시점에서의 미래 – would]
Professor Son *told* us that the exam *would* be easy.
(← Professor Son *said to* us, "The exam will be easy.")
손 교수님은 우리들에게 그 시험이 쉬울 것이라고 말씀하셨다.

🠖 습관 및 경향성
미래와 상관없고 단지 상황이 자주 발생하는 현재의 경향성만을 표시한다.
Humidity *will* ruin my hair style. 습기는 나의 헤어스타일을 망치는 경향이 있다.
The river *will* overflow its banks every spring. 그 강은 봄마다 그 둑을 범람하는 경향이 있다.
The door *will not* open. 문이 잘 열리지 않으려고 한다.
Accients *will* happen. 사고는 발생하기 마련이다.

[과거시점에서의 경향성]
After work, he *would* walk to his home in West Hartford.
일과 후, 그는 West Hartford에 있는 그의 집에 걸어가곤 했다.
I *would* go swimming in the river when I *was* a child. 내가 아이였을 때 그 강에서 수영하곤 했다.
He *would not* help me. 그는 나를 돕지 않으려 했다.

Chapter 9

 will의 과거와 상관없는 독자적 용법으로서의 would

A. 정중한 제안

Would you give me a ride? 나 좀 태워 주시겠습니까?
Would you please take off your hat? 모자를 벗으시지요?

B. 주어의 의지

(a) 가정법에서

If I had enough time now, I would mail to all my friends.
내가 지금 충분한 시간을 가지고 있다면 나의 모든 친구들에게 메일을 보낼 텐데.
If he had been honest, I would have hired him. 그가 정직했다면 나는 그를 고용했을 텐데.

(b) 주어의 소망

He who would search for pearls must dive deep. 진주를 잡고자 하는 사람은 깊이 다이빙해야 한다.
Would that I were young again! 내가 다시 젊어진다면 얼마나 좋을까!

C. 관용표현

- would like to+동사원형 ~하고 싶다
- would rather A (동사원형) than B (동사원형) B하느니 차라리 A하겠다.

I would like to *stay* at home tonight. 집에서 머물고 싶다.
I would rather *die* than *live* in dishonor. 불명예스럽게 사느니 차라리 죽는 게 낫겠다.

V. shall & should

Chapter 9

1. 미래

● **다가올 단순한 미래표현(의지 없는 미래)**
I shall be 18 years old next year. 내년에 나는 18살이 된다.

● **의지미래**

[말하는 사람의 의지미래]
주장문의 2인칭과 3인칭의 shall은 말하는 사람(speaker)의 의지이다.

① 주장문 2인칭
You shall have this book. 너는 이 책을 갖게 될게다.
해설 주장문 2인칭 shall은 말하는 사람의 의지 - 내가 이 책을 너에게 주겠다.
You shall not want for anything. 네가 어떤 것도 부족하지 않게 해 주겠다.
해설 주장문 2인칭 shall은 말하는 사람의 의지 - 모든 것을 다 갖게 해 주겠다.

② 주장문 3인칭
He shall go back home. 그를 집에 돌아가게 하겠다.
해설 3인칭 주장문 shall은 말하는 사람의 의지 - 나는 그가 집에 돌아가도록 하겠다.
He shall die. 그는 죽을 것이다. 해설 3인칭 주장문 shall은 말하는 사람의 의지 - 내가 그를 죽여 버릴 것이다.

[상대방의 의사]
의문문에서 1인칭과 3인칭의 shall은 듣는 사람(hearer)의 의지이다.

① 의문문의 1인칭 즉 I와 we
Shall I bring you some water? 물을 좀 가져다 드릴가요?
What shall I do? 내가 무엇을 할까요?
Shall we have another game? 한 게임 더 할까요?
Shall we go to the movies tonight? 오늘밤 영화 보러 갈까요?

Let's ~문장의 부가의문문은 'shall we?'를 써서 듣는 사람의 의사를 묻는다.
Let's go out for a walk, shall we? 산책하러 나갈까요?
Let's have a break, shall we? 잠시 쉬는 게 어때요?

[shall의 과거형으로서의 should]
He asked me what time he should come. 그는 내게 몇 시에 와야 하는지를 물었다.
(← He said to me, "What time shall I come?")

② 3인칭
Shall she go out? 그녀가 밖에 나가도록 할까요?
Shall they join in the program? 그들이 그 프로그램에 참가하도록 할까요?

Chapter 9

2. 당위 - 법규나 규정, 예언 등 표현

The association **shall** be called the A.A.A. 본 협회는 A.A.A라 호칭한다.
Freedom of speech **shall** not be violated. 언론의 자유는 침해되어서는 안 된다.
Seek, and you **shall** find. 구하라, 그러면 얻게 될 것이다.
You **shall** not murder. 살인하지 말지니라.
The fine **shall** not exceed 10 dollars. 벌금은 10달러를 초과해서는 안 된다.
A woman **shall** not serve two husbands. 불사이부-한 여자가 두 남편을 섬기지 않아야 한다.

shall의 과거형과 상관없는 독자적 의미의 should

A. 강한 의문(믿을 수 없어 받아들이기 어려움)

(a) 가정법의 조건절에서 앞으로 일어날 가능성이 매우 희박한 일을 가정할 때

If it **should** rain tomorrow, we would(will) not go hiking.
만일 내일 비가 오면, 우리는 하이킹을 가지 않을 것이다. (해설) 비가 내릴 가능성이 매우 희박하게 생각하고 있음.

If a serious crisis **should** arise, the government would take immediate action.
만일 심각한 위기가 발생하면 정부는 즉각적인 조치를 취할 것이다. (해설) 심각한 위기 발생 가능성은 희박하게 보고 있음.

(b) 받아들이기 어려운 의외의 감정

의외의 감정을 나타내는 형용사가 있을 때 놀람을 표현하는 should가 오며 생략 안된다.

> strange/sorry/surprising/wonderful/curious/regrettable

It is *strange* that Jane **should** not pass to the exam. Jane이 그 시험에 떨어지다니 이상하다.
I'm *sorry* that you **should** feel uncomfortable. 불편하셨다니 유감입니다.

B. 의무

You **should**(= ought to) obey your parents. 너는 부모님 말씀에 따라야 한다.

특히 주장, 명령, 제안, 권고, 요구, 필요성 등을 나타내는 어구(동사/형용사/명사)가 있을 때 당위의 should를 쓴다. 이때 should는 생략할 수 있지만 should가 있다고 생각하고 반드시 동사원형이 온다.

(a) 동사

> ask/demand/require/request 요청하다   command/order 명령하다
> insist/move 주장하다   suggest/propose 제안하다   recommend 권고하다

He *insists/insisted* that I (**should**) go home at once. 그는 내가 당장 집에 가야 한다고 주장했다.
He *commands/commanded* that the army (**should**) advance. 그는 군대가 진격하도록 명령했다.
He *insists/insisted* that his son always (**should**) get an A in English.
그는 아들이 영어에서 항상 A 학점을 받아야 한다고 주장했다.

(b) 형용사

> natural 당연한   necessary 필수적인   essential 필수적인   important 중요한
> better 더좋은   desirable 바람직한   imperative 필수적인   right 올바른

It is/was *right* that he (should) be punished. 그가 벌을 받는 것은 정당하(했)다.
It is/was *essential* that you (should) study English. 여러분이 영어를 공부해야만 한다는 것은 당연하(했)다.
It is/was *natural* that he (should) be prepared for this. 그가 이것에 준비되는 것은 당연하(했)다.

(c) 명사

> necessity 필연   suggestion/proposal 제안   recommendation 권고
> requirement/request 요청

His *proposal* that the candidate (should) resign can not be adopted
그 후보가 사임해야 한다는 그의 제안은 받아 들여 질 수 없다.

다만 이러한 어구가 있더라도 단순한 사실일 때는 당위의 '(should) + 동사원형' 이 아니라
시제에 맞게 써야한다.

He *suggests* that his wife is a professor in the university.
그는 그의 아내가 그 대학의 교수라는 것을 암시한다. (해설) 그의 아내가 현재 교수라는 실제 사실을 말하므로 현재로 쓴다.
He *insisted* that his son always had got an A in English.
그는 아들이 영어에서 항상 A 학점을 받았다고 단언했다. (해설) 학점을 받은 것이 주장한 것(과거)보다 먼저 일어났다. 과거완료형(had+p.p)을 써야 한다.

C. 과거에 대한 후회나 유감

> should have p.p (=ought to have p.p) '~했어야 했는데 ~ 하지 않았다.'
> ↔ should not have p.p ~하지 않았어야만 했는데

You should have worked harder. 너는 더 열심히 일 했어야만 했는데. (해설) 열심히 일하지 않았음을 유감스러워 함.
You should not have laughed at her mistake. 너는 그녀의 실수에 비웃지 않았어야 했는데.
(해설) 실제로 비웃었음을 유감스러워 함.

D. 목적 - ~하지 않도록

> lest ~ should = for fear(that) ~ should~ = so that S may not

Make haste lest you should miss the last train. 마지막 열차를 놓치지 않도록 서둘러라.
He works hard for fear that he should fail in life. 그는 인생에서 실패하지 않기 위하여 열심히 일한다.

Ⅵ. Must

● **필요, 의무** 과거형 had to 미래형 will have to

> ~해야만 한다. [=have (got) to 동사원형]　≠ ~해서는 안 된다(must not)
> 　　　　　　　　　　　　　　　　　　　≠ ~할 필요 없다(don't have to=need not)

You must go there. (= It is necessary that you should go there.) 너는 거기에 가야만 한다.
≠ You must not go there. 너는 거기에 가서는 안된다.
≠ You don't have to go there (= You need not go there.) 너는 거기에 갈 필요 없다.

　have only to 동사원형 단지 ~하기만 하면 된다.
　You have only to do your duty. 너는 단지 너의 의무만 하면 된다.

● **추측** – 100%확신 (It is certain that S + 현재동사/과거동사....)

> • 현재의 추측 : must 동사원형 ~임에 틀림없다　≠ can't 동사원형 ~일리 없다
> • 과거의 추측 : must have+p.p ~이었음에 틀림없다　≠ can't have+p.p ~이었을리 없다

He must be honest. = It is certain that he is honest. 그는 정직함에 틀림없다.
Surely her father and four sisters must have thought so.
확실히 그녀의 아버지와 네 자매들은 그렇게 생각했었음에 틀림없다.

● **필연**
Sooner or later, death must come to us all! 조만간 죽음은 우리 모두에게 반드시 다가온다!

● **not과 함께 금지** : ~해서는 안 된다
You must not tell a lie.

VII. 기타 조동사들

Chapter 9

1. ought to

● 당연, 의무

should보다 뜻이 강하고 must보다 약하다.
You *ought to* start at once. 너는 즉시 시작해야 한다.
You *ought not to* say such things. 너는 그와 같은 것을 말해서는 안 된다.

● 과거의 유감, 후회

> **ought to have + p.p** (= should have + p.p) '~해야 했었는데 하지 않았다'

You *ought to have told* me that matter yesterday. 너는 나에게 어제 그 문제를 말했어야만 했는데.

2. Used to + 동사원형

(예전에는) ~했다(현재는 아니다)

● 과거의 규칙적인 습관 : ~하곤 했다.

I *used to collect* shells in this seashore. 우리는 이 해변에서 조개껍질을 모으곤 했다.
We *used to spend* two weeks there every summer. 우리는 거기서 여름마다 2주씩 보내곤 했다.

● 과거의 상태

We *used to be* best friends. 우리는 과거에 최고의 친구들이었다.

「be(get) used to + 동사원형ing / 명사」와 「be used to + 동사원형」

A. 「be(get) used to + 동사원형ing/명사」 ~에 익숙하다 (= be accustomed to 동사원형ing)
He *is used to driving* a car. = He *is accustomed to driving* a car. 그는 차를 운전하는데 익숙하다.
You will soon *get used to doing* the work. 너는 그 일을 행하는데 곧 익숙할 것이다.

B. 「be used to + 동사원형」 ~하기 위해 사용되다.
This machine *was used to grind* up bean. 이 기계는 콩을 갈기 위해서 사용되었다.
These bad conductors *are used* as insulators *to prevent* heat escaping.
이 같은 전도가 잘되지 않는 도체는 열의 방출을 막기 위한 절연체로서 사용된다.

Chapter 9

3. need / dare ~할 필요가 있다/감히 ~하다

need와 dare는 의문문과 부정문에서는 조동사와 일반동사 모두 쓰일 수 있고 긍정문에서는 일반동사의 역할을 한다.

▶ **부정문**
  ① 조동사
   He need not go there. 그는 거기에 갈 필요 없다. (해설) need가 조동사이기 때문에 다음에 not을 썼다.
   I dare not (= daren't) go there. 나는 감히 거기에 가지 않는다. (해설) dare가 조동사로 쓰였기 때문에 다음에 not을 썼다.
  ② 일반동사
   He doesn't need to go there. 그는 거기에 갈 필요 없다. (해설) need가 일반동사로 썼기 때문에 앞에 doesn't를 썼다
   I don't dare to go there. 나는 감히 거기에 가지 않는다. (해설) dare를 일반동사로 쓰였기 때문에 앞에 don't를 썼다.

▶ **의문문**
  ① 조동사
   Need you carry so much with you? 너는 그렇게 많이 가지고 갈 필요가 있습니까?
   (해설) need가 조동사로 쓰였기 때문에 앞으로 나왔다.
   How dare you accuse of fighting? 네가 감히 어떻게 싸운 것에 대해 비난할 수가 있어?
   (해설) dare가 조동사로 쓰였기 때문에 앞으로 나왔다.
  ② 일반동사
   Do you need to carry so much with you? 너는 그렇게 많이 가지고 갈 필요가 있습니까?
   (해설) need가 일반동사이기 때문에 앞에 do를 썼다.
   Does he dare to fight? 그가 감히 싸웁니까? (해설) dare를 일반동사로 사용했기 때문에 does가 앞에 썼다.

▶ **긍정문에서 일반동사**
   He needs to repair the car 그는 그 차를 수선할 필요가 있다. (해설) 조동사라면 3인칭 단수 현재라도 -(e)s를 붙이지 못한다.
   He dared to say such a thing? 그가 감히 그처럼 말했나요?
   (해설) dare를 일반동사로 썼다. 조동사라면 과거형-(e)d를 붙이지 못한다.

▶ **과거에 대한 후회 및 유감**

   | need not have + p.p ~할 필요가 없었는데 ~를 했다 |

   He need not have done it. 그는 그것을 할 필요가 없었는데-그러나 그것을 했다.

▶ **did not need to~ : ~할 필요가 없었다, 그래서 ~하지 않았다.**
   He did not need to do it. 그는 그것을 할 필요가 없었다.-그래서 하지 않았다.

참고 추측을 나타내는 조동사

```
can't              may              must
 |                  |                |
0%                 50%              100%
```

A. 0% 가능성 추측 can not (=It is impossible that S + 현재동사/과거동사)

- 현재에 대한 추측 : can not 동사원형 ~일리 없다
- 과거에 대한 추측 : can not have p.p ~이었을리 없다

She **can't be** sick. 그녀가 아플 리 없다.
She **can't have been** sick. 그녀가 아팠을 리 없다.

B. 50% 가능성 추측 may (=It is possible that S + 현재동사/과거동사)

- 현재에 대한 추측 : may 동사원형 ~일지도 모른다.
- 과거에 대한 추측 : may have p.p ~이었을지도 모른다.

She **may be** sick. 그녀가 아플지도 모른다.
She **may have** been sick. 그녀가 아팠을지도 모른다.

C. 100% 가능성 추측 must (=It is certain that S + 현재동사/과거동사)

- 현재에 대한 추측 : must 동사원형 ~임에 틀림없다
- 과거에 대한 추측 : must have p.p ~이었음에 틀림없다

She **must be** sick. 그녀가 아픔에 틀림없다.
She **must have been** sick. 그녀가 아팠음에 틀림없다.

Chapter 9

동사를 돕는 조동사
정답 및 해설 10~11page

1 다음 문장에서 빈칸에 적절한 조동사를 넣으시오.

> can, may, must, would, should, had, can't

01 You ( ) borrow my car if you would like to.
02 Housewives ( ) well complain about their routine.
03 He ( ) speak Spanish now, but he will be able to speak it in a year.
04 You ( ) pay the money, but you don't have to do it immediately.
05 Be careful lest you ( ) fall from the tree.
06 You ( ) have attended the meeting last night.
07 The millionaire insisted that he ( ) acquire the masterpiece.
08 You ( ) better take a day off.
09 You ( ) obey traffic regulation while you drive.
10 I ( ) rather kill myself than live in dishonor.
11 You've been travelling all day. You ( ) be tired.
12 He works hard so that he ( ) succeed.
13 It is impossible that the rumor is true, which means that the rumor ( ) be true.

2 다음 문장에서 적절한 조동사(동사)를 골라라.

01 He hopes that he (will/would) succeed.
02 He hoped that he (will/would) succeed.
03 Something is wrong with the door; it (will/shall) not open.
04 When she was young, she (used to/be used to) go to church.
05 You (had/would) better mind your own business.
06 (Would/Should) you like a cup of coffee?
07 (Could/Should) you tell me how to get to the bus station?
08 He proposed that the government (hold, held) an inquiry.
09 It is natural that you (should, shall) get angry.
10 It is certain that she is a spy, that is, she (must/can't) be a spy.
11 It is possible that he is a criminal, that is, he (must/can't/may) be a criminal.
12 It is impossible that he stole the money, that is, he (can't steal/can't have stolen).

POP SONG

My love
Song by Westlife

An empty street, an empty house,
a hole inside my heart
I'm all alone
The rooms are getting smaller

I wonder how, I wonder why,
I wonder where they are
the days we had,
the song we sang together

And oh my love
I'm holding on forever
Reaching for a love that seem so far

So I say a little prayer
And hope my dream will take me there
Where the skies are blue
to see you once again my love
Over sees coast to coast
To find the place I love the most
Where the fields are green
To see you once again, my love

I try to read, I go to work
I'm laughing with my friends
But I can't stop
to keep myself from thinking

To hold you in my arms
To promise you my love
To tell you from my heart you're all I'm thinking of
Reaching for a love that seems so far

See you little prayer
my dream will take me there
Where the skies are blue
to see you once again my love
Over sees from coast to coast
To find the place I loved the most
Where the fields are green
To see you once again, my love

텅 빈 거리, 텅 빈 집
구멍 난 듯 허전한 내 마음
홀로 있는 이 방은
자꾸만 작아져만 가요

어떻게, 왜 그렇게 됐는지 알 수가 없어요
우리가 함께 했던 그 날들이,
우리 함께 불렀던 그 노래들은
어디로 사라져 버린 걸까요?

오, 내 사랑
멀게만 느껴지는 사랑을 향해
난 언제까지라도 물러서지 않아요

그래서 난 기도 드려요
나의 꿈이 그 곳으로 인도해 주길 바래요
파아란 하늘과 내 사랑 당신을
다시 볼 수 있는 그 곳으로 말이에요
해안을 거치고 바다를 건너
내가 가장 사랑했던 곳을 찾으러 갈께요
파아란 초원이 펼쳐진 그 곳에서
당신을 다시 만나겠어요, 내 사랑

난 책도 읽어보고 일하러 나가 보고
친구들과 웃어 보려고 애를 쓰지만
당신 생각을 떨쳐 내려다보니
멈출 수가 없어요

내 품에 당신을 안기 위해,
내 사랑 당신께 약속하려고
멀리 있는 내 생각을 당신께 말해 주려
멀게만 느껴지는 사랑을 향하며

그래서 난 기도 드려요
나의 꿈이 그 곳으로 인도해 주길 바래요
파아란 하늘과 내 사랑 당신을
다시 볼 수 있는 그 곳으로 말이에요
해안을 거치고 바다를 건너
내가 가장 사랑했던 곳을 찾으러 갈께요
파아란 초원이 펼쳐진 그 곳에서
당신을 다시 만나겠어요, 내 사랑

곡해설

My Love 이 곡은 아일랜드 출신 보이밴드, westlife의 두 번째 앨범 첫 번째 싱글 타이틀곡이다. 아직까지 westlife하면 한국 사람들이 제일 먼저 떠올릴만한 곡으로 리듬이 경쾌하고 쉬우면서도 화음이 특히 돋보이는 곡이다.

10

직접화법은 다른 사람이 말한 것을 말한 대로 전달하는 방법이고,
간접화법은 전달하는 사람의 입장에서 내용을 전달하는 방법이다.

직접화법: 그는 말했다, "나는 그녀를 사랑해."   He said, "I love her"

= **간접화법**: 그는 그가 그녀를 사랑한다고 말했다.   He said that he loved her.

누가 한 말을 전달하는 화법 Narration

I. 주장문 전달
II. 의문문 전달
III. 명령문 전달
IV. 감탄문 전달
V. 기원문 전달

> 🔆 **참고** 화법에서 사용되는 핵심동사들

A. say – 3형식에서 사용

'누구에게'가 없는 주장문 전달

「say that S+V~」 주어는 that 이하를 말하다

B. tell – 4형식/5형식에서 사용

(a) '누구에게'가 있는 주장문 전달 (4형식)

「tell 사람(간접목적어) that S+V」 주어는 사람에게 that 이하를 말하다

(b) 일반적인 명령문 전달 (5형식)

「tell 사람(목적어) to 동사원형~」 주어는 목적어가 동사원형하라고 말하다

C. ask

[의문문 전달]

(a) 의문사 없을 때 (3/4형식)

「ask 사람(간접목적어) whether/if S+V~」 주어는 사람에게 S+V인지 어떤지를 묻다

(b) 의문사 있을 때 (3/4형식)

「ask 사람(간접목적어) 의문사 S+V~」 주어는 사람에게 의문사 이하를 묻다

[명령문(부탁성) 전달 (5형식)]

「ask 사람(목적어) to 동사원형~」 주어는 사람이 동사원형하라고 부탁하다

D. advise

명령문(충고성) 전달 (5형식)

「advise 사람(목적어) to 동사원형~」 주어는 사람이 동사원형하라고 충고하다

E. command/order

명령문(명령성) 전달 (5형식)

「command/order 사람(목적어) to 동사원형~」 주어는 사람이 동사원형하라고 명령하다

F. suggest

'Let's ~'형 문장 전달

「suggest that S+V~」 주어는 'that S+V'를 제안하다

G. exclaim/cry out

감탄 슬픔 등 환호성 감탄문 전달

「exclaim that/what S+V~」 주어는 'that/what S+V'를 감탄하다

H. pray

기원문 전달

「pray that S+V~」 주어는 'that S+V~'를 기원하다

Ⅰ. 주장문 전달

Chapter 1o

[주장문의 화법 전환법]

> 1. 전달동사를 적절하게 써준다.
>   ① '~에게'가 없는 3형식 'say'는 say 그대로 써준다.
>   ② '~에게'가 있는 4형식 'say to~'는 tell로 바꿔 써준다.
> 2. 컴마(,)와 인용부호(" ")를 없애고 that으로 연결한다.
> 3. 전달자의 입장에서 인칭, 시제, 부사구를 알맞게 바꾼다.

※ 부사구 전환
this → that/these → those/now → then/ago → before/today → that day/yesterday → the day before
last night → the night before/tomorrow → the next day/here → there

He said, "*I'll* go there."
→ He said (that) *he would* go there. 그는 거기에 갈 것이라고 말했다. (해설) I는 he, said가 과거이므로 'll은 would로

He said to me, "*I'm* happy."
→ He told me (that) *he was* happy. 그는 나에게 그가 행복하다고 말했다.
(해설) said to는 told, I는 he, told가 과거이므로 am은 was로

He said to me, "*I visited my* grandfather yesterday."
→ He told me (that) *he had visited his* grandfather the day before.
그는 나에게 그 전날 그의 할아버지를 방문했다고 말했다.
(해설) said to는 told, I는 he, visited는 had visited, my는 his, yesterday는 the day before로

다만 시제에 맞춰 시제를 바꿔주는 것이 일반적이지만, **진리**나 **현재의 습관** 등과 같이 현재가 지속되는 경우는 그대로 **현재**를 쓴다. 그리고 **역사적 사실**은 **과거** 그대로 쓴다.

Christine said, "*I* always *play* tennis every Sunday."
→ Christine said (that) *she* always *plays* tennis every Sunday. (현재에도 지속)
Christine은 일요일마다 테니스를 친다고 말했다.

The geography teacher said, "Columbus *discovered* America in 1492."
→ The geography teacher said (that) Columbus *discovered* America in 1492. (역사적 사실)
지리 선생님은 Columbus가 1492년에 미국을 발견했다고 말했다.

II. 의문문 전달

[의문문의 화법 전환법]

1. 전달동사를 적절하게 써준다.
   say (to)는 묻는 것이므로 '묻다' 라는 동사 ask를 쓴다.
2. 컴마(,)와 인용부호(" ")를 없애고, 의문사가 없는 의문문은 접속사 whether나 if로 연결하고 의문사가 있으면 의문사로 연결한다.
   의문사/whether/if S + V~' 순으로 쓴다.
3. 전달자의 입장에서 인칭, 시제, 부사구를 알맞게 바꾼다.

● 의문사 없는 의문문

The professor *said to* me, "*Are you* okay?"
→ The professor **asked** me **whether/if** *I was* okay. 그 교수는 나에게 내가 괜찮은지 물었다.

(해설) 묻다의 뜻 said to는 asked, 의문사 없으므로 whether/if로 연결, you는 I, are는 was로

● 의문사 있는 의문문

He *said to* me, "Where *are you* from?"
→ He **asked** me **where** *I was* from. 그는 나에게 내가 어디 출신인지를 물었다.

(해설) said to는 asked, 의문사 있으면 의문사로 연결, you는 I, are는 was로

She *said to* me, "What *did you buy*?"
→ She **asked** me **what** *I had bought*. 그녀는 나에게 내가 무엇을 샀는지를 물었다.

(해설) 전달동사 asked, 의문사 what으로 연결, you는 I, 과거동사는 한 시제 더 지났으므로 'had + p.p'로

He *said to* me, "When *will your* brother go to America?"
→ He **asked** me **when** *my* brother **would** go to America.
그는 나에게 나의 형이 언제 미국에 갈 것인가를 물었다. (해설) 전달동사 asked, 의문사 when으로 연결, your는 my로, will은 would로

III. 명령문 전달

Chapter 10

[명령문의 화법 전환법]

1. 전달동사를 적절하게 써준다.
   ① 일반적으로 말한 경우: say to는 tell
   ② 부탁한 경우: say to는 ask
   ③ 충고한 경우: say to는 advise
   ④ 명령한 경우: say to는 command/order
2. 컴마(,)와 인용부호(" ")를 없애고, 전달할 내용에 to를 붙여 전형적인 5형식 패턴인 「주어+전달동사+목적어+to 동사원형」을 쓴다.
   부정문(Don't)의 경우는 'to 동사원형' 앞에 not을 쓴다.
3. 전달자의 입장에서 인칭, 시제, 부사구를 알맞게 바꾼다.

She said to me, "*Be* quiet."
→ She told me *to be* quiet. 그녀는 내가 조용히 하라고 말했다.
(해설) 일반적으로 목적어가 목적어보충어하라고 말하다(S+V+O+O.C)일 때, 전달동사는 told.

My sister said to me, "*Don't meet* him."
→ My sister told me *not to meet* him. 나의 누나는 내가 그를 만나지 말라고 말했다.
(해설) to+동사원형를 부정하려면 not을 'to+동사원형'앞에 쓴다. Don't를 not으로

She said to me, "Please, *open* the door."
→ She asked me *to open* the door. 그녀는 내가 문을 열어 달라고 요청했다.
(해설) 'please'는 부탁 요청을 표현하는 의미로 전달동사 'asked'에 포함

The doctor said to me, "*Stop* smoking."
→ The doctor advised me *to stop* smoking. 그 의사는 내가 담배를 끊으라고 충고했다.
(해설) '충고하다' 뜻이므로 전달동사는 advised.

The officer said to his men, "*go* forward."
→ The officer commanded/ordered his men *to go* forward.
그 장교는 그의 부하들이 앞으로 전진하라고 명령했다. (해설) '명령하다'의 뜻으로 전달동사는 commanded나 ordered.

IV. 감탄문 전달

[감탄문의 화법 전환법]

> 1. 전달동사를 적절하게 써준다.
>   - say를 exclaim/cry out으로 바꿔 쓴다.
>   - 감탄사는 적절하게 분위기를 전달하는 부사구로 바꿔준다.
>   (기쁨(Hurrah!) – with joy, 슬픔(Alas!) – with a sigh/in sorrow)
> 2. 컴마(,)와 인용부호(" ")를 없애고, 감탄문을 그대로 전달하거나 주장문으로 바꿔서 전달할 수 있다.
> 3. 전달자의 입장에서 인칭, 시제, 부사구를 알맞게 바꾼다.

She said, "What a wonderful weather it *is*!"
→ She exclaimed what a wonderful weather it *was*.
→ She exclaimed that it *was* a *very* wonderful weather. 그녀는 얼마나 좋은 날씨인가라고 외쳤다.
(What a wonderful weather it was!→ It was a very wonderful weather.)

She said, "How beautiful the flowers *are*!"
→ She cried out how beautiful the flowers *were*.
→ She cried out that the flowers *were very* beautiful. 그녀는 꽃들이 얼마나 아름다운가라고 외쳤다.
(How beautiful the flowers were!→ the flowers were very beautiful.)

She said, "*Alas*! *my* dad *has died*"
→ She exclaimed *with a sigh that her* dad *had died*. 그녀는 그녀의 아버지가 돌아가셨다고 슬프게 말했다.

 Alas!가 with a sigh로 대체

참고 감탄문 주장문 전환법

A. What a 형용사 명사 주어+동사 !
   → 주어+동사 a very 형용사 명사.
   What a beautiful girl she is!
   → She is a very beautiful girl.

B. How 형용사/부사 주어+동사 !
   → 주어+동사 very 형용사/부사.
   How beautiful she is!
   → She is very beautiful.

V. 기원문 전달

Chapter 10

[기원문의 화법 전환법]

1. 전달동사 pray를 쓴다.
2. 컴마(,)와 인용부호(" ")를 없애고 접속사 that을 쓴다.
3. 전달자의 입장에서 인칭, 시제, 부사구를 알맞게 바꾼다.

Father said, "*May* God bless *my* child!"
→ Father **prayed that** God *might* bless *his* child. 아버지는 신이 그의 아들에게 은총을 베풀어 달라고 기도했다.

해설 said는 기도하다의 뜻으로 prayed로, 가능성의 조동사 might를 쓰고 my를 his로 고친다.

I said, "*May* God forgive me!"
→ I **prayed that** God *might* forgive me 나는 신이 나를 용서해달라고 기도했다.

해설 said는 기도하다의 뜻으로 prayed로, 가능성의 조동사 may를 might로 쓴다.

어휘학습 부정 접두어 1 ☞ 183page 「부정접두어 2」 참고

A. dis-

- advantage 이점 ↔ disadvantage 불리한 점
- agree 동의하다 ↔ disagree 동의하지 않다
- charge 짐을 싣다 ↔ discharge 짐을 부리다
- grace 우아함 ↔ disgrace 불명예
- honor 영광 ↔ dishonor 불명예
- obey 복종하다 ↔ disobey 불복종하다
- satisfy 만족시키다 ↔ dissatisfy 만족시키지 못하다

B. in-

- ability 능력 ↔ inability 무능
- active 활동적인 ↔ inactive 활동치 않은
- adequate 적당한 ↔ inadequate 부적당한
- capable 할 수 있는 ↔ incapable ~할 수 없는
- sufficient 충분한 ↔ insufficient 불충분한
- tolerable 참을 수 있는 ↔ intolerable 참을 수 없는

C. il-

- legal 합법적인 ↔ illegal 불법적인
- liberal 너그러운 ↔ illiberal 너그럽지 않은
- literate 읽고 쓸 줄 아는 ↔ illiterate 읽고 쓸 줄 모르는
- logical 논리적인 ↔ illogical 불합리한

Chapter 10

Question
확·인·문·제

누가 한 말을 전달하는 화법
정답 및 해설 11~12page

다음 문장의 직접화법을 간접화법으로 고치시오.

01 She said, "I have lost my umbrella."
→

02 Mary said to her mother, "I don't want to eat breakfast."
→

03 She said to me, "Do you know Ellis?"
→

04 He said to me, "Where do you work?"
→

05 He said to me, "Keep studying for about three hours."
→

06 Mom said to us, "Do not spend too much time watching TV."
→

07 He said to me, "You'd better go and see a doctor."
→

08 She said, "What a brave man he is!"
→

09 The policeman said to me, "stop the car."
→

10 She said, "How cute this dog is !"
→

11 Kate said, "I'm going to read this novel today."
→

12 Nancy said to me, "I met Bob here an hour ago."
→

13 Mark says, "I study Chinese hard."
→

14 Sarah said, "come to my party, Ann."
→

15 Jeff said to me, "I will study economics."
→

16 Kevin said to me, "Why were you absent from school?"
→

17 Bob said to me, "Have you been to Mt. Geumgang?"
→

18 Mike said to me, "How do you get there?"
→

눈에 보이는 사물이나 생물(동식물–인간포함), 눈에 보이지 않는 머릿속에서만 생각되는 모든 추상적 개념을 명사라 한다. 문장에서 주어, 목적어, 보충어, 동격자리에서 쓰인다.

명사처럼 사용 되는 것들

명사	대명사	to 동사원형	동사원형ing	명사절	the 형용사

주어, 목적어, 보충어자리에 쓰이는 명사

Nouns

I. 명사 역할하는 것들과 기능
II. 셀 수 있는 명사와 셀 수 없는 명사
III. (대)명사 [of 명사] 형태

I. 명사 역할하는 것들과 기능

| 1. 명사 | 2. 대명사 | 3. to+동사원형
(단수취급) | 4. 동사원형ing
(단수취급) | 5. 명사절
(단수취급) | 6. the+형용사
(people/person/thing) |

주어, 목적어(타동사의 목적어/전치사의 목적어), 보충어(주어 보충어/목적어 보충어), 동격자리에서 쓸 수 있는 것들. 논리적으로 주어, 목적어, 보충어, 동격자리에 쓸 수 있다. 하지만 명사용법으로서 'to 동사원형'과 '동사원형ing', 그리고 명사절은 목적어보충어자리에 사용되지 않는다.

01 명사

- 주어
  George is going to buy the house. George는 집을 살 예정이다.

- 목적어
  ① 타동사의 목적어
  Children *like* the computer game. 아이들은 컴퓨터 게임을 좋아한다.
  ② 전치사의 목적어
  The doctor prescribed antibiotics *for* the infection. 그 의사는 그 감염에 대해 항생제를 처방했다.

- 보충어
  ① 주어 보충어
  This is my teacher.
  ② 목적어 보충어
  They named *their baby* David. 그들은 아이를 David라 이름 불렀다.

- 동격 - 명사나 대명사를 좀더 구체적으로 풀어 쓴 말
  Bread, my most important food, is made from flour.
  (*Bread* = my most important food) 나의 가장 중요한 음식인 빵은 밀가루로부터 만들어진다.

02 대명사

- 주어
  This is the place where he was born. 이곳이 그가 태어난 장소이다.

Chapter 11

- 목적어
  - ① 타동사의 목적어
    Robert *married* her. Robert는 그녀와 결혼했다.
  - ② 전치사의 목적어
    Robert went to the party *with* me. Robert는 나와 함께 파티에 갔다.

- 보충어
  - ① 주어 보충어
    That car is hers. 저 차는 그녀의 것이다.
  - ② 목적어 보충어
    The chairman considered *the bag* his.(his-소유대명사) 그 의장은 그 가방이 그의 것이라 생각했다.

- 동격 – 명사나 대명사를 좀더 구체적으로 풀어 쓴 말
  추가적인 정보 없이 의미 없는 대명사 동격은 사용할 수 없다.
  Sumin, *she*, will marry the handsome man. (×)
  다만 추가적인 정보를 제공하는 대명사 동격은 사용할 수 있다.
  Sumin, *one of my students*, dropped by to say hello. 나의 학생중의 한명인 수민이가 인사하러 들렀다.
  (Sumin = *one of my students*)

03 to+동사원형 (단수취급)

- 주어
  To teach English is hard.
  = *It* is hard to teach English. 영어를 가르치는 것은 어렵다.

- 목적어
  - ① 타동사의 목적어
    Carlos *wants* to finish his thesis this month. 카를로스는 이번 달 그의 논문을 끝내기를 원한다.
  - ② 전치사의 목적어

    > 전치사 중 except/save/but/about/as/than + to + 동사원형
    > ~를 제외하고   막 ~하려는   ~만큼   ~보다

    I have no choice *but* to help them. 나는 그들을 돕지 않을 수 없다. (해설) but은 제외하고의 뜻이다.
    She is *about* to go shopping. 그녀는 막 쇼핑을 갈 참이었다.

- 보충어
  ① 주어 보충어
  My hope is to take part in the party. 나의 희망은 그 파티에 참여하는 것이다.
  ② 목적어 보충어
  일반적으로는 쓰지 않음

- 동격 – 명사나 대명사를 좀더 구체적으로 풀어 쓴 말
  I have no *desire* to be rich. (*desire* = to be rich) 나는 부자가 될 어떠한 바램도 없다.

04 동사원형ing (단수취급)

- 주어
  Sleeping in space is an adventure in a sense. 우주에서 잠자는 것은 어떠한 면에서 하나의 모험이다.

- 목적어
  ① 타동사의 목적어
  He *admitted* taking the money. 그는 돈을 가져간 것을 인정했다.
  ② 전치사의 목적어
  He was accused *of* smuggling. 그는 밀수로 고소당했다.

- 보충어
  ① 주어 보충어
  Her hobby is painting. 그녀의 취미는 그림 그리기이다.
  ② 목적어 보충어
  일반적으로 쓰지 않음.

- 동격 – 보통 of로 연결
  His hobby of playing the piano is very helpful to his emotion.
  (*His hobby* = playing the piano) 그의 취미인 피아노 연주는 그의 정서에 많은 도움을 준다.

Chapter 11

05 명사절(단수취급)

that S+V	whether/if S+V	의문사 S+V	접속대명사 (S)+V	수식받는 앞명사가 생략된 접속부사 S+V
		who/what/when where/how/why 등] S+V	what (S)+V wh-ever (S)+V	when/where/how/why S+V

1. that S+V - ~라는 것(단정적)

● 주어

That she is honest is evident.
= *It* is evident that she is honest. 그녀가 정직하다는 것은 명백하다.

● 목적어

① 타동사의 목적어

I *knew* that a great new era in my life had begun. 내 인생에서 굉장한 새 시대가 시작되었다는 것을 알았다.

② 전치사의 목적어

I am sure (~~of~~) that he will pass the exam. 나는 그가 시험에 합격할거라 확신한다.

(해설) 전치사 다음에 접속사가 오면 앞에 전치사는 생략된다.

● 보충어

① 주어 보충어

The problem is that she has no time. 문제는 그녀가 시간이 전혀 없다는 것이다.

② 목적어 보충어

일반적으로는 쓰지 않음.

● 동격 - 명사나 대명사를 좀더 구체적으로 풀어 쓴 말

The fact that he was captured surprised many people.
(*The fact* = that he was captured) 그가 체포 되었다는 사실은 많은 사람들을 놀라게 했다.

2. whether / if S+V - ~인지 어떤지(선택적)

다만 if절은 보통 타동사의 목적어에서만 사용된다.

● 주어

Whether he will pass the exam or not matters. 그가 시험에 합격하느냐 못하느냐가 문제다.

- 목적어
    - ① 타동사의 목적어
        I don't *know* whether she is poor or not. 나는 그녀가 가난한지 가난하지 않는지 모른다.
        They *doubt* if he will help them. 그들은 그가 그들을 도울 것인지에 대해 의문을 제기한다.
    - ② 전치사의 목적어
        Scientists have performed experiments *on* whether a life exists on Mars.
        과학자들은 화성에 생명체가 있는지에 관해 실험을 해왔다.

- 보충어
    - ① 주어 보충어
        The professor's wonder is whether his son is alive or not.
        그 교수의 궁금함은 그의 아들이 살아있는가 살아있지 않는가이다.
    - ② 목적어 보충어
        일반적으로는 쓰지 않음.

- 동격 - 명사나 대명사를 좀더 구체적으로 풀어 쓴 말
    The actor's doubt ,whether he will win the prize or not, will be clear in time.
    [*The actor's doubt* = whether he will win the prize or not]
    그 배우의 의문 즉 그가 상을 받을 것인지 아닌지가 조만간 명확해질 것이다.

3. 의문사 : who / whose / whom / what / which / when / where / how / why / (S) + V

- 주어
    Who will leave for Iraq is important. 누가 이라크를 향해 떠날 것인가가 중요하다.

- 목적어
    - ① 타동사의 목적어
        Do you *know* what his job is? 너는 그의 직업이 무엇인지 아느냐?
    - ② 전치사의 목적어
        He is interested *in* how long the vacation is. 그는 휴가가 얼마나 오래 지속될 것인가에 흥미가 있다.

- 보충어
    - ① 주어 보충어
        Ella's concern is how she will make money for marriage.
        Ella의 관심은 그녀가 결혼을 위해서 돈을 어떻게 벌 것인가이다.

② 목적어 보충어
　일반적으로는 쓰지 않음.

● **동격** – 명사나 대명사를 좀더 구체적으로 풀어 쓴 말
　They don't care *our problem,* where we will live. [*our problem* = where we will live]
　그들은 우리의 문제, 우리가 어디에서 살 것인가에 관심 없다.
　At last, *our doubt,* who he is, was clear. [*our doubt* = who he is]
　마침내 우리의 의문 즉 그가 누구인가가 밝혀졌다.

4. 접속대명사 중 수식받는 앞명사를 포함하는 경우 (what / wh‒ever형)

A. [접속대명사 what = the thing(s) which (S) + V] : ~라는 것

● **주어**
　What Kerry says is not true. Kerry가 말한 것은 사실이 아니다.

● **목적어**
　① 타동사의 목적어
　　I *forgot* what I had said before. 나는 이전에 내가 말했던 것을 잊었다.
　② 전치사의 목적어
　　Children aren't interested *in* what I say. 아이들은 내가 말하는 것에 흥미가 없다.

● **보충어**
　① 주어 보충어
　　The daily exercise was what I liked most on Mir. 매일의 운동이 우주선 Mir에서 내가 가장 좋아하는 것이었다.
　② 목적어 보충어
　　일반적으로는 쓰지 않음.

● **동격** – 명사나 대명사를 좀더 구체적으로 풀어 쓴 말
　Honesty, what I always say, is the most important thing in life.
　정직, –내가 항상 말하는 것– 인생에서 가장 중요한 것이다.

B. [접속대명사 wh-ever형]

⎡whoever/whosever/whomever [=anyone who/whose/whom] (S)+V
⎣whichever [=anything which] (S)+V

→ 주어
   Whoever comes (=Anyone who comes) is welcome. 누가 오든지 환영이다.
→ 목적어
   ① 타동사의 목적어
      He *follows* whichever his wife chooses. 그는 그의 아내가 선택한 어떤 것이나 따른다.
                  (=anything which his wife chooses)
   ② 전치사의 목적어
      May I speak *to* whoever is in charge of sales? 판매 담당하는 누구든 통화할 수 있을까요?
                     (=anyone who is in charge of sales)
→ 보충어 (주어 보충어/목적어 보충어)
   일반적으로는 쓰지 않음.
→ 동격
   일반적으로는 쓰지 않음.

> **cf** 상황 상관없음의 부사절 wh-ever (=no matter wh-) – 주어, 목적어, 보충어 자리가 아닌 곳에서
>
> *Whoever comes early*(=*No matter who* comes early), they will be welcome.
> 누가 일찍 온다 하더라도 그들은 환영할 것이다.
> *Whatever you do*(=*No matter what* you do), do your best. 네가 무엇을 하든 너의 최선을 다해라.

5. 접속부사 앞의 수식받는 앞명사가 생략될 경우 (when / where / why / how) S+V

본래 접속부사절은 앞명사를 꾸며주는 형용사절이지만 앞명사가 생략되면 명사절로 사용하여 주어, 목적어, 보충어, 동격자리에서 사용된다.

→ 주어
   (~~The day~~)When he was born was very cold. 그가 태어난 곳은 매우 추웠다.
→ 목적어
   ① 타동사의 목적어
   I can't *remember* (~~the place~~) where we met first. 나는 우리가 처음 만났던 장소를 기억할 수 없다.

② 전치사의 목적어
He has changed a lot *from* (the time) when I used to know him.
그는 내가 그를 과거에 알았던 때로부터 많이 변했다.

● 보충어
① 주어 보충어
That's (the place) where I often go after work. 그곳은 내가 일이 끝난 후 가끔 가는 곳이다.
② 목적어 보충어
일반적으로는 쓰지 않음.

● 동격 – 명사나 대명사를 좀더 구체적으로 풀어 쓴 말
His destination, (the place) where he was born, isn't obvious to his memory.
[*His destination* = where he was born] 그의 목적지, 그가 태어난 곳은 그의 기억에 선명하지 않다.

06 the+형용사 (people/person/thing)

● 주어
The blind are helping the handicapped. 맹인들이 그 장애인들을 돕고 있다.

● 목적어
① 타동사의 목적어
People must *respect* the old. 사람들은 노인들을 존경해야 한다.
② 전치사의 목적어
Youth are interested *in* the true, the good, the beautiful. 젊은이들은 진,선,미에 관심이 있다.

● 보충어
① 주어 보충어
They are the deaf. 그들은 귀먹은 사람이다.
② 목적어 보충어
The man made *his wife* the accused. 그 남자는 그의 아내를 피고로 만들었다.

● 동격 – 명사나 대명사를 좀더 구체적으로 풀어 쓴 말
They, the rich, fought each other. 그들 부자들은 서로 싸웠다.

II. 셀 수 있는 명사와 셀 수 없는 명사

셀 수 있는 명사			셀 수 없는 명사		
하나를 가리키면 단수, 둘 이상은 복수로 쓴다. 잘 모르는 하나 일 때 a(n)을 붙이며 정할 때는 단수든 복수든 the를 붙일 수 있다.			무조건 단수이며 a(n)을 붙일 수 없다. 보통은 the를 붙이지 않으나 정하는 개념으로 쓰일 때 the를 붙일 수 있다.		
보통명사	원소 명사 (복수 취급)	셀 수 있는 추상명사 (구체적 행위)	셀 수 없는 추상명사 (일반적 개념)	물질 명사	고유 명사

영어에서 셀 수 있는 명사냐 셀 수 없는 명사냐의 구별은 명사가 일정한 형태나 의미를 갖고 있으면서 여러개가 존재하면 **셀 수 있는 명사**, 그렇지 않으면 **셀 수 없는 명사**이다.

01 셀 수 있는 명사

1. 보통명사

형태(크기 모양 등)와 내용(사용목적이나 의미 등)이 일정한 것일 때 사용
desk, chair, pen, telephone, tree, flower, train, woman, window 등

 좌우 대칭형 명사

짝으로 이루어진 좌우대칭형명사는 복수 형태이고 복수 취급한다.
chopsticks 젓가락 **gloves** 장갑 **rollerblades** 로울러 브레이드 **inlineskates** 인라인 스케이트 **shears** 큰 가위
trunks 남자용 운동팬츠 **glasses** 안경 **spectacles** 안경 **pants** 바지 **trousers** 바지 **scissors** 가위
shoes 신발 **socks** 양말 **stockings** 스타킹 **pajamas** 파자마 **pincers** 족집게 **scales** 저울

2. 원소명사와 집합명사

family형 집합명사로도 쓰임			the police형 - 신분과 관계된 말	cattle형
원소명사일 때 (복수취급)		집합명사일 때 (단/복수가능)	the police 경찰들 the clergy 성직자들 the nobility 귀족들 the peasantry 농부들 the people 국민들	cattle 소들 people 사람들
가족구성원들 학생들 위원들 동포들	family class committee people	세대 학급 위원회 민족		

Chapter 11

원소명사란 수학에서처럼 원소 하나하나를 가리키지 않고 집합내의 모든 원소들을 가리키는 의미로 쓰여 복수 취급한다. 원소명사 family형, the police형, cattle형 중 family형 만이 집합명사로 쓸 수 있다.

● family형 원소명사

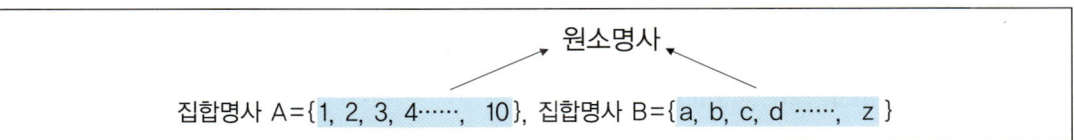

집합명사 A={1, 2, 3, 4……, 10}, 집합명사 B={a, b, c, d ……, z}

구성원을 가리키는 원소명사는 무조건 복수취급하며 집합명사로 쓰일 때 집합이 하나면 단수이고 집합이 여럿이면 복수가 가능하다.

His family are all honest and kind. 그의 가족들은 모두 정직하고 친절하다. (원소명사)
His family is large. 그의 가족은 대가족이다. (집합명사-단수)
10,000 families live in this area. 이 지역에서 만세대가 산다. (집합명사-복수)

● the police형 원소명사

신분과 관련된 명사일 때 쓰인다. 신분은 정한다는 의미이므로 the가 붙으며 구성원을 말하므로 복수 취급한다.

The police search for the criminal. 경찰관들은 그 범인을 쫓는다.

● cattle형 원소명사 – 무리를 나타내며 복수 취급한다.

People are looking around Myeong-Dong. 사람들이 명동을 구경하고 있다.

3. 셀 수 있는 추상명사

구체적 행위를 말한다. 형태는 없지만 한 번 두 번 셀 수 있다.

kiss 키스행위   appointment 약속   rule 규칙   kindness 친절한 행위   policy 정책   sex 성행위

02 셀 수 없는 명사

1. 셀 수 없는 추상명사 – 개념이나 정의에 말한다.

● 학문명

politics 정치학   physics 물리학   ethics 윤리학   psychology 심리학   astrology 점성학   biology 생물학
geology 지질학   geography 지리학   astronomy 천문학   journalism 언론학   economics 경제학
history 역사학   electronics 전자학   linguistics 언어학   biotechnology 생명공학   engineering 공학
architecture 건축학   philosophy 철학   genetics 유전공학   algebra 대수학   geometry 기하학

- 스포츠명
  tennis, golf, basketball
- 관직
  president 대통령 mayor 시장
- 계절
  spring, summer, fall, winter
- 중한 병
  cancer 암 pneumonia 폐렴
- 일반적 개념
  information 정보 advice 충고 weather 날씨 honesty 정직 history 역사 company 동행, 손님 knowledge 지식 belief 믿음

참고   셀 수 있는 추상명사와 셀 수 없는 추상명사

하나의 추상적 명사가 셀 수 있는 추상명사(구체적 행위)와 셀 수 없는 추상명사(개념이나 정의)로 모두 사용할 수 있다.

셀 수 있는 추상명사 - 구체적 행위	셀 수 없는 추상명사 - 눈에 보이지 않은 것의 개념이나 정의
I had some kisses with her. 나는 그녀와 몇 번의 키스를 했다.	Kiss is a behavior of love. 키스는 사랑의 행위이다.

「the 보통명사」의 셀 수 없는 추상명사화

보통명사가 지니는 특성를 나타내는 셀 수 없는 추상명사가 된다.
the poet 시인의 기질 the father 부성애 the mother 모성애 the patriot 애국심 the pen 글의 힘 the sword 무력

2. 물질명사

- 고 체 : stone 석재 iron 철
- 액 체 : water, coffee, juice, wine
- 기 체 : Oxygen 산소 Hydrogen 수소 Nitrogen 질소 Carbon Dioxide 이산화탄소

Chapter 11

 총칭명사 (전체를 포괄하는 명사)

[총칭명사와 개별 보통명사]

일반적으로 영어에서 **셀 수 있는 명사**란 대체로 비슷한 형태나 의미를 갖는 명사를 말한다. 하지만 furniture에는 a chair, a desk, a bookcase, a table 등, clothing에는 socks, a necktie, a blouse, a suit, a skirt, a jacket 등이 있다. 이들은 일정한 형태나 의미가 아니므로 이들을 영어에서는 셀 수 없는 명사로 보며 단지 전체를 칭한다는 의미의 **총칭명사**라 한다.

	총칭명사 (단수취급)	개별적인 보통명사 (단수/복수가능)
물질명사	• furniture 가구류	a chair, a table, a bookcase 책장
	• machinery 기계류	a machine 기계
	• baggage/luggage 수화물	a bag, a suitcase 여행용 가방
	• merchandise 상품	a doll, a CD player
	• clothing 의류	a tie, socks 양말
	• stationery 문구류	a ballpen, a binder, a stapler 박음쇠
	• equipment 장비	a ski, a pole
셀 수 없는 추상명사	• money 돈	a coin 동전, a bill 지폐, 수표
	• scenery 경치	a bed scene 베드신
	• poetry 시 장르	a poem 시 한편

3. 고유명사

● **사람이름**
  Kim Gu   Yea Uhnhyeong   Lee Yonghee   Kim Daejung   Rho Moo Hyun   Che Guevara

● **지역이름**
  the Mississippi 미시시피 강   Seoul

● **국가명**
  Canada, Korea, Iraq, Iran, North Korea

● **회사명**
  IBM, KTX

참고 명사들의 이중 의미

많은 명사들은 뜻에 따라 셀 수 있는 명사로 쓰이기도 하고 셀 수 없는 명사로 쓰이기도 한다.

셀 수 있는 명사(구체적 행위나 개체 등)		단어		셀 수 없는 명사(개념이나 정의)
사용 예	뜻		뜻	사용 예
She gave me some kindnesses. 그녀는 나에게 얼마간의 친절을 행했다.	친절한 행위	kindness	친절	Kindness is basic in the business. 친절은 사업에서 기본이다.
I had some kisses with her. 나는 그녀와 몇 번의 키스를 행했다.	키스행위	kiss	키스	Kiss is sweet. 키스는 달콤하다.
Many buses are bumper to bumper in the street. 많은 버스들이 거리에 붐빈다.	버스	bus	버스라는 운송방식	I go to school by bus. 나는 버스라는 운송방식으로 학교에 간다.
We had two breakfasts with her. 우리는 그녀와 두 번 아침식사를 했다.	아침식사(한끼 두끼 등의 의미)	breakfast	아침식사	I have breakfast at 8 o'clock. 나는 8시에 아침식사를 한다.
They have only two telephones in the office. 그들은 사무실에 단지 두 대의 전화만을 가지고 있다.	전화(한대 두 대 등의 의미)	telephone	전화라는 통신 방식	I informed her of the fact by telephone. 나는 전화로 그녀에게 그 사실을 알렸다.
In this village, there are three schools. 마을에는 3개의 학교가 있다.	학교	school	수업	I go to school at 7 o'clock. 나는 7시에 학교에 간다.
Many churches are rotten these days. 요즈음 많은 교회들이 타락했다.	교회	church	예배	I go to church every Sunday. 나는 일요일마다 교회에 간다. (예배 본다)
The orphan didn't have a bed. 그 고아는 침대를 가지고 있지 않았다.	침대	bed	잠	I go to bed at 11 o'clock. 나는 7시에 잠잔다.
She was a beauty of the ball. 그녀는 무도회의 미인이었다.	미인	beauty	아름다움	Beauty is in the eye of the beholder. 제 눈에 안경.
The company produces three wines. 그 회사는 세 종류의 포도주를 생산한다.	포도주의 종류	wine	포도주	Would you like to have a glass of wine? 와인 한 잔 하시지요?
They threw stones at the beggar. 그들은 그 거지에게 돌멩이를 던졌다.	돌멩이	stone	석재	This bridge is made of stone. 이 다리는 석재로 만들어 졌다.
I have an appointment. 나는 약속이 있다.	약속	appointment	예약	The doctor meets a patient by appointment. 그 의사는 사전예약에 의해서 환자를 본다.
They work for a pharmaceutical company. 그들은 제약회사에서 일한다.	회사	company	동행, 손님 친구	We are expecting company. 올 손님이 있다.
We have a rule that the loser of the game buys everyone a drink. 게임에서 진 사람이 모두에게 음료수를 살 규칙을 가지고 있다.	규칙	rule	통치	His nation is under foreign rule. 그의 나라는 외국의 통치하에 있다.
His car is a Ford. 그의 차는 포드제품이다.	포드차	Ford	Ford라는 사람	Ford was a famous manager of a car. 포드는 유명한 자동차 경영자였다.
I want to be a Shakespeare. 나는 유능한 극작가가 되기를 원한다.	Shakespeare와 같은 유능한 극작가	Shakespeare	Shakespeare 라는 사람	Shakespeare is a famous play writer. Shakespeare는 유명한 극작가이다.

Chapter 11

참고 셀 수 있는 명사의 하나 & 둘 이상 표시법

단/복수	확정된 /확정되지 않은	사용 방법	사용 예
하나(단수)	모르는 하나 (확정되지 않은 하나)	a(n) 단수명사	a dog 한 마리 개 dog (x) an apple 사과 하나 apple (x)
	아는 하나 (확정된 하나)	the/this/that/ my/your 단수명사	the dog 그 개 this dog 이 개 that dog 저 개 my dog 나의 개 your dog 너의 개
둘 이상(복수)	모르는 둘 이상 (확정되지 않은 둘 이상)	무관사/some/ all/most 복수 명사	some dogs 얼마간의 개들 all dogs 모든 개들 most dogs 대부분의 개들 dogs 개들
	아는 둘 이상 (확정된 둘 이상)	the/these/ those/my 복수명사	the dogs 그 개들 these dogs 이 개들 those dogs 저 개들 my dogs 나의 개들

셀 수 있는 명사에서 하나(단수)를 표시할 때, 모르는 하나 일때는 a(n)을 붙이고 아는 하나일 때는 the/this/that/my 등이 반드시 단수명사 앞에 붙는다. 또한 둘 이상(복수)을 나타낼 때, **모르는 둘 이상**은 관사가 오지 않거나 all/most/some 등이 반드시 **복수명사**에 붙으며 **아는 둘 이상**에는 the/these/those/my 등이 반드시 **복수형**과 써야 한다.

 I like dog.

dog가 셀 수 있는 명사(일반적 개)로 쓰였다면, dog 앞에 단수(하나)의 경우 a(n)/the/this/that/my 등이 붙고 만약 둘 이상 경우(복수) 복수형 ~dogs가 되어야 한다. 하지만 I like dog에서 a(n)/the/this/that/my 등도 붙지 않고 복수형도 아니다. 이는 셀 수 있는 명사, 즉 일반적 개의 의미로는 틀린 표현이다. 물질명사로서 '개고기' 등의 의미로 쓰인 것이다.

III. (대)명사 [+ `of 명사] 형태

'+of 명사'는 앞의 (대)명사의 졸병역할하는 형용사구이다.

1. 셀 수 있는 그릇 등 단위 [of 셀 수 없는 명사] – 셀 수 없는 명사 그릇 등에 담아 세기

a glass [of water]	ten glasses [of water]	a bowl [of soup]	five bowls [of soup]
a bar [of chocolate]	a word [of abuse]	a word [of praise]	a piece [of advice]
a flash [of lighting]	a bolt [of thunder]	a bottle [of wine]	three bottles [of wine]

셀 수 없는 명사를 용기 등에 담아서 셀 때, 용기가 하나이면 a(n)를 앞에 붙이고 용기가 여러 개면 용기에 복수를 표시한다. 단/복수 결정은 그릇 등의 단위수로 결정된다.

There *is* a cup of coffee on the table. 테이블 위에 커피 한 잔이 있다. (해설) 주어는 a cup, 단수로 is를 쓴다.
There *are* two cups of coffee on the table. 테이블 위에 커피 두 잔이 있다.
(해설) 주어는 two cups, 복수로 are를 쓴다. 컵이 두개이므로 cup에 s를 붙인다.

2. a pair / ~ pairs [of 명사] – 좌우 대칭형 명사, 켤레(a pair)로 묶기

a pair [of stockings], five pairs [of stockings]

trunks, glasses, spectacles, pants, trousers, scissors, shoes, socks, stockings 등과 같이 대칭을 이루는 명사는 하나의 상품이지만 양쪽 각각을 하나씩으로 봐서 **복수 취급**한다. 하지만 켤레(pair)로 묶어 쓸 수 있다. pair가 하나면 앞에 a(n)를 붙이고 여러개면 pair의 복수형 pairs를 쓴다. 이 때 단/복수 결정은 pair 수로 결정한다.

My new sunglasses *are* expensive. 나의 새 선글라스가 비싸다. (해설) pair로 묶지 않으면 복수 취급한다.
A pair [of socks] *is* missing. 양말 한 켤레가 사라졌다. (해설) 주어는 A pair, 단수로 is를 쓴다.
Four pairs [of stockings] *are* missing. 네 켤레의 스타킹이 사라졌다.
(해설) 주어는 Five pairs, 복수로 are를 쓴다. pair(켤레)가 복수여서 pair에 s를 붙인다.

Chapter 11

3. 단수 복수 결정하기

● **단수가 되기도 하고 복수가 되기도 하는 것** – 수나 양 둘 모두 해당하는 대명사

> all/most/a lot/lots/plenty/some/none [of 셀 수 있는 명사의 복수/셀 수 없는 명사]

수와 양을 동시에 나타낼 수 있는 대명사들이다. [of 명사]가 셀 수 있는 명사가 오면 수의 의미로 복수이고 [of 명사]가 셀 수 없는 명사가 오면 양을 나타내는 단수이다.

There *are* a lot [of *books*] in the library. 도서관에 많은 책들이 있다.
On the lake *are* a lot [of *colorful boats*.] 호수에 많은 화려한 배들이 있다.
There *is* a lot [of *water*] in the sea. 바다에 많은 물이 있다.

● **단수만 되는 것** – 양에만 해당하는 대명사

> a good deal/a large amount/a great quantity [of 셀 수 없는 명사]

이들은 '많은 양' 이란 뜻으로 단수이다.

A good deal [of *money*] *is* dangerous to carry. 많은 돈을 운반하는 것은 위험하다.

● **복수만 되는 것** – 수에만 해당하는 대명사

> a (good) number/numbers [of 셀 수 있는 명사의 복수형]

'많은 수들' 이란 의미로 복수이다.

There *are* a good number [of *mosquitos*] in this village. 이 마을에 많은 모기들이 있다.

Numbers [of *pollutants*] *are* covered with the coast. 수많은 오염물질들로 해안이 뒤덮여 있다.

4. 수십/수백/수천/수백만 등 어림짐작하는 표현들 - 복수 취급

- 수십: scores/dozens/tens [of 셀 수 있는 명사의 복수형]
- 수백: hundreds [of 셀 수 있는 명사의 복수형]
- 수천: thousands [of 셀 수 있는 명사의 복수형]
- 수만: tens of thousands [of 셀 수 있는 명사의 복수형]
- 수십만: hundreds of thousands [of 셀 수 있는 명사의 복수형]
- 수백만: millions [of 셀 수 있는 명사의 복수형]
- 수십억: billions [of 셀 수 있는 명사의 복수형]

Thousands [of citizens] *were* killed in Iraq. 수천명의 민간인들이 이라크에서 살해되었다.

 참고 복수형태로 쓰이는 명사들 - 두개의 명사가 있어야 성립

change seats 자리를 바꾸다 **change cars/buses/trains** 자동차/버스/열차를 바꿔타다
take turns 교대하다 **make friends** 친구가 되다 **shake hands** 악수하다

저자명강 영어와 우리말의 차이

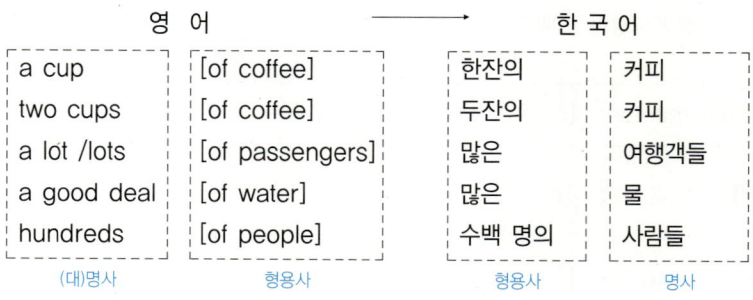

보통 우리나라의 거의 모든 영어책에서, 우리말에서 앞명사가 뒤명사를 수식하는 형용사처럼 해석함에 따라 마치 영어에서도 앞명사들이 뒤명사를 꾸며주는 형용사로 설명하고 있지만 이것은 완전히 잘못된 설명이다. 영어에서는 앞 명사가 말의 중심이고 명사 다음의 '전치사+명사'는 앞명사를 수식하는 형용사역할을 하기 때문이다. 다만 단수인가 복수인가는 뒤의 명사의 영향을 받는다.

Chapter 11

어휘학습 　명사형 어미

동사+	-tion	produce/production 생산　apply/application 적용　receive/reception 환영회
	-sion	conclude/conclusion 결론　decide/decision 결정　discuss/discussion 토론 compel/compulsion 강요　persuade/persuasion 설득
	-al	approve/approval 승인　deny/denial 부인　arrive/arrival 도착
	-ment	attain/attainment 달성　disappoint/disappointment 실망　move/movement 운동
	-ure	fail/failure 실패　seize/seizure 압류　mix/mixture 혼합
	-ance	assist/assistance 원조　allow/allowance 허락　perform/performance 연주
	-ence	exist/existence 존재
	-age	cover/coverage 보상, 취재　marry/marriage 결혼　pass/passage 통과
	-ry	deliver/delivery 배달　rival/rivalry 경쟁　discover/discovery 발견
학문명	-ics	economics 경제학　physics 물리학　politics 정치학　ethics 윤리학
	-logy	biology 생물학　geology 지질학　sociology 사회학
~주의	-ism	humanism 인도주의　pessimism 염세주의　optimism 낙천주의　socialism 사회주의
명사+	-hood	childhood 어린시절　falsehood 거짓말　neighborhood 이웃사람들
형용사+	-ness	right/rightness 정직　great/greatness 거대함　soft/softness 부드러움
	-ity	responsible/responsibility 책임감　prosper/prosperity 번영
	-ce	fragrant/fragrance 향기
	-cy	accurate/accuracy 정확　democratic/democracy 민주주의
동사+ (~하는 사람)	-er	perform/performer 공연자　interpret/interpreter 통역사　sing/singer
	-or	collect/collector 수금원　illustrate/illustrator 삽화가　invent/inventor 발명가
	-ent	depend/dependent 의존하는 사람　preside/president 대통령
	-ant	attend/attendant 참석자　participate/participant 참석자　assist/assistant 조수
	-ist	pessimist 염세주의자　optimist 낙천주의자　imperialist 제국주의자
	-ee	employee 고용된 사람　interviewee 인터뷰에 응한 사람　examinee 수험자
	-ive	representative 대표자　relative 친척
	-ary	secretary 비서　missionary 전도사

주어, 목적어, 보충어자리에 쓰이는 명사 | **147**

Question
확·인·문·제

Chapter 11

주어, 목적어, 보충어자리에 쓰이는 명사
정답 및 해설 13~14page

1 다음 문장에서 주어를 찾아 명사, 대명사, 동명사, to+동사원형, 명사절로 구별하시오.

01 This male now is 32 years old and healthy.
02 Korea's consumer sentiment was deep in the doldrums in November.
03 He is the new manager of sales department.
04 To resolve the issue of North Korea's nuclear is necessary to the Korean peninsular peace.
05 Smoking in the lobby is forbidden.
06 What he said to me was a lie.
07 It is difficult that he will win the presidency election.
08 Whether weather will be fine tomorrow matters.
09 That all passengers survived the plane crash is miraculous.
10 To get angry is not the solution.

2 다음에서 목적어를 찾아 명사, 대명사, 동명사, to+동사원형, 명사절로 구별하시오.

01 That new dress becomes you.
02 He runs a fancy store.
03 The president decided to sell the auto company.
04 Would you mind smoking here?
05 The scientists found that the inside of the earth is very hot.
06 I wonder whether it will rain or not tomorrow.
07 Tell me where you have lived.
08 I don't know how to go there.

3 아래의 명사가 셀 수 있는 명사인가 셀 수 없는 명사인가를 구별하시오.

01 machinery	02 committee	03 poem	04 poetry	05 machine	06 knowledge
07 baggage	08 luggage	09 news	10 information	11 furniture	12 physics
13 linguistics	14 electronics	15 dynamics	16 genetics	17 billiards	18 measles
19 beer	20 perfume	21 baseball	22 Oxygen	23 electricity	

셀 수 있는 명사 :

셀 수 없는 명사 :

셀 수 있는 명사 & 셀 수 없는 명사 :

관사는 형용사의 특별한 형태로서 명사 앞에 쓰는 말이다.
정해지지 않은 막연한 하나를 말하는 부정관사(a/an)와 정해졌다는 의미의 정관사(the)가 있다.

부정관사 [a(n)]
one이 약화된 표현으로 셀 수 있는 명사 중 정하지 않은 하나, 즉 막연한 하나(어떤, 하나의, 같은, ~마다 등으로 해석)일 때 붙인다.

정관사 (the)
this나 that, these나 those의 통합된 형태로서 셀 수 있는 명사의 정해진 하나 또는 여러개일 때 모두 사용하며, 또한 셀 수 없는 명사일 때도 지정하는 의미일 때 쓰인다.

관사 쓰지 않음
셀 수 없는 명사 중 정하는 개념이 없을 때 관사를 붙이지 않는다. 다만 셀 수 없는 명사라 하더라도 정해진 경우는 the 등을 붙일 수 있다.

12

>>>

막연한 하나를 표시하는 a/an, 구체적으로 지정하는 the Articles

I. 부정관사(정해지지 않은 하나) a/an
II. 정관사(정해진 것) the
III. 관사 쓰지 않는 것

Ⅰ. 부정관사(정해지지 않은 하나) a/an

one이 약화된 표현으로 셀 수 있는 명사 중 정해지지 않은 하나, 즉 막연한 하나(어떤, 하나의, 같은, ~마다 등으로 해석)일 때 붙인다.

A boy called you while you were out. 네가 밖에 있을 때 어떤 소년이 전화했다.
Birds of a feather flock together. 하나의 깃털(같은 깃털)을 가진 새들이 함께 모인다. (유유 상종)
I make $100 a day. 하루마다 100달러를 번다.

 참고   a와 an의 쓰임

A. 발음에 따라 쓴다. 자음발음 앞에 a, 모음발음 앞에 an을 쓴다.
  (a) a [자음] : a dog, a bag, a horse, a uniform, a university, a unit, a European,
         a house, a one-way ticket
  (b) an [모음] : an apple, an heir, an hour, an honest man, an ear, an MBA degree, an
         uncle, an excellent pianist, an exciting game, an honor

B. h의 발음에 따라
  (a) h 발음이 자음 [h] : a
     a horse, a house, a hair, a harmony
  (b) h 발음이 소리 없고 h 다음 발음이 [a]/[e] 등의 모음일 때 : an
     an hour 한시간   an honest salesman 정직한 판매원   an heir 상속인   an honor 영광

C. [j] [w]는 모음이 아니다 - 철자 u는 발음에 따라 달라진다.
  (a) 자음 [j] [w] 발음 : a
     a university, a uniform, a unit, a useful tool, a European, a one-way ticket
  (b) [ʌ] 등 모음 : an
     an umbrella, an uncle, an ugly girl
   ※ 철자 u는 발음이 자음 [j]와 모음 [ʌ]으로 소리난다.

II. 정관사(정해진 것) the

this나 that, these나 those의 통합된 형태로서 셀 수 있는 명사의 하나 또는 여럿일 때 모두 사용하며, 또한 셀 수 없는 명사일 때도 지정하는 의미일 때 쓰인다.

- 뻔한 것
  ① 마음으로 아는 것　Please open the door.
  ② 유일한 것　the sun, the moon, the world, the earth, the universe

- 최상급
  '가장 ~한 것' 으로 지정의 개념
  He is the best physician in Korea. 그는 한국에서 최고의 내과의사이다.

- 서수
  첫 번째, 두 번째 등 순서를 구체적으로 정한다.
  I met Jane on the third of August. 나는 8월 3일에 Jane을 만났다.

- 앞의 명사 받을 때
  앞에 나온 명사를 지정한다.
  I bought a book and the book is very interesting. 나는 책을 한권 샀는데 그 책은 매우 재미있다.

- 제한하는 말이 있을 때
  The water *in this cup* is clean. 이 컵 안의 물은 깨끗하다.
  This is the rice *that I bought yesterday*. 이것은 내가 어제 산 쌀이다.

- the only N 그 유일한　the same N 그 똑같은　the very N 바로 그
  This is the only belongings *I have*. 이것이 내가 가진 유일한 소유물이다.
  That is the same watch *I lost*. 저것이 내가 잃어버린 것과 똑같은 시계다.
  This is the very book *I found*. 이것이 내가 찾은 바로 그 책이다.

- the one 앞의 것/the other 뒤의 것
  There are a boy and a girl in my office; the one is my son, *the other* is his girlfriend. (a boy=the one, a girl=the other)
  내 사무실에 소년과 소녀가 있다. 전자(소년)는 내 아들이고 후자(소녀)는 아들의 여자친구다.

- **one 둘 중 하나/the other 나머지 하나**
  There are only *two books* in my bag ; one is a novel, and the other is a textbook on biology. 내 가방에 단지 두 권의 책이 있다. 한 권은 소설책이고 나머지 한 권은 생물학 교재다.

- **some 얼마간/the others 나머지 전부**
  Our school has *600 students* ; some are baseball fans and the others are basketball fans. 우리학교는 600명의 학생들이 있다. 얼마간은 야구팬들이고 나머지는 농구 팬들이다.

- **the 비교급, the 비교급**
  The more we have, the more we want. 많이 가지면 가질수록 많이 원한다.
  접속사 that의 약화   지시부사 that의 약화

- **the 형용사**

  ① the 형용사 (people) – 복수취급
  the poor, the rich, the blind 눈 먼 사람들 the deaf 귀 먹은 사람들 the wounded 상처 입은 사람들
  the conquered 정복된 사람들 the oppressed 억압받은 사람들

  ② the 형용사 (person) – 단수취급
  the deceased 사망자 the employed 고용된 사람 the accused 피고

  ③ the 형용사 (thing) – 단수취급
  the true 진 the good 선 the beautiful 미 the evil 악

- **신체의 일부 – 신체의 구체적인 부분을 정한다.**

  ① hold/catch 사람 by the 신체의 일부(수단)
  She *held* me by the arm. 그녀는 나의 팔을 잡았다.

  ② hit/pat/strike/tap/touch/kiss 사람 on the 신체의 일부(접촉)
  His mother *patted* the baby on the cheek. 그 아기의 어머니는 그 아이의 뺨에 토닥거렸다.

  ③ stare/gaze/look at 사람 in the 신체의 일부(내부)
  The audience stared the speaker in the eyes. 그 청중들은 그 연사의 눈을 응시했다.

Chapter 12

➡ **the 보통명사** – 보통명사의 특성 (셀 수 없는 추상명사)
　the poet 시인의 기질　　the father 부성애　　the mother 모성애　　the writer 작가적 기질
　the patriot 애국심　　the pen 글의 힘　　the sword 무력

➡ **악기이름 앞에**
　She played the piano.

➡ **강 이름 등 일부 고유명사** – 보통명사가 고유명사가 된 명사들
　the Han river 한강　the Pacific Ocean 태평양

➡ **수량이나 시간 등 단위**
　Meat is usually sold by the pound. 고기는 보통 파운드 단위로 팔린다.

🔆 **참고**　**a(n)와 the의 출생** – 형용사의 일종으로 명사 맨 앞에 붙인다.

　A. **a(n)** – one이 약화된 표현
　　a book (← one book), an official (← one official)

　B. **the** – this/that/these/those의 통합 표현이다.
　　the book(← this book/that book)
　　the handbags(← these handbags/those handbags)

막연한 하나를 표시하는 a/an, 구체적으로 지정하는 the. | **153**

III. 관사 쓰지 않는 것

셀 수 없는 명사 중 정해지지 않은 명사일 때 관사를 붙이지 않는다.(셀 수 없는 명사라 하더라도 정해진 경우는 the를 붙인다.)

| (정해지지 않는) 셀 수 없는 추상명사 | (정해지지 않는) 물질명사 | 일반적인 고유명사 |

1. 셀 수 없는 추상명사

◐ 학문 명
  Physics is interesting to me. 물리학은 나에게 흥미를 준다.
  She earned a master's degree in economics. 그녀는 경제학에서 석사학위를 받았다.
  Economics is the oldest of the social science. 경제학은 사회과학의 가장 오래 된 학문이다.

◐ 일반적 개념을 나타내는 셀 수 없는 추상명사
  Happiness is the most important to man. 행복은 인간에게 가장 중요하다.
  Honesty is the best policy. 정직이 최상의 정책이다.

◐ 식사 명
  I usually have lunch at noon. 우리는 보통 정오에 점심을 먹는다. 〔해설〕 일반적 의미의 점심
  We served cold lunches. 우리는 찬 점심을 제공했다. 〔해설〕 구체적 행위로서의 점심

◐ 스포츠 명
  We play baseball every weekend. 우리는 매주 야구를 한다.

◐ 계절 명
  Spring is a wonderful season. 봄은 경이로운 계절이다. 〔해설〕 일반적 의미의 봄
  in *the spring* of 2000 〔해설〕 정해진 봄

◐ 교통 및 통신수단
  I get to work by train. 나는 열차로 출근한다. 〔해설〕 열차라는 수단
  The reporter informed us of the incident by telephone. 그 기자는 우리에게 그 사건에 관해 전화로 알렸다.
  〔해설〕 일반적인 전화가 아니고 전화라는 통신방식

Chapter 12

→ 학습/예배/잠/감옥(등에 가다)

I go to school on foot. 나는 걸어서 학교에 간다.
She never goes to church. 그녀는 결코 교회에 가지 않는다.
My sister goes to bed at 1 a.m. 나의 누이는 새벽 1시에 잠잔다.
The child's father went to prison. 그 아이의 아버지는 교도소에 갔다.

2. 물질명사

I don't drink wine with a meal. 나는 식사 때 와인을 마시지 않는다. (해설) 물질명사 - 포도주
| This is a special wine. (해설) 와인의 종류
What beautiful scenery! 아름다운 경치구나!
They were removing old machinery. 그들은 얼마간의 오래된 기계류를 제거하고 있는 중이었다. (해설) 일반적 의미의 기계류
| The machinery [*made in France*] will be relocated to other company facilities.
프랑스에서 만들어진 그 기계류는 다른 회사 시설에 재위치할 것이다 (해설) 프랑스에서 만들어진 기계류로 정하고 있어 the를 붙인다.
Children take water from faucets attached to a new water purification system.
아이들은 새로운 물 정화 시스템에 부착된 수도꼭지로부터 물을 먹는다.
| The water *in this river* is dirty. 이 강의 물은 더럽다. (해설) 이 강에 있는 물로 한정하고 있을 때는 the를 붙인다.

☀ 참고   전체 종족을 칭하는 법

A. a(n) 단수명사 – 아무나 하나로 대표

   A dog is a faithful animal. 개는 충성스러운 동물이다.

B. the 단수명사 – 정해진 대표

   The dog is a faithful animal.

C. 복수명사 – 여럿으로 대표

   Dogs are faithful animals.

3. 보통의 고유명사

New York is a business center of the world. 뉴욕은 세계의 비즈니스센터이다.
American troops will be sent into Afghanistan to search for Osama bin Laden.
미군이 오사마 빈 라덴을 찾기 위해 아프가니스탄에 보내질 것이다.

the가 붙은 고유명사

일반적 고유명사는 관사를 붙이지 않지만 보통명사를 구체적으로 지정하는 과정에서 탄생한 고유명사에는 the가 붙는다.

예를 들면
보통명사 river에 Mississippi를 붙여 Mississippi river로 한정하여 정했다는 개념의 the를 붙인다. 보통 river를 생략하여 the Mississippi로 쓰기도 한다.

[기억하는 법]
그 소년은 가난해서 신문을 배달하면서 살았는데 그냥 동네에서 신문을 배달한 것이 아니라, 배를 타고 강과 바다와 해협과 운하를 건너고, 철도를 이용하여 산맥과 군도와 사막을 건너서 공공 기관과 복수형태의 국가에 특정서적과 신문, 잡지를 배달하였다.

- 배 : the Titanic, the Queen Elizabeth
- 강 : the Han river, the Nile, the Thames
- 바다 : the Pacific 태평양 the Atlantic ocean 대서양
- 해협 : the English channel 영국해협
- 운하 : the Suez canal 수에즈운하
- 철도 : the Kyeong-bu 경부선 the Western Pacific Railroad
- 산맥 : the Alps 알프스산맥 the Rockies 로키산맥
- 군도 : the Philippines 필리핀 군도
- 사막 : the Sahara desert 사하라 사막
- 공공 기관 : the Blue House 청와대 the White House 백악관 the British Museum 대영박물관
            the Red Cross Hospital 적십자병원
- 복수형태의 국가이름 : the United States
- 특정서적 : the Bible 성경
- 신문 : the Han Gyeorae, the New York times
- 잡지 : the Sunday, the Digest

Chapter 12

참고   중요 관용어구

a(n)가 있는 경우는 보통 셀 수 있는 추상명사이며 the가 있는 경우는 정한다는 개념이 포함되어 있다. 또한 a(n)도 the도 없는 경우는 셀 수도 없고 정한다는 개념도 없다는 의미이다. 셀 수 없는 추상적 개념이거나 물질명사일 때 관사가 오지 않는다. 또 셀 수 있는 명사의 경우 때때로 복수가 오는 경우도 있다.

A. 부정관사 a(n)가 오는 경우 : 셀 수 있는 명사의 경우(대체로 셀 수 있는 추상명사)

hatch a plot 음모를 하다
at a higher price 높은 가격으로
as a result of~ ~의 결과로
in an effort to 동사원형~ ~하려는 노력으로
have a monopoly on~ ~에 독점권을 갖다
a manifest error of judgement 명백한 판단의 오류
all of a sudden (=suddenly, abruptly) 갑자기
as a rule 대체로

at a distance 멀리서
make a mistake 실수하다
make an appointment 약속하다
play a part (= play a role) 역할을 하다
play a joke on~ 에 대한 농담을 하다
give a speech 연설하다
take a picture 사진을 찍다
make a profit 이익을 내다

B. 정관사 the가 포함되는 경우 : 정한다는 개념이 포함

at the company 그 회사에서
tell the truth 진실을 말하다
through the courtesy of~ ~의 도움으로
live in the vicinity of~ ~의 근처에 살다
wash the dishes 설거지 하다

cost the equivalent of ~ ~에 상당한 비용이 들다
in the workplace 작업장에서
into the region 그 지역 안으로
during the next 2 years 다음 2년 동안에
at the beginning(end) of ~ ~의 처음(끝)에

C. 관사 오지 않는 경우 : 보통 셀 수 없는 추상 명사

in defiance of ~에 도전하여
in error 실수로
in detail 상세히
on business 사업차
have difficulty in~ ~ing ~하는데 애먹다
make room for~ ~에 자리를 만들어 주다
make use of~ ~를 이용하다

pay attention to~ ~에 주의하다
take charge of~ ~를 책임 맡다
take pride in~ ~를 자랑하다
take care of~ ~를 돌보다
come in effect 실시하다, 발효하다
use extreme caution 매우 주의

D. 셀 수 있는 명사로 복수명사가 오는 경우

make friends with ~와 친구가 되다

shake hands with 악수하다.

Question
확·인·문·제

Chapter 12
막연한 하나를 표시하는 a/an, 구체적으로 지정하는 the.

정답 및 해설 14page

1 다음의 명사 앞에 관사 a, an, the를 넣어라. 단 the는 반드시 the를 써야 할 경우만 쓰고 관사를 쓰지 않아야 할 곳은 X를 하시오.

01 orange	02 dog	03 tree	04 chair	05 human being
06 weather	07 honor student	08 uncle	09 unique organism	10 university
11 police	12 seventh volume	13 earth(지구)	14 cup on the table	15 coffee
16 physics	17 equipment	18 one-piece bathing suit		19 most expensive restaurant

a :
an :
the :
관사 붙이지 않은 것 :

2 다음 문장의 ( ) 안에 관사가 필요하면 적절한 관사를 넣고 필요하지 않으면 X를 하시오.

01 He gave me (ⓐ) book, and (ⓑ) book is interesting.
02 Someday I must return to ( ) land of my birth.
03 He died of ( ) cancer.
04 He caught me by ( ) neck.
05 (ⓐ) higher we go up, (ⓑ) colder it becomes.
06 They are of ( ) age.
07 The sun is much larger than ( ) moon.
08 ( ) W(w)ater is changed into steam by heat.
09 ( ) W(w)ater of this well is not good to drink.
10 The post office is near ( ) station.
11 (ⓐ) S(s)ugar is sold by (ⓑ) pound.
12 She rented the apartment by ( ) month.
13 I have ( ) breakfast at 7:30.
14 ( ) P(p)sychology is very interesting.
15 They are playing ( ) soccer.
16 I wish to make a journey around ( ) world.
17 Seoul is ( ) largest city in korea.
18 Egypt was ( ) first country to become civilized.
19 February is ( ) second month of the year.
20 Does the lady play ( ) piano well?

13

대명사란 명사를 대신하는 말로 명사와 마찬가지로 주어, 목적어, 보충어 자리에 쓰인다.

- **사람대명사** : 사람을 칭한다.
  I/we, you, he/she/they 등
- **지시대명사** : 이것 저것(사람 포함) 등을 나타낸다.
  this/these, that/those
- **정해지지 않은 대명사** : 구체적으로 말하지 않고 다소 막연하게 표현한다.
  (the)one/the other, all, some, none 등
- **의문대명사** : 의문을 나타낸다.
  who/whom, what, which
- **it** : 지시대명사, 사람 아닌 주어, 가짜 주어/가짜 목적어, It ~that 강조구문

명사를 대신 사용하는 대명사 Pronouns

I. 사람대명사
II. 지시대명사
III. 정해지지 않은 대명사
IV. 의문대명사
V. It의 용법

I. 사람대명사

위치에 따라 달라지는 사람대명사

인칭	수와 성		주격 주어용 [~은/~이]	소유격 (형용사 역할) 명사 앞에서 명사수식 [~의]	목적격 목적어용 (타동사와 전치사 다음) [~을/~에게]	소유대명사 소유격과 명사포함 [~의 것]	다시 돌아온 대명사 주어가 목적어에 다시 나오는 경우 [~자신]
1인칭	단수		I	my	me	mine	myself
	복수		we	our	us	ours	ourselves
2인칭	단수		you	your	you	yours	yourself
	복수		you	your	you	yours	yourselves
3인칭	단수	남성	he	his	him	his	himself
		여성	she	her	her	hers	herself
		중성	it	its	it	-	itself
	복수		they	their	them	theirs	themselves

1. 주어 자리의 주격

I lost my way in the woods. 나는 숲속에서 길을 잃었다.
You have a nice car. 당신은 좋은 차를 가지고 있다.
He is doing his homework now. 그는 지금 그의 숙제를 하고 있는 중이다.

2. 명사 앞의 소유격 – 명사 앞에서 형용사로 사용

They are afraid of their teacher. 그들은 그들의 선생님을 두려워한다.
His house is near his school. 그의 집은 그의 학교 근처에 있다.
Her children are still young. 그녀의 아이들은 아직 어리다.

3. 목적어 자리의 목적격 – 목적어에는 타동사와 전치사의 목적어가 있다.

◉ 타동사의 목적어

Tayler *showed* me the way to the station. 테일러는 나에게 역에 가는 길을 가리켜 주었다.
Mom *told* us the story on the accident. 어머니께서 우리에게 그 사고에 관한 이야기를 해 주셨다.

Chapter 13

● 전치사의 목적어

I went out for a walk *with* her. 나는 그녀와 함께 산책하러 나갔다.
I'd like to talk *to* him. 나는 그에게 말하고 싶다.

4. 소유대명사 : 소유격+명사-누구의 것

My shoes are black, but yours are brown. (yours=your shoes) 나의 신발은 검정색이지만 너의 것은 갈색이다.
His house is bigger than hers. (hers=her house) 그의 집은 그녀의 것보다 크다.
Our children are cleverer than theirs. (theirs=their children) 우리 아이들은 그들의 아이들보다 영리하다.

5. 다시 돌아온 대명사 : 주어가 목적어에 다시 올 때, 대명사 강조, 관용어구로 사용

● 주어가 목적어에 다시 올 때 – 생략할 수 없음

I enjoyed myself there. 나는 거기에서 즐겼다.
We must love ourselves. 우리는 우리 자신을 사랑해야 한다.
Please take care of yourself. 제발 너를 잘 챙겨라.
She killed herself last Saturday. 그녀는 지난 토요일 자살했다.
Vincent Van Gogh shot himself. Vincent Van Gogh는 자살했다.

● 대명사 강조 – 생략 가능

She herself taught us German.(=*She* taught us German herself.)
그녀 자신이 우리에게 독일어를 가르쳤다. (해설) herself가 주어 She를 강조한다. She 바로 다음이나 문장 끝에 올 수 있다.

● 관용어구

> by oneself(=alone) 혼자서 for oneself(=without others' help) 자기 자신을 위해, 혼자 힘으로
> of itself 저절로 between ourselves 우리끼리 이야기인데 beside oneself 제정신이 아닌
> to oneself 자기 자신에게만(독점하여)

The pregnant woman moved the heavy suitcase for herself. 그 임산부는 그 무거운 가방을 혼자서 옮겼다.
Nana was taking a walk by herself at night. 나나는 밤에 혼자 걷고 있는 중이었다.
The door opened of itself. 그 문은 저절로 열렸다.
My sister takes the room to herself. 나의 누나는 그 방을 독점한다.

II. 지시대명사

1. 가까이 있는 사람 사물 등

▶ **this(단수)** – 셀 수 있는 명사, 셀 수 없는 명사와 문장의 일부나 전체에 모두 사용

① 가까이 있는 사람 사물
This is Mr.Taylor.
This was her house by 2004. 이것은 2004년까지 그녀의 집이었다.

② 순서 있는 둘 중에서 뒤의 것(후자)
I have *a son* and *a daughter, that* is a professor, and *this* is a writer.
(*a son = that, a daughter=this*) 나는 아들과 딸이 있다. 전자(아들)은 교수이고 그리고 후자(딸)은 작가이다.

③ 앞(뒤)의 문장의 구나 절
Listen to this ; *Mid-term exam starts next Monday.*
다음을 들으세요, 중간고사가 다음 월요일에 시작합니다.

▶ **these(복수)** – 셀 수 있는 명사의 복수를 받는다.
가까이 있는 사람들이나 사물들
These are my friends. 이 사람들은 나의 친구들이다.

2. 멀리 있는 사람 사물 등

▶ **that(단수)** – 셀 수 있는 명사와 없는 명사 둘 모두 사용.

① 저 사람/저 사물 – 이사람/이것(this) 보다 멀리 있는 사람 사물
That is my wife. 저 사람은 나의 아내다.
That was her house by 2004. 저것은 2004년까지 그녀의 집이었다.

② 순서 있는 둘 중에서 앞의 것(전자)
I have *a son* and *a daughter, that* is a pianist, and *this* is a designer.
(*that = a son, this = a daughter*)나는 아들과 딸이 있다. 전자(아들)은 피아니스트이고, 후자(딸)은 디자이너이다.

③ 앞(뒤)의 문장의 구나 절
He makes a mistake so often, and that's the problem. 나는 실수를 자주한다, 그것이 문제이다.

Chapter 13

④ 앞에 나온 명사의 단수형의 특정부분(특히 전치사구가 올 때)
   The population of Japan is larger than that of Korea. (해설) that은 The population을 가리킨다.
   일본의 인구는 한국의 인구보다 더 많다

● those(복수) – 셀 수 있는 명사만 사용
   ① 앞에 나온 명사의 복수형의 특정부분(특히 전치사구가 올 때)
   Apples in this store are bigger than those in the market. (해설) those는 Apples를 가리킨다.
   이 가게의 사과들은 시장의 사과들 보다 더 크다

   ② 저 사람들/저 사물들 – 이 사람/이것들(these)보다 먼 사람들 사물들
   Those are my friends. 저 사람들은 나의 친구들이다.
   Those are very expensive apartments. 저것들은 매우 비싼 아파트들이다.

   ③ ~한 사람들 (who V 등과 함께)
   Heaven helps those [who help themselves.] 하늘은 스스로 돕는 자를 돕는다.
   Those [from the United States] are opposite to the plan. 미국출신들이 그 계획에 반대한다.

참고 둘 중 전자 / 후자

앞의 것(전자)	뒤의 것(후자)
that	this
the one	the other
the former	the latter
the first	the second

We can go to Seoul by *express bus* or KTX. Of the two methods, *that* seems to be better than this. (*that* = *express bus*, this = KTX)
우리는 고속버스나 KTX로 서울에 갈 수 있다. 두 가지 방법 중에서 전자(express bus)가 후자(KTX)보다 나을 것 같다.

Nutrition and sleep are both necessary to health; this gives us rest, and *that* gives us energy. (this = sleep, *that* = *Nutrition*)
영양도 수면도 다같이 건강에 필요하다, 후자(sleep)는 휴식을 주고 전자(nutrition)는 활력을 준다.

참고 **지시대명사 it / one / that의 차이**

단수	복수	의 미
it	they	똑같은 것
one	ones	같은 종류
that	those	명사의 특정부분을 가리키는 경우

A. it/they – 앞에 나온 명사와 똑같은 것

(a) 단수 – it (the 단수명사)

 I bought *a book* and I will sell it. 나는 책 한권을 샀는데 그것을 팔 것이다.

(b) 복수 – they (the 복수명사)

 I bought *some books* and they are very helpful to me.
 나는 몇 권의 책을 샀다. 그런데 그들은 나에게 매우 도움이 된다.

B. one/ones – 앞에 나온 명사와 같은 종류

(a) 단수 – one (a/an 단수명사)

 He has *a car*, and I want one. 그는 자동차를 가지고 있다. 나도 차를 갖고 싶다.

(b) 복수 – ones (복수명사)

 This book is bad, give me good ones. 이 책은 좋지 않다. 나에게 좋은 책들을 주세요.

C. that/those – 명사의 특정부분을 가리키는 경우

(a) 단수 – that

 The *tail* of a rabbit is shorter than that of a dog. (that= the tail)
 토끼의 꼬리는 개의 꼬리보다 짧다.

(b) 복수 – those

 The *ears* of a rabbit are not shorter than those of a deer. (those=the ears)
 토끼의 귀들은 사슴의 귀들보다 더 짧지 않다.

 This year's *fashions* are quite different from those of last year.
 (those=fashions)
 올해의 유행은 작년의 유행과는 전혀 다르다.

III. 정해지지 않은 대명사

Chapter 13

구체적으로 정해지지 않았다는 의미의 대명사. 이들 뒤에 명사가 오면 형용사 역할이다.

01 (the) one과 another, some과 (the) other(s)

- **one (N)/the other (N)** (둘 중) 하나는, 나머지 하나는
  There were two students; one (student) was Korean and the other (student) was Chinese.
  학생이 둘 있었는데, 한 사람은 한국인이고 또 한 사람은 중국인이었다.

  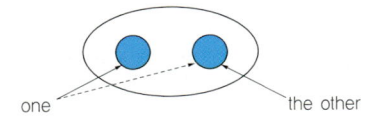

- **the one (N)/the other (N)** (둘 중) 앞의 것(전자), 뒤의 것 (후자)
  I met a boy and his father yesterday; the one is fifteen and the other is fifty.
  나는 어제 한 소년과 그 아버지를 만났는데, 전자는 15세이고 후자는 50세이다.

  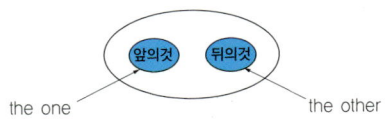

- **one (N)/another (N)/the others [the other N(e)s]**
  (4개 이상 중에서) 하나는, 또 다른 하나는, 나머지 전부는
  One succeeds, another fails and the others keep trying hard.
  한 쪽은 성공하고 또 다른 쪽이 실패한다. 나머지 사람들은 계속 열심히 노력한다.

  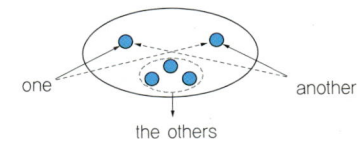

- **some [some N(e)s], the others [the other N(e)s]**
  (정해진 여러 개 중에서) 얼마간은, 나머지 전부는
  Some (students) of them like music; the others/the other students like sports.
  그들 중 얼마간의 학생들은 음악을 좋아하고 나머지 학생들은 스포츠를 좋아한다.

  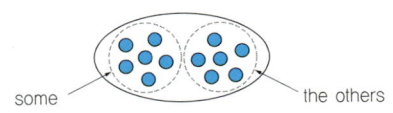

- **some [some N(e)s], others [other N(e)s]**
  (정해진 것이 없을 때) 얼마간은, 다른 사람(것)들은
  Some (books) are interesting; others/other books are boring.
  재미있는 책이 있는가 하면 지루한 책도 있다.

  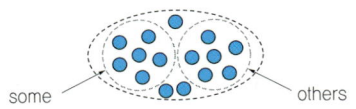

- **one(N), the others [the other N(e)s]**
  (정해진 가운데) 하나는, 나머지 전부는
  One of the five novels is very exciting; the others/the other novels are instructive.
  다섯 권의 소설 중에서 한 권은 매우 재미있고 나머지는 교훈적이다.

  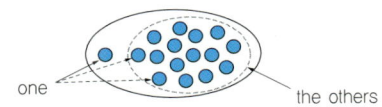

02 all/most/some/any 등

셀 수 있는 명사와 셀 수 없는 명사를 받는 수와 양을 표현하는 구체적으로 정하지 않는 대명사들. 단 청색은 대명사기능과 형용사기능이 있다.

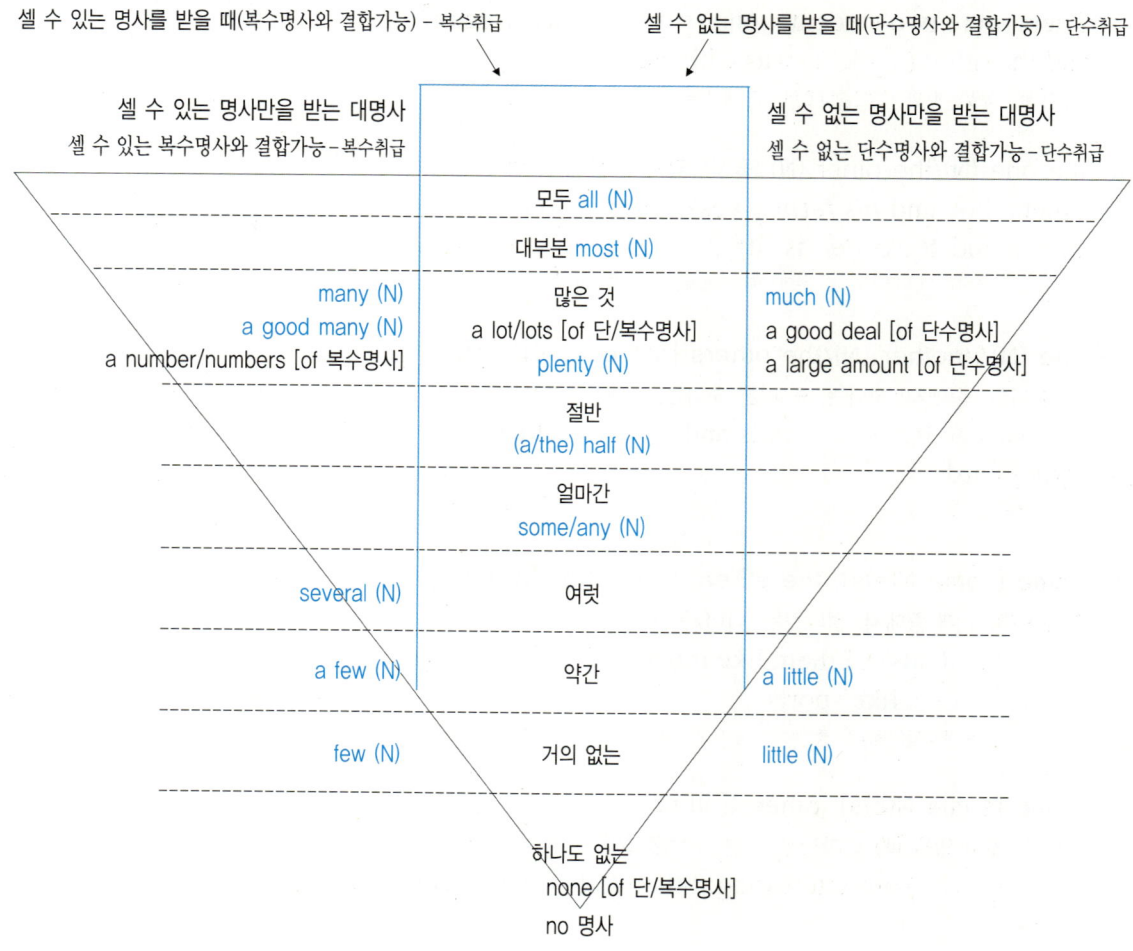

1. 셀 수 있는 명사와 셀 수 없는 명사 모두에 쓰이는 것 들

[대명사 기능과 형용사 기능 둘 다 있는 것 들]

all, most, some/any

Chapter 13

- **all**
  ① 셀 수 있는 명사와 함께 복수취급
     All [of the books] *are* interesting.(대명사)
     All books *are* interesting.(형용사)
  ② 셀 수 없는 명사와 함께 단수취급
     All [of the information] *is* useless.(대명사) 그 정보의 모든 것들은 쓸모없다.
     All information *is* useless.(형용사)

- **some/any** - 얼마간
  ① 셀 수 있는 명사와 함께 복수취급
     Some [of his friends] *are* very friendly to us.(대명사) 그의 친구들 중 얼마간은 우리들에게 우호적이다.
     Some friends *are* very friendly to us.(형용사)
  ② 셀 수 없는 명사와 함께 단수취급
     Some [of oil] *is* of no use.(대명사) 오일 중 얼마간은 사용할 수 없다.
     Some oil *is* of no use.(형용사)

[대명사 기능만 있고 형용사 기능은 없는 것 들]

a lot/lots, none

- **a lot/lots** - 보통 형용사구 'of+명사'와 함께 쓰인다.
  ① 셀 수 있는 명사와 함께 복수취급
     A lot/Lots [of policies] *were* cancelled because of financial shortage.
     많은 정책들이 자금부족 때문에 취소되었다
  ② 셀 수 없는 명사와 함께 단수취급
     A lot/Lots [of water] for drinking *is* supplied from the earth.
     음료를 위한 많은 물이 지하에서 공급된다.

- **none** - 사람 사물 둘 다 쓰임
  none ┌ 사람일 때 - no one/nobody + 단수동사
       └ 사물일 때 - nothing + 단수동사
  ① 셀 수 있는 명사와 함께 복수취급
     None [of the books] *are* interesting.(대명사) 그 책의 어떤 것들도 재미없다.

② 셀 수 없는 명사와 함께 단수취급
  None [of the clothing] *is* useful.(대명사) 그 의류의 어떤 것들도 쓸모없다.

2. 셀 수 있는 명사에만 쓰이는 것 들

[대명사, 형용사 기능 모두 하는 것 들] - 복수취급

> many, a good/great many, several, (a) few

- many
  Many [of our staff] *are* actually part time workers. (대명사) 우리 스탭 중 많은 사람들이 실제 파트타임 노동자이다.
  Many books [in the room] *are* interesting. (형용사) 그 방안에 많은 책들이 재미있다.

- a good/great many - 상당히 많은
  A good many [of enemies] broke into the room.(대명사) 많은 적들이 방안으로 침입했다.
  A good many soldiers *were* injured in the war.(형용사) 많은 군인들이 그 전쟁에서 부상당했다.

- a few (두 세개 정도)/few (거의 없음 - no에 가까움)
  There are many passengers, but a few *want* to rest in the hotel.(대명사)
  많은 여행객들이 있다. 하지만 몇몇은 호텔에서 휴식을 취하길 원한다.
  There *are* a few apples in the basket if you'd like one.(형용사) 먹고 싶다면 바구니 안에 사과가 몇개 들어 있단다.

[대명사 기능만 하는 것 들] - 복수취급

> a number/numbers [of 복수명사]-많은 수들

A number/Numbers [of companies] *suffer* from financial difficulty.
많은 회사들이 재정적인 어려움을 겪고 있다.

3. 셀 수 없는 명사에만 쓰이는 것 들

[대명사 기능과 형용사 기능 모두 하는 것 들] - 단수취급

> much, (a) little

Chapter 13

- **much**
  Much [of the machinery] *is* of no use.(대명사) 그 기계류의 많은 것들이 사용할 수 없다.
  Much machinery *is* of no use.(형용사)

- **a little**(약간)/**little**(거의 없음 – no에 가까움)
  A little money *is* needed to me.(형용사) 나에게 약간의 돈이 필요하다.

[대명사 기능만 하는 것들] - 단수취급

> a good deal/a large amount [of 단수명사] – 많은 양

A large amount [of merchandise] *is* imported to Asia from all over the world.
많은 상품이 전 세계로부터 아시아에 수입된다.

참고 'of 명사'와 함께 쓰이는 대명사

보통 단독으로 쓰이기보다 형용사 역할하는 'of 명사'와 함께 사용

> a number/numbers [of 셀 수 있는 복수명사] – 많은 수들
> a lot/lots [of 셀 수 있는 복수명사/셀 수 없는 단수명사] – 많은 수들/ 많은 양
> a good deal/a large amount [of 셀 수 없는 단수명사] – 많은 양

A number [of fishermen] *were* frustrated due to the storm.
많은 어부들이 폭풍 때문에 좌절했다.
A lot [of programs] *were* cancelled. (셀 수 있는 명사 – 복수)
많은 프로그램들이 취소되었다.
A lot [of water] on earth *is* polluted. (셀 수 없는 명사 – 단수)
지구상의 많은 물이 오염 되었다.
A good deal [of rice] *is* saved for war. 전쟁을 위해 많은 쌀이 저장된다.

03 기타

- **each**
  대명사 기능과 형용사 기능이 있다. 각각은 하나를 칭하므로 당연히 단수 취급한다.

  Each [of them] *is* happy.(대명사) 그들 각각은 행복하다.
  Each candidate *runs* for presidency.(형용사) 각 후보는 대통령직에 입후보한다.

대명사 everyone/everybody/everything과 형용사 every

| 대명사 : everyone/everybody/everything – 단수취급 | 형용사 : every + 단수명사 – 단수취급 |

Everyone *thinks* she will succeed in the work.(대명사) 모든 사람은 그녀가 그 일에 성공할 것이라고 생각한다.
Every child *wants* his own way.(형용사) 모든 아이는 자기 자신의 방법을 원한다.

every 명사 of us / them

every는 형용사로 of us/them과 바로 결합 안 되고 every에 명사가 붙어 'every 명사 of us/them'로 쓰인다.
every of us/them (×)　　every boy of them (○)

something(–body/–one) & anything(–body/–one) 등
어떤 사물(사람)의 특정한 것 하나를 칭하는 말로 단수 취급한다.

| 사람 : someone/somebody/anyone/anybody. |
| 사물 : something/anything. |

Someone *is* waiting for you. 누군가 너를 기다리고 있는 중이다.
There *is* something wrong with the machine. 그 기계는 무언가 문제가 있다.

some은 긍정문에 any는 부정문과 의문문에서 사용
다만 some이 의문문에서 쓰이면 권유나 제안, 확인에 해당한다.

some (something/someone포함)	긍정문
	의문문 형식에서 사실상 긍정(권유, 확인 등)
any (anything/anyone포함)	부정문
	의문문

We have some books.(긍정문) 우리는 몇 권의 책을 가지고 있다.
They bought some furniture.(긍정문) 그들은 얼마간의 가구를 샀다.
Would you like some coffee?(권유) 커피 좀 드시지요.
Do you have some money?(확인) 돈 좀 있지?
Do you have any money?(의문문) 돈 좀 있나요?

Chapter 13

He doesn't have any money.(부정문) 그는 얼마간의 돈은 없다.

> any~가 주어에서 '~라도'로 쓰인다.
> Anyone will solve the problem. 어떤 사람이라도 그 문제를 풀 것이다.

→ no

형용사로 셀 수 있는 명사의 단수/복수 모두와 결합가능하고 셀 수 없는 명사의 단수형과 결합 가능하다. 뜻은 not ~any의 의미이다.

I have no *child[children]*. 나는 아이가 없다.
No ink *is* left in the bottle. 병에 잉크가 전혀 없다.
No events *are* scheduled at this time. 어떤 이벤트도 이번에 예정되어 있지 않다.

→ either/neither

각각 단수 취급한다.

either 둘 중 하나	neither 둘 다 ~아니다

Either of them *is* good enough. 그들 둘 중 어떤 것도 충분히 좋다.
Neither of the students *knows* it. 그 두 학생 누구도 그것을 알지 못한다.

참고　일반인을 나타내는 인칭대명사

인칭대명사 we, you, they, one이 특정인을 나타내지 않고 막연한 일반인을 나타낼 수 있다. 이를 일반인 주어라 하고 '사람'은 정도로 해석하거나 해석하지 않는다.

We should respect the old. 노인들을 존경해야 한다.
You never know what may happen in the future. 사람이란 미래에 무슨 일이 일어날지 결코 모른다.
They speak English in Australia. 호주에서 영어를 사용한다.
One should do one's best in everything. 사람은 모든 일에 최선을 다해야 한다.
One often fails to see his own faults. 사람은 흔히 자기 자신의 결점을 보지 못한다.

> 일반인 주어 one은 one's/one이나 he/his/him으로 받는다.

IV. 의문대명사

명사처럼 주어, 목적어, 보충어자리에서 사용한다.

1. 사람

- **who(주어)** – 주어 및 주어 보충어자리에서
  Who needs this book? (주어) 누가 이 책이 필요합니까?
  Who are you? (주어보충어) 너는 누구냐?

- **whom(목적어)** – 목적어(타동사나 전치사)자리에서
  ① 타동사의 목적어
  　Whom do you *love*? 너는 누구를 사랑하냐?
  ② 전치사의 목적어
  　Whom are they waiting *for*? 그들은 누구를 기다리고 있습니까?

- **which** – 선택의 대상이 있을 때
  Which of the boys is tallest? 그 소년들 중 누가 가장 크냐?

2. 사물

- **what(무엇)** – 선택의 대상이 없을 때
  What are you doing now? 너는 무엇을 하고 있는 중이냐?
  What did he buy in the store? 그는 가게에서 무엇을 샀느냐?
  What will you give to her? 너는 그녀에게 무엇을 줄 것이냐?

- **which(어떤 것)** – 선택의 대상이 있을 때
  Which do you *want*, a novel or an essay? 너는 소설과 에세이 중 무엇을 원하냐?
  Which does she like, pop or classic? 그녀는 팝과 클래식 중 어떤 것을 좋아하느냐?

※ 접속(관계)대명사 ☞ Page 231 「chapter 18 졸병접속사」편 II.형용사절에서 별도 설명

V. It의 용법

Chapter 13

| 1. 지시대명사 | 2. 가짜주어/가짜목적어 | 3. It ~ that 강조구문 | 4. 사람 아닌 주어 (시간, 날짜, 요일, 날씨, 거리, 명암, 상황) |

(암기법 – 지가강사)

01 지시대명사

앞이나 뒤에서 나온 명사, 구, 절을 받는다.

● **앞 명사**
I bought *a novel* and I read *it* yesterday. 나는 소설 책 한 권을 사서 어제 그것을 읽었다.

● **뒤의 어구**
It is very pretty, *that flower on the cliff.* 그 절벽 위에 있는 저 꽃은 매우 예쁘다.

● **앞의 어구**
We should *take exercise everyday.* *It* is essential for our health.
우리는 매일 운동을 해야 한다. 그것은 건강에 필수적이다.
She *took a trip to Greece,* but I could not afford *it.* 그녀는 그리스로 여행을 떠났지만 나는 그럴 여유가 없었다.

● **앞의 절**
He said he did not reveal the secret but *it* was a lie.
그는 그 비밀을 폭로하지 않았다고 말했지만, 그것은 거짓말이었다.

02 가짜주어/가짜목적어

주먹만한 머리, 개미 같은 허리를 원하는 것처럼, 영어에서도 주어(머리)와 목적어(허리)는 날씬 한 것을 원한다. 즉 주어나 목적어가 긴 'to 동사원형' '동사원형ing' 'that S+V' 'whether S+V'일 때 가짜주어/가짜목적어 it을 쓰고 진짜 주어/진짜 목적어는 맨 뒤로 뺀다.

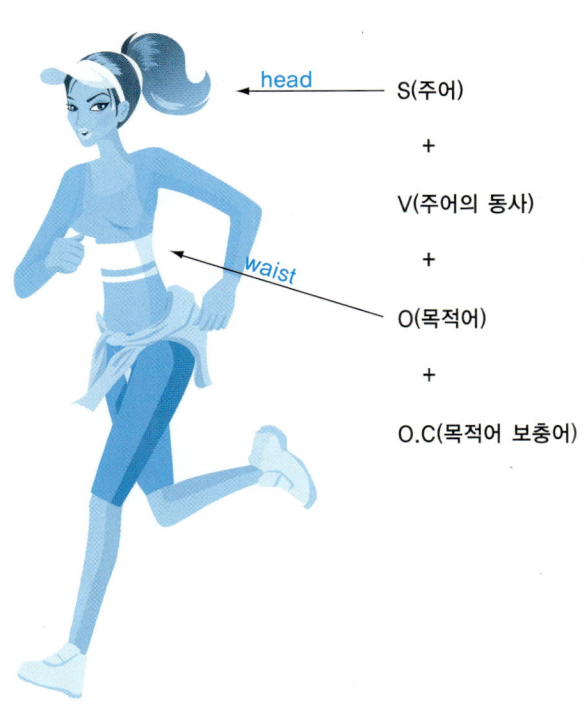

head — S(주어)
+
V(주어의 동사)
+
waist — O(목적어)
+
O.C(목적어 보충어)

1. 가짜주어

- **'to+동사원형'이 진짜주어**
  It is impossible *to master English in a month or two.* 한두 달에 영어를 마스터하는 것은 불가능하다.
  It will be difficult *for him to come so early.* 그가 그렇게 일찍 오기가 어려울 것이다.
  It is kind *of you to give me a present.* 선물을 주시다니 고맙습니다.

- **동명사(동사원형ing)가 진짜주어**
  It is no use *trying to escape.* 도망가려고 시도해 봐야 헛수고다.

- **명사절이 진짜주어**
  ① that S+V가 진짜주어
    It is strange *that he says so.* 그가 그런 말을 하다니 이상하군.
    It is said *that the universe is finite.* 우주는 유한하다고들 한다.
    📖 | [It seems/appears/happens *(that) S+V~*] 형태도 it는 가짜주어 it이다. (that은 생략되기도 함)
    It seems *(that) he has failed.* 그는 실패한 것 같다.
    It happened *(that) he was not present.* 마침 그는 출석을 하지 않았다.
  ② whether S+V가 진짜주어
    It isn't certain *whether we shall succeed.* 우리가 성공할는지 확실치 않다.
  ③ 의문사 S+V
    It doesn't matter *what their real skin color is.* 그들의 피부색이 무엇인지는 전혀 문제가 되지 않는다.

2. 가짜목적어

특히 make/find/think/believe 등에서 많이 사용된다.

- **to+동사원형**
  I make it a point *to get up early.* 아침에 일찍 일어나는 것을 규칙으로 삼는다.
  They considered it impossible *for us to attack during the night.*
  그들은 우리가 야간에 공격하는 것은 불가능하다고 생각했다.

- **동사원형ing**
  You will find it very nice *taking a walk early in the morning.*
  아침 일찍 산보하는 것이 얼마나 좋은가를 알게 될 겁니다.

→ that S+V
I thought *it* natural *that he should get angry.* 나는 그가 화내는 것이 당연하다고 생각했다.

 가짜주어/가짜목적어 쓰지 않는 긴 주어/긴 목적어

다만 (대)명사에 형용사구나 절이 붙어서 길어진 긴 주어/긴 목적어는 가짜주어/가짜목적어 it을 쓰지 않고 긴 주어/긴 목적어를 뒤로 빼서 문장의 순서를 바꿀 뿐이다.

A. 가짜주어 쓰지 않는 긴 주어

Hidden beneath the waves are mountain ranges *higher than the Himalayas.*
(← Mountain ranges *higher than the Himalayas* are hidden beneath the waves.)
히말라야 산맥보다 더 높은 산맥들이 파도아래 숨어 있다.

Covered with snow were all the houses *in the area.*
(← All the houses *in the area* were covered with snow.) 그 지역의 모든 집들이 눈으로 뒤덮였다.

Happy is he *who is content with his lot.*
(← He *who is content with his lot* is happy.) 그의 운명에 만족하는 사람은 행복하다.

B. 가짜목적어 쓰지 않는 긴 목적어

Such legislation makes <u>illegal</u> certain economic activities *that might restrain trade.*
(Such legislation makes certain economic activities *that might restrain trade* illegal.)
그와 같은 법률제정은 거래를 제한할 수도 있는 어떤 경제활동을 불법적으로 만든다.

03 It ~ that 강조구문

It was Napoleon that[=who] invented canned food. 캔음식을 발명한 사람은 바로 나폴레옹이다.
It is *I* that [=who] am to blame. 비난받을 사람은 나야.
It is *the price* that [=which] frightens him. 그를 놀라게하는 것은 그 가격이다.
It was *Mary* that [=whom] we saw. 우리가 본 사람은 메리였다.
It was *peace* that [=which] they fought for. 그들이 싸운 것은 평화를 위해서였다.
It was *in that year* that [=when] the war broke out. 전쟁이 터진 것은 그 해였다.
It was *Franklin* that [=who] wrote "God helps those that help themselves."
"God helps those that help themselves."를 쓴 사람은 프랭클린이었다.

04 사람 아닌 주어

시간, 날짜, 요일, 계절, 날씨, 거리, 명암, 각각의 처한 개별적 상황 등을 말할 때

➡ 시간
It is three o'clock. 세시 정각이다.

> [It takes (사람) 시간/노력/비용 to 동사원형~ ~하는데 시간/노력/비용이 걸리다]에서도 it는 '사람 아닌 주어' 이다.
> It takes about 20 minutes to walk to school. 학교까지 걸어가는데 약 20분 걸린다.
> How long does it take from here to the park? 여기서 공원까지 얼마나 걸리지요?

➡ 날짜
It is December 24th.

➡ 요일
It's Wednesday.

➡ 날씨
It is cloudy outside. 밖이 흐리다.
It is snowing. 눈이 내리고 있는 중이다.

➡ 거리
It is 2 miles to the station. 역까지 2마일이다.

➡ 명암
It is still dark on the street. 여전히 거리는 어둡다.

➡ 상황
How does it go with you today? 오늘은 어떻습니까?

it's와 its

it's는 it is의 단축형이고, its는 it의 소유격이다.
I have a novel. It's very interesting. 나는 소설책이 한 권 있다. 그것은 매우 재미있다.
The dog wags its tail. 그 개는 자신의 꼬리를 흔든다.

명사를 대신 사용하는 대명사

정답 및 해설 15page

1 다음 ( ) 안의 대명사 등을 밑줄에 알맞은 형태로 넣으시오.

01 _____ is good at English conversation. (he)
02 My mother took _____ to the concert. (I)
03 With _____ contribution, the city could build a new library. (he)
04 All of _____ were frightened at the robber's action. (we)
05 He cut _____ while he was cooking. (he – 주어 He와 같은 사람)
06 He moved the furniture _____. (혼자 힘으로)
07 This pet is _____. (나의 것)

2 다음 밑줄에 알맞은 지시대명사를 넣어라.

01 What I want is _____; I want a sensible person.
02 The dog and the cat are both useful to men; __ⓐ__ keeps rats and mice away from the house and __ⓑ__ watches over the house.
03 The ears of the hare are longer than _____ of the cat.
04 He is a child, and must be treated as _____.
05 A : Is he coming? B : I think _____.
06 The circumstances Korea is facing are quite different from _____ in the German case.

3 다음 _____ 에 적당한 말은?

01 If you need a pencil, I'll lend you _____.
02 I have two dogs; __ⓐ__ is white and __ⓑ__ is black.
03 This is not good enough. Show me _____?
04 Twenty of them like mathematics, _____ like English.
05 To know is __ⓐ__, and to teach is __ⓑ__.
06 If you have __ⓐ__ money with you, please lend me __ⓑ__.
07 Do you know _____ of the two sisters? (둘 중 하나)

Chapter 13

Question
확·인·문·제

명사를 대신 사용하는 대명사
정답 및 해설 16page

4 다음에서 틀린 부분을 올바로 고치시오.

01 There is said that several green bamboos appeared after the assassination.
02 Our schools are quite different from your.
03 Remember that it is no best method of learning English.
04 Please take care of you.
05 Some people who moved from other countries made their surnames seem more like that of the new country.
06 In a few moments the two girls and her young brother were brought into the room.
07 Maybe humans should ask them these questions very seriously.
08 Parents were afraid that his children might die at a young age.
09 He seated him upon a straw mat and began to play the instrument.
10 Everything in retrospect seem weird and unreal.

5 아래 볼드체의 it가 쓰인 용법을 아래에서 고르고 it가 지적하는 바를 쓰시오.

| 가짜주어, 가짜목적어, 지시대명사(그것), It ~ that 강조구문, 시간 등 사람 아닌 주어 |

01 **It** often becomes possible to guess the meaning of a family name.
02 **It** is also possible that you could collide with another passenger.
03 The United Nations says **it**'s feeding more than one million people across tsunami-stricken regions of southern Asia.
04 On a rainy days **it** takes as much as twice the distance to stop a car on the road because the road gets slippery.
05 **It** took ten years for an international team of scientists to put in order the information of the human body.
06 I find **it** strange that she doesn't want to travel.
07 **It** was in 2004 that I had my first opportunity to attend a concert of traditional Korean music.
08 She found **it** hard to support a household only by giving speeches.

대장형용사
대명사 출신의 형용사로 명사를 꾸며 주는 말이 여러 개 올 때 명사 맨 앞에 온다.
- **사람대명사 출신(소유격)** : my/our/your/her/his/their
- **지시대명사** : this/these/that/those/the
- **정해지지 않은 대명사** : a(n)/some/any/all/every/no 등
- **접속대명사** : whose
- **의문대명사** : what/which/whose

황제부사
대장형용사 앞에 오는 것들
- all/both/double/half + the/my
- **4개 잘난 황제부사** so/as/too/how(ever) 형용사 a(n) 명사
- **4개 덜 잘난 황제부사** such/what/quite/rather a(n) 형용사 명사

14

>>>

명사 맨 앞에 오는 대장형용사와 황제부사 Adjectives from Pronouns & Royal Adverbs

I. 대장형용사

II. 황제부사

Ⅰ. 대장형용사

대명사로부터 나온 형용사를 대장형용사라고 칭한다. 형용사가 여러개 올 때 대장형용사는 명사 맨 앞에 온다. (명사 뒤나 보충어자리에서 사용되지 않는다).

> 대장형용사 + (부사) + ~ + (형용사) + **명사** (형용사상당어구)

● **사람대명사 출신(소유격)**

> my/our/your/her/his/their

Emma is **my** very pretty girl. Emma는 나의 매우 귀여운 소녀다.
The women are **their** lovely wives. 그 여자들은 그들의 사랑스런 아내들이다.

● **지시대명사 출신**

> this/these/that/those/the (←this/these/that/those)

I have never had **this** extremely terrific taste. 이 정말 끝내주는 맛을 느껴본 적이 없다.
Look up to **that** really wonderful sky. 저 정말 아름다운 하늘을 올려다 봐.
The man was fascinated by **the** charming figure of hers. 그 남자는 그녀의 매혹적인 자태에 매혹되었다.

● **정해지지 않는 대명사 출신**

> a(n)/some/any/all/every/no 등

It was **a** terribly tedious film. 그것은 끔직스럽게 재미없는 영화였다.
Some thin girls are walking on the street. 몇몇의 날씬한 소녀들이 거리에서 걷고 있는 중이다.
Every late customer can't buy the clothing on sale. 모든 늦은 고객들이 세일 중인 옷을 살 수는 없었다.

● **접속(관계)대명사 출신**

> whose

This is the man **whose** car was damaged at the accident. 이 사람이 사고에서 그의 차가 피해를 입은 남자입니다.

Chapter 14

● 의문대명사 출신

> what/which/whose

What sports do you like? 어떤 스포츠를 좋아하세요?
Which book do you want, a text book or a novel? 교과서와 소설 중 어떤 책을 원하세요?

☀ 참고   이중소유격

소유격과 대명사로부터 나온 형용사(대장형용사)를 함께 쓰고자 할 때 나란히 쓰지 못한다. 소유격은 명사 뒤에 'of+소유 대명사' 형태로 붙여서 '대명사출신의 형용사(대장형용사)+명사 of 소유대명사' 형태로 쓰인다. 즉,

```
      대명사 출신의 형용사(관사/지시대명사/부정대명사 등)  | 명사
  +   ─────────────────────────────────
               소유격                                    | 명사

  = 대명사출신의 형용사(관사/지시대명사/부정대명사 등) + 명사 of 소유대명사
```

〈예를 들면〉

      this book 이 책
+ my   book 나의 책
= this book of mine 나의 그 책 (this my book[✕] my this book[✕])

      those friends 저 친구들
+ your friends 너의 친구들
= those friends of yours 너의 저 친구들 (those your friends[✕] your those friends[✕])

      the   building 그 빌딩
+ your father's building 너의 아버지의 빌딩
= the   building of your father's 너의 아버지의 그 빌딩
(the your father's building[✕] your father's the building[✕])

　📝 | 명사의 소유대명사 – my father's, Beth's, Mary's (명사의 소유대명사는 소유격과 같다)

She showed us another album of hers. 그녀는 우리에게 그녀의 또 다른 앨범을 보여 주었다.
It's no business of yours. 네가 상관할 바 아니다.

명사 맨 앞에 오는 대장형용사와 황제부사 | **181**

II. 황제부사

대장형용사가 명사 맨 앞에 오지만 그 대장형용사 앞에 올 수 있는 특별한 부사들을 **황제부사**라 칭한다.

> 황제부사 + 대장형용사 + (부사) + ~ + (형용사1) + **명사** + (형용사상당어구)

1. all / both / double / half + the [암기법-(기자는) 오보도하더(라)]

「대명사 (all/both/double/half)+of the 등 대장형용사+명사」에서 of가 생략된 형태이다. 결국 대명사 (all/both/double/half)는 대장형용사 the 등 앞에 사용되어 부사의 특별한 형태인 **황제부사**로 쓰인 것이다.

```
all (오)
both (보)    + the(더)/my/this/these..
double (도)        ─────────────
half (하)           대장형용사
```

All the people (← all *of* the people) in the room were silent. 방안에 모든 사람들이 조용했다.
I've invited **both my friends** (← both *of* my friends) to the party. 나는 나의 두 친구를 파티에 초대했다.

2. 4개 잘난 황제부사

so, as, too, how(ever)는 강조를 위해 형용사를 데리고 대장형용사 앞으로 나온다.

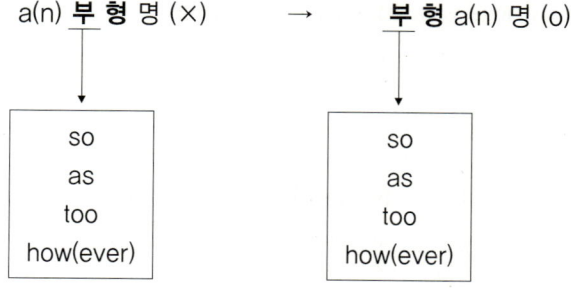

a(n) 부 형 명 (×) → 부 형 a(n) 명 (o)

| so |
| as |
| too |
| how(ever) |

She is **so happy a girl.** (← a so happy girl[×])
This is **as interesting a book** as a cartoon book. (← an as interesting book[×])
이 책은 만화책 만큼 흥미 있는 책이다.

Chapter 14

3. 4개 덜 잘난 황제부사

such/what/quite/rather는 강조를 위해 자기만 앞으로 나온다.

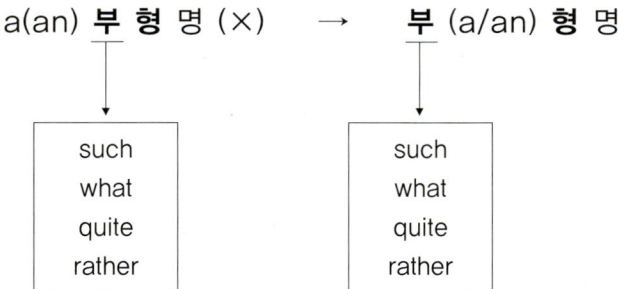

The romantic novel **is such an interesting book.**(← a such interesting book[×])
그 로맨틱소설은 너무나 흥미있게 하는 책이다.
My darling **is such a cute girl.** (← a such cute girl[×])
나의 애인은 너무나 귀여운 소녀이다.

어휘학습　부정 접두어2　☞ 127page 「부정접두어1」 참고

A. ir-

rational 합리적인 ↔ irrational 불합리한
regular 규칙적인 ↔ irregular 불규칙인
relevant 관련된 ↔ irrelevant 관련 없는

resistable 저항하는 ↔ irresistible 저항할 수 없는
reversible 거꾸로 할 수 있는 ↔ irreversible 거꾸로 할 수 없는
responsible 책임 있는 ↔ irresponsible 책임 없는

B. im-

moral 도덕적인 ↔ immoral 부도덕한
mortal 죽는 ↔ immortal 죽지 않은
mature 성숙한 ↔ immature 성숙하지 않은
patient 인내심이 강한 ↔ impatient 참을 수 없는

perfect 완벽한 ↔ imperfect 불완전한
polite 정중한 ↔ impolite 예의 없는
possible 가능한 ↔ impossible 불가능한
proper 적당한 ↔ improper 부적당한

C. un-

aware ~를 아는 ↔ unaware ~를 알지 못하는
bearable 참을 수 있는 ↔ unbearable 참을 수 없는
broken 깨어진 ↔ unbroken 깨어지지 않은
certain 확실한 ↔ uncertain 불확실한
common 보통의 ↔ uncommon 보통이 아닌

conscious 의식 있는 ↔ unconscious 의식 없는
easy 편한 ↔ uneasy 편치 않은
fair 공정한 ↔ unfair 불공정한
lucky 행운의 ↔ unlucky 불운의

Chapter 14

Question 확·인·문·제

명사 맨 앞에 오는 대장형용사와 황제부사

정답 및 해설 16~17page

다음 문장에서 틀린 부분을 찾고 올바로 고치시오.

01 The all people at the party were surprised at the news.
→

02 These both boys are my sons.
→

03 It's a so beautiful flower.
→

04 It was such interesting an book that he couldn't put it down.
→

05 That is an as exciting novel as a comic cartoon.
→

06 What wonderful a sky it is!
→

07 How a fantastic day it is!
→

08 I met a my friend this morning.
→

09 It's no my brother's fault.
→

10 It is no your business.
→

11 Every the child wants his own way.
→

15

형용사는 문장의 졸병으로 문장에서 **부속품**(명사의 앞과 뒤)과 문장에서 **필수품**(주어 보충어와 목적어 보충어자리)으로 사용된다.

형용사처럼 사용 되는 것들

| 일반 형용사 | 동사원형ing | p.p (과거분사) | to + 동사원형 | 전치사 + 명사 | 형용사절 |

명사의 졸병 – 형용사 Adjectives

Ⅰ. 형용사 역할 할 수 있는 것들과 그 기능
Ⅱ. 문장의 부속품으로 사용된 형용사(구/절)
Ⅲ. 문장의 필수품으로 사용된 형용사(구/절)

Ⅰ. 형용사 역할할 수 있는 것들과 그 기능

1. 형용사	동사가 형용사로 역할 전환할 수 있는 것들			명사가 형용사로 전환	형용사절
	2. 동사원형ing	3. p.p(과거분사)	4. to+동사원형	5. 전치사+명사	6. 접속대명사절/접속부사절
명사앞과 뒤, 보충어(주어 보충어/목적어 보충어)에서 사용			명사뒤, 보충어(주어 보충어/목적어 보충어) (명사앞에서는 사용안함)	명사뒤에서만 사용 (명사앞과 보충어자리에서 사용안함)	

형용사는 명사의 졸병으로서 문장의 부속품 – 명사의 앞뒤에서 명사 꾸며주는 형용사 – 과 문장의 필수품 – 주어보충어/목적어보충어 – 으로 사용한다. 다만 형용사절은 문장의 필수품으로는 사용되지 않고 명사 뒤에서 문장의 부속품으로만 사용된다.

01 형용사

1. 문장의 부속품 – 명사의 앞뒤에서 사용될 때

➡ 명사 앞
She is a *pretty girl*. 그녀는 예쁜 소녀이다.

➡ 명사 뒤
I saw *someone strange* yesterday. 나는 어제 낯선 사람을 봤다.

2. 문장에서의 필수품 – 보충어자리에서 사용될 때

➡ 주어 보충어
The girl looks *gorgeous*. 그 소녀는 멋져 보여. (해설) 주어 She 설명

➡ 목적어 보충어
The woman made *her husband sad*. 그 여자는 그녀의 남편을 슬프게 만들었다. (해설) 목적어 her husband를 설명

02 동사원형ing(현재분사) – 진행/감정유발/상태지속

1. 문장의 부속품 – 명사의 앞뒤에서 사용될 때

➡ 명사 앞
The *swimming boy* is my son. 그 수영하고 있는 소년은 내 아들이다.

➡ 명사 뒤
The boy swimming in the river is kerry. 강에서 수영하고 있는 소년은 kerry다.

Chapter 15

2. 문장에서의 필수품 – 보충어자리에서 사용될 때

- 주어 보충어
  He is swimming in the river. 그는 강에서 수영하고 있는 중이다.   해설 주어 He 설명
- 목적어 보충어
  I saw *him* swimming in the river. 나는 그가 그 강에서 수영하는 것을 보았다.   해설 목적어 him 설명

03 p.p (과거분사) – 수동

1. 문장의 부속품 – 명사의 앞뒤에서 사용될 때

- 명사 앞
  A *wounded soldier* was taken to the hospital. 상처 입은 군인은 병원으로 후송되었다.
- 명사 뒤
  A *soldier* wounded in the war was Bradly. 전쟁에서 상처 입은 군인은 Bradly이다.

2. 문장에서의 필수품 – 보충어자리에서 사용될 때

- 주어 보충어
  The man was wounded in the war. 그 남자는 그 전쟁에서 상처 입었다.   해설 주어 the man 설명
- 목적어 보충어
  We found *the man* wounded in the war. 우리는 그 남자가 그 전쟁에서 상처 입었다는 것을 알았다.
  해설 목적어 the man 설명

04 to + 동사원형

1. 문장의 부속품 – 명사의 앞뒤에서 사용될 때

- 명사 앞 – 사용안함
- 명사 뒤
  I have *two sons* to support. 나는 부양할 두 아들이 있다.

2. 문장에서의 필수품 - 보충어자리에서 사용될 때

- 주어 보충어
  We are to meet our boss. 우리는 우리의 사장을 만날 것이다. (해설) 주어 we 설명
- 목적어 보충어
  The police urged *the crowd* to scatter. 경찰은 군중이 해산하도록 촉구했다. (해설) 목적어 the crowd 설명

05 전치사＋명사

1. 문장의 부속품 - 명사의 앞뒤에서 사용될 때

- 명사 앞 – 사용안함
- 명사 뒤
  The book on the desk is mine. 책상 위에 있는 책은 나의 것이다.

2. 문장에서 필수품 - 보충어자리에서 사용될 때

- 주어 보충어
  The computer is of use(=useful). 그 컴퓨터는 유용하다. (해설) 주어 the computer 설명
- 목적어 보충어
  He considers *her* as his friend. 그는 그녀를 그의 친구로 생각한다. (해설) 목적어 her 설명.
  Young doctors' medical training has *them* in debt. 젊은 의사들의 의학적 훈련은 그들을 빚지게 한다.
  (해설) 목적어 them 설명

06 형용사절

보충어자리와 명사 앞에서는 사용되지 않고 **명사 뒤에서만 사용된다.**

1. 접속(관계)대명사절

① who V ~
   I have *a friend* who will help me. 나는 나를 도울 친구가 있다.

Chapter 15

② whose N ~

　Tommy has *a friend* whose wife is a best seller writer. Tommy는 아내가 베스트셀러 작가인 친구가 있다.

③ (전치사) whom S+V ~

　Sally is *a daughter* whom I really love. Sally는 내가 정말로 사랑하는 딸이다.
　This is *the researcher* with whom I will stay in London. 이 사람은 내가 런던에서 함께 체류할 연구원입니다.

④ (전치사) which (S)+V ~

　This is *the house* which I will sell. 이것이 내가 팔 집이다.
　That is *the hospital* in which my son was born. 저곳이 나의 아들이 태어났던 병원이다.

⑤ of which S+V ~

　That is *the house* of which the roof was damaged by the wind.
　저것은 바람으로 지붕이 파손된 집이다.

2. 앞에 수식받는 명사가 있는 접속부사절

① when S+V ~

　1980 is *the year* when Gwangju democratization movement arose.
　1980년은 광주민주화운동이 일어났던 해이다.

② where S+V ~

　That hospital is *the place* where I was born. 그 병원은 내가 태어난 장소이다.

③ why S+V ~

　I don't know *the reason* why she was late. 나는 그녀가 늦은 이유를 모르겠다.

3. 접속(관계)대명사나 접속(관계)부사절

　that (S)+V ~

　　Tommy was *the first man* that she loved. Tommy는 그녀가 사랑한 첫 남자였다.
　　Tell me *the place* that we'll have a meeting. 나에게 회의를 개최할 장소를 말해 주세요.

4. 접속(관계)대명사나 접속(관계)부사가 생략된 절

　S+V ~

　　This is *the house* (~~which~~) I will live in. 내가 살 집이다.
　　This is *the way* (~~how~~) she solved a trouble. 이것이 그녀가 문제를 해결했던 방법이다.

명사의 졸병-형용사 | **189**

II. 문장의 부속품으로 사용된 형용사(구/절)

문장의 부속품으로 쓰인 경우에 **명사**의 **앞뒤**에서 여러 형태의 형용사(구/절)가 명사를 꾸며줄 수 있다. 형용사 역할 하는 것이 하나의 단어일 때는 명사 앞에서 꾸며주며 2개 이상의 단어 일 때는 명사 뒤에서 꾸며준다. 일반형용사나 동사원형ing, 그리고 p.p(과거분사)는 단독일 때는 명사 앞에서, 딸린 어구가 있을 때는 뒤에서 꾸며준다. 특히 'to+동사원형'이나 '전치사+명사', 그리고 형용사절인 경우는 2개 이상의 단어이므로 명사 뒤에서만 사용된다.

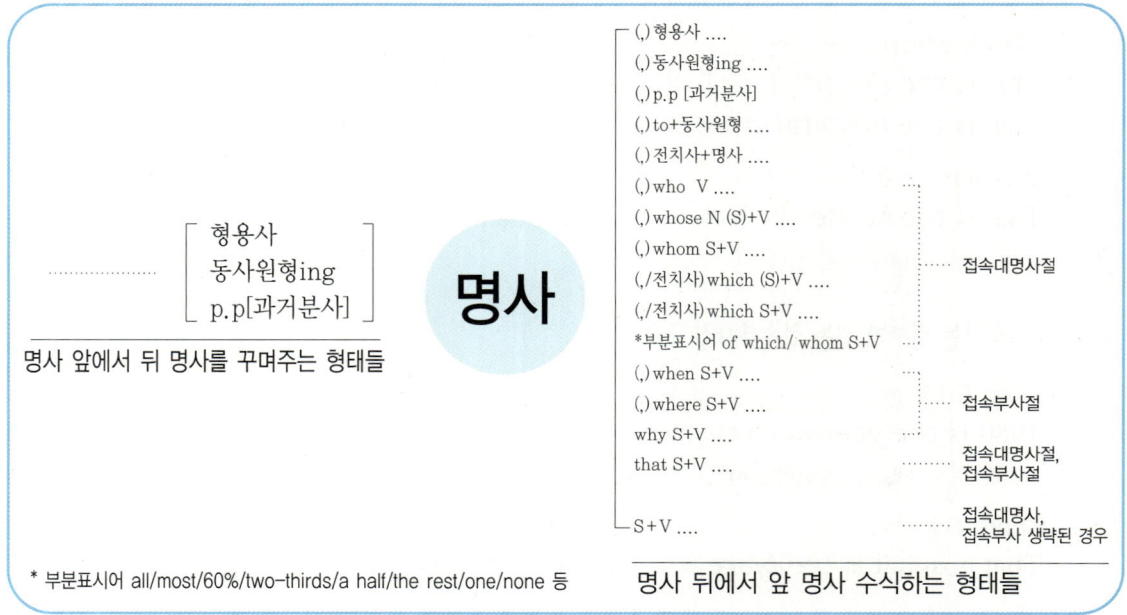

01 명사 앞이나 뒤에서 명사 수식하는 형용사 역할하는 것들

일반형용사	동사원형ing	p.p(과거분사)

1. 명사의 앞에서 뒤명사 수식

일반 형용사, '동사원형ing' 형태의 형용사와 과거분사 형용사(p.p)는 보통 명사 앞에서 뒤의 명사를 수식하는 것이 원칙이다.

→ **일반 형용사 + 명사**
   hot *food,* clean *streets,* five *languages.*

→ **동사원형ing + 명사**
   sleeping *kids* 잠자고 있는 아이들

Chapter 15

→ **과거분사(p.p) + 명사**
  amazed *villagers* 놀란 마을 사람들

2. **명사뒤에서 앞명사 수식**

   형용사 등은 보통 명사 앞에서 뒤의 명사를 수식하는 것이 원칙이지만 형용사, 동사원형ing나 과거분사 형용사(p.p)에 뒤따라오는 어구가 있으면 이들은 명사 뒤에서 수식한다.

→ **명사+(,) 형용사**
  a *basket*(,) full [of apples] 사과로 가득찬 바구니
  a *boy* good [at English] 영어를 잘하는 소년

→ **명사+(,) 동사원형 ing**
  the *player*(,) running [on the playground] 운동장에서 뛰고 있는 선수
  girls (,) fighting [on the ground] 운동장에서 싸우고 있는 소녀들

→ **명사+(,) p.p**
  the *soldier*(,) wounded [in the war] 전쟁에서 상처입은 군인
  the *villagers*(,) amazed [at the earthquake] 지진으로 놀란 마을 사람들

02 명사 뒤에서만 앞의 명사 꾸며줄 수 있는 형용사 역할 하는 것들

to 동사원형	전치사 + 명사	접속(관계)대명사절 /접속부사절	대명사를 수식하는 형용사

두개 이상의 단어로 형성되므로 명사 뒤에서만 수식한다. 명사 다음에 컴마(,)가 사용될 수도 안 될 수도 있다.

→ **명사 to+동사원형**
  That is *the man* to play the piano 저 사람이 피아노를 연주할 남자이다.
  Luigia developed *a technique* to warm up his muscles. Luigia는 그의 근육을 따뜻하게 할 기술을 개발했다.

→ **명사 전치사+명사**
  Use *the books* in the library. 도서관에 있는 책을 이용하세요.

- **명사+(,) 접속대명사[who/whose/whom/which/that](S)+V**
  This is *my secretary*(,) who will help me. 이 사람은 나를 도울 나의 비서이다.
  This is *my friend*(,) whose wife is an excellent writer. 이분은 나의 친구인데 그의 아내가 뛰어난 작가이다.
  That is *the girl*(,) whom I love. 저 사람은 내가 사랑하는 소녀이다.
  This is *my son*(,) with whom my wife will go abroad. 이 사람은 나의 아내가 외국에 함께 갈 나의 아들이다.
  That is *my office*(,) which is very spacious. 저것은 매우 넓은 나의 사무실이다.
  There are *many business men*(,) some of whom are my friends.
  많은 사업가들이 있다. 그들 중 몇몇은 내 친구들이다.
  The car that I rented yesterday broke down. 내가 어제 빌린 차가 고장 났다.

- **명사+(,) 접속부사[when/where/why](S)+V**
  This is *the time*(,) when you will start your work. 지금은 네가 너의 일을 시작할 시간이다.
  This village is *the place*(,) where I was born. 이 마을이 내가 태어났던 장소이다.
  This is *the reason* why she was late. 이것이 그녀가 늦은 이유이다.

- **명사+S+V**
  명사 다음에 접속대명사[whom/which/that]나 접속부사[when/where/how/why]가 생략된 경우
  The book (~~that~~) I bought yesterday is very exciting. 내가 산 그 책은 매우 흥미진진하다.
  This is *the place* (~~where~~) I was born. 이곳이 내가 태어난 장소이다.

- **대명사(-thing/-body/-one)+형용사**
  대명사를 수식하는 형용사는 뒤따라오는 어구가 없다하더라도 대명사 뒤에서 수식한다.
  I have *something* special to give you. 나는 너에게 줄 특별한 어떤 것을 가지고 있다.
  Someone strange appeared in our village last night. 지난밤에 낯선 어떤 사람이 나타났다.
  There is *nothing* unique or creative. 독특하고 창의적인 아무것도 없다.

Chapter 15

 참고   명사의 앞과 뒤에서 동시에 명사를 수식하는 여러 형태들

형용사는 명사의 앞과 뒤에서 동시에 꾸며 줄 수도 있다.

A. 형용사 **명사** 형용사 ~

   a romantic *love* essential to marriage in these cultures 이들 문화에서 결혼에 필수적인 낭만적인 사랑

B. 형용사 **명사** 동사원형ing ~

   that handsome *boy* standing on the stage 무대에 서 있는 잘 생긴 소년

C. 형용사 **명사** p.p ~

   a home *robot* controlled by remote-controlled device 리모콘에 의해 컨트롤 되어지는 가정 로봇

D. 형용사 **명사** 전치사+명사

   some Indian *tribes* in South America 남미의 얼마간의 인디언 부족들
   extreme *fluctuations* in the exchange rate 환율의 과대한 유동성
   all the *teachers* in school in the city 그 도시 학교에 재직 중인 모든 선생님들
   so powerful a *motor* in use in the factory 그 공장에서 사용 중인 매우 강력한 모터

E. 형용사 **명사**, 부사 전치사+명사

   Gregory, together with his brothers 그의 형제들과 함께한 Gregory
   the local electric *company*, along with several other energy providers
   여러 에너지 공급자들과 함께 그 지역의 전기회사

F. 형용사 **명사** to + 동사원형 ~

   different *ways* to express fondness for one another 서로에게 좋아함을 표현하는 다른 방법들
   her own *reasons* to please with the timing of the trip 여행시기에 만족할 만한 그녀 나름의 이유들

G. 형용사 **명사** 접속대명사절

   the tall *building* that the workers have built 그 노동자들이 건설해온 그 높은 빌딩
   such a lovely *child* who has helped the handicapped 장애인들을 도와온 너무나 사랑스러운 아이

H. 형용사 **명사** 접속부사절

   the *hospital* where she was born 그녀가 태어난 병원
   early *times* when people lived in a cave 사람들이 동굴에서 살았던 옛날

III. 문장의 필수품으로 사용된 형용사(구/절)

보충어자리에서 사용되는 형용사 형태들은 2형식문장 (S+V+S.C)에서 주어 보충어(S.C)자리와 5형식문장 (S+V+O+O.C)에서 목적어 보충어(O.C)자리에서 각각 주어와 목적어를 보충 설명하는 보(충)어로 사용할 수 있다. 다만, 형용사절은 문장의 부속품 중, 명사의 뒤에서만 사용될 뿐 보충어자리에서는 사용되지 않는다.

1. 주어 보충어

주어를 보충 설명

- 형용사
  The man is happy.

- 동사원형ing
  The girl is chatting on the internet. 그 소녀는 인터넷에서 채팅하고 있는 중이다.

- 과거분사 (p.p)
  The soldiers were killed in Iraq. 그 군인들은 이라크에서 살해되었다.

- to+동사원형
  They are to have a party this Sunday. 그들은 이번 일요일 파티를 열 예정이다.

- 전치사+명사
  The stone is of value. 그 돌은 가치 있다.

2. 목적어 보충어

목적어를 보충설명

- 형용사
  His remark made *the boys* angry. 그의 발언은 그 소년들을 화나게 만들었다.

- 동사원형ing
  The police watched *the robber* stealing money in the bank.
  경찰은 그 강도가 은행에서 돈을 훔치는 것을 목격했다.

Chapter 15

- **과거분사(p.p)**
  The professor made *the report* written by the students. 그 교수는 학생들이 리포트를 쓰도록 했다.

- **to + 동사원형**
  The physician advised *the patient* to stop smoking. 그 의사는 그 환자가 담배를 끊도록 충고했다.

- **전치사 + 명사**
  Many people in the world regard *Iraq war* as an aggressive war of U. S. A.
  세계의 많은 사람들은 이라크 전쟁을 미국의 침략전쟁으로 생각한다.

> **참고** the + 형용사 / 동사원형ing / p.p (people / person / thing)
>
> A. the 형용사(people)형 – people이 생략된 것
>   the rich 부자들 ↔ the poor 가난한 사람들
>   the young 젊은이들 ↔ the old/the elderly 노인들
>   the living 산 사람들 ↔ the dead 죽은 사람들   the dying 죽어가고 있는 사람들
>   the healthy 건강한 사람들 ↔ the sick 아픈 사람들
>   the employed 고용된 사람들 ↔ the unemployed 실업자들
>   the disabled/the handicapped 장애인들
>   the weak 약자들
>
> B. the 형용사/비교급/최상급(person)형 – person이 생략된 것
>   the accused 피고
>   the oldest 가장 나이 많이 먹은 사람
>   the most capable 가장 능력 있는 사람
>   the strongest 가장 강한 자
>
> C. the 형용사(thing)형 – thing이 생략된 것
>   the beautiful 아름다움 ↔ the ugly 추함
>   the inevitable 필수적인 것
>   the good 선 ↔ the bad 악
>   the known 알려진 것 ↔ the unknown 미지의 것
>   the possible 가능한 것 ↔ the impossible 불가능한 것

참고 명사의 소유격 – 소유격은 명사 앞에 쓰여 명사를 꾸며주는 일종의 형용사이다.

A. 「명사's 명사」형
다만, 명사 끝이 -s일 때 '(어포스트로피)만 한다.
- (a) 사람과 동물
  my mother's room 나의 어머니의 방 the boys' room 그 소년들의 방 a dog's tail 개의 꼬리
- (b) 사물 중 시간/거리/가격/중량 **(암기법 – 밥이 시거가주)**
  a mile's distance 1마일의 거리 three days' trip 3일간의 여행
- (3) 사물일 때
  the museum's history 박물관의 역사

B. 「명사 of 명사」형 : 사물일 때
the legs of the table 테이블 다리 the characters of the play 연극의 배우들

사물일 때 「명사 of 명사」 형태로 쓰는 것이 원칙이지만, 최근 신문제목 등에서 간단하게 쓰기 위해 「명사's 명사」를 많이 사용한다.
the nation's weather 그 나라의 날씨 Vietnam's eight wonders 베트남의 8가지 경이로움

 참고 단위를 나타내는 수사의 표현법

A. 수 + 단수형 (명사)
뒤에 명사가 있거나 생략된다. 생략되었을 때도 명사가 있다고 생각하고 단위수사는 형용사로서 복수 쓰지 않는다.

three score (books)   four hundred (girls)   three thousand (computers)
nine million (people)   two thousand (dollars)   five billion (people)
seven thousands (people) (×)

B. 복수형 of 복수명사 : 막연히 수십/수백/수천/수백만 등으로 쓰인다.
dozens of 복수명사 – 수십의   scores of 복수명사 – 수십의   hundreds of 복수명사 – 수백의
thousands of 복수명사 – 수천의   millions of 복수명사 – 수백만의

C. ~마다

> every 기수 복수명사 = every 서수 단수명사

every three years = every third year 3년마다   every five days = every fifth day 5일마다

Chapter 15

명사+명사 –앞명사는 이미 형용사로 역할 변신했으므로 복수 쓸 수 없다

a twenty dollar bill 20달러짜리 지폐   a twenty dollars bill (×)
a three day expedition 3일간의 탐험
a ten day sale 10일간의 세일

어휘학습   형용사형 어미

명사+	-al	benefit/beneficial 유익한 minimum/minimal 최소의
	-ate	fortune/fortunate 행운의 passion/passionate 열정적인
	-ful	right/rightful 합법적인 use/useful 유용한 success/successful 성공적인
	-less	end/endless 끝없는 power/powerless 무능한
	-ious	fame/famous 유명한 ambition/ambitious 야심 있는
	-y	chill/chilly 냉담한 fun/funny 익살맞은
	-ly	king/kingly 왕다운 friend/friendly 우호적인 soldier/soldierly 군인다운
	-ic	art/artistic 예술적인 optimism/optimistic 낙관적인 strategy/strategic 전략의 economy/economic 경제의
	-cal	strategy/strategical 전략상의 중요한 economy/economical 경제적인
	-ible	access/accessible 접근하기 쉬운 service/serviceable 쓸모 있는
	-ish	fever/feverish 열이 있는 fool/foolish 어리석은 brown/brownish 갈색을 띤
동사+	-ary	imagine/imaginary 가상의
	-ing	demand/demanding 지나치게 요구하는 involve/involving 관련시키는 satisfy/satisfying 만족시키는
	-ed	challenge/challenged 도전받은 involve/involved 관련된 civilize/civilized 문명화된
	-able	rely/reliable 신뢰할 만한 move/movable 움직일 수 있는 durable 잘 견디는
	-ive	compare/comparative 비교의 conclude/conclusive 결정적인 respond/responsive 대답하는

Chapter 15

Question
확·인·문·제

명사의 졸병-형용사
정답 및 해설 17~18page

1 다음 문장에서 밑줄 그은 (대)명사를 꾸며주는 형용사(구/절)에 해당하는 부분을 찾으시오.

01 The company has not developed <u>anything</u> new for a long time.
02 The apartment looked lovely with all <u>the new thing</u> which the couple had bought.
03 The audience had ample <u>opportunity</u> to ask questions.
04 She is <u>a woman</u> sweet, simple and home-loving.
05 <u>Patent rights</u> for the new product will be difficult to obtain.
06 <u>Anyone</u> who went to the party was disappointed.
07 <u>The museum</u>, established in 1999, is crowded with visitors.
08 <u>Fires</u> reaching across 100 acres or more are common in Africa.
09 Here is <u>the site</u> where the school plans to build its new headquarters.
10 <u>The boy and his dog</u> that were crossing the street were hit by the bus.
11 <u>His ability</u> to get along with people is his chief advantage.

2 다음 밑줄 친 형용사에 해당하는 어구들의 문장에서의 역할을 아래에서 고르시오.

> 필수품 – 주어보충어/목적어보충어, 부속품 – 앞명사 수식/뒤명사 수식

01 The computer is <u>of use</u>.
02 The play was <u>boring</u>.
03 The audience felt <u>bored</u>.
04 My wife made me <u>happy</u>.
05 I had my new car <u>repaired</u>.
06 I saw the boy <u>crying</u> in the road.
07 The <u>chatting</u> girls are my classmates.
08 The men <u>playing</u> baseball in the ground are Korean.
09 The <u>amazed</u> children ran away.
10 They don't have any books <u>to read</u>.
11 The old man <u>left</u> alone in the village was very lonely.

3 다음 문장에서 잘못된 부분이 없는 문장은 O를 하고 잘못된 부분이 있는 문장은 잘못된 부분을 찾아 올바르게 고치시오.

01 I haven't seen her late.
02 Our team has won four successful games.
03 His excuse sounds strangely, but it is true.
04 He couldn't come because he was illness.
05 She already knew the reason why her father was gloomy.
06 The boy was so thirsty, and the mother was so sadness.
07 There are so much kinds of violence.

부사의 기능
부사는 동사, 형용사, 다른 부사, 문장전체의 졸병역할 한다.

부사가 표현하는 내용
원인, 조건, 시간, 장소, 방법, 목적, 결과, 이유, 비교, 비례 등을 나타낸다.

부사처럼 사용되는 것들

일반부사	전치사＋명사	부사절	to＋동사원형	분사구문(동사원형ing, p.p)

16 >>>

동사, 형용사, 다른 부사, 문장전체의 졸병 – 부사 Adverbs

I. 부사 역할하는 것들과 기능

II. 부사의 위치

III. 특수부사

IV. 중요 부사

Ⅰ. 부사 역할하는 것들과 기능

| 1. 일반 부사 | 2. 전치사 + 명사 | 3. 부사절 | 4. to + 동사원형 | 5. 분사구문(동사원형ing, p.p) |

위의 것들은 각각 동사, 형용사, 다른 부사, 문장전체를 수식한다.

01 일반부사

- **동사수식**
  The train will *start* soon. 그 열차는 곧 출발할 것이다.

- **형용사수식**
  The question is too *difficult* for me. 그 질문은 나에게 매우 어렵다.
  Our representatives on sales department will be readily *available* to answer your questions. 영업부 직원들은 여러분의 질문에 즉시 답변해 드릴 것입니다.

- **부사수식**
  The student speaks French very *well*. 그 학생은 프랑스어를 매우 잘 말한다.

- **문장전체수식**
  Presumably, *the missiles could reach land targets*. 아마도 미사일들이 지상 목표물에 떨어질 수도 있을 텐데.

02 전치사 + 명사

- **동사수식**
  Three men *died* in a car crash. 차 충돌로 세 남자가 죽었다.

- **형용사수식**
  That song is very *popular* among girls. 저 노래는 소녀들 사이에 매우 인기가 높다.

> **참고** 형용사 역할 하는 p.p(과거분사)나 「전치사+명사」 등도 수식
>
> You are cordially *invited* to our party. 우리의 파티에 당신을 정중히 초대합니다.
> The bridge is currently *under construction*. 그 다리가 현재 건설 중입니다.

문장전체 수식

Due to the fault of our porters, *the railway company will compensate for the lost luggage.* 우리 회사의 짐꾼들의 실수 때문에 철도회사는 그 분실된 수화물을 보상할 것이다.

03 부사절

부사절은 동사나 형용사, 다른 부사를 수식하지 않고 문장전체만을 수식한다.

원인
As she had no car, *she stayed at home.* 그녀는 차가 없었기 때문에 집에 머물렀다.

조건
In case[=If] the house burns down, *we will get the insurance money.*
그 집이 불에 타면 우리는 보험금을 받을 것이다.

시간
After the board turned down the proposal, *he refused to reconsider his position.*
이사회가 그 제안을 거절한 후에도 그는 그 입장을 재고하는 것을 거절했다.

동시동작 : ~하면서
He came up as he was speaking. 그는 말하면서 다가왔다.

상황상관없음 : ~임에도 불구하고
Though you may not like wine, *try a glass of this.* 네가 와인을 좋아하지 않을지라도 이거 한잔 마셔 보세요.
Whether she is rich or poor, *I will marry her.* 그녀가 부자든 가난하든 그녀와 결혼할 것이다.

감정의 원인 : ~하니
I am glad that you've completed the work. 자네가 그 일을 완성했다니 기쁘다.

목적 : ~하기 위하여
She went to France so that she could learn French. 그녀는 불어를 배우기 위하여 프랑스에 갔다.

결과 : 너무 ~하여 …하다
The boy was so clever that he could solve the problem. 그 소년은 너무 영리해서 그는 문제를 풀 수 있다.

- 이유(판단의 근거) : ~하다니
  Are you mad that you should do such a thing? 네가 그처럼 행하다니 미쳤냐?

- 장소
  Where he goes, *many followers gather.* 그가 가는 곳에 많은 추종자들이 모인다.

- 모양태도 : ~처럼
  Do as the Romans do *in Rome.* 로마에 있을 때 로마 사람들이 행하는 대로 해라.

- 비례 : ~함에 따라서
  As we went up the mountain, *we felt colder.* 우리가 산에 올라감에 따라 우리는 더 춥게 느꼈다.

- 비교 : ~만큼
  She doesn't run *as/so fast* as she used to. 그녀는 옛날 만큼 빨리 달리지 못한다.

- 대조 : ~한 반면에
  I prefer a son, while my wife prefers a daughter. 나는 아들을 선호한다. 반면에 나의 아내는 딸을 선호한다.

04 to + 동사원형

문장전체를 수식하거나 형용사나 다른 부사를 수식한다.

1. 문장전체 수식 (암기법 – 감목걸이조)

부사절 중에서 원인(감정의 원인), 조건, 목적, 결과, 이유에 해당하는 절을 간단히 Diet한 형태이다.

- 원인(감정의 원인)
  He was happy to see his wife again. 그는 아내를 다시 보았기 때문에 행복했다.

- 조건
  To tell the truth, *I've never heard of him.* 진실을 말한다면 나는 그에 관해서 들어본 적이 없다.

- 목적
  We went (in order/so as) to buy some food to the store. 우리는 얼마간의 음식을 사기 위하여 그 가게에 갔다.

- 결과
  Many people live to be one hundred years old. 많은 사람들이 살아서 100세에 이른다.

- 이유(판단의 근거)
  He must be mad to say so. 그가 그렇게 말한 것을 보니까 미쳤음에 틀림없다.

Chapter 16

2. 형용사수식
He is *likely* to pass the exam. 그는 그 시험에 합격할 것 같다.

3. 부사수식
You are not old *enough* to see that movie. 너는 이 영화를 볼 만큼 충분히 나이가 먹지 않았다.
He is *too* young to do the work. 그는 그 일을 하기에는 너무 어리다.

05 분사구문 (암기법 – 원조시동상)

부사절 중 원인, 조건, 시간, 동시·연속동작, 상황상관없음을 나타내는 절을 Diet한 문장. 분사구문은 일반적으로 동사원형ing형태이나 Being등이 생략되면 p.p형태가 된다. 보통 동사나 형용사, 다른 부사를 수식하지 않고 문장전체만을 수식한다.

● 원인
As she was left to herself, *she wept bitterly.*
= Being left to herself, *she wept bitterly.*
= Left to herself, *she wept bitterly.* 혼자 남겨졌기 때문에 그녀는 서럽게 울었다.
Because we needed some fresh air, *we went out for a walk.*
= Needing some fresh air, *we went out for a walk.* 얼마간의 신선한 공기가 필요해서 우리는 산책하러 나갔다.

● 조건
If you take this bus, *you will get to New York.*
= Taking this bus, *you will get to New York.* 네가 이 버스를 탄다면 뉴욕에 도착할 것이다.

● 시간
When we walked in the park, *we met a group of students.*
= Walking in the park, *we met a group of students.* 우리가 공원에서 걸을 때 우리는 일단의 학생들을 만났다.

● 동시·연속동작
They were lying on the grass, as they talk to each other.
= *They were lying on the grass,* talking to each other. 그들은 서로 이야기를 나누면서 잔디 위에 누워 있는 중이었다.

● 상황상관없음
Although I live near his house, *I have seldom seen him.*
= Living near his house, *I have seldom seen him.* 그의 집 가까이 살지만 그를 거의 보지 못한다.

II. 부사의 위치

01 동사 수식하는 부사

```
S + △ 동사 + (O) △
    동사 강조시    일반적인 위치
```

➡ **일반적인 위치** – 일반적으로 문장 끝에 온다.
She *came* yesterday. 그녀는 어제 왔다.
Tom *speaks* English well. Tom은 영어를 잘 말한다.
He *went* to Seoul last night. 그는 어젯밤 서울에 갔다.

➡ **동사 강조시** – 동사 앞에서 동사강조
She frankly *admitted* her mistake. 그녀는 솔직히 그녀의 실수를 인정했다.

➡ **여러 개의 부사가 같이 올 때** – 장소 + 방법 + 시간
He will come here safely tomorrow. 그는 여기에 안전하게 내일 올 것이다.

02 형용사/부사 수식하는 부사

```
    △ 형용사 / 부사 △
    일반부사    enough/전치사+명사/ to+동사원형
```

➡ **일반부사** – 수식하는 형용사나 부사 앞에 위치
She is very *kind*.
She speaks English very *fluently*. 그녀는 유창하게 영어를 말한다.
How *much* do I owe you? 얼마지요?

➡ **enough/전치사+명사/to+동사원형** – 수식하는 형용사나 부사 뒤에 위치
Mr. Min is *kind* enough to help me. Mr. min은 나를 도와줄 정도로 친절하다.
〔해설〕 enough가 형용사 kind 뒤에서 수식
The machine does not work *well* enough. 그 기계는 충분히 잘 작동하지 않는다.
〔해설〕 enough가 부사 well 뒤에서 수식
She is *good* at computer. 그녀는 컴퓨터를 잘한다. 〔해설〕 at computer가 형용사 good 뒤에서 수식
Andy is *likely* to pass the test. Andy는 시험에 합격할 것 같다. 〔해설〕 'to pass ~'가 형용사 likely 뒤에서 수식

Chapter 16

03 문장전체 수식하는 부사

부사와 부사 역할 하는 것들[부사(구/절)]은 문장전체를 꾸며 줄 때 문장 맨 앞이나 맨 뒤 또는 주어 뒤와 같은 문장의 중간에 올 수 있다.

```
      △ (,) S (, ) △ (, ) V ~ △
      문장 맨앞      문장 중간        문장 끝
```

● 문장 맨앞

Fortunately, *she passed the entrance exam.* 다행히도 그는 입학시험에 합격했다.
Maybe, *she is sick.* 아마 그녀는 아프다.
Though he is short[=(Being) short], *he plays basketball very well.*
그가 키가 작지만 그는 농구를 아주 잘한다.
As they were confused in class[=(Being) confused in class], *the students felt bored.*
학생들은 수업 중에 혼란스러웠기 때문에 지루하게 느꼈다.
While I was reading a book, *he called me.* 내가 책을 읽고 있을 때 그는 나에게 전화했다.
If you turn right[=Turning right], *you will find a post office on your right.*
오른쪽으로 돈다면 너는 오른쪽에서 우체국을 발견할 것이다.
To meet her father, *she came in Korea in 15 years* after she had left Korea.
그녀는 아버지를 만나기 위하여 한국을 떠난 지 15년이 지난 후에 한국에 왔다.

● 문장 중간

Soon the soldiers, with their swords drawn, *rushed into the room to capture Sir Thomas.*
곧 그 군인들은 그들의 칼을 뺀 채 Sir Thomas를 체포하기 위하여 방안에 들어갔다.
Janis, although they are not numerous, *are still a part of the religious mosaic of modern India.* Janis는 비록 많지는 않지만 여전히 현대 인도의 종교적인 영역의 일부이다.

● 문장 끝

I will not go unless the weather is fine. 날씨가 좋지 않으면 나는 가지 않을 것이다.
We couldn't study since the music was so loud. 음악이 너무 시끄러워 공부할 수가 없었다.
The train starts at six, arriving there at ten. 열차는 6시에 출발하여 거기에 열시에 도착한다.
He was reading a book, with his wife knitting beside him. 그는 아내가 옆에서 바느질을 한 채 책을 읽고 있었다.
He grew up to be a great poet. 그는 자라서 위대한 시인이 되었다.

04 횟수부사 – 횟수를 표현

● 횟수부사의 종류

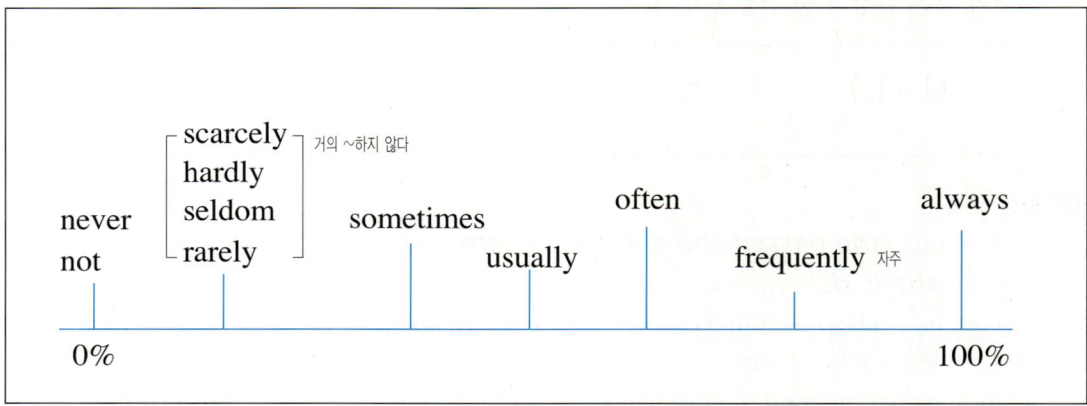

● 횟수부사의 위치 – not의 위치와 같다.

```
be동사/조동사 + V
V + 일반 동사
```

※ not의 위치
```
be/조동사 + not – be동사나 조동사 뒤에 not
do(does/did) + not 일반동사 – 일반동사 앞에 not
```

She *is* always gloomy. 그녀는 항상 우울하다.
I *have* sometimes visited my grandfather. 나는 때때로 나의 할아버지를 방문해 왔다.
I seldom *go* to church. 나는 결코 교회에 가지 않는다.

05 정도부사 – 강조하는 말 앞에 온다

```
very, so, quite, much, badly, a lot, much, a little
```

Our building is badly *in need* of remodeling. 우리의 사무실은 리모델링이 몹시 필요하다.
You've been so *kind* to me. 자네는 나에게 매우 친절하셨습니다.

Chapter 16

💡 참고   부사가 표현하는 내용

때(when) 장소(where) 방법(how) 이유(why) 횟수 및 정도(how) 등을 부사나 '전치사+명사'로 표현한다. 그 밖에 목적, 결과, 판단의 근거, 감정의 원인, 조건, 비교, 비례, 모양태도, 장소 등은 부사절이나 분사구문, 'to+동사원형' 등으로 나타낸다.

	when	where	how(방법)	why(이유)	how(횟수 및 정도)
원래부사	yesterday tomorrow today now this day that day ago before	here there up down home abroad	fast slowly carefully merrily	angrily 화가나서 fearfully 무서워서	[횟수부사] not/never/scarcely hardly/seldom/ rarely sometimes/often usually/ frequently/ always [정도부사] very/so/quite/ much badly/a lot/ much/a little
전치사+ 명사	at dawn in the morning on January, 7 in 1997	in Seoul at the airport in the east	by bus by telephone without hesitation 주저없이 to my satisfaction 내가 만족스럽게	due to her neglect 그녀의 부주의로 because of his illness 그의 병때문에 for your invitation 너의 초대에 for the teacher's praise 선생님의 칭찬에	[형용사수식 수치부사] 명사적 성격을 갖는 부사로 복수로 쓴다. ten years old 175 centimeters tall 175 meters high 1.275 meters wide

일반적으로 부사에 해당하는 때, 장소, 방법, 이유, 정도, 횟수에 해당하는 말은 명사자리 (주어/목적어/동격자리)나 형용사자리(명사 꾸며 주는 명사 앞뒤의 위치/보충어)에서 사용되지 않고 추가적인 자리-주어, 목적어, 보충어자리가 아닌 별도의 자리-에 쓰인다.

I met Jina yesterday. (when에 해당)
I will go abroad. (where에 해당)
He drives a car carefully. (how-방법에 해당)
Thank you for your invitation. (why에 해당)

He is ten years old. (how-정도에 해당)
They are very close. (how-정도에 해당)
He sometimes go there. (how-횟수에 해당)

III. 특수부사

1. very와 much

very		much		
형용사나 부사의 원형 수식	동사원형ing 수식	비교급 수식	과거분사 수식	동사 수식

- **very**
  ① 형용사나 부사의 원형 수식
     She is *very tall*.
     She swims *very well*.
  ② 동사원형ing 수식
     The computer game is *very exciting*. 그 컴퓨터 게임은 매우 흥미진진하다.

- **much**
  ① 비교급 수식
     She is *much taller than I*. 그녀는 나보다 훨씬 크다.
  ② 과거분사 수식
     They were *much excited*. 그들은 매우 흥분되었다.
  ③ 동사수식
     Thank you very *much*.

2. already와 yet, 그리고 still

already		yet-문장끝		still- 주어 다음 & be동사 다음
긍정문(이미)	의문문형식-놀람	부정문(아직)	의문문(벌써)	여전히

- **already**
  ① I have *already* finished the work. 나는 이미 그 일을 끝마쳤다.
  ② Have you finished the work *already*? 벌써 일을 끝마쳤다고요?(놀람)

- **yet**
  ① I have *not* finished the work *yet*. 나는 아직 일을 끝마치지 않았어요.
  ② Have you finished the work *yet*? 벌써 일을 끝마쳤니?

Chapter 16

→ still

The circumstances surrounding the death are still under investigation. 그 죽음을 둘러싸고 있는 상황은 여전히 조사 중이다.

I still have not found the book. 나는 여전히 그 책을 찾지 못했다.

I still smoke. 나는 여전히 담배를 피운다.

3. most와 almost

most			almost – 부사	
대명사(대부분)	형용사(대부분의)	부사(매우)	all/always/never/no 등 수식	과거분사형 형용사 수식

→ most

① 대명사(대부분)
   Most of the people like apples. 대부분의 사람들은 사과를 좋아한다.
② 형용사(대부분의)
   Most employees object to the proposal. 대부분의 직원들은 그 제안에 반대한다.
③ 부사 (매우)
   This troubles me most. 이것은 나를 매우 괴롭힌다.

→ almost-거의

① all/always/every/never/no 수식
   Almost all the people came out. 거의 모든 사람들이 밖에 나갔다.
② 과거분사형 형용사수식
   The book is almost finished. 그 책은 거의 끝마쳐졌다.

4. ago와 before

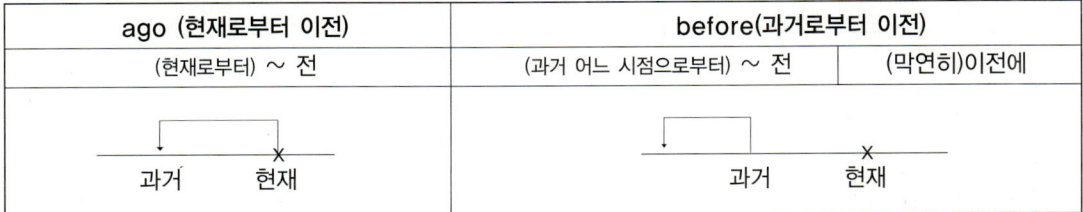

ago (현재로부터 이전)	before(과거로부터 이전)	
(현재로부터) ~ 전	(과거 어느 시점으로부터) ~ 전	(막연히)이전에

- **ago** (현재로부터) ~ 전
    I met her *10 days ago*. 나는 10일 전에 그녀를 만났다.
- **before**
    ① (과거 어느 시점으로부터) ~ 전
    I went to New York to meet her but she *had died* a week *before*.
    나는 뉴욕에 그녀를 만나기 위해 갔으나 그녀는 일주일전에 죽었다.
    ② (막연히) 이전에
    We met somewhere *before*. 우리는 이전에 어디선가 만났다.

5. good과 well

good	well	
형용사 – 좋은	형용사 – 건강한	부사 – 잘

- **good**
    ① 형용사 – 좋은
    This suit looks *good* on you. 이 정장은 너에게 잘 어울린다.
- **well**
    ① 형용사 – 건강한
    My elder sister has got *well* recently. 나의 누나는 최근 건강이 좋아졌다
    ② 부사 – 잘
    She sings very *well*.

6. soon과 early, 그리고 fast

soon	early	fast
시간의 경과 – 곧	기준시간보다 일찍	동작이나 상태가 빠르게

- **soon**
    He will come *soon*.
- **early**
    He gets up *early*.

Chapter 16

- **fast**
  He runs fast.

7. too와 either, 그리고 also – '또한'의 의미

too	either	also
긍정문(문장끝)	부정문(문장끝)	문장중간

- **too**
  I can play the piano, too. 나도 또한 피아노를 칠 수 있다.
- **either**
  "I won't go there" "I won't go there, either." "나는 거기에 가지 않을 것이다." "나도 또한 거기에 가지 않을 것이다."
- **also**
  Candy is also sold in this store. 캔디 또한 이 가게에서 팔린다.

8. much와 too

much			too
대명사 – 많은 것	형용사 – 많은	부사 – 많이	부사 – 너무나

- **much**
  ① 대명사
    I have much to do. 나는 해야 될 많은 것을 가지고 있다.
  ② 형용사
    He has (too) much money. 그는 너무 많은 돈을 가지고 있다.
  ③ 부사
    I love you very much. 나는 너를 매우 사랑한다.
- **too** – 부사로 형용사 앞에 쓰인다.
  The tea is (much) too hot. 이 차는 너무 뜨겁다.
  다만 too는 형용사가 아니어서 명사 앞에서는 사용하지 않는다. 즉 'much too 명사' 형식은 쓰이지 않는다.
  much too water (×)   too much water (○)

동사, 형용사, 다른 부사, 문장전체의 졸병 – 부사 | **211**

9. 초점부사들

예외적으로 (대)명사를 수식하기도 하는 부사들로 수식하는 말 바로 앞이나 뒤에서 쓰인다.

▶ 수식하는 말 앞에서

① only
　　Only *you* can guess. 단지 너만이 상상할 수 있다.
　　You can only *guess*. 너는 상상할 수만 있다.
　　I want only *one dollar*. 나는 단지 1달러를 원한다.

② just
　　This is just *the book* that I'm looking for. 이것이 바로 내가 찾고 있는 책이다.
　　He is just *like a baby*. 그는 단지 아이와 같다.
　　Just *then*, the stone fell down before me. 단지 그때 돌멩이가 내 앞에 떨어졌다.

③ even
　　Even *a child* can answer. 심지어 어린아이도 대답 할 수 있다.
　　He disputes even *the facts*. 그는 그 사실마저 논쟁한다.

▶ 수식하는 말 뒤에서

① alone
　　John alone kissed her. (=Only John kissed her) 단지 존만이 그녀에게 키스했다.

② else
　　How else can you hope to get it? 네가 그밖에 어떤 방법으로 그것을 얻기를 희망하겠는가?
　　You had better go *somewhere* else. 너는 그밖에 어딘가로 가는 것이 낫겠다.

☀ 참고　부사적 성격

부사적 성격의 'this/that/these/those 명사', 'next 명사', 'last 명사', tomorrow, yesterday, 'every 명사' 앞에는 전치사 쓰지 않는다.

I received the letter last week. 나는 지난 주 편지를 받았다.
We'll leave New York next week. 우리는 다음 주 뉴욕을 떠날 것이다.
I meet Susan every day. 나는 매일 수잔을 만난다.
They will have a board meeting tomorrow. 그들은 내일 이사회를 열 것이다.
She seems happy these days. 그녀는 요즈음 행복하게 보인다.

IV. 중요 부사

Chapter 16

- **favorably** 호의적으로, 알맞게 **be favorably received** 매우 잘 받았다.
  His speech was favorably received by voters. 그의 연설은 유권자들에 의해 우호적으로 받아들여졌다.

- **collectively** 공동으로, 총괄하여 **work collectively** 공동으로 일하다.
  We are working collectively to solve the problem. 우리는 그 문제를 해결하기 위해 공동으로 일하고 있는 중이다.

- **currently** 현재 **be currently under construction** 현재 건설 중이다.
  The bridge is currently under construction. 그 다리는 현재 건설 중이다.

- **temporarily** 임시로 **be temporarily closed** 임시 휴업 중이다.
  This shoes shop is temporarily closed for remodelling. 이 신발가게는 리모델링을 위해 임시 휴업 중이다.

- **cordially** 진심으로 **be cordially invited** 정중히 초대하다.
  You are cordially invited to our opening ceremony. 우리의 개업식에 정중히 초대합니다.

- **completely** 완전히, 철저히 **be completely rejected** 완전히 거절되다.
  His proposal was completely rejected. 그의 제안은 완전히 거절되었다.

- **thoroughly** 철저하게 **be thoroughly analyzed** 철저히 분석되다.
  The cause of the accident was thoroughly analyzed. 그 사건의 원인들이 철저히 분석되었다.

- **efficiently** 효율적으로 **work so efficiently** 매우 효율적으로 작동하다.
  This machine works so efficiently. 이 기계는 매우 효과적으로 작동한다.

- **easily** 쉽게 **be easily found** 쉽게 발견되다.
  Our company can be easily found. 우리의 회사를 쉽게 찾을 수 있다.

- **readily** 쉽게, 빨리 **readily available** 쉽게 이용할 수 있는
  Guns in America are readily available. 미국에서 총은 쉽게 이용할 수 있다.
  Our representatives will be readily available to answer your questions.
  우리 직원은 여러분의 질문에 즉시 응답해 드리겠습니다.

- **conveniently** 편리하게 **be conveniently located** 편리한 곳에 위치해 있다.
  Our office is conveniently located in the center of Seoul. 우리 사무실은 서울 중심의 편한 곳에 위치해 있다.

- **absolutely** 절대적으로 **be absolutely forbidden** 절대적으로 금지된
  Camping in this mountain is absolutely forbidden. 이 산 안에서 캠핑이 전적으로 금지되어 있다.

- **kindly** 친절하게, 정중하게 **be kindly requested** 정중하게 요청 받은
  The passengers were kindly requested to keep quiet in the train.
  그 승객들은 열차 안에서 조용하도록 정중히 요구받았다.

- **promptly** 즉각적으로 **answer the question promptly** 신속히 그 질문에 대답하다
  He promptly rejected the results. 그는 그 결과를 신속히 거절했다.

- **clearly** 명확하게 **speak clearly** 분명히 말하다
  Please speak clearly about your position of this policy 이 정책에 대한 너의 입장을 보다 분명히 말해 주십시오.

- **unconditionally** 조건 없이 **unconditionally guaranteed** 조건 없이 보증된
  Our products are unconditionally guaranteed for your money back.
  우리상품에 대한 환불을 조건 없이 보장한다.

- **highly** 높게, 매우 **be highly recommended** 적극 추천되다
  He is highly recommended for the vacancy. 그는 그 빈자리에 적극 추천 받는다.

- **cooperatively** 협력하여 **work cooperatively** 협력하여 일하다
  We work cooperatively with one another. 우리는 상호 협조적으로 일한다.

- **properly** 적당하게 **be properly aligned** 알맞게 조정되다
  Andersen auditors conducted their audits properly. 앤더슨의 감사들은 그들의 감사를 적절하게 행했다.

- **dramatically** 엄청나게, 급격하게 **be dramatically changed** 급격히 변화다
  The conventional business has been dramatically changed. 전통적인 사업이 급격하게 변화되었다.

- **extremely** 극도로 **extremely successful** 극도로 성공적인
  Many education sites are extremely successful. 많은 교육사이트들이 매우 성공적이다.

- **largely** 주로, 대체로 **largely determine** 주로 결정하다
  The rise in sales will largely be due to the effect of advertising. 판매의 증가는 대체로 광고효과 때문이다.

Chapter 16

- **closely** 면밀하게, 밀접하게 **closely related** 밀접하게 관련된
Inter-Korean ties were closely related to progress in U.S.-North Korea relations.
남북한 관계는 북미관계의 진전과 밀접하게 관계되어 있었다.

- **importantly** 중요하게 **more[most] importantly** 보다[가장] 중요한 것은
More importantly, we are rebuilding our computerized information infrastructure.
보다 중요한 것은 우리는 우리의 컴퓨터화한 정보하부구조를 다시 건설하고 있는 중이다.

- **entirely** 전적으로 **be entirely pleased** 크게 기뻐하다.
Tiger Woods was entirely pleased with what he saw. 타이거우즈는 그가 본 것에 전적으로 기뻐했다.

- **initially** 처음으로 **initially refuse** 처음에는 거절하다.
Federal investigators had initially refused to release the tape.
연방수사관들은 처음에 그 테이프를 공개하는 것을 거절했다.

- **considerably** 상당히 **be considerably higher** 상당히 높다.
Labor costs are considerably higher. 노동비용이 상당히 더 높다.

- **substantially** 상당히 **be cut substantially** 상당히 삭감되다.
Our company's advertising budget has been cut substantially. 우리 회사의 광고예산이 상당히 삭감되었다.

- **significantly** 상당히 **significantly increase** 상당히 증가시키다.
Vitamin D supplements significantly increased their bone density.
비타민 D의 보조식품은 그들의 뼈조직 밀도를 상당히 강화시킨다.

- **regularly** 정기적으로 **regularly check** 규칙적으로 점검하다.
She regularly checks her e-mail. 그녀는 정기적으로 그녀의 이메일을 점검한다.

- **slightly** 약간 **slightly higher** 약간 더 높은
The number of goods sold is slightly higher this month. 이 달 팔린 상품의 수가 약간 높다.

- **finally** 마침내 **finally win** 마침내 상을 수상하다.
Lisa Blount finally won an Oscar. 마침내 라이사블라운트는 오스카상을 받았다.

동사, 형용사, 다른 부사, 문장전체의 졸병 – 부사 | **215**

Chapter 16

Question
확 · 인 · 문 · 제

동사, 형용사, 다른 부사, 문장전체의 졸병 – 부사
정답 및 해설 18~19page

1 다음 문장에서 부사(구/절)에 해당하는 부분에 밑줄 그으시오.

01 Monsters live in our bedroom.
02 Move your eyes quickly.
03 Recently, he invented a new machine.
04 The earth population has nearly doubled since the Second World War.
05 Joan is anxious to see her family.
06 She got up to have time to pack.
07 Sally will be happy when she hears the good news.
08 Considering everything, it wasn't a bad holiday.
09 Because oil is an irreplaceable natural resource, we must conserve it.
10 I couldn't understand what he meant because of his accent.
11 She will attend the lecture in spite of the heavy snow.
12 He says as if he is a preacher.
13 Though he is rich, Kevin works hard.
14 Not finishing the work, I had to work until midnight.
15 I stayed up all night to watch The Super Bowl on TV.
16 Despite the heavy rain, we reached the airport on time.
17 If you don't take exercise, you gain weight.
18 Unless it rains this weekend, I will go hiking.
19 Take an umbrella in case it rains afternoon.
20 He went home late at night, finding his wife dead on the toilet.

2 다음 문장에서 틀린 부분을 올바로 고치시오.

01 He comes always late.
02 He often is late for school.
03 He scarcely can understand her words.
04 The acrobats performed skillful.
05 Billy isn't enough rich to buy a car.
06 This is very cheaper than your car.
07 I have yet read the book.
08 The U. S. would most certainly fall into a double-dip recession.
09 The traffic control system still relies heavy on manpower.
10 It was afternoon, and almost of the shops were shut.
11 Most students at the university have an inadequately knowledge of English.
12 I haven't hardly received confirmation of my appointment.

접속사란 마담뚜가 신랑과 신부를 연결하듯 절(S+V)과 절을 연결한다.

두 개의 절이 평등·불평등에 따라
- 평등 접속사 : 두개의 절이 서로 대등하게 연결
- 불평등 접속사 : 하나의 절이 또 다른 절의 대장과 졸병관계로 연결

졸병절의 역할에 따라
- 명사절 : 주어, 목적어, 보충어, 동격 자리에서 사용
- 형용사절 : 명사 뒤에서 앞 명사 수식
- 부사절 : 문장전체 수식

접속사 자체의 역할에 따라
- 단순접속사 : 절과 절을 단순히 연결만 하는 접속사
- 접속대명사 : 연결기능과 대명사역할
- 접속부사 : 연결기능과 부사역할
- 의문사 : 연결기능과 의문사 역할

신랑과 신부를 중매하는 마담뚜-연결사
Conjunctions

Ⅰ. 평등접속사
Ⅱ. 불평등접속사

I. 평등접속사

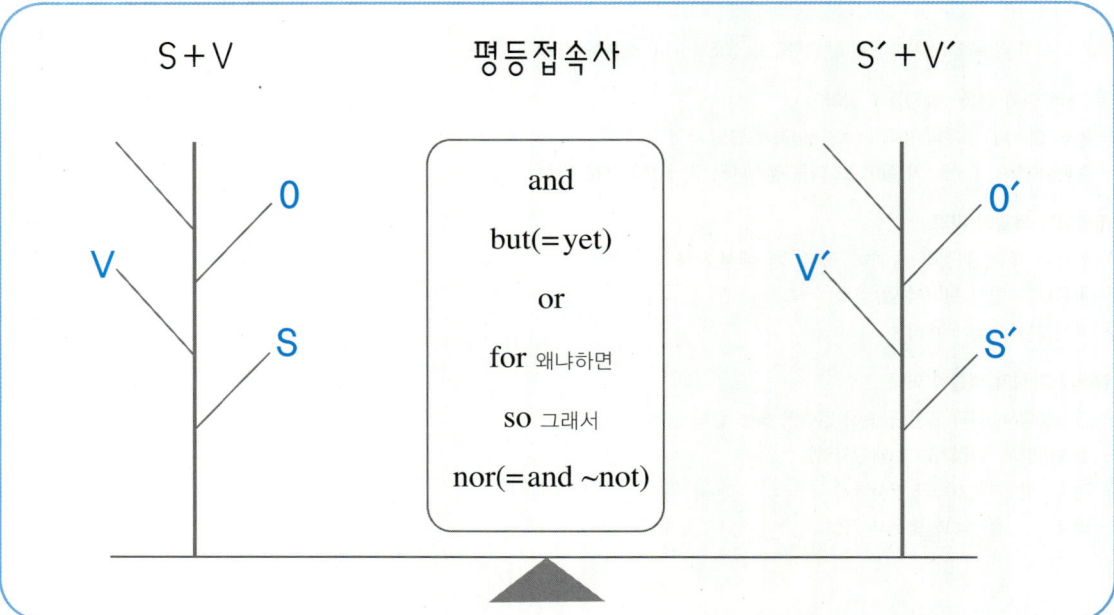

위의 그림에서 두개의 각각 다른 나무들처럼 두개의 절을 서로 대등하게 연결하는 접속사를 평등접속사라 한다.

● and

① 그리고

The use of internet is on the rise every year and this creates many challenges.
인터넷의 사용은 매년 증가한다, 그리고 이것은 많은 해볼만한 일을 만들어낸다.

② 그러면

Hurry up, and you will catch the first train.
= If you hurry up, you will catch the first train. 서둘러라, 그러면 너는 첫차를 탈 것이다.

(해설) 명령문, and=if you

● but

Flight attendants work extremely hard, but they get poor pay.
비행기 승무원들은 매우 열심히 일하지만 그들은 작은 급여만을 받는다.

(더) 전치사일 때 '~를 제외하고'의 뜻

What can we do but sit and wait? 앉아서 기다리는 것 이외에 무엇을 할 수 있겠는가?

Chapter 17

- **or**
  ① 혹은
  She is a spy or (she is) a fool. 그녀는 스파이이거나 바보이다.
  ② 다시 말하면
  The reporter is an authority on botany, or the study of plants.
  그 기자는 식물학, 즉 식물에 대한 학문에 권위자이다.
  ③ 그렇지 않으면
  Study English hard, or you will fail in life.
  = If you don't study English hard, you will fail in life.
  영어를 열심히 공부해라, 그렇지 않으면 인생에서 실패 할 것이다. (해설) 명령문, or=if you don't.

- **for** 왜냐하면
  It has been spring, for flowers blossom. 꽃들이 핀 것을 보니 봄이다.
  (해설) for는 근거를 나타내며 대장절 앞에서 쓰이지 않고 뒤에서만 쓰인다.

- **so** 그래서
  She worked hard, so she made a fortune. 그녀는 열심히 일해서 큰 돈을 벌었다.

- **nor(= and ~ not)** ~도 또한 아니다
  I am not rich and I don't want to be (rich).
  → I am not rich, nor do I want to be. 나는 부자가 아니다 그리고 부자가 되는 것을 원치도 않는다.

[짝꿍 평등접속사]

> A. 둘 다 : both A and B (동사는 A와 B 둘 다에 일치)
>   = not only A but also B (동사는 B에 일치)
>   = B as well as A (동사는 B에 일치)

Both Tom and Judy are my close friends.
= Not only Tom but also Judy is my close friends.
= Judy as well as Tom is my close friends. 탐뿐만 아니라 Judy도 나의 친한 친구다.

> B. 둘 중 하나 : either A or B (동사는 B에 일치)

Either you or she is wrong. 너와 그녀 둘 중 한 명이 잘못이다.

> C. 둘 다 ~ 아니다 : neither A nor B (동사는 B에 일치)

Neither you nor she is to blame. 너도 그녀도 비난받지 않아야 한다.

II. 불평등접속사

두 개의 절을 불평등하게 연결하며 졸병절은 문장에서 명사처럼 주어, 목적어, 보충어, 동격자리에 사용되는 **명사절**과 형용사처럼 명사 뒤에서 명사를 꾸며주는 **형용사절**, 그리고 문장전체를 꾸며주는 부사절이 있다. 접속사가 붙은 절이 졸병절이다.

(☞자세한 것은 225 page 「Chapter 18 졸병절을 통한 문장확장」 편에서 다룸)

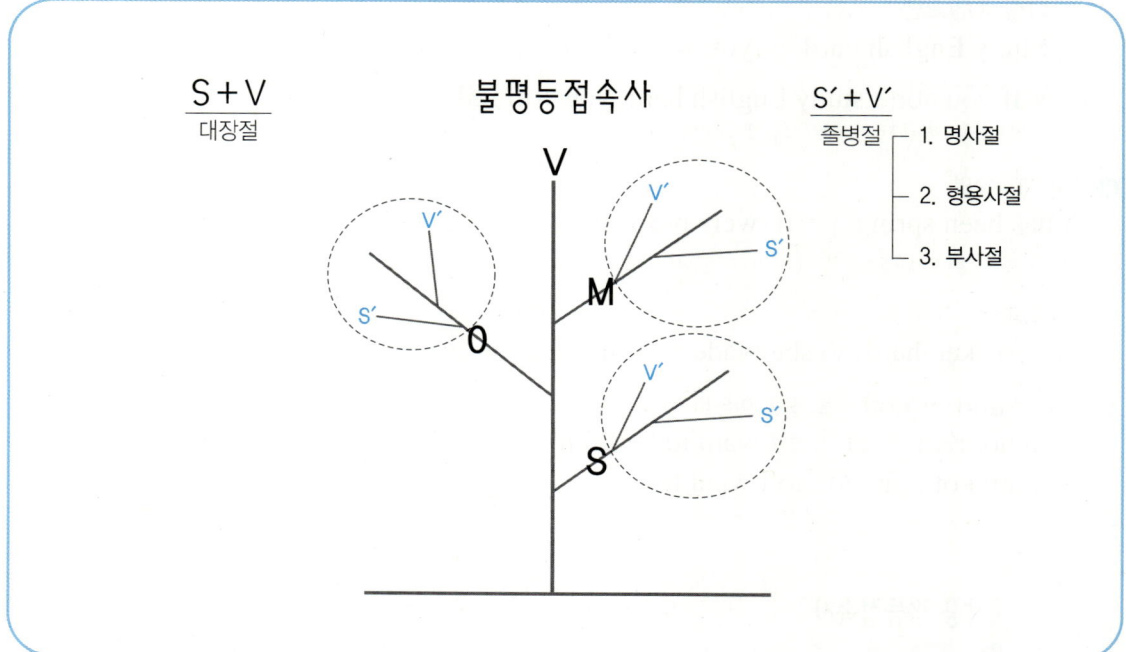

위의 그림의 나무에서 보는 바와 같이 주어, 목적어, 수식어구 등의 큰 가지에서 다시 작은 가지들이 갈라져 나온 것처럼 문장의 주어, 목적어, 보충어, 수식어구 등이 절(주어+동사 ~)로 형성된 것을 말한다.

Chapter 17

1. 명사절

that, whether/if, 의문사, 접속대명사 what/wh-ever, 수식받는 앞명사가 생략된 접속부사로 연결된 절은 명사처럼 **주어, 목적어, 보충어, 동격**자리에 쓰인다.

● that절
That he will come back is certain. 그가 돌아오는 것은 확실하다.
→ It is certain (that) he will come back.(진짜주어)
The problem is that I don't have money to buy a book.(보충어) 문제는 내가 책을 살 돈이 없다는 것이다.
No one can deny *the fact* that her sister is superior to Jane.(동격)
어떤 사람도 그녀의 누이가 제인보다 우수하다는 사실을 부인할 수 없다.

● whether/if절
I don't know whether I can finish the work by 10 o'clock.(목적어)
내가 10시까지 그 일을 끝낼 수 있을지 모르겠다.

● 접속대명사 what절
What I really need is a rest.(주어) 내가 정말로 필요한 것은 휴식이다.
I couldn't understand what she said.(목적어) 나는 그녀가 말한 것을 이해할 수 없었다.

● 수식받는 명사가 생략된 접속부사절
This is how it happened.(보충어) 이것이 일어난 방법이다.
That building is where she works.(보충어) 저 빌딩이 그녀가 일하는 곳이다.

2. 형용사절

접속 대명사와 접속부사가 이끄는 절은 원칙적으로 형용사절이다.

● 접속(관계) 대명사절
The girl who is sitting next to John is Linda. John 옆에 앉아있는 소녀는 린다이다.
The hotel which we stayed at was very small. 우리가 머물렀던 호텔은 매우 작았다.
This is *the very bag* that I wanted to buy. 이것이 내가 사기를 원하는 바로 그 가방이다.
She is *the most beautiful girl* that I've ever seen. 그녀는 내가 지금까지 본 가장 아름다운 소녀이다.

접속(관계) 부사절

This is *the shop* where my brother works. 이곳이 나의 형이 일하는 가게이다.
The scientists have studied *a time* when dinosaurs dominated the earth.
과학자들은 공룡이 지구를 지배했던 때를 연구해 오고 있다.
We know *the reason* why he was late. 우리는 그가 늦은 이유를 알고 있다.
This is *the way* that it happened. 이것이 그것이 일어난 방법이다.

3. 부사절

원인(because), 조건(if), 시간(when), 동시·연속동작(as), 상황상관없음(though), 감정의 원인(that), 목적(so ~ that), 결과(, so that), 이유(판단의 근거 – that), 장소(where), 모양(as), 비교(as/than), 비례(as), 대조(while, whereas) 등을 표현하며 문장전체를 수식한다. (암기법 – 원조시동상, 원조목걸이, 장모비비대)

I will meet you after I finish reading this book. (때) 나는 이 책을 읽는 것을 끝낸 후에 너를 만날 것이다.
The game was cancelled because it rained. (원인) 그 게임은 비가 내렸기 때문에 취소되었다.
We'll go on a picnic unless it rains. (조건) 비가 내리지 않는다면 소풍갈 것이다.
If you take a bus, you'll be late. (조건) 버스를 탄다면 늦을 것이다.
He was not happy since he didn't enjoy his work.
(원인) 그는 그의 일을 즐기지 않았기 때문에 행복하지 않았다.
Although he makes less money than before, he is very happy.(상황상관없음)
그는 이전보다 더 적은 돈을 벌었음에도 불구하고 그는 매우 행복하다.
Children don't always grow up as their parents wish. (모양태도)
아이들은 항상 그들의 부모가 바라는 대로 자라는 것은 아니다.
As I mentioned in my last letter, I'll be back in Ohio in June. (모양태도)
내가 나의 마지막 편지에서 언급한 것처럼 6월에 오하이오주에 되돌아 갈 것이다.
He is so strong that he can carry the heavy box. (결과) 그는 너무 강해서 무거운 상자를 옮길 수 있다.
He works hard so that he may pass the exam. (목적) 그는 시험에 합격하기 위해 열심히 일한다.

신랑과 신부를 중매하는 마담뚜 – 연결사
정답 및 해설 20page

1 다음 두 개의 절을 보기 중에서 적당한 접속사를 골라 연결하시오.

> and, but, or, nor, for, either

01 I was arrested for leading the protest movement, (　) sentenced to life in prison.
02 Work hard, (　) you will succeed.
03 In 1994 a democratic general election was held, (　) apartheid in South Africa officially ended.
04 Wear your coat, (　) you'll catch a cold.
05 It'll rain this evening, (　) the barometer is falling.
06 It was raining, (　) I opened an umbrella.
07 Mr. Kim doesn't smoke, (　) he doesn't drink.
08 Robert is both talented (　) handsome.
09 Either he will get a job here (　) he is going to study in Los Angeles.
10 He is neither well qualified (　) sufficiently experienced.
11 (　) Germany or Brazil seems to win this World Cup.
12 There has been a $9 billion increase in world trade in the last three years,
　(　) workers in many countries still express concern about job security.

2 적당한 말을 빈칸에 채우시오.

01 Mike는 미국인이거나 캐나다인이다.
　→ Mike is (　) an American (　) a Canadian.
02 Bill은 술도 마시고 담배도 피운다.
　→ Bill (　) drinks (　) smokes.
03 그 영화는 흥미 있을 뿐만 아니라 교육적이다.
　→ The film is instructive (　) (　) (　) exciting.
04 Paul과 Jenny 둘 다 마케팅 회의에 참석하지 않았다.
　→ (　) Paul (　) Jenny attended the marketing meeting.
05 If you go to the theater early, you will get a good seat.
　→ Go to the theater early, (　) you will get a good seat.
06 If you aren't careful, you will fall down off the tree.
　→ (ⓐ) you are careful, you will fall down off the tree.
　→ Be careful, (ⓑ) you will fall down off the tree.

POP SONG

One summer night
by Chelsia Chan & Kenny

One summer night
The stars were shining bright
One summer dream made with fancy whims
That summer night
My whole world tumbled down
I could have died if not for you

Set me free like the sparrow up the tree
Give a sign so I would ease my mind
Just say a word
And I'll come running wild
Give me a chance to live again

Each night I'd pray for you
My heart would cry for you
That sun will shine again
Since you have gone each time I think of you
My heart will beat for you
You're the one for me

*repeat
Set me free like the sparrow up the tree
Give a sign so I would ease my mind
Just say a word
And I'll come running wild
Give me a chance to live again

Each night I'd pray for you
My heart would cry for you
The sun won't shine again
Since you have gone each time I'd think of you
My heart would beat for you
You are the one for me

한 여름 밤

한여름 밤
별들은 밝게 반짝이고 있었지요.
어느 여름날 꿈에서는 환상적인 일들을 했었지요.
그 여름밤에
나의 세상은 무너져 버렸어요.
그대가 아니었으면 나는 아마도 죽었을 거예요

나를 자유롭게 풀어줘요 저 나무위의 참새처럼
내 마음이 편해질 수 있도록 신호를 보내줘요
단 한마디만 해줘요
그러면 나는 당장 달려올 거예요
다시 살아갈 기회를 줘요

매일 밤 나는 그대를 위해 기도를 해요
내 마음은 그대를 위해 울지요
그 태양은 다시 빛나겠죠.
그대가 떠난 후 내가 그대를 생각할 때마다
나의 가슴은 그대 때문에 두근거려요
그대는 내 사람이기 때문에

*반복
나를 자유롭게 풀어줘요 저 나무위의 참새처럼
내 마음이 편해질 수 있도록 신호를 보내줘요
단 한마디만 해줘요
그러면 나는 당장 달려올 거예요
다시 살아갈 기회를 줘요

매일 밤 나는 그대를 위해 기도를 해요
내 마음은 그대를 위해 울지요
그 태양은 다시 빛나겠죠.
그대가 떠난 후 내가 그대를 생각할 때마다
나의 가슴은 그대 때문에 두근거려요
그대는 내 사람이기 때문에

곡해설

즐거운 시절을 보냈던 여름날의 추억과 어느 여름날 연인을 떠나보낸 추억을 지닌 사람이 연인이 다시 자신에게로 돌아오기를 간절히 바라며 부르는 진추하의 대표적 히트곡이다.

명사절 – that, whether/if, 의문사, 접속대명사(what/wh-ever형),
　　　　수식받는 앞명사가 생략된 접속부사로 연결된 절

형용사절 ┬ 접속대명사 ┬ (사람) who(that)/whose/whom(that)
　　　　　 │　　　　　　└ (사물) which(that)/whose/which(that)
　　　　　 └ 접속부사 – when/where/why(=that)

부사절
－ **분사구문으로 Diet하는 것들** (암기법 – 원조시동상)
　┬ 원인 – because/since/as
　├ 조건 – if
　├ 시간 – when/before/after/as
　├ 동시·연속동작 – as/and
　└ 상황상관없음 – though/although

－ **'to 동사원형' 으로 Diet 하는 것들** (암기법 – 원조목결이)
　┬ 원인(감정의 원인) – that
　├ 조건 – if
　├ 목적 – so that/in order that
　├ 결과 – so 형용사 that
　└ 이유(판단의 근거) – that

－ **Diet하지 않는 것들** (암기법 – 장모비비대)
　┬ 장소 – where/wherever
　├ 모양태도 – as, like
　├ 비교/비례 – as/than, as
　└ 대조 – while/ whereas

18

>>>

졸병절(명사절, 형용사절, 부사절)을 통한 문장의 확장 Assistant Clauses

　I. 명사절
　II. 형용사절
　III. 부사절

 # I. 명사절

명사처럼 주어, 목적어, 보충어, 명사와 동격 자리에서 사용.

that절	whether/if절	의문사절	접속대명사절		수식받는 앞명사가 생략된 접속부사절
			what	wh-ever형	

1. that절 (단정적)

주장문이 문장의 주어, 목적어, 보충어, 동격자리에 연결될 때 that으로 연결하며 '~라는 것'의 뜻이다.

● 주어자리

　　　[주어] is difficult

　+ We can master English (해설) 접속사 that으로 연결
　→ *That* we can master English is difficult. (해설) 주어가 길어 가주어 it쓰고 뒤로 뺀다.
　→ It is difficult *that* we can master English. 우리가 영어를 마스터 할 수 있다는 것은 어렵다.
　　가주어　　　　　　　　　진주어

● 목적어자리

　　　I want [목적어]

　+ I will meet my father in Pyeongyang. (해설) 접속사 that으로 연결
　→ I want ~~that I will~~ meet my father in Pyeongyang. 나는 평양에서 나의 아버지를 만나기를 원한다.
　→ I want to meet my father in Pyeongyang.

● 보충어자리

　　　The fact is [주어보충어]

　+ 　　　　　Jamie is a spy. (해설) 접속사 that으로 연결
　→ The fact is *that* Jamie is a spy. Jamie가 스파이라는 것은 사실이다.

● 동격자리

　　　The news [동격자리] surprised the baseball fans around the world.

　+ Korea defeated U.S.A in WBC. (해설) 접속사 that으로 연결
　→ *The news* [that Korea defeated U.S.A in WBC] surprised the baseball fans around the world. 월드베이스볼클래식에서 한국이 미국을 이겼다는 뉴스는 세계의 야구팬들을 놀라게 했다.

Chapter 18

2. whether / if절 (선택적)

의문사 없는 의문문을 연결할 때 사용하며 '~인지 어떤지' 의 뜻이다.

● 주어자리

　　　│ 주어 │ doesn't matter.
　　　　↑
\+ Does it rain?　(해설) ~인지 어떤지는 whether로 연결한다.
→ ***Whether* it rains** doesn't matter. 비가 오든 안 오든 중요하지 않다.

● 목적어자리

　　I don't know │ 목적어 │
　　　　　　　　　　↑
\+ 　　　　Is she still alive?　(해설) ~인지 어떤지는 whether로 연결한다.
→ I don't know ***whether(if)* she is still alive.** 나는 그녀가 여전히 살아 있는지 어떤지 모른다.

● 보충어자리

　　My trouble is │ 주어보충어 │
　　　　　　　　　　　↑
\+ 　　　　Will I get a necessary score of TOEFL?
→ My trouble is ***whether* I will get a necessary score of TOEFL.**
　나의 고민은 내가 필수적인 토플 점수를 취득할 수 있을 것인가이다.

● 동격자리

　　Make a decision │ 동격 자리 │
　　　　　　　　　　　　　↑
\+ 　　　　Will you go there or not?　(해설) ~인지 어떤지는 whether로 연결한다.
→ Make *a decision* **whether you will go there or not.**
　네가 거기에 갈지 가지 않을지를 결정해라.

졸병절(명사절, 형용사절, 부사절)을 통한 문장의 확장 | **227**

3. 의문사절 : who / what / when / where / how / how much (many) / why절 등

모든 의문사는 문장과 문장을 연결할 수 있으며 연결된 의문사 절은 명사처럼 주어, 목적어, 보충어자리에서 사용된다. 문장에서 연결될 때 의문사절은 '의문사 S+V~'의 어순을 한다.

🔵 주어자리

| 주어 | doesn't matters.

+ Where will we live?
→ *Where we will live* doesn't matter. 우리가 어디에서 살 것인가가 중요하지 않다.
　　(의문사＋S＋V 순)

🔵 목적어자리

　　Do you know | 목적어 | ?

+ 　　　　　　　How tall is she?　(해설) 의문사절은 명사절로 주어, 목적어, 보충어자리에 사용될 수 있다.
→ Do you know *how tall she is?* 그녀가 얼마나 큰지 너는 아느냐?
　　　　　　　(의문사＋S＋V 순)

🔵 보충어자리

　　My wonder is | 보충어 |

+ 　　　　　　Who is she?
→ My wonder is *who she is.* 나의 궁금함은 그녀가 누구인가이다.
　　　　　　(의문사＋S＋V 순)

🔵 동격추가

　　People have a question | 동격자리 |

+ 　　　　　　　　　　How did he make a fortune?　(해설) 의문사절은 명사절로 동격자리에 사용될 수 있다.
→ People have *a question how he made a fortune* 사람들은 그녀가 어떻게 큰 돈을 벌었는지에 대한 의문을 가지고 있다
　　　　　　　　(의문사＋S＋V 순)

Chapter 18

4. 접속(관계)대명사절

일반적인 접속(관계)대명사 – who/whose/whom/which/that 등 –로 연결된 절은 형용사절이지만 접속대명사 중 what과 wh-ever형으로 연결된 절은 명사절이다.

[**what** (= the thing(s) which / all that) – '~한 것(들)']

● 주어

　　　　주어　　is his talk.
　　　　 ↑
+ What I enjoyed.
→ *What* I enjoyed is his talk. 내가 즐겼던 것은 그의 말이다.

● 목적어

Emma wants　목적어
　　　　　　　 ↑
+ 　　　what you have.
→ Emma wants *what you have.* Emma는 네가 가지고 있는 것을 원한다.

● 보충어

That is just　보충어
　　　　　　　 ↑
+ 　　　what I was thinking.
→ That is just *what I was thinking.* 저것이 내가 생각하고 있었던 것이다.

[접속(관계)대명사 wh-ever절]

(whoever = anyone who / whomever = anyone whom / whichever = anything which)

● 주어

　　　　주어　　must be really honest.
　　　　 ↑
+ whoever wants to meet me.
→ *Whoever* wants to meet me must be really honest. 나를 만나기를 원하는 사람이 누구든 정직해야 한다.

● 목적어

      You may choose   목적어

+   whichever you want.

→ You may choose *whichever* you want. 네가 원하는 것 어떤 것이든 선택해도 좋다.
   (해설) whichever절은 동사 choose의 목적어

● 보충어

      One whom I want is   보충어

+   whoever is honest and diligent.

→ One whom I want is *whoever* is honest and diligent. 내가 원하는 사람은 정직하고 근면한 사람이면 누구든 상관없다.

5. 접속(관계)부사절

일반적으로 접속(관계)부사절은 형용사절이지만 앞에 수식받는 앞명사가 생략되면 명사절이다.

| when 때 | where 장소 | how 방법 | why 이유 |

● 주어

      주어 is a small beach.

+ (The place) *Where* I met her first
→ (The place) *Where* I met her first is a small beach. 내가 처음 그녀를 만난 곳은 작은 해변이다.
   (해설) The place가 있으면 where절은 the place를 꾸며주는 형용사절이고 생략되면 where절은 명사절로 주어역할

● 목적어

      I can remember   목적어

+ (the time) *when* the accident happened.
→ I can remember (the time) *when* the accident happened. 나는 사고가 발생한 때를 기억할 수 있다.
   (해설) the time이 있으면 when절은 the time를 꾸며주는 형용사절이고 생략되면 명사절로 remember의 목적어 역할.

● 보충어

      This is   보충어

+ *how* they eat these fruits.
→ This is *how* they eat these fruits. 이것이 그들이 이 과일들을 먹는 방법이다. (해설) how절은 보충어로 명사절

II. 형용사절

접속대명사절	접속부사절

01 접속(관계)대명사절(=접속사+대명사)

접속대명사란 접속사 기능과 대명사 기능을 겸한다. 대부분의 접속(관계)대명사절은 앞의 명사를 수식하는 형용사절이다. whose를 제외한 who/whom/which는 that을 대신 사용할 수 있다. 다만 컴마(,)나 전치사가 접속대명사 앞에 있을 때는 that을 사용할 수 없다.

	주격	소유격 – 접속형용사	목적격 – 생략가능
사람	(,) who (=that)	(,) whose	(,/전치사) whom (=that)
사물	(,) which (=that)	(,) whose (,) of which	(,/전치사) which (=that)
– 사람 & 사물 – 강조된 표현 – 의문사	that	–	that

1. 사람

● 주어 자리 who

해설 목적격 접속(관계)대명사는 생략가능.

2. 사물

● 주어자리 which

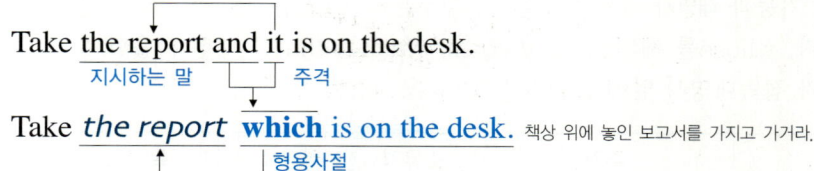

Take the report and it is on the desk.

Take *the report* **which** is on the desk. 책상 위에 놓인 보고서를 가지고 가거라.

● 소유격자리 whose

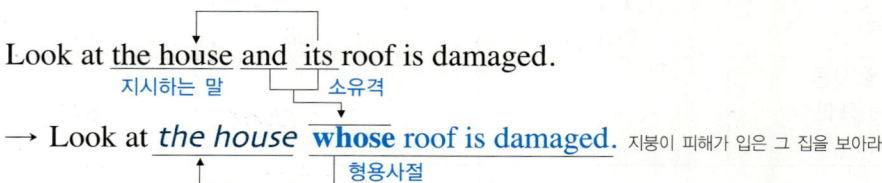

Look at the house and its roof is damaged.

→ Look at *the house* **whose** roof is damaged. 지붕이 피해가 입은 그 집을 보아라.

● 목적어자리 which

I have a house and I will sell it.

I have *a house* **(which)** I will sell. 나는 팔 집을 가지고 있다. (해설) 목적격 접속(관계)대명사는 생략가능.

3. that

접속대명사 that은 who/whom/which 앞에 컴마(,)나 전치사가 없을 때 대신 사용할 수 있으며 수식받는 앞명사가 '사람+사물', 강조된 표현, 의문사일 때는 that만을 사용한다.

● 사람+사물

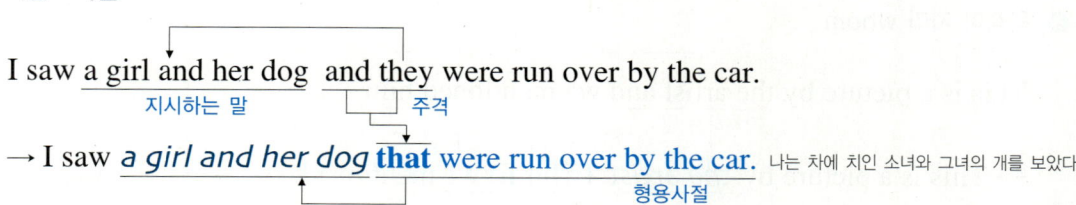

I saw a girl and her dog and they were run over by the car.

→ I saw *a girl and her dog* **that** were run over by the car. 나는 차에 치인 소녀와 그녀의 개를 보았다.

Chapter 18

● 강조된 표현

> 전부 : all/everything/everyone 지정 : the same/the only/the very
> 전무 : none/nothing/no 최상급 : the -est/the most

All is not gold and it glitters.
지시하는 말 / 주어

→ **All that glitters** is not gold. 빛나는 모든 것이 금은 아니다.
형용사절

This is the only man and I met him yesterday.
지시하는 말 / 목적어

→ This is **the only man (that) I met yesterday.** 이 사람이 내가 어제 만난 유일한 남자이다.
형용사절(목적격 접속(관계)대명사 → 생략가능)

She sings the same song and you do it.
지시하는 말 / 목적어

→ She sings **the same song (that) you do.** 그녀는 네가 부른 똑같은 노래를 부른다.
목적격 접속(관계)대명사 → 생략가능

● 의문사

Who that has common sense can believe such a thing? 상식을 가진 사람 누가 그 같은 것을 믿을 수 있겠는가?
형용사절

> 접속대명사 that 앞에 전치사 사용불가
> He is the man *with that* I traveled. (×)
> He is the man *that* I traveled *with.* (○)

참고 의미차이가 있는, 명사에 붙은 접속대명사와 컴마(,)다음의 접속대명사

A. 명사에 바로 붙은 접속대명사 – 제한적 용법이라고 한다.

명사를 받는 접속대명사가 명사다음에 컴마(,)없이 온다. who/whose/whom/which/that 모두가 쓰인다.

She has *two daughters* who are students. 그녀는 학생인 두 딸이 있다.
- 해설: 학생인 두 딸이 있으며 학생이 아닌 딸이 있을 수 있음.

B. 컴마(,)다음의 접속대명사 – 계속적 용법이라고 한다.

(a). 명사를 받는 접속대명사가 명사다음 컴마(,)가 온 다음에 뒤따라 온다.
who/whose/whom/which가 쓰이지만 that은 쓰일 수 없다.

She has *two daughters,* who are students. 그녀는 두 딸이 있는데 그들은 학생이다.
- 해설: 학생인 두 딸만 있고 다른 딸을 가질 가능성이 없음.

He has a son, that became a physician. (×)
- 해설: 컴마(,) 다음에 쓸 수 없다. that을 who로 바꿔야 한다.

(b). 「S+V~ 컴마 (,) which」에서 which가 앞의 구나 절을 받을 수 있다.

She tried *to open the door,* which she found impossible.
그녀는 문을 열려고 노력했으나 그것이(문을 여는 것이) 불가능하다는 것을 알았다.

The elevator is out of order, which is too bad.
엘리베이터가 고장 났다. 그것(엘리베이터가 고장 난 것)은 너무 안 좋다.

(c). 「명사 + 컴마(,) 부분표시어 of which/whom」 '~중에서 부분은'으로 해석한다.

[부분표시어]
all, most, many/much, half, several, two-thirds(3분의 2), a third(3분의 1), 40 percent, each, one, (a) few, neither, none

I have seen *many films,* some of which *are* very great.
많은 영화를 봤는데 그들 중 몇몇은 매우 대단했다. 해설: 많은 영화 중 몇 개(some)로 복수, 동사 are

She bought *stationery,* most of which *is* very poor in quality.
그녀는 문구류를 샀는데 그들 중 대부분은 품질이 형편없었다.
- 해설: stationery는 셀 수 없는 명사로 단수이므로 그것의 대부분 (most)도 역시 단수

Sophia has *many friends,* all of whom *are* very helpful in need.
Sophia는 많은 친구가 있다. 그들 중 모두 필요할 때 매우 도움이 된다.
- 해설: 사람을 받고 전치사 of 다음은 목적격으로 whom

Chapter 18

참고   접속대명사 확인법

접속대명사인가를 확인하려면, 접속대명사를 생략하고 문장을 두개의 절(S+V)로 분리해서 보면 접속대명사절에서 무엇인가 빠져 있는 불완전한 문장이다. 다만 whose는 생략된다 하더라도 문장이 불완전하지는 않지만 대장형용사-a(n)/the/my/these/no/every-가 없는 명사가 뒤따른다.

Do you know the workers *who* live in the village? 이 마을에 사는 노동자들을 아니?
> 해설 who를 제외하고 보면 live의 주어가 없어 불완전

Have you found the books *which* you lost? 네가 잃어버린 책들을 찾았니?
> 해설 Which를 제외하면 lost의 목적어가 없어 불완전

This is the boy *whose* name is Tom Smith. 얘가 이름이 Tom Smith라는 소년이다.
> 해설 whose를 생략해도 문장에서 주어, 목적어, 보충어 등의 핵심요소가 빠지지는 않아 불완전하지는 않다. 하지만 명사 name앞에 a(n), the 등의 대장형용사가 없이 쓰였다.

02 접속(관계)부사절

```
           접속대명사
           ┌─────┐
접속사 + 전치사 + (대)명사 = 전치사 + 접속대명사
       └──────────┘
            부사
```

접속부사란 접속사기능과 부사(전치사+명사)기능을 겸한다. 또는 '전치사+접속대명사(접속사+대명사)'를 동시에 표현한다고도 할 수 있다.

장소 : where (=that) (=at/on/in which)	때 : when (=that) (=at/on/in which)	방법 : how (=that) (=by which)	이유 : why (=that) (=for which)

● where(장소)

It's *the house* **and** I live in **it.**

→ It's *the house* (**which**) I live in. 해설 전치사가 뒤에 있을 때 접속대명사는 생략가능.

→ It's *the house* **in which** I live. 해설 전치사는 접속대명사 앞으로 나갈 수 있다. 전치사가 앞에 있을 때는 접속대명사 생략 안 됨.
                      형용사절

→ It's (*the house*) **where** I live. 그것이 내가 살고 있는 집이다.
> 해설 where 이하의 접속부사절은 앞 명사 the house를 수식하는 형용사절이었으나 the house가 생략되면 자기 자신이 명사절 역할을 한다.

● when(때)

This is <u>the time</u> **and** you should go to school at **the time.**

→ This is *the time* <u>which</u> you should go to school <u>at</u>.　해설 전치사는 접속(관계)대명사 앞으로 나갈 수 있다.

→ This is *the time* **at which** you should go to school.
　　　　　　　　　　　　　　　　　　　형용사절

→ This is *(the time)* **when** you should go to school. 지금 학교에 가야할 시간이다.

　해설 when이하 절은 명사 the time을 수식하는 형용사절이었으나 the time이 생략되면 명사절이 된다.

● why(이유)

This is <u>the reason</u> **and** I did it for <u>it</u>.
　　　　　지시하는 말

→ This is *the reason* <u>which</u> I did it <u>for</u>.　해설 전치사는 접속대명사 앞으로 나갈 수 있다.

→ This is *the reason* **for which** I did it.
　　　　　　　　　　　　　　　형용사절

→ This is *(the reason)* **why** I did it. 이것이 내가 그것을 행하는 이유이다.

　해설 why이하절은 명사 the reason을 수식하는 형용사절이었으나 the reason이 생략되면 명사절이 된다.

● how(방법) — the way와 how는 같이 사용 안 되고 둘 중 하나는 생략한다.

This is <u>the way</u> **and** she saved much money by <u>the way</u>.

→ This is the way **which** she saved much money <u>by</u>.　해설 전치사는 접속대명사 앞으로 나갈 수 있다.

→ This is the way **by which** she saved much money.
　　　　　　　　　　　　　　　　　　형용사절

→ This is (~~the way~~) (how) she saved much money. 이것이 그녀가 많은 돈을 번 방법이다.

　해설 the way와 how는 함께 쓰이지 않고 둘 중 하나 생략.

Chapter 18

참고 | 형용사절이 명사절이 되는 경우

보통의 접속(관계)대명사절과 접속(관계)부사절은 형용사절이다. 그렇지만 접속(관계)대명사 what 절과 접속대명사 wh-ever형태의 절은 그 안에 꾸며 줄 명사를 포함하여 단독으로 명사역할 한다. 또 접속부사절은 수식 받을 앞의 명사가 생략되면 역시 단독으로 명사역할 한다.

A. 접속(관계)대명사절 – 접속(관계)대명사 중 수식받는 앞명사를 포함한 특별한 접속대명사

(a) 앞명사를 쿠데타한 접속대명사 what

```
    what (S) V (← the thing which (S) V~)
                         └─── 형용사절 ───┘
```

즉 the thing which ~에서 which이하가 명사 the thing을 꾸며주는 형용사절이었으나 what절은 명사 the thing을 쿠데타로 정복하고 자기가 명사역할까지 한다.

I know the thing and you did it last summer.

→ I know *the thing which* you did last summer.
                            형용사절

→ I know *what* you did last summer. 나는 네가 지난 여름에 행한 것을 알고 있다.
         명사절

(b) wh-ever형태의 접속(관계)대명사

wh-ever가 붙은 접속대명사는 anyone who(whose, whom)/anything which에서 who(whose, whom)/which 이하가 anyone/anything을 꾸며주는 형용사절이었다. 각각 anyone/anything 대신에 ever가 붙어 whoever (whosever, whomever)/whichever로 바뀌어 명사절로 바뀐다.

▶ 사람일 때

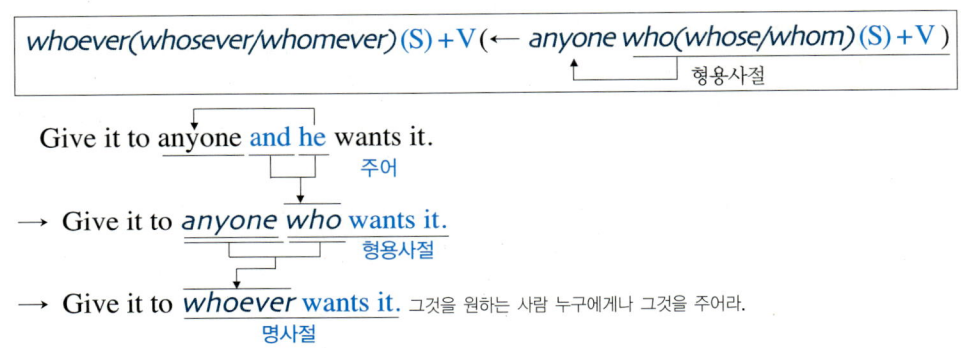

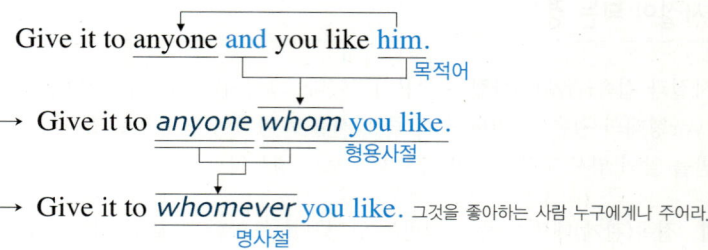

● 사물일 때

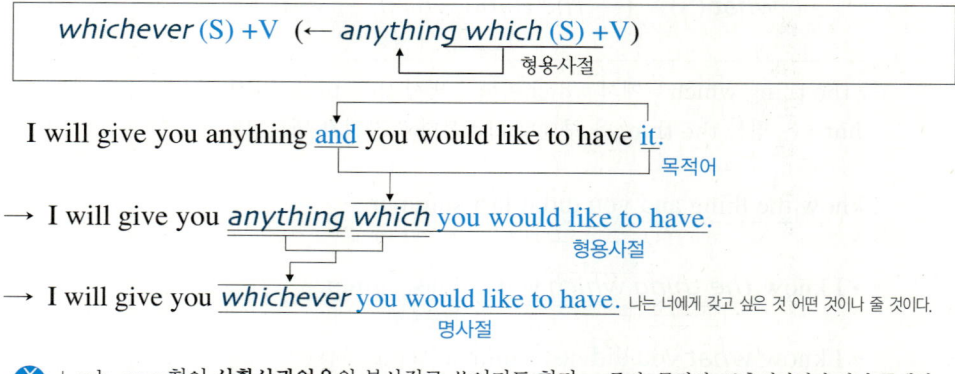

| wh-ever형이 **상황상관없음**의 부사절로 쓰이기도 한다. – 주어, 목적어, 보충어자리가 아닌 곳에서
Whoever may come at first, I will employ him. 먼저 온 사람이 누구든 그를 고용할 것이다.
Whatever may happen, we will marry. 무슨 일이 일어난다하더라도 우리는 결혼할 것이다.

B. 접속(관계)부사절 – 접속(관계)부사 중 앞에 수식받는 앞명사가 생략된 경우

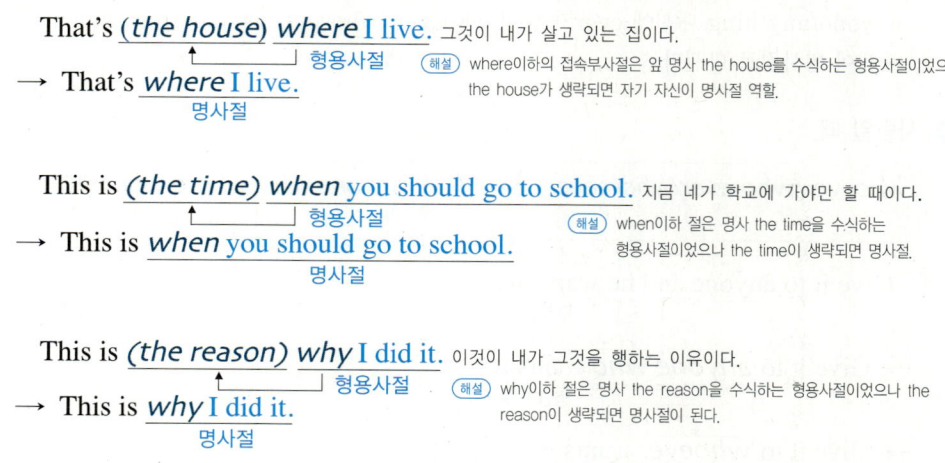

III. 부사절

(☞ 부사절 Diet는 261 page 「Chapter.19 졸병절의 Diet 중 II 부사절」의 Diet 참조)

		접속사 S+V
1. 분사구문으로 Diet하는 것들 (암기법 - 원조시동상)	원인	because/as/since/now that
	조건 (분사구문 뿐 아니라 'to 동사원형'으로도 Diet가능)	if ~이라면 ↔ unless(if…… not) ~가 아니라면 once 일단 ~하면 suppose/supposing ~이라면 provided/providing ~이라면 so long as ⎤ in case ~일 경우에 as far as ⎦ ~하는 한 on condition that ~이라면
	시간	when ~할 때/as ~할 때/while ~하는 동안에 before ~하기 전에/after ~한 후에 /since ~한 이후/by the time ~할 쯤에/until ~할 때까지 every time(whenever/each time) ~할 때마다 as soon as ~하자마자
	동시·연속동작	as ~하면서/and 그리고
	상황상관없음	although/though wh-ever even if/even though =no matter wh- whether ~이든 어떻든 if ~일지라도
		접속사 S+V
2. 'to 동사원형'으로 Diet하는 것들 (암기법 - 원조목걸이)	원인(감정의 원인)	S + V that S' + V'
	목적	S + V so that S' + may ~하기 위하여 ↔ ⎰S + V lest S' should ~하지 않기 위하여 　 ⎱S + V so that S' may not
	결과	S + V, so that S' + V' S + V so 형용사/부사 that S' + V' S + V so 형용사 a 명사 that S' + V' (=S + V such (a) 형용사 명사 that S' + V')
	이유(판단의 근거)	S + V that S' + V'
		접속사 S+V
3. Diet하지 않는 것들 (암기법 - 장모비비대)	장소	where, wherever
	모양태도	as ~하듯이, ~처럼/like ~처럼/as if/as though 마치 ~처럼
	비교	as ~만큼/than ~보다 더
	비례	as ~함에 따라서
	대조	while/whereas ~한 반면에

졸병절이 대장절(문장전체)을 수식하기 때문에 부사절이다. 이 때 졸병절은 대장절 앞이나 뒤, 때로는 문장 중간에 올 수도 있다.

1. 분사구문으로 Diet 하는 것들

원인, 조건, 시간, 동시·연속동작, 상황상관없음을 나타낸다. (암기법-원조시동상)

➡ 원인

- because
- as
- since
- now that

~때문에

Because it snowed heavily, we couldn't climb Mt. Solak.
　　졸병절(부사절)문장전체 수식　　　　　대장절
눈이 심하게 내렸기 때문에 우리는 설악산에 올라 갈 수가 없었다.

Since she was severely ill, she couldn't attend the conference.
그녀가 매우 아팠기 때문에 회의에 참가할 수가 없었다.

➡ 조건 – if절은 분사구문뿐만 아니라 'to 동사원형'으로도 Diet 가능

· if	· unless(if...not) ~가 아니라면
· suppose	· in case ~일 경우에
· supposing　~이라면	· on condition that ~일 경우에
· provided	· as long as
· providing	· as far as　~하는 한
· once 일단 ~하면	

If it's white, don't eat it. 만약 하얗다면 그것을 먹지 마라
Once she starts any work, she works very hard. 그녀가 일단 시작하면 매우 열심히 일한다.
Unless you study English, you will regret it in the future. 영어를 공부하지 않으면 너는 미래에 후회할 것이다.
　　졸병절(부사절)문장전체 수식　　　　　대장절

Chapter 18

● 시간

• when/as ~할 때	• since ~한 이후 • until ~할 때까지
• while ~하는 동안에	• by the time ~할 쯤에
• before ~하기 전에	• every time(=whenever/each time) ~할 때마다
• after ~한 후에	• as soon as ~하자마자

When I was young, I used to swim in this pond. 내가 젊었을 때 나는 이 연못에서 수영하곤 했다.
부사절(졸병절)문장전체 수식   대장절

I will stay *until* he leaves for London. 그가 런던을 향해 떠날 때까지 나는 머무를 것이다.
대장절   부사절(졸병절)

While I was shopping, I saw her. 내가 쇼핑하는 동안 그녀를 보았다.
Stop talking *as* others talk. 다른 사람이 말하는 동안 말하는 것을 멈춰라.
I have taught English *since* I graduated from university. 내가 대학을 졸업한 이후 영어를 가르쳐 왔다.
When I was young, I used to attend a dance festival at night. 내가 어렸을 때 밤에 댄스페스티발에 참가하곤 했다.
By the time this night is over, the stars are gonna shine on two lovers in love.
이 밤이 끝날 즈음에 별들이 사랑하는 두 연인들에 빛날 거예요.

● 동시 · 연속동작

• as 동시동작 (~하면서)	• and 연속동작 (그리고)

He trembled *as* he spoke. 말하면서 떨렸다.
She arrived at the office *and* opened his drawer. 그녀는 사무실에 도착해서 그의 서랍을 열었다.

● 상황상관없음

• although		• wh-ever
• though	~임에도 불구하고	= no matter wh- ~일지라도
• even if		• whether ~이든 어떻든
• even though		• if ~일지라도
• as		

Though he is wise, he will fail in the work. 그가 현명하지만 그 일에 실패할 것이다.
Coward *as* he was[= *Though* he was a coward], he had the conscience to say the truth.
그는 겁쟁이이지만 진실을 말할 수 있는 양심을 가지고 있었다.

I will go, *whether* you come with me or stay at home.
네가 나와 함께 가던지 집에서 머물던지 나는 갈 것이다.

Whoever[= no matter who] comes, they will be welcome. 누가 오더라도 환영받을 것이다.

Wherever[= no matter where] you will go, I will find you.
네가 어디에 가더라도 나는 너를 찾을 것이다.

2. 'to 동사원형'으로 Diet하는 것들

원인(감정), 조건, 목적, 결과, 이유를 나타낸다. (암기법- 원조목걸이)

➡ **원인(감정의 원인)**

- S + V that S' + V'

I'm sorry *that* I can't help you. 내가 너를 도울 수 없어 유감이다.
대장절   부사절(졸병절)

➡ **조건** (☞240page 「분사구문으로 Diet하는 것들 중 조건」 참고)

➡ **목적**

- S + V (so/in order) that S' + may ~하기 위하여
- S + V lest S' should ~하지 않기 위하여
- S + V for fear that S' should
- S + V so that S' may not

She studies hard [so / in order] *that* she may pass the exam.
그녀는 시험에 합격하기 위해 열심히 공부한다.

My boy friend got a job [so / in order] *that* he might earn money for a vacation.
나의 남자친구는 휴가를 위한 돈을 벌기 위해 일자리를 구했다.

The students ran away *lest they should* meet the teacher.
대장절   부사절(졸병절)
그 학생들은 그 선생님을 만나지 않기 위해 도망갔다.

Chapter 18

● 결과(정도)

> • S + V, so that S' + V'
> • S + V so 형용사/부사 that S' + V'
> • S + V such (a) 형용사 명사[=so 형용사 a 명사] that S' + V'

① S+V, so that
He injured his foot, *so that* he was unable to play in the match.
그는 발을 다쳤다. 그 결과 그는 그 게임에서 뛸 수 없었다.
I worked all day, *so that* I was very tired. 나는 하루 종일 일했다. 그 결과 나는 매우 피곤했다.

② S+V so 형용사/부사 that S' +V'
The classroom was *so* dark *that* we needed a flashlight to find our way around.
그 교실은 너무 어두워서 우리는 우리의 길을 찾기 위해 전등이 필요했다.
You are *so* young *that* you can not understand it. 너는 너무 어려 너는 그것을 이해할 수 없다.
She works *so* slowly *that* she isn't of help to me. 그녀는 너무 천천히 일해서 그녀는 나에게 도움이 되지 않는다.
It was *so* hot *that* we decided to stay home. 너무나 더워 우리는 집에 머물기로 결정했다.

③ S+V ⎡ such (a) 형용사 명사 ⎤ that S' +V'
       ⎣ so 형용사 a 명사   ⎦
It was ⎡ such a hot day ⎤ *that* we decided to stay home. 너무나 더워 우리는 집에 머물기로 결정했다.
       ⎣ = so hot a day ⎦
It was *such* hot weather *that* we couldn't go to the shore. 너무나 뜨거운 날씨여서 우리는 해변에 갈 수 없었다.
He is *such* a kind man *that* everybody likes him. 그는 너무나 친절한 사람이어서 모든 사람이 그를 좋아한다.

● 이유(판단의 근거)

> • S + V that S' + V'

She must be mad *that* she says such a strange thing. 그녀가 그처럼 이상한 것을 말하는 것을 보니 미쳤음에 틀림없다.

3. Diet하지 않는 것들

장소, 모양태도, 비교, 비례, 대조를 나타내며 이들은 Diet하지 않는다. (암기법 – 장모비비대)

● 장소

• where/wherever

Where there is a will, there is a way. 뜻이 있는 곳에 길이 있다.
Wherever he is, I'll find him. 그가 어디에 있든 나는 그를 찾을 것이다.

● 모양태도

• as ~대로	• like ~처럼

As you treat me, I will treat you. 네가 나를 다루는 것처럼 나는 너를 다룰 것이다.
As she had warned me, the shop was shut. 그녀가 나에게 경고했던 대로 그 가게가 닫혀 있었다.
They use a nickname, *like* students sometimes do in school.
때때로 학생들이 학교에서 사용하는 것처럼 그들은 닉네임을 사용한다.

● 비례

• as ~함에 따라서

As the sun set I got worse. 태양이 짐에 따라 나는 더 열악해졌다.
As time passed, things got worse. 시간이 지남에 따라 상황이 악화되었다.

● 비교

• as ~만큼	• than ~보다 더

It is not so easy *as* you think. 그것은 네가 생각하는 만큼 그렇게 쉽지 않다.
The building is taller *than* you think. 그 빌딩은 네가 생각하는 것보다 더 높다.

● 대조

• while/whereas ~한 반면에

Some people voted for Bush, *whereas* others voted for Kerry.
얼마간의 사람들은 Bush에게 찬성표를 던졌다. 반면 다른 사람들은 Kerry에게 찬성표를 던졌다.
A shark is a fish, *whereas* a whale is a mammal. 상어가 물고기인 반면 고래는 포유류이다.

Chapter 18

> **참고** 명사절(접속사 that / 접속대명사 what)과 형용사절(접속대명사 that / 접속부사 that) 그리고 부사절(접속사 that)의 구별

분류	종류	연결사 제거 시 문장의 완전/불완전형태	
		대장절 (S+V~)	졸병절 (S+V~)
명사절 '~하는것'으로 같음	접속사 that	◔ (불완전)	◯ (완전)
	접속(관계)대명사 what	◔	◔
형용사절	접속(관계)대명사 that (who/whom/which 대용)	◯	◔
	접속(관계)부사 that (when/where/why 대용)	◯	◯
부사절	접속사 that	◯	◯

A. 명사절 – 둘 다 우리말로 '~라는 것'에 해당

> 접속사 that과 접속대명사 what

(a) 접속사 that

접속사를 빼고 문장을 둘로 분리해서 보면 졸병절(명사절)은 완전하지만 대장절은 불완전하다.

My friends believe (∨) I will be a journalist.

> (해설) 대장절에서 believe의 목적어가 없는 불완전 문장이고 졸병절은 완전. 명사절 연결하는 접속사 that 필요.

→ My friends believe *that* I will be a journalist. 내 친구들은 내가 언론인이 될 거라고 믿는다.

(b) 접속(관계)대명사 what

what을 빼고 문장을 둘로 분리해서 보면 대장절 졸병절 둘 다 불완전.

Show me (∨) you bought then.

> (해설) 대장절의 직접목적어가 없어 불완전, 졸병절의 bought의 목적어 없는 불완전. 둘다 불완전할 때 접속대명사 what.

→ Show me *what* you bought then. 나에게 그녀가 그때 산 것을 보여 주세요.

B. 형용사절

> 접속(관계)대명사 that(who/whom/which대용)과 접속(관계) 부사 that(when/where/why 대용)

(a) 접속(관계)대명사 that(who/whom/which 대용)

접속(관계)대명사를 빼고 문장을 둘로 분리해서 보면 대장절은 완전하지만 졸병절(형용사절)은 불완전.

Did you know the man (∨) bought the sports car?

> (해설) 대장절은 완전한 문장, 졸병절의 주어가 없는 불완전문장으로 접속대명사 who나 that.

→ Did you know the man *that* bought the sports car?

The police found the gun (∨) she was shot with.
　　해설 대장절은 완전, 졸병절에서 전치사 with의 목적어가 빠진 불완전 문장으로 접속대명사 which나 that.

→ The police found the gun *that* she was shot with.
　　경찰은 그녀가 맞은 총을 발견했다.

(b) 앞에 수식받는 앞명사가 있는 접속(관계)부사 that(when/where/why 대용)
접속(관계)부사를 빼고 문장을 둘로 분리해서 봐도 졸병절(형용사절) 대장절 둘 다 완전하다.

This is the store (∨) my aunt works.
　　해설 대장절 졸병절 둘 다 완전. 졸병절은 앞 명사를 꾸며 주는 장소를 나타내는 형용사절로 where나 that.

→ This is the store *that* my aunt works. 여기가 나의 숙모가 일하는 가게이다.

Tomorrow is the day (∨) I am going on a picnic with her.
　　해설 대장절 졸병절 둘 다 완전. 졸병절은 앞 명사를 꾸며 주는 때를 나타내는 형용사절로 when이나 that.

→ Tomorrow is the day *that* I am going on a picnic with her.

I know the reason (∨) the bus is late.
　　해설 대장절 졸병절 둘 다 완전. 졸병절은 앞 명사를 꾸며 주는 이유를 나타내는 형용사절로 why나 that.

→ I know the reason *that* the bus is late. 나는 버스가 늦은 이유를 알았다.

C. 부사절

접속사 that

접속사를 빼고 문장을 둘로 분리해서 봐도 졸병절(부사절) 대장절 둘 다 완전하다. 졸병절은 대장절의 결과, 목적, 판단의 근거, 감정의 원인 등을 나타낸다.

She is so tall (∨) she has to have her clothes made for her.
　　해설 대장절 졸병절 둘 다 완전. 졸병절은 결과 표현. 결과의 부사절을 연결하는 접속사 that.

→ She is so tall *that* she has to have her clothes made for her.
　　그녀는 너무 키가 커서 그녀의 옷을 맞춰야만 한다.

Chapter 18

 참고 몇몇 접속사들의 명사절과 형용사절, 그리고 부사절

A. whether

명사절 - 주어, 목적어, 보충어에서 사용	부사절 - 문장 맨 앞, 중간, 끝에서 사용
~인지 어떤지	상황상관없음(~이든 어떻든)

(a) 명사절
  He *asked* whether he could help. 그가 도울 수 있을지를 물었다. (해설) 동사 asked의 목적어자리

(b) 부사절
  Whether or not he comes, the result will be the same. 그가 오든 안 오든 결과는 똑같을 것이다.

B. if

명사절 (목적어) - 명사절이지만 주어 및 보충어자리에서는 사용 안함	부사절 - 문장 맨 앞, 중간, 끝에서 사용
~인지 어떤지(whether와 같음)	• 조건(~이라면) • 상황상관없음(~일지라도)

(a) 명사절
  I *asked* if she knew French. 나는 그녀가 불어를 아는지 어떤지 물었다. (해설) 동사 asked의 목적어자리

(b) 부사절
  ① 조건(~이라면)
    If it's warm tomorrow, we'll drive in the country.
    내일 따뜻하면 우리는 시골에서 드라이브 할 것이다.
  ② 상황상관없음(~일지라도)
    If she is very diligent, she will not finish it today.
    그녀가 매우 근면하지만 그것을 오늘 끝내지는 못할 것이다.

C. when

명사절 - 주어, 목적어, 보충어에서 사용	형용사절 - 명사 뒤에서 사용	부사절 - 문장 맨 앞, 중간, 끝에서 사용
• 의문사(언제), • 접속부사(~때:수식받는 앞명사 생략시)	접속부사(~할 때)	시간 (~때)

(a) 명사절
  ① 의문사
    Ask her when she will come back. 그녀에게 그녀가 언제 돌아올 것인가를 때를 물어라.
    (해설) ask의 직접목적어

졸병절(명사절, 형용사절, 부사절)을 통한 문장의 확장 | **247**

② 접속부사

Monday is (the day) when I am busiest. 월요일은 내가 가장 바쁜 때이다. (해설) 보충어자리

(b) 형용사절

Now is *the time* when we have to make a decision. 지금은 우리가 결정해야만 할 때이다.

(c) 부사절

When we have a cold, we blow our noses very often.
우리가 감기에 걸릴 때 우리는 코를 자주 푼다.

D. where

명사절 -주어, 목적어, 보충어에서 사용	형용사절 -명사 뒤에서 사용	부사절 -문장 맨 앞, 중간, 끝에서 사용
•의문사(어디) •접속부사(~곳-수식받는 앞명사 생략시)	접속부사(~한 곳)	~ 곳에

(a) 명사절

① 의문사

I don't *know* where she got the information.
나는 그녀가 정보를 어디에서 구했는지 모른다. (해설) know의 목적어

② 접속부사

This is (the place) where they get together. 이곳이 그들이 함께 모이는 장소다. (해설) 보충어자리

(b) 형용사절

This is *the place* where we used to live. 이곳이 우리가 함께 살았던 장소다.

(c) 부사절

Where there's a will, there's a way. 뜻이 있는 곳에 길이 있다.

E. whoever/whomever/whatever/whichever 등

명사절-주어, 목적어, 보충어에서 사용 (= anyone who/whom, anything which)	부사절- 문장 맨 앞, 중간, 끝에서 사용 (=no matter who/whom/which)

(a) 명사절

I will *take* whoever wants to go.(= anyone who wants to go)
가길 원하는 사람 누구나 데리고 갈 것이다. (해설) 목적어자리

(b) 부사절

You will get the same result, whichever you choose.(= no matter which ~)
네가 어떤 것을 선택하든 똑같은 결과를 얻을 것이다.

Chapter 18

졸병절(명사절, 형용사절, 부사절)을 통한 문장의 확장
정답 및 해설 20~21page

1 아래 문장의 밑줄 친 부분이 문장에서 명사절인지 형용사절인지 부사절인지를 구별하시오.

01 Sally has loved to paint ever since she was a little girl.
02 I met so many people that day that I can't remember everyone.
03 Justin looked around his garage, which was greasy and full of bike parts.
04 He was proud of it because he had made it himself.
05 His eyes moved to the robot next to the bike, which was almost complete.
06 ⓐ What he saw next convinced him ⓑ that he had made the right decision.
07 They grinned from ear to ear as they hopped onto the horses.
08 Jack couldn't remember what the teacher had told him.
09 If I were you, I'd just wear a comfortable T-shirt and a pair of shorts.
10 You should have shoes that are comfortable and give your legs good support.
11 This means that you are perhaps not alone in the world of inactivity.
12 One reason is that the child's brain is not fully developed.
13 They'll soon discover how lonely they are.
14 Most people who exercise regularly feel healthier and more alert.
15 Find a good, personal reason why you need to listen better.
16 Little Prince told me where they get together in secret.
17 We'll need computer technicians as long as there are computers.
18 That makes them more flexible and may explain why they learn language better.
19 Adolescence, the time between twelve and nineteen, is when a young person is developing into an adult.
20 Genetic research will cause a revolution in how we grow food.

2 아래 문제에서 ( ) 안의 주어진 문장을 필요 시 보기안의 적당한 접속사를 사용하여 ☐ 안에 넣어 문장을 완성하시오.

who, which, that, whether/if

01 ☐ is certain. + (he is alive.)
02 The fact is ☐ + (he is unaware of it.)
03 The contractor claimed ☐ + (the billing error was only an oversight.)
04 The fact ☐ is a problem. + (we have no money.)
05 I want to know ☐ + (does the bus stop here?)
06 Nobody believed ☐ + (what did she say?)
07 ☐ is not important. + (is he rich or not?)
08 Tell me ☐ + (what is the main idea in the paragraph?)

Chapter 18

Question
확·인·문·제

종속절(명사절, 형용사절, 부사절)을 통한 문장의 확장

정답 및 해설 22~23page

3 다음의 적당한 접속(관계)대명사나 접속(관계)부사를 ( ) 안에 넣으시오.

> that, who, whose, whom, which, what, when, where, how, why, ø(접속대명사/접속부사 생략형)

01 A clown is someone ( ) makes you laugh.
02 The doctor ( ) I hoped to see wasn't on duty.
03 The man ( ) car was stolen has become angry.
04 A tree ( ) leaves have fallen stands in the garden.
05 That's the restaurant ( ) we met for the first time.
06 I remember the day ( ) we first met.
07 There was a very hot summer in the year ( ) he was born.
08 Tell me the reason ( ) you were late home.
09 The woman ( ) spoke at the meeting was very knowledgeable.
10 The mouse ( ) the elephant loved was very beautiful.
11 There's something ( ) you should know.
12 It was the best film ( ) I've ever seen.
13 An elephant is an animal ( ) lives in hot countries.
14 The plums ( ) were in the refrigerator were delicious.
15 Where are the plums ( ) I put in the refrigerator?
16 Has anyone seen the book ( ) I was reading?
17 Nothing ( ) anyone has can replace my lost bag.
18 Let's go to a country ( ) the sun always shines.
19 They live in the house ( ) roof is full of holes.
20 Do you want to hear ( ) he said?

4 ( ) 안의 우리말 내용이 되도록 적당한 접속사를 사용하여 주어진 두 문장을 연결하시오. (필요 시 어휘 등을 바꿀 수 있음)

01 Please call me. + You finish your dinner. (저녁 식사가 끝난 후에 전화해라.)
02 He studied English hard. + He could pass the test. (그는 그 시험에 통과하기 위하여 열심히 영어를 공부했다.)
03 You are very young. + You cannot understand what he said. (너는 너무 어려서 그가 말한 것을 이해 할 수 없다.)
04 He needed money badly. + He sold out all of his property. (그는 돈이 몹시 필요했기 때문에 그의 모든 재산을 팔았다.)
05 I met my old friend. + I was shopping around. (나는 쇼핑을 하다가 나의 옛 친구를 만났다.)
06 We stayed together. + It got dark. (우리는 어두워질 때까지 같이 있었다.)
07 The park is much crowded. + There is a boy's baseball game today.
   (오늘 아이들의 야구게임이 있기 때문에 공원은 매우 혼잡하다.)
08 The cost of living in a big city is very expensive. + Ann doesn't want to move into the country.
   (대도시에서의 생활비가 비싸지만 Ann은 시골로 이사 가는 것을 원치 않는다.)
09 Some people feel pleasure in doing good. + Others feel good in doing evil.
   (얼마간의 사람들은 선행을 하는데 즐거움을 느끼지만 다른 사람들은 악행을 하는데 즐거움을 느낀다.)

Chapter 18

졸병절(명사절, 형용사절, 부사절)을 통한 문장의 확장
정답 및 해설 23~24page

5 다음 각 문제의 문장들을 비교하여 볼드체부분이 각각 명사절인지 형용사절인지 부사절인지를 구별하고 해석하시오.

01
ⓐ **Whether she comes or not** does not concern me.
ⓑ **Whether you like it or not,** you must do it.

02
ⓐ **If you ask him,** he will help you.
ⓑ We'll finish it **if it takes us all day.**
ⓒ He asked **if I liked Chinese food.**

03
ⓐ **Whoever comes** will be welcome.
ⓑ **Whoever may object,** I won't give up.
ⓒ You may invite **whomever you like.**

04
ⓐ **When they will come** is the question.
ⓑ Night is **when most people in the country don't go out.**
ⓒ May is the month **when we can see the richest variety of flowers.**
ⓓ **When it rains,** she usually stays inside.

05
ⓐ Is it true **that he has returned home?**
ⓑ You will soon realize **that he is a liar.**
ⓒ Give it to the girl **that came here yesterday.**
ⓓ Speak louder so **that everybody can hear you.**

06
ⓐ He asked **where there was a good hotel.**
ⓑ This is the house **where I was born.**
ⓒ **Where he goes,** his wife always follows.

POP SONG

When you believe
by Mariah Carey with Whitney Houston

Many nights we've prayed
With no proof anyone could hear
In our hearts a hopeful song
We barely understood
Now we are not afraid
Although we know there's much to fear
We were moving mountains
Long before we knew we could

There can be miracles
When you believe
Though hope is frail
It's hard to kill
Who knows what miracles
You can achieve
When you believe
Somehow you will
You will when you believe

In this time of fear
When prayer so often proves in vain
Hope seemed like the summer birds
Too swiftly flown away
Yet now I'm standing here
My heart's so full, I can't explain
Seeking faith and speaking words
I never thought I'd say

They don't always happen when you ask
And it's easy to give in to your fears
But when you're blinded by your pain
Can't see your way clear through the rain
A small, but still, resilient voice
Says help is very near

그 누가 우리의 기도를 들어주는지에 대한 보장도 없이
매일밤 기도하곤 했었죠.
우리는 우리 맘 속에 있는
희망의 노래를 잘 이해하고 있진 못했죠.
비록, 앞으로도 어려운 일들이 많고 두려운 일들이 많겠지만
하지만, 이제 우린 더 이상 두렵지 않아요.
우리는 산이라도 움직일 수 있을 만큼의 힘이 있었어요.
우리가 그렇게 할 수 있단 걸 알기도 전부터. 오래 전부터요.

당신이 믿음을 가지고 있기만 한다면,
기적은 언제나 일어날 수 있어요.
희망이라는 게 힘이 없어 연약하긴 하지만
쉽게 없앨 수 있는 것은 아니죠.
당신이 어떤 기적을 만들어 낼 수 있는지, 그 누가 알겠어요.
당신에게 믿음이 있다면,
당신은 기적을 이룰 수 있을 거에요.
믿음을 가지고 있다면, 기적을 이룰 수 있어요.

이렇게 무서운 세상에서
우리는 너무나도 자주 억압받고
헛된 생각들에 상처받기도 하죠.
희망이란 건 때론, 여름 철새 같기도 해서
그저 너무나도 빨리 날아가 버리기도 하죠.
하지만 나 지금, 여기 이렇게 서 있어요.
내 맘은 내가 설명할 수도 없는 그 무언가로 가득 차 있어요.
내가 말할 수 있으리라곤 생각도 못했던
그런 굳건한 믿음의 말씀을 찾아, 여기 서 있어요.

기적이란 게 당신이 원한다고 해서 항상 일어나는 건 아니에요.
그리고 두려움 앞에서 손 놓고 있기가 쉽죠.
하지만 당신이 두려움에 눈멀어 있더라도
강철과도 같은 믿음으로 시련 가득한 길을 바라본다면
"희망이 가까이에 있어요" 라고
사랑 가득찬 목소리로 말할 수 있겠죠.

곡해설

이 노래는 영화 〈The prince of Egypt 이집트 왕자〉에 삽입된 곡이다. 영화 마지막 장면에서 모세가 백성들을 기적을 통해서 이끌고 나오는 장면 중에 삽입되었다. 노래가 끝나고 곧 홍해를 건너는 장면이 나온다.

두개의 절이 불평등 접속사로 연결하면 하나는 대장절, 하나는 졸병절이 된다.
이때 졸병절은 명사절이거나 형용사절, 그리고 부사절이 된다. 문장을 간단하게
하기위해 이 졸병절을 Diet한다.

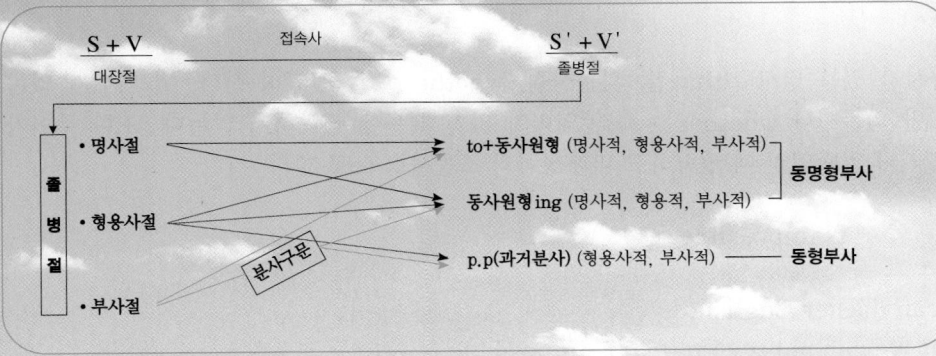

졸병절(명사절/형용사절/부사절) Diet론
- 'to+동사원형, 동명사, 분사의 완전한 이해

Dieting assistant clauses

I. 명사절의 Diet
II. 형용사절의 Diet
III. 부사절의 Diet

Ⅰ. 명사절의 Diet

to+동사원형 – 명사적 용법	동사원형ing – 동명사

01 to + 동사원형으로 Diet

1. that 절의 Diet

미래성격의 조동사가 있는 명사절(that절, 의문사절, whether절)을 간단히 한다. 별 의미가 없는 that은 생략하지만 의문사나 whether는 각각 의미가 있기 때문에 생략하지 않는다. 또한 주어가 문장 어딘가에 있거나 일반인일 때 생략하고 미래성격의 조동사를 to로 한다.

● 주어 : ┌─ _____ is impossible
    ⊕   │   ↑
        └─ we can master English. (해설) 명사절 연결하는 접속사 that으로 연결, 주어자리에 쓴다.

   → <u>That we can master English</u> is impossible. (해설) 주어가 길기 때문에 가주어 It을 쓰고 진짜주어 that 절은 뒤로 뺀다.

   → It is impossible <u>that we can master English</u>. (해설) that과 일반인 주어 we는 생략, 미래
       가주어   가주어   를 표현하는 can은 to.

   → It is impossible <u>to master English</u>. 영어를 마스터하는 것은 불가능하다.

● 목적어 : ┌─ I want _____
     ⊕   │   ↑
          └─ I will invite you. (해설) 접속사 that으로 연결, want의 목적어 자리에 쓴다.

   → I want that I will invite you. (해설) 접속사 that과 주절의 주어 I와 같은 주어를 생략하고 미래를 표현하는 will은 to.

   → I want <u>to</u> invite you. 나는 너를 초대하길 원한다.

● 보충어 : ┌─ My desire is _____
     ⊕   │   ↑
          └─ I will become a computer programmer. (해설) 접속사 that으로 연결, 보충어자리에 쓴다.

   → My desire is that I will become a computer programmer.
                                (해설) 접속사 that과 My가 있어 문맥상 알 수 있는 주어 I를 생략하고 미래성격조동사 will은 to.

   → My desire is <u>to</u> become a computer programmer.
       나의 소망은 컴퓨터 프로그래머가 되는 것을 원한다.

Chapter 19

◉ 동격 :
The ability that we can speak well and easily before a group is a real asset in life.
[The ability = that we can speak well and easily before a group]
→ The ability to speak well and easily before a group is a real asset in life.
[The ability = to speak well and easily before a group]
그룹 앞에서 쉽고 잘 말할 수 있는 능력은 인생에서 진정한 자산이다.

2. 의문사절의 Diet

◉ 주어 : ⎡　　　　　matters.
　　　⊕
　　　⎣Who will pay the bill for the building? 누가 그 빌딩에 대한 계산서를 지불하는가가 중요하다.
→ **Who** will pay the bill for the building matters.
(해설) 의문사는 생략하지 않고 미래성 조동사 will이 to가 된다.
→ **Who** to pay the bill for the building matters.

◉ 목적어 : ⎡I don't know
　　　　⊕
　　　　⎣What should I do? (해설) 의문사절을 연결할 때 '의문사+S+V~' 순으로.
→ I don't know **what** I should do. (해설) 의문사절은 명사절로 '의문사+to+동사원형'으로 Diet.
→ I don't know **what** to do. 나는 무엇을 해야 할지 모른다. (해설) I는 주어 I와 같아 생략하고 미래적 의미 should는 to.

⎡People don't know
⊕
⎣How will they spend their weekends?
→ People don't know **how** they will spend their weekends.
(해설) 의문사는 생략하지 않고 주어 they는 people과 같아 생략하고 미래의 will은 to로 Diet.
→ People don't know **how** to spend their weekends. 사람들은 주말을 어떻게 보내야 할지 모른다.

3. whether 절의 Diet.

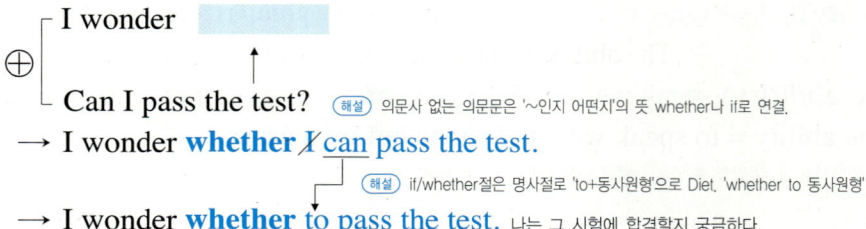

⊕ ┌ I wonder _____
  └ Can I pass the test? 해설) 의문사 없는 의문문은 '~인지 어떤지'의 뜻 whether나 if로 연결.

→ I wonder **whether** I can pass the test.

해설) if/whether절은 명사절로 'to+동사원형'으로 Diet, 'whether to 동사원형'

→ I wonder **whether** to pass the test. 나는 그 시험에 합격할지 궁금하다.

---

cf 'to 동사원형' 의 원래 주어 표시

주어가 문장 어디에도 없고 일반인 주어도 아닌 경우, 보통 전치사 for(형용사가 사람의 성격일 때 of)를 쓰고 동사의 원래주어(의미상의 주어)를 표시해 주어야 한다.

It is hard that **I** can read this book.
→ It is hard **for me** to read this book. 내가 이 책을 읽는 것은 어렵다.
It was *wise* that **you** rejected his proposal.
→ It was *wise* **of you** to reject his proposal. 네가 그의 제안을 거절한 것은 현명했다.

---

02 동사원형 ing(동명사)로 Diet

미래성격의 조동사가 없는 명사절(that절)을 간단히 한다. that을 생략하고 주어가 문장 어딘가에 있거나 일반인일 때 생략하고 동사원형에 ing을 붙인다.

➡ 주어 :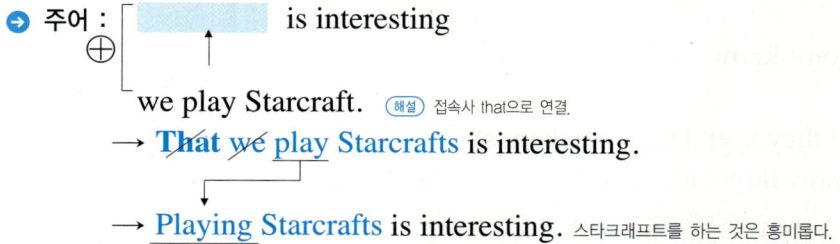

⊕ ┌ _____ is interesting
  └ we play Starcraft. 해설) 접속사 that으로 연결.

→ **That we play Starcrafts** is interesting.

→ **Playing Starcrafts** is interesting. 스타크래프트를 하는 것은 흥미롭다.

Chapter 19

● 목적어 : ┌ I enjoy _____
  ⊕   │
        └ I play tennis every day. (해설) 접속사 that으로 연결.
  → I enjoy ~~that~~ ~~I~~ play tennis everyday.
  → I enjoy playing tennis everyday. 나는 매일 테니스를 하는 것을 즐긴다.

● 보충어 : ┌ My hobby is _____
  ⊕   │
        └ I collect stones. (해설) 접속사 that으로 연결 보충어자리에 쓴다.
  → My hobby is ~~that~~ ~~I~~ collect stones. (해설) that과 My와 같은 I를 생략. 미래성 조동사 없으면 '동사원형+ing'
  → My hobby is collecting stones. 나의 취미는 돌을 수집하는 것이다.

● 동격 :
  Keep in mind *the importance* **that** you must balance reading with outside experience.
  [*the importance* =that you must balance reading with outside experience.]
  → Keep in mind *the importance* **of** balancing reading with outside experience.
  [*the importance* = balancing reading with outside experience.]
  독서와 외부의 경험과의 균형을 유지해야함의 중요성을 명심해라. (해설) 동격의 that절은 'of+동사원형ing'으로 바꿀 수 있다.

 동사원형ing(동명사)의 원래 주어 표시

주어가 문장 어디에도 없고 일반인 주어도 아닌 경우 동명사에 보통 소유격(목적격을 쓰는 경우도 있음)으로 원래주어(의미상의 주어)를 써 주어야 한다.

He is proud (~~of~~) that his father is rich.
→ He is proud of his father('s) being rich. 그는 그의 아버지가 부자인 것을 자랑한다.

II. 형용사절의 Diet

형용사절인 접속(관계)대명사절을 간단히 하기위해 Diet한 것이다.

| to + 동사원형 | 동사원형 ing | p.p(과거분사) | 형용사 | 전치사 + 명사 | (대)명사-동격 |

1. 'to + 동사원형~'으로 Diet

형용사절 중 주절의 동사와 시간차가 있는 경우 즉 주절의 동사보다 미래일 경우, 'to 동사원형'으로 간단히 한다.

I have *a friend who will* major in electronics. 해설) who 이하는 형용사절, 미래 조동사 will은 to

→ I have *a friend to* major in electronics. 나는 전자공학을 전공할 친구가 있다.

2. '동사원형ing (현재분사)~'로 Diet

형용사절 중 앞명사를 단순 수식하는 상태의 지속을 나타내거나 진행 수식(~하고 있는 중) 유도 수식(~하게 하는)일 때 '동사원형ing'로 간단히 한다.

▶ **상태의 지속** – 내용상 주어동사관계이며 상태의 지속을 나타낸다.

Look at *the building which stands* near the Han river.

해설) which 이하는 형용사절, which를 생략하고 미래성 조동사 없을 때는 동사원형 + ing로 Diet

→ Look at *the building standing* near the Han river. 한강 가까이 서있는 빌딩을 보아라.

해설) the building과 standing이 상태의 지속을 나타내며 내용상 주어동사 관계

▶ **진행** – ~하고 있는 중

Look at *the player (who is) jumping* over the fence to catch the ball.

해설) who이하는 형용사절이다. who와 be동사 is를 생략 가능. '동사원형 + ing'는 그 자체로 형용사 역할할 수 있기 때문.

→ Look at *the player jumping* over the fence to catch the ball.
볼을 잡기 위해 펜스 위로 점프하고 있는 선수를 보아라. 해설) jumping은 진행 중.

Chapter 19

◯ 유도(감정유발) - ~하게 하는

There are never *any results* (w~~hich are~~) satisfying all the votors in election.

→ There are never *any results* satisfying all the votors in election.
선거에서 모든 유권자들을 만족시키는 어떠한 결과도 없다.

Start your speech with *a short story* (w~~hich is~~) interesting the audience.

→ Start your speech with *a short story* interesting the audience.
청중들을 흥미있게하는 짧은 이야기로 너의 이야기를 시작해라.

3. 'p.p ~'로 Diet (수동적)

형용사절 중 앞 명사와의 수동적 수식일 때 p.p(과거분사)로 간단히 한다.

I know *the man* (w~~ho was~~) run over by the truck.

→ I know *the man* run over by the truck. 나는 그 트럭에 의해 치인 그 남자를 안다.

All registrations (w~~hich were~~) received by March 1 were confirmed in writing.
→ *All registrations* received by March 1 were confirmed in writing.
3월 1일까지 받은 모든 등기들은 서신으로 확인해 주었다.

Those (w~~ho are~~) interested in joining the festival will need to register in advance.
→ *Those* interested in joining the festival will need to register in advance.
축제참가에 흥미있는 사람들은 미리 등록하는 것이 필요하다.

4. '형용사 ~'로 Diet

형용사절 중 '접속(관계)대명사+be 형용사 ~'에서 '접속(관계)대명사+be' 생략하여 간단히 한 형태이다.

The village, (**which** is) famous for pottery, is crowded with many visitors.
→ *The village,* famous for pottery, is crowded with many visitors.
　　도자기로 유명한 그 마을은 많은 방문객들로 북적인다.

5. '전치사 + 명사 ~'로 Diet

형용사절 중 '접속(관계)대명사+be+전치사+명사 ~'에서 '접속(관계)대명사+be' 생략하여 간단히 한 형태이다.

Arafat, (**who** is) in a French hospital, wants to be buried in Jerusalem.
→ *Arafat,* in a French hospital, wants to be buried in Jerusalem.
　　프랑스병원에서 고통을 겪고있는 아라파트는 예루살렘에 묻히길 원한다.

6. '(대)명사~' – 동격 으로 Diet

Bread, (**which** is) one of the world's most important foods, is made from flour.
→ *Bread,* one of the world's most important foods, is made from flour.
　　빵, 세계에서 가장 중요한 음식중의 하나, 밀가루로 만들어진다.

III. 부사절의 Diet

| to + 동사원형 | 분사구문(동사원형ing/p.p −과거분사) |

1. 'to 동사원형 ~'으로 Diet

[원인(감정의 원인), 조건, 목적, 결과, 이유(판단의 근거) – '원조목걸이'로 암기]

➲ **원인**(감정의 원인)

⊕ ⌈ I'm glad.
  ⌊ I meet you. (해설) 두 개의 절을 that으로 연결하여 감정의 원인을 표현.

→ I'm glad **that I** meet you. (해설) 접속사 that과 주절의 주어와 같은 I를 생략. 감정의 원인을 나타낼 때 to부정사로 Diet.

→ I'm glad to meet you. 너를 만나니 반갑다.

➲ **조건**

조건을 나타내는 부사절은 분사구문으로도 Diet할 수 있다.

⊕ ⌈ You should see her speak English.
  ⌊ You should regard her as a native speaker. (해설) if로 두개의 절을 연결

If you should see her speak English, you should regard her as a native speaker.

→ To *see* her speak English, you should regard her as a native speaker.
그녀가 영어를 말하는 것을 본다면 너는 그녀를 네이티브 스피커로 간주할 텐데.

(해설) 접속사 if생략하고 주절의 주어 you와 같아 생략하여 Diet. 미래형 조동사 should가 to.

➲ **목적**

⊕ ⌈ She works hard.
  ⌊ She may succeed in life.

→ She works hard ⌈ so ⌉ **that** she may succeed in life.
                  ⌊ in order ⌋

→ She works hard ⌈ so *as* ⌉ to succeed in life.
                  ⌊ in order ⌋

그녀는 인생에서 성공하기 위하여 열심히 일한다.

(해설) so[in order] that S may는 목적을 나타내는 부사절. 'to+동사원형'으로 Diet. so that S may는 so as to+동사원형. 미래를 나타내는 may가 to.

● 결과

⊕ [She is old.
　　She can marry the man.]　(해설) 두 개의 절은 결과관계, 이때 so~ that .... can 으로 연결한다.

→ She is <u>so</u> old **that** <u>she can</u> marry the man.　(해설) so~ that.. can은 'enough to동사원형'으로 Diet

→ She is old <u>*enough*</u> to marry the man. 그녀는 그 남자와 결혼할 만큼 충분히 나이 먹었다.
　　(해설) 부사 enough는 형용사 뒤에서 꾸며준다

⊕ [She is young.
　　She can not marry the man.]　(해설) 결과를 나타내는 so ~ that ... can not으로 연결

She is <u>so</u> young **that** <u>she</u> <u>can</u> <u>not</u> marry the man.

→ She is <u>*too*</u> young <u>to</u> marry the man. 그녀는 그 남자와 결혼하기에는 너무 어리다.
　　(해설) 부정적 결과를 나타내는 so~ that.. can not은 too ~ to 동사원형으로 Diet.

● 이유(판단의 근거)

⊕ [She must be mad.
　　She says such a strange thing.]　(해설) that으로 연결, that절은 판단의 근거제시

→ She must be mad **that** <u>she</u> <u>says</u> such a strange thing.

→ She must be mad <u>to say</u> such a strange thing.
　그녀는 그 같은 이상한 것을 말하는 것을 보니 미쳤음에 틀림없다.
　　(해설) 접속사 that을 생략하고 주절의 주어와 같은 she를 생략. 판단의 근거는 to+동사원형으로 Diet.

Chapter 19

2. 분사구문(동사원형ing, p.p)으로 diet : 원인, 조건, 시간, 동시·연속동작, 상황상관없음 – '원조시동상' 으로 암기

● 원인

⊕ ┌ We lived in the country.
　└ We had few amusements.　해설) 원인을 나타내는 접속사 Because로 연결.

→ **Because** we lived in the country, we had few amusements

→ **Living** in the country, we had few amusements.
시골에서 살았기 때문에 우리는 오락거리가 거의 없었다.　해설) 접속사 because와 주절의 주어와 같은 we를 생략한다. 동사원형+ing .

● 조건

⊕ ┌ We consider everything.
　└ She is innocent.　해설) 문맥상 조건을 표현한다. 접속사 if로 연결 .

→ **If** we consider everything, she is innocent

→ **Considering** everything, she is innocent. 모든 것을 고려한다면 그녀는 정직하다.

● 시간

⊕ ┌ She saw me.
　└ She ran away.　해설) 접속사 when으로 연결.

→ **When** she saw me, she ran away.

→ **Seeing** me, she ran away. 그녀가 나를 보았을 때 그녀는 도망갔다.
해설) 접속사 when과 주절의 주어와 같은 she를 생략하고 동사원형+ing.

● 동시·연속동작

⊕ ┌ She watched TV.
　└ She had breakfast.　해설) 내용상 '~하면서' 에 해당하므로 동시동작을 표현한다. 접속사 as로 연결.

→ **As** she watched TV, she had breakfast.

→ **Watching** TV, she had breakfast. 그녀는 TV를 보면서 아침식사를 했다.

→ **상황상관없음**

⊕ ⎡ I am tired.
　 ⎣ I teach English hard.　*해설* '~함에도 불구하고'에 해당하므로 접속사 though로 연결.

→ **Though** ~~I~~ am tired, I teach English hard.

→ (Being) tired, I teach English hard. 피곤함에도 불구하고 나는 영어를 열심히 가르친다.

📖 Chapter 19, 20, 21, 22의 관련 안내

　'to+동사원형'과 동명사(동사원형ing), 그리고 분사(동사원형ing-현재분사, p.p-과거분사)에 대한 설명을 본 책에서 두 가지 방법으로 설명하고 있다. 두 가지로 설명을 다르게 하지만 이는 본질적으로 똑같은 내용을 두 가지 다른 관점에서 본 것일 뿐이다.

　우선, 본 **Chapter 19**에서는 'to+동사원형'이나 '동명사', '분사'가 어떻게 탄생했는가에 대해 소위 Diet 원리로 설명했다. 이는 근본 원리를 이해하는데 도움이 될 것이다.

　또한, **Chapter 20, Chapter 21, Chapter 22**에서 각각 'to+동사원형'과 동명사, 분사를 **동사의 성격을 바꾼다는 '성전환 수술법'**으로 설명할 것이다. **Chapter 19**의 내용에 대한 구체적인 설명으로 이해하면 되겠다.

　그리고 용어에 대해서 **Chapter 3**에서 설명하였듯이 'to+동사원형'과 '동사원형ing'는 **동명형부사**, 즉 동사가 명사, 형용사, 부사로 역할을 바꾼다는 의미이다. 또한 'p.p(과거분사)'는 **동형부사**로 동사가 형용사, 부사로 역할을 바꾼다는 의미로 본 책에서 독창적으로 제시하고 있다.

- **동명형부사** ⎡ to+동사원형
　　　　　　　 ⎣ 동사원형ing

- **동형부사** : p.p(과거분사)

Chapter 19

졸병절(명사절/형용사절/부사절) Diet론
정답 및 해설 24~25page

Question
확·인·문·제

1 다음의 명사절을 명사구로 간단히 하시오.

01 I want that I will marry Cinthia.
02 It is difficult that we will pass this test.
03 Do you know how you can operate the machine?
04 His dream is that he will be a pilot.
05 The investigator insisted that he should see the document.
06 I am sure that he is rich.
07 I enjoy that I play computer Baduk.
08 It is necessary that you should help the handicapped.
09 It was careless that you should lose your bag.
10 Tell me where I should sit down.

2 다음 형용사절을 형용사구로 간단히 하시오.

01 Please give me a chair which I will sit on.
02 Would you know the teacher who will teach us English?
03 Wake up the baby who is sleeping in the classroom.
04 Can you smell something that is burning in the yard?
05 The language which is spoken in this province is English.
06 These are the books which you should read in high school days.

3 다음 부사절을 부사구로 간단히 하시오.

01 Christopher went to Canada that he would study English.
02 He worked hard, so that he only failed in the exam.
03 If you heard him talk, you would take him for an American.
04 She is so kind that she can show me the way to solve the problem.
05 Tom is so young that he can't marry the lady.
06 Because I felt tired, I came back home after work.
07 As it was fine, we decided to go camping.
08 If we judge from his accent, he must be a Western American.
09 Susan drove to Miami instead of flying so that she could save money.
10 You are so young that you can not understand it.
11 The case is so light that the girl can carry it.

POP SONG

Hero by Mariah Carey

There's a hero
If you look inside your heart
You don't have to be afraid
Of what you are
There's an answer
If you reach into your soul
And the sorrow that you know
Will melt away

And then a hero comes along
With the strength to carry on
And you cast your fears aside
And you know you can survive
So when you feel like
Hope is gone
Look inside you
And be strong
And you'll finally see the truth
That a hero lies in you

It's a long road
When you face the world alone
No one reaches out a hand
For you to hold
You can find love
If you search within yourself
And the emptiness you felt
Will disappear

Lord knows
Dreams are hard to follow
But don't let anyone
Tear them away
Hold on
There will be tomorrow
In time
You'll find the way

영웅

영웅이 있지요
당신의 마음속을 들여다 보면
두려워하지 마세요.
당신 현재의 모습에 대해서요.
해답이 있어요.
당신의 영혼속 깊이 들여다 본다면 말이죠.
그러면 당신이 겪고 있는 슬픔은
녹아 없어질 거예요.

그때 영웅이 다가와
삶을 살아갈 힘을 주어요.
당신은 당신의 두려움을 던져버리고
삶을 계속 살아갈 수 있게 되지요
그래서 당신이 희망이
사라져 버렸다고 느껴질 땐,
당신 자신을 보세요.
그리고 강해지세요.
그러면 마침내 영웅이 자신 안에
존재한다는 사실을 알게 될 거예요

멀고도 험한 길입니다
당신이 혼자서 세상을 헤쳐 나간다면 말이죠.
아무도 당신이 붙잡을
손을 내밀어 주지 않아요.
하지만 자기 자신을 살펴보면
사랑을 발견할 수 있어요
그리고 당신이 느꼈던 공허함은
사라져 버릴 겁니다.

하나님도 알고 계시죠.
꿈을 쫓는다는 게 얼마나 어려운지를
하지만 아무도 그 꿈을
사라지게 해서는 안돼요
꿋꿋하게 이겨내는 거예요

때가되면 언젠가
꿈을 향해 나아가 길을
찾게 될 거예요

곡해설

이 곡은 자신의 내면에 힘들고 어려운 삶을 이겨낼 수 있는 힘-영웅-이 있음을 노래하고 있습니다. 삶의 여정속에서 앞이 보이지 않고 좌절할 때, 삶이 허전하고 등이 시릴 때 들어보세요. 여러분을 인도할 위대한 힘-영웅-을 바로 여러분 속에서 발견할 것입니다.

동사는 주어 다음에 와서 주어의 상태나 동작을 표현하는 것이 본래 성격이었으나 'to 동사원형'은 **동명형부사**로 동사의 원래성격에서 벗어나 동사를 명사처럼 주어, 목적어, 보충어, 동격자리에 쓰도록 하거나 형용사처럼 명사를 꾸며주는 역할이나 보충어자리에서 쓰도록 한다. 뿐만 아니라 부사처럼 형용사, 부사, 문장전체를 꾸며주도록 동사의 성격을 바꾸는 것이다.

- **명사적 용법**
  주어, 목적어, 보충어자리에서 사용 – '~하는 것'으로 해석

- **형용사적 용법**
  부속품(명사 뒤)과 필수품(보충어자리 – 주어보충어/목적어보충어)에서 사용 – '~할'로 보통 해석

- **부사적 용법**
  문장전체와 형용사나 부사 수식

20 >>>

동사의 성전환 수술법 1`[동명형부사]
– '명사, 형용사, 부사로 전환하는 'to 동사원형' Infinitive

I. 'to 동사원형'의 용법
II. 'to 동사원형'의 실제적인 주어

 Ⅰ. to 동사원형의 용법

| 1. 명사 용법 | 2. 형용사 용법 | 3. 부사 용법 |

'to + 동사원형'은 **동명형부사**로 동사를 명사와 형용사, 그리고 부사처럼 역할을 하도록 동사의 성격을 바꿔 주는 것이다. to 동사원형은 문장 전체 동사의 시점보다 더 나중을 나타내는 시간차가 많다. 그러나 시간차 없는 to 동사원형도 일부 존재한다.

01 명사적 용법(~하는 것)

주어	목적어		보충어		동격
	타동사의 목적어	전치사의 목적어	주어 보충어	목적어 보충어 – 사용안함	

'to + 동사원형'은 동사를 명사와 같이 주어와 목적어, 그리고 보충어와 동격자리에서 사용할 수 있도록 한다. 다만, 전치사의 목적어로는 일부 전치사에서만 쓰인다. 또한, 보충어 중 목적어를 보충하는 목적어 보충어자리에는 명사용법으로는 사용되지 않는다.

1. 주어

To learn a foreign language is difficult.
→ *It* is difficult to learn a foreign language. 외국어를 배우는 것은 어렵다.
(해설) 주어가 길어 뒤로 빼고 빈자리에 가짜주어 it를 쓴다.

To obey the laws is everyone's duty
→ *It* is everyone's duty to obey the laws. 법을 지키는 것은 모든 사람의 의무이다.
(해설) 주어가 길어 뒤로 빼고 빈자리에 가짜주어 it를 쓴다.

2. 목적어

➡ 타동사의 목적어

I want that I will go abroad.
→ I want to go aborad. 나는 해외에 가는 것을 원한다.
(해설) that절이 명사절이다. 미래성이므로 to+동사원형으로 Diet. that절 안의 주어 I가 주절의 주어 I와 같아 생략.

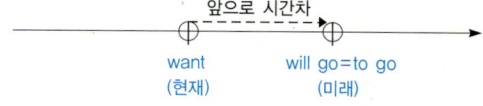

Chapter 20

I decided ~~that~~ I would take a taxi.
→ I decided to take a taxi. 나는 택시를 타기로 결정했다.

(해설) that절이 명사절. 미래성이므로 to+동사원형으로 Diet. that절 안의 주어 I가 주절의 주어 I와 같아 생략.

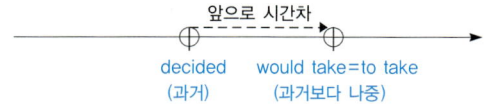

I considered to finish the job on time important. (비문)
→ I considered *it* important to finish the job on time. 나는 정각에 그 일을 끝내는 것이 중요하다고 생각했다.

(해설) 목적어가 길어 뒤로 빼고 가짜목적어 it을 쓴다.

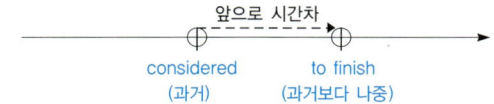

● 전치사의 목적어

일반적인 전치사 다음에는 동명사(동사원형ing)가 오지만 전치사 중 except/save/but, about, as, than 등의 전치사 다음에만 예외적으로 '(to) 동사원형'이 온다.

We have no choice *but* to study English. 우리는 영어를 공부하지 않을 수 없다.
= We can not *but* study English.
Peter does nothing *except* to meet his friends. Peter는 친구들을 만나는 것을 제외하고 아무 것도 하지 않는다.
He is *about* to meet his son. 그는 그의 아들을 만날 예정이다.
His cruelty is such *as* to surprise the world. 그의 잔인함은 세계를 놀라게 할만한 것이었다.
He knows better *than* to do such a foolish thing. 그는 그와 같은 어리석은 짓을 할 정도로 어리석지 않다.

3. 보충어

● 주어보충어
His ambition is to be a pilot. 그의 꿈은 조종사가 되는 것이다.

● 목적어보충어
사용하지 않음 (☞ 271page 「2. 형용사적 용법중 ●목적어 보충어」 참고)

4. 동격 : 앞명사를 풀어쓴 말

The captain of the ship has *the right* to make the final decision.
그 배의 선장이 최종적인 결정을 할 권리를 가지고 있다. (해설) to make the final decision은 the right를 풀어 쓴 동격

동사의 성전환 수술법 1-명사, 형용사, 부사로 전환하는 to 동사원형 | **269**

참고 의문사 / whether to 동사원형

명사처럼 사용된 의문사/whether절이 Diet한 것으로 'to 동사원형'의 명사적 용법에 속한다.

Do you know *how you should cook fish?*
→ Do you know *how to cook fish?* 너는 어떻게 생선을 요리하는지 아느냐?

(해설) 의문사절은 명사절이다. 의문사절은 to+동사원형으로 Diet. 의문사는 생략하지 않고 you는 일반인이므로 생략, should는 to

I don't know *where I should go.*
→ I don't know *where to go.* 나는 내가 어디로 가야하는지 모른다.

(해설) 의문사절 where I should go은 to+동사원형으로 Diet. 의문사는 생략하지 않고 주어 I가 주절의 주어 I와 같아 생략, should는 to

Would you advise me *whether I will* accept the offer or not?
→ Would you advise me *whether to accept* the offer or not?
내가 그 제안을 수락할지 안 해야 할지 자문 해주시겠습니까?

(해설) whether절은 명사절로 'whether to 동사원형'으로 Diet. 주어 I는 목적어 me와 같으므로 생략, will을 to로

02 형용사적 용법

부속품		필수품		
		주어 보충어		
명사앞 - 사용안함	명사뒤	be + to 동사원형 (의도/예정/가능/의무/운명)	일반자동사 + to 동사원형	목적어 보충어

'to+동사원형'은 동사를 형용사와 같이 명사의 졸병역할로 쓰이게 된다. 부속품으로 명사뒤와 필수품으로 주어를 보충하는 주어보충어와 목적어를 보충하는 목적어보충어로 사용된다.

1. 문장의 부속품으로 사용

▶ 명사 앞 - 사용하지 않음

▶ 명사 뒤

He is the first man *that will* give a speech to the audience.
→ He is the first man *to give* a speech to the audience. 그는 청중들에게 연설할 첫 번째 사람이다.

(해설) that절은 접속대명사절로 명사 the first man을 수식하는 형용사절이다. 미래를 표현하는 will이 있어 to+동사원형으로 Diet.

Chapter 20

2. 문장의 필수품으로 사용 (보충어자리)

● 주어 보충어(주어 보충):

$$S + V + to\ 동사원형\ \underline{}_{주어보충어}$$

① be to 동사원형 (암기법 – 도예가의운명) – to 동사원형~ 은 각각 주어의 미래상황을 표현
- 의도 : If you are to succeed, you must work hard. 네가 성공하고자 한다면 열심히 일해야 한다.
- 예정 : We are to go to movie tomorrow. 우리는 영화를 보러 갈 예정이다.
- 가능 : The lost key is not to be found. 잃어버린 키는 발견될 것 같지 않다.
- 의무 : You are to finish the work by 10 o'clock. 너는 10시까지 그 일을 끝내야한다.
- 운명 : He was never to see his parents again after they had parted at the war.
그들은 전쟁에서 헤어진 후 다시 그의 부모님을 결코 만날 수가 없는 운명이었다.

② be동사 이외의 일반자동사 – to 동사원형~ 은 각각 주어의 미래상황이나 일시적 상황

fail to 동사원형 ~에 실패하다	seem/appear to 동사원형 ~처럼 보이다
happen/chance to 동사원형 우연히 ~하다	manage to 동사원형 그럭저럭 ~하다

She seems to do business in the future. 그녀는 미래에 사업을 할 것 같다. (해설) to do business가 주어 She를 보충설명
The manager seems to resign. 그 매니저는 사임할 것 같다. (해설) to resign은 주어 the manager를 보충설명
Doctors failed to save the girl's life. 의사들은 소녀의 생명을 구조하는데 실패했다.
I happened to meet her on my way home. 나는 집에 가는 도중에 그녀를 우연히 만났다.
Jenny managed to pass her driving test. Jenny는 그녀의 운전시험을 그럭저럭 통과했다.

● 목적어 보충어(목적어 보충):

$$S + V + O + (to)\ 동사원형\ \underline{}_{목적어\ 보충}$$

① 문장의 동사보다 나중시점(시간차)을 표현하는 'to + 동사원형'

$$S + V(미래성동사) + O + to\ 동사원형\ \underline{}_{목적어보충어}$$

※ 미래성동사
want/wish/would like/expect 소망하다   permit/allow 허락하다   ask/require 요구하다   warn 경고하다   advise 충고하다
force/compel 강요하다   forbid 금지하다   persuade 설득하다   order/command 명령하다   tell 말하다   urge 촉구하다
encourage 격려하다   cause 야기시키다   enable 할 수 있게 하다   motivate 동기를 부여하다   lead 이끌다

He *wants* me to help him. 그는 내가 그를 돕기를 원한다. (해설) to help him은 me를 보충.
He *advised* me to stop smoking. 그는 내가 담배를 끊도록 충고했다. (해설) to help smoking은 me를 보충.
We *encouraged* them to arrive on time. 우리는 그들이 정각에 도착하도록 격려했다. (해설) to arrive on time은 them을 보충.
They *urged* us to appear in court. 그들은 우리가 법정에 출두하도록 요청했다. (해설) to appear in court 는 us를 보충.

② 문장의 동사와 시점이 동시적임을 표현하는 동사원형

$$S + V(동시성동사 - 지각동사/사역동사) + O + 동사원형$$
목적어보충어

※ 동시성동사
[사역동사] – let 허락하다   have 시키다   make 강요하다
[지각동사] – see/look at/watch/notice/observe 보다   hear/listen to 듣다   feel 느끼다

He *let* me go home. 그는 내가 집에 가는 것을 허락했다. (해설) 그가 허락한 것이 내가 간 것과 동시적임을 표현.
We *saw* the child swim in the river. 우리는 그 아이가 강에서 수영하는 것을 보았다.
(해설) 우리가 본 것 (saw)과 그 아이가 수영한 것(swim)은 동시적임
They *felt* their apartment shake yesterday. 그들은 그들의 아파트가 어제 흔들리는 것을 느꼈다.
(해설) 느낀 것(felt)과 흔들리는 것(shake)이 동시적임

03 부사적 용법

문장전체 수식 (암기법 – 원조목걸이)					형용사/부사 수식
원인(감정)	조건	목적	결과	이유(판단의 근거)	

'to+동사원형'은 부사처럼 문장전체를 수식한다. 이때 감정의 원인, 조건, 목적, 결과, 이유 등을 표현한다. 또한 형용사나 부사를 수식하기도 한다.

1. 문장전체 수식

➡ 원인(감정의 원인)
They were terribly pleased to see you. 그들은 너를 보았기 때문에 너무나 기뻤다.

➡ 조건
~~If he~~ wants to get a better view, he will move his chair
→ To want to get a better view, he will move his chair.
그가 보다 잘 보이는 자리를 원한다면 그의 의자를 옮길 것이다. (해설) if절은 주절을 보충 설명하는 부사절이다. if와 주절의 주어와 같은 he를 생략한다.

Chapter 20

● 목적

Christopher and Jane went that they might see their parents.

→ Christopher and Jane went to see their parents. Christopher와 Jane은 그들의 부모님을 보기 위해 갔다.

(해설) that절은 주절에 대한 '~하기 위하여'라는 목적을 표현하는 부사절이다. to동사원형으로 Diet.

● 결과

He left his country, so that he never could return.

→ He left his country never to return. 그는 그의 조국을 떠나 결코 되돌아 오지 못했다.

(해설) so that이하는 주절의 결과에 해당하는 부사절이다. to + 동사원형으로 Diet. 접속사 so that과 주절의 주어와 같은 주어 he는 생략.

● 이유(판단의 근거)

He must be crazy to say such a thing. 그는 그와 같은 것을 말하는 것을 보니까 미쳤음에 틀림없다.

2. 형용사 · 부사 수식

be able to 동사원형 ~할 수 있는	be likely to 동사원형 ~할 가능성이 있는
be anxious to 동사원형 ~을 열망하는	be willing to 동사원형 자발적으로 ~하는

This book is *easy* to understand. 이 책은 이해하기에 쉽다.
It is *likely* to rain. 비가 내릴 것 같다.
She is *able* to take a picture. 그녀는 사진을 찍을 수 있다.
This soup is *hot* to eat. 이 스프는 마시기에 뜨겁다.
English is *difficult* to learn. 영어는 배우기에 어렵다.
Mathematics questions are *hard* to solve. 수학문제들은 풀기에 어렵다.
Are you *ready* to start? 출발할 준비가 되었습니까?
The girls are *reluctant* to speak to strangers. 그 소녀들은 낯선 사람들에게 말하는 것을 꺼려한다.
The sales manager is *eager* to promote the sale on his products.
그 영업부장은 그의 상품들을 판매하는데 열성이다.

This stone is *too heavy* to lift. 이 돌은 너무 무거워서 들어 올릴 수가 없다.

(해설) 부사 too가 뒤 형용사 heavy를 수식하고 to lift가 부사 too를 수식.

This soup is *warm enough* to eat. 이 스프는 먹기에 충분히 따뜻하다.

(해설) 부사 enough가 앞 형용사 warm을 수식하고 to eat가 부사 enough를 수식.

II. To 동사원형의 실제적인 주어

절에서의 'S+V~'가 아니기 때문에 '주어+동사' 관계는 아니지만 의미상 실제적인 동사의 주어에 해당하는 것을 의미상 실제적인 주어라 한다. 'to 동사원형'의 유래를 보면 절(S+V)을 간단히 Diet한 것이다. 실제상의 주어란 Diet하기 전의 문장에서 동사-to를 붙인 동사-의 주어를 말한다.

- 일반인이 'to 동사원형'의 실제적인 주어
 It is wrong *to tell a lie.* 〔해설〕 to tell의 주어가 문장에 없다. 특정인이 아닌 일반인일 경우 생략한다.
 └(we should tell a lie.) 우리가 거짓말 하는 것은 잘못이다.

- 주어가 'to+동사원형'의 실제적인 주어
 The children would like *to go swimming.* 〔해설〕 the children이 to go 의 실제적 주어
 └(The children will go swimming.) 그 아이들은 수영하고 싶어 한다.

 I have a used car *to sell.* 〔해설〕 I가 to sell의 실제적인 주어 역할
 └(I will sell) 나는 팔 중고차를 가지고 있다.

- 목적어가 'to+동사원형'의 실제적인 주어
 They advised him *to stop smoking.* 〔해설〕 him이 to stop의 실제적 주어
 └(He should stop smoking.) 그들은 그가 담배를 끊도록 충고한다.

 I asked some supporters *to help me in the work.* 〔해설〕 some supporters가 help의 실제적 주어
 └(Some supporters would help me in the work.)
 나는 얼마간의 지지자들이 그 일에 대해 나를 도와달라고 요청했다.

- 문장의 일부가 실제적인 주어
 My daughter's dream is *to become an adventure writer.* 〔해설〕 My daughter가 to become의 실제적 주어
 └(My daughter will become an adventure writer.)
 나의 딸의 꿈은 어드벤처 작가가 되는 것이다.

- for 다음에 실제적인 주어 표시
 일반적인 사실이나 당연을 표시하는 형용사일 때

| It is | advisable/easy
usual/difficult
necessary/important | for 실제주어 to 동사원형 |

 It is difficult for her *to learn a foreign language.* 〔해설〕 for her의 her가 to learn 실제적 주어
 └(She will learn a foreign language.) 그녀가 외국어를 배우기는 어렵다.

Chapter 20

● **of 다음에 실제적인 주어**
사람의 성격을 표현하는 형용사일 때

It is	kind nice good careful wise honest generous intelligent	stupid careless cruel cowardly foolish selfish silly wicked	of 실제주어 to 동사원형

It is kind **of you to help the elderly.** 해설 of you의 you가 to help의 실제적인 주어
↳ (you will help the elderly) 네가 노인들을 돕는 것은 친절하다.

'to 동사원형' 의 수동형(to be p.p / to have been p.p)

This tree needs + We will water this tree. 해설 주어를 일치시키기 위해 수동태로 바꾸면
This tree needs + ↳ This tree will be watered.

→ **This tree** needs **to be watered.** 이 나무에 물을 주는 것이 필요하다.
해설 두 문장을 연결할 때 주어 this tree가 같으니까 뒤의 주어를 생략하고 연결

The soldier is reported + he was killed in the battle.
→ **The soldier** is reported **to have been killed** in the battle. 그 군인이 전쟁에서 죽여졌다고 보도되어진다.
해설 보도 되어지는 것은 현재(is reported)이고 죽여진 것은 한 시제 빠른 과거이므로 'to have p.p' 이며 다만 the soldier가 죽인 것이 아니고 죽여진 것으로 수동형이 된다.

She allowed + she might be kissed by the man.
→ She allowed **herself to be kissed** by the man. 그녀는 그 남자에 의해 키스되는 것을 허락했다.
해설 herself가 키스하는 것이 아니고 키스되는 것이므로 수동형

There was nothing at the night. + nothing could be seen.
→ There was **nothing** at the night **to be seen.** 그날 밤 보이는 아무것도 없었다.
해설 nothing이 보는 것이 아니고 보이는 것이므로 수동형

to have p.p (완료형 to 동사원형)

일반적으로 to 동사원형은 'to+동사원형' 형태로 써서 주절보다 나중 시제나 적어도 같은 시제임을 나타내지만 오히려 한 시제 빠른 시제를 나타낼 경우 'to have p.p'를 쓴다. 또한 'to have p.p'는 소망동사의 과거형과 함께 과거의 이루지 못한 소망을 표현하기도 한다.

▶ 주절의 동사보다 한 시제 앞선 경우

She seems to have been ill. 그녀는 아팠던 것처럼 보인다.

해설 to have been은 seems(현재)보다 한 시제 앞선 과거나 현재완료시점

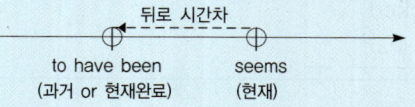

▶ 과거의 이루지 못한 소망을 표현

> 소망동사의 과거형+to have p.p ~하기를 희망했었는데 (~하지 못했다)
> = had 소망동사의 p.p+to 동사원형

※ 소망동사들 hope/expect/want/wish

I hoped to have married Judy. 나는 Judy와 결혼하기를 희망했었는데.(결혼하지 못했다)
= I had hoped to marry Judy.

'to 동사원형'의 부정

to 앞에 not을 쓴다.
I want you not to smoke. 나는 네가 담배를 피우지 않기를 원한다.

 참고 관용어구

cannot but 동사원형 ~하지 않을 수 없다
do nothing but 동사원형 ~하기만 한다
had better 동사원형 ~하는 게 낫겠다

to say nothing of = not to speak of = not to mention = let alone ~은 말할 것도 없이
to make matters worse 설상가상으로   to begin with = in the first place 우선
so to speak = as it were 말하자면   to be sure 확실히

Chapter 20

 참고 독재자(가짜주어 it)를 추방하고 민주화하는 문장

A. that절이 목적어인 경우

> 첫째: that절을 주어로 수동태로 고친다.
> 둘째: 긴주어인 that절(진주어)대신 가짜주어 it을 쓰고 that절을 뒤로 뺀다.
> 셋째: that절에서의 주어가 독재자(가짜주어 it)를 추방하고 주어자리에 쓰인다.
>   that절은 'to 동사원형' – 시제가 같거나 시간차가 있을 때–이나 'to have p.p'–that절의 시제가 오히려 빠를 때– 가 된다.

(a) that절에서의 동사시제와 문장 전체 동사시제가 같거나 나중인 경우 – that절은 'to 동사원형'

[that절의 시제가 같은 경우]
They say that he is rich. 해설 목적어 that절을 주어로 수동태를 만든다.
→ That he is rich is said (by them). 해설 가짜주어 it을 쓰고 진주어 that절은 뒤로
→ It is said that he is rich (by them). 해설 that절 안에서의 주어 he가 가짜주어 it을 제거하고 주어가 된다.
→ He is said to be rich. 그가 부자라고 (사람들이) 말한다.

[that절의 시제가 나중인 경우]
They believe that Nelson will win the game. 해설 목적어 that절을 주어로 수동태를 만든다.
→ That Nelson will win the game is believed. (by them)
   해설 가짜주어 it을 쓰고 진주어 that절은 뒤로
→ It is believed that Nelson will win the game. (by them)
   해설 that절 안에서의 주어 Nelson이 가짜주어 it을 제거하고 주어로
→ Nelson is believed to win the game. Nelson이 그 게임을 이길 것이라고 (사람들이) 믿는다.

(b) that절의 동사가 문장 전체 동사보다 시제가 앞선 경우 – that절은 'to have p.p'
They believe that the old lady was beautiful. 해설 목적어 that절을 주어로 수동태를 만든다.
→ That the old lady was beautiful is believed (by them).
   해설 가짜주어 it을 쓰고 진주어 that절은 뒤로
→ It is believed that the old lady was beautiful (by them).
   해설 that절 안에서의 주어 the old lady가 it을 제거하고 주어로
→ The old lady is believed to have been beautiful (by them).
그 노인이 (과거에) 아름다웠었다고 그들은 믿는다.
   해설 that절의 시제(was)가 오히려 is 보다 앞섰으므로 'to have p.p'가 된다.

B. that절이 목적어가 아닌 진짜주어인 경우

바로 that절의 주어로 독재자(가짜주어 it)를 제거하고 민주화한다.

(a) that절의 동사가 문장 전체 동사와 시제가 같거나 더 나중인 경우 – that절은 'to 동사원형'이 된다.

[that절의 시제가 같은 경우]

It seems that she is honest. (해설) that절 안의 주어 she가 가짜주어 it을 제거하고 주어가 된다.

→ She seems to be honest. 그녀가 정직한 것처럼 보인다.

It happened that Richard Sanderson met her son.

(해설) that절안의 주어 Richard Sanderson이 가짜주어 it을 제거하고 주어가 된다.

→ Richard Sanderson happened to meet her son.
Richard Sanderson은 우연히 그의 아들을 만났다.

[that절이 시제가 더 나중인 경우 – 시간차]

It is likely that Anny will pass the exam. (해설) that절 안의 주어 Anny가 가짜주어 it을 제거하고 주어가 된다.

→ Anny is likely to pass the exam. Anny는 시험에 합격할 것 같다.

(b) that절의 동사의 시제가 문장 전체 동사보다 앞선 경우 – that절은 'to have p.p'가 된다.

It appears that she was[has been] ill. (해설) that절 안의 주어 she가 가짜주어 it을 제거하고 주어가 된다.

→ She appears to have been ill. 그녀는 아팠던 것처럼 보인다.

C. 'to 동사원형'의 의미상의 주어가 가짜주어 it를 제거하고 주어로

it 다음의 형용사가 사람의 성격을 나타내고 'of 의미상 주어'일 때 of 다음의 의미상의 주어가 가짜주어 it을 제거하고 주어가 된다.

It is stupid of you to sell your old books. (해설) of you의 you가 가짜주어 it을 제거하고 주어로

→ You are stupid to sell your old books. 네가 그 오래된 책들을 파는 것은 어리석다.

D. 'to 동사원형'의 의미상 목적어가 가짜주어 it 제거하고 주어로

it 다음의 형용사가 사람의 성격을 나타내는 형용사가 아닐 때 'for 의미상의 주어'에서의 for 다음의 의미상의 주어는 it을 제거하고 주어가 되지 않고 'to 동사원형 ~'의 목적어가 가짜주어 it을 제거하고 주어가 될 수 있다.

It is easy for her to understand economics terms.

→ Economics terms are easy for her to understand. 그녀가 경제학 용어를 이해하는 것은 쉽다.
She is easy to understand economics terms.(×)

Chapter 20

동사의 성전환 수술법 1

정답 및 해설 26page

Question 확·인·문·제

1 다음 볼드체의 'to 동사원형'이 문장에서 어떤 역할을 하는지 다음에서 고르시오.

> **명사적 용법** – 주어, 목적어, 보충어　**형용사적 용법** – 명사수식, 주어보충어, 목적어보충어
> **부사적 용법** – 감정의 원인, 조건, 목적, 결과, 이유(판단의 근거), 형용사 수식

01 **To study a foreign language** is difficult.
02 It is everyone's duty **to obey the laws.**
03 We decided **to take a taxi home.**
04 I regard it as important **to finish this job on time.**
05 Please explain **how to use this program to me.**
06 Don't forget **to mail the letter.**
07 I don't have anything **to drink.**
08 There were no chairs **to sit on,** so we all had to sit on the floor.
09 She seems **to be honest.**
10 I woke **to find myself lying on the shore.**
11 They left early **to catch the first train.**
12 The Korean people were deeply moved **to hear the news.**
13 This book is very easy **to understand.**
14 I expect him **to arrive tomorrow.**

2 볼드체 부분의 'to 동사원형'의 의미상 실제적인 주어를 표시하시오.

01 This stone is too heavy for me **to lift.**
02 She is rich enough **to go abroad.**
03 It is wrong **to tell a lie.**
04 I hope **to go together with you.**
05 It is wise of you **to read this book.**
06 They compelled her **to sing a song.**
07 Her father's desire is **to find his lost son in the war.**

3 다음 문장에서 잘못된 것을 찾아 올바로 고치시오.

01 I couldn't but to laugh at the sight.
02 He does nothing but to complain.
03 He was seen break into the office by his secretary.
04 You may go there if you want.
05 It is necessary of you to work hard.
06 It is stupid for him to smoke so much.
07 I expect for him to arrive on time.
08 Have you considered to get a job abroad?
09 I'm looking forward to see you at Christmas.

Question
확·인·문·제

Chapter 20
동사의 성전환 수술법 1
정답 및 해설 27page

4 다음 문장을 아래 지시대로 문장을 바꾸시오.

01 They say that he is rich.
ⓐ 수동태:
ⓑ 가짜주어 it 사용:
ⓒ He를 주어로:

02 They believe that Nelson will win the game.
ⓐ 수동태:
ⓑ 가짜주어 it 사용:
ⓒ Nelson을 주어로:

03 They believe that the old lady was beautiful.
ⓐ 수동태:
ⓑ 가짜주어 it 사용:
ⓒ the old lady를 주어로:

04 It seems that she is honest.
She를 주어로:

05 It happened that Richard Sanderson met his son.
Richard Sanderson을 주어로:

06 It appears that Morison worries about something.
Morison을 주어로:

07 It is likely that Anny will pass the exam.
Anny를 주어로:

08 It appears that she was[has been] ill.
She를 주어로:

09 It seemed that Henry had been ill.
Henry를 주어로:

10 It is stupid of you to sell your books.
You를 주어로:

11 It is easy for him to lift this suitcase.
This suitcase를 주어로:

동명사란 '동사원형ing – 동명형부사'의 명사, 형용사, 부사용법 중 **명사용법**만을 말한다.
주어 다음에 와서 주어의 동작이나 상태를 나타내야 할 동사의 성격을
그 동사원형에 ing를 붙여 동사를 명사로 성격을 바꾸게 하는 것을 말한다.
명사처럼 주어, 목적어, 보충어 및 동격자리에서 사용된다.

동사의 성전환 수술법 2`
– '명사로 전환하는 동명사 Gerund

I. 동명사 용법
II. 동명사의 실제적인 주어
III. 관용어구

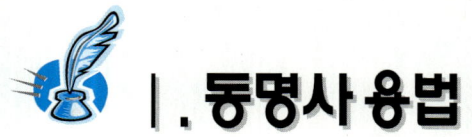

Ⅰ. 동명사 용법

[명사용법과 같은 '동사원형ing']

주어	목적어		보충어		동격
	타동사의 목적어	전치사의 목적어	주어보충어	목적어보충어–사용안함	

동명사란 '동사원형ing–동명형부사' 중 명사역할하는 것만을 말한다. (형용사역할을 하는 것을 현재분사라 한다.) 동명사는 명사와 마찬가지로 주어, 목적어, 보충어 및 동격자리에서 사용된다.

1. 주어

Seeing is believing. 보는 것이 믿는 것이다.

2. 목적어

● 타동사의 목적어
 I *like* listening to music. 나는 음악을 듣는 것을 좋아한다.

● 전치사의 목적어
 She looks forward *to* seeing you again. 그녀는 너를 다시 보기를 학수고대하고 있다.

3. 보충어

● 주어 보충어
 My hobby is playing the piano. 나의 취미는 피아노를 연주하는 것이다.

● 목적어 보충어 – 일반적으로 사용 안함

4. 동격 : 앞명사를 풀어쓴 말

My hobby of collecting stones is interesting to me. 나의 취미, 돌을 수집하는 것은 나에게 흥미를 준다.

II. 동명사의 실제적인 주어   Chapter 21

'주어+동사' 관계는 아니지만 내용상 동명사의 실제적인 주어

◉ 소유격으로 동명사의 실제적인 주어 표시
일반적으로 소유격이 원칙으로 동명사 바로 앞에 써준다. 구어체에서 목적격(명사는 그대로)도 가능하다.

They didn't approve of **Mary's(Mary) getting** the job.
└(Mary got the job.)
그들은 메리가 일자리 구했다는 것을 인정하지 않았다. (해설) 소유격이 원칙이지만 구어체에서는 목적어 Mary도 가능

I don't understand **their(them) complaining** about their salary.
└(They complain about their salary.)
나는 그들이 그들의 봉급에 관해 불평하는 것을 이해하지 못한다. (해설) 소유격이 원칙이지만 구어체에서는 목적어 them도 가능

Would you mind **my smoking** here? 내가 여기에서 담배 피우는 것을 꺼려하시겠습니까?
└(I smoke here.)
(해설) 담배 피우(smoking)는 사람이 사실상의 주어 역할하는 나(my).

I'd appreciate **your not smoking** in front of this sick baby.
└(You don't smoke in front of this sick baby.)
아픈 아이 앞에서 담배 피우시지 않음에 감사드립니다. (해설) 담배 피우는(smoking) 사람은 사실상의 주어 너(your)

I understand **their complaining** about their salary.
└(They complain about their salary.)
나는 그들이 봉급에 대해 불평하는 것을 이해합니다. (해설) 불평(complaining)하는 사람은 사실상의 주어 their

◉ 문장의 주어가 의미상 실제적인 주어
He is used to **working** at night. 그는 밤에 일하는 것에 익숙해 있다.
└(He works at night.)
(해설) 주절의 주어 He가 동명사 working의 실제상의 주어역할

◉ 일반인이 의미상 실제적인 주어
Learning a foreign language is not easy. 외국어를 배우는 것은 쉽지 않다.
└(We learn a foreign language.)
(해설) Learning의 의미상의 행위자는 일반인, people, we 등으로 일반인일 때 생략

동명사의 수동형 (being p.p)

People mind + People are blamed by others. (Others blame people의 주어 일치를 위한 수동태문장)
→ People mind being blamed by others. 사람들은 다른 사람에 의해 비난받는 것을 꺼려한다.

(해설) 두 문장의 주어 people이 같기 때문에 people를 생략하고 연결했다. 즉 being의 의미상 주어가 people이다.

The young students avoid + The students are scolded by their parents.
(Their parents scold the students의 주어 일치를 위한 수동태)
→ The young students avoid being scolded by their parents.
어린 학생들은 그들 부모님에 의해 꾸중을 듣는 것을 피한다.

(해설) 두 문장의 주어 the students가 같기 때문에 the students를 생략하고 연결했다. 즉 being의 의미상 주어가 the students이다.

동명사의 부정

동명사 앞에 바로 부정어(not)를 써야 한다.
I am sure of the statement not being true. 나는 그 진술이 사실이 아니라는 것을 확신한다.
(= I am sure that the statement is not true.)

having p.p (완료형 동명사)

주절의 시점보다 앞선 동작이나 상태 표현.
I *am* ashamed of having been idle. 내가 게을렀던 것이 부끄럽다.
= I *am* ashamed that I was[has been] idle.

having been(was/has been) ———— am ashmed(현재)

(해설) 주절은 현재 am, having been은 현재보다 한시제 빠른 과거나 현재완료.

She *was* proud of her father's having been a poet. 그녀는 그녀의 아버지가 시인이었던 것을 자랑했다.
= She *was* proud that her father had been a poet.

having been(had been) ———— was proud(과거)

(해설) 주절은 과거 was, having been은 한시제 빠른 과거완료.

Chapter 21

 참고 의미가 달라지는 to 동사원형과 동명사

• stop to 동사원형	~하기 위해 멈추다 (1형식 동사)
• stop ~ing	~을 중단하다 (3형식)

She *stopped* to smoke. 그녀는 담배를 피우기 위해 멈췄다.
  해설 'to smoke'는 목적어가 아니고 부사적 용법으로서 목적(~하기 위하여)을 나타낸다.
She *stopped* smoking. 그녀는 담배를 끊었다.

• try to 동사원형	~하기 위해 노력하다
• try ~ing	시험삼아 ~하다

She *tried* to make money. 그녀는 돈을 벌기 위해 노력했다.
She *tried* cooking fish. 그녀는 시험삼아 생선을 요리했다.

 참고 동명사만을 목적어로 취하는 동사

암기요령 (공부 잘 하는 자세)

• 생각하는	consider	• 포기	give up/abandon
• 연습을	practice	• 중단(하지 말아라)	discontinue/stop/quit
• 즐겨라	enjoy	• (공부해야 됨을) 인정하고	admit/acknowledge
• 부인	deny	• 참고	endure/stand/bear
• 연기하거나	postpone/delay/put off	• 계속하면	keep (on)/go on
• 꺼려하고	mind	• (공부가) 끝날 (날이 올 것이다)	finish
• 피하거나	avoid/evade/help		

I *enjoyed* reading the detective novel. 나는 탐정소설을 읽는 것을 즐겼다.
She *avoids* walking along the shore at night. 그녀는 밤에 해변을 따라 걷는 것을 피한다.
He *considered* taking a bus instead of driving a car. 그는 차를 운전하는 대신 버스를 타기로 생각했다.
The committee *postponed* starting the program. 그 위원회는 그 프로그램을 시작하는 것을 연기했다.

참고   'to동사원형'과 동명사

동사에 따라 미래성 동사는 to 동사원형만이, 항시성 동사는 동사원형ing만이 목적어가 될 수 있는 동사들이 있다. 또한 한 동사가 미래성과 과거성, 혹은 일시성과 항시성을 동시에 나타내는 경우, **to 동사원형**도 **동사원형ing**도 둘 다 가능하다.

미래성 동사 ('to+동사원형'만을 목적어로)	항시성 동사 (동사원형ing를 목적어로)	미래성 & 과거성 (to+동사원형, 동사원형ing)	일시성 & 항시성 (to+동사원형, 동사원형ing)

want
hope
wish
expect
promise
seek
refuse
afford
ask/beg
swear
strive
resolve
decide/determine
agree/consent
	consider
	practice
	enjoy
	deny
	postpone/delay
	mind
	avoid/evade/help
	give up/abandon
	stop/quit
	admit/acknowledge
	endure/stand/bear
	keep on/go on
	finish
		remember
		forget
		regret
		
		＊
		– 미래성일 때
		  'to+동사원형'
		– 과거성일 때
		  '동사원형ing'
			like
			hate/dislike
			
			＊
			– 일시성일 때
			  'to 동사원형'
			– 항시성일 때
			  '동사원형ing'
			
			다만 의미차이 없이 사용되기도 한다.

A. **'to + 동사원형'만을 목적어로 취하는 동사**

   She *refused* **to give** me some money. 그녀는 나에게 얼마간의 돈을 주는 것을 거절했다.

   (해설) 미래성 동사 refuse 다음은 to+동사원형을 목적어로 취한다.

B. **'동사원형ing'만을 목적어로 취하는 동사**

   I am *considering* **writing** to my daughter. 나는 내 딸에게 편지 쓰는 것을 생각하고 있는 중이다.

   (해설) consider는 항시성 동사로 동사원형ing를 목적어로 취하는 동사.

C. **미래성과 과거성에 따라 달라지는 경우**

   (a) 미래성 : I *remember* **to attend** the conference. 나는 그 회의에 참석할 것을 기억한다.

   (해설) 미래의 일은 to+동사원형으로 표현

   (b) 과거성 : I *remember* **attending** the conference. 나는 그 회의에 참석했던 것을 기억한다.

   (해설) 과거의 일은 동사원형ing로 나타낸다.

D. **일시적이냐 항시적이냐에 따라 달라지는 경우**

   (a) 일시적 : I *like* **to swim.** 일시적으로 나는 수영하고 싶다.
   (b) 항시적 : I *like* **swimming.** 나는 항상 수영을 좋아한다.

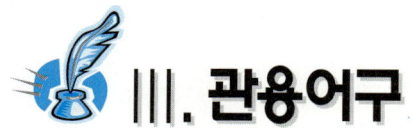

III. 관용어구

Chapter 21

▶ **전치사 to+동사원형ing 형태들**

to는 전치사 to와 'to+동사원형' 만드는 to가 있다. 전치사 다음은 명사나 동명사가 온다. 아래에서의 to는 전치사 to로 다음에 반드시 명사나 동사원형ing가 와야 한다. 전치사는 명사앞에 쓰인다. 동사가 전치사 다음에 쓰이려면 동사를 명사로 고치기 위해 동사원형ing(동명사)를 쓴다.

① be equal to+동사원형ing-~할 능력이 있다.
 I am equal to *doing* the task. 그는 그 일을 할 능력이 있다.

② be opposed to 동사원형ing = object to+동사원형ing = have an objection to 동사원형ing-~에 반대하다
 ↔ have no objection to 동사원형ing ~에 반대하지 않다.
 Do you object to *my wearing* this suit? 너는 이 정장을 내가 입는 것에 반대합니까?
 = Are you opposed to *my wearing* this suit?
 = Do you have any objection to *my wearing* this suit?
 I have no objection to *publishing* his novel. 나는 그의 소설을 발행하는데 반대하지 않는다.

③ be used to+동사원형ing = be accustomed to+동사원형ing-~에 익숙하다
 I am used to *playing* the piano. 나는 피아노 치는데 익숙하다.
 = I am accustomed to *playing* the piano.

 'used to 동사원형'과 'be used to 동사원형'

A. used to 동사원형 ~하곤 했다. 과거에 ~했었다
 She used to *play* the piano. 그녀는 피아노를 연주하곤 했다.
 There used to *be* a pond here. 과거에 여기에 연못이 있었다.

B. be used to 동사원형 ~하기 위하여 사용되다.
 The knife was used to *cut* steel. 그 칼은 강철을 자르기 위하여 사용되어졌다.

④ devote oneself to 동사원형ing = be devoted to 동사원형ing-~에 몰두하다
 He devoted himself to *studying* history. 그는 역사를 공부하는데 몰두했다.
 = He was devoted to studying history.

⑤ fall to+동사원형ing = begin to+동사원형-~을 시작하다
 They fell to *discussing* the serious problem. 그들은 진지한 문제를 토론하기 시작했다.

⑥ look forward to+동사원형ing-~을 기대하다 고대하다
  I *am looking forward to seeing* you again. 나는 너를 다시 보는 것을 학수 고대한다.

⑦ take to+동사원형ing-~에 빠지다 정이 들다
  He *took to writing* after he retired from the college. 그는 대학에서 퇴직후 저술에 빠졌다.

⑧ turn one's attention to+동사원형ing/명사-~에 주의를 돌리다 ~에 관심을 갖다
  He did not *turn his attention to making* a fortune until he was forty.
  그는 40이 되고 나서야 재산 모으는데 관심을 가졌다.

⑨ What do you say to+동사원형ing-~하는 게 어때?
  = Shall we 동사원형 ~?
  = Let's ~   , shall we?
  = How [What] about 동사원형ing?
  = What do you think about 동사원형ing

  What do you say to playing baseball after lunch? 점심후에 야구하는게 어때?
  = *Shall we play* baseball after lunch?
  = *Let's play* baseball after lunch, shall we?   (해설) Let's로 시작되는 부가의문은 shall we?
  = *How[What] about playing* baseball after lunch?
  = *What do you think about playing* baseball after lunch?

⑩ with a view to+동사원형ing=for the purpose of-~하기 위하여
  I study English *with a view to going* abroad. 그는 외국에 가기 위하여 영어를 공부한다.

● can not help 동사원형ing=can not but 동사원형=have no choice but to 동사원형-~하지 않을 수 없다
  I *can't help feeling* worried about the situation in the Middle East.
  = I *can not but feel* worried about the situation in the Middle East.
  나는 중동의 상황에 대해 걱정스럽게 느끼는 것을 피할 수 없다.

● There is no+동사원형ing=It is impossible to 동사원형=We can not 동사원형-~ 할 수 없다
  There is no knowing what may happen in the future. 미래에 무슨 일이 일어날지 알 수 없다.
  = *It is impossible to know* what may happen in the future.
  = *We cannot know* what may happen in the future.

Chapter 21

◆ It is no use + 동사원형ing = It is of no use to 동사원형 = It is useless to 동사원형 - ~해도 소용없다
  It is no use(good) *crying* over spilt milk.
  = It is of no use to *cry* over spilt milk.
  = It is useless to *cry* over spilt milk. 한번 엎질러진 우유를 보고 울어봤자 소용없다.

◆ On[Upon] + 동사원형ing, S + 과거동사 - ~하자마자 ~하다.
  = As soon as (when) + S + 과거동사, S + 과거동사
  = 주어 had no sooner p.p than S + 과거동사
  = No sooner had 주어 p.p than S + 과거동사
  = 주어 had hardly[scarcely] p.p when[before] S + 과거동사
  = Hardly[Scarcely] had 주어 p.p when[before] S + 과거동사

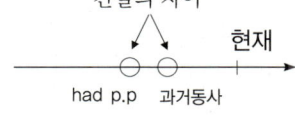

  As soon as he *received* the letter, he turned pale.
  그가 그 편지를 받자 마자 그는 창백해졌다.
  = On (his) *receiving* the letter, he turned pale.
  = He had *no sooner* received the letter *than* he turned pale.
  = *No sooner* had he received the letter *than* he turned pale.
  = He had *hardly[scarcely]* received the letter *when[before]* he turned pale.
  = *Hardly[Scarcely]* had he received the letter *when[before]* he turned pale.

◆ It goes without saying that ~ = It is needless to say that ~ - ~은 말할 필요도 없다
  It goes without *saying that* health is above wealth. 건강이 부보다 중요하다는 것은 두말 할 필요가 없다.
  = It is needless *to say that* health is above wealth.

◆ be on the point [verge/brink/edge] of + 동사원형ing = be about to 동사원형 - 막 ~하려고 하다
  He *was on the point of* drowning. 그는 막 익사 당할 상태였다.
  = He *was about to* drown.

◆ cannot ~ without 동사원형ing - = cannot ~ but S + V = Whenever S + V, S + V - …하면 반드시 ~하다
  I *never* meet him *without thinking* of his brother. 그를 만날 때마다 그의 형이 생각이 난다.
  = I *can't* meet him *but I think* of his brother.
  = *Whenever* I meet him, I think of his brother.

- **the idea/the fact of 동사원형ing** = the idea/the fact that S+V ~라는 생각/사실
  The idea of *the gentleman being a thief* never occurred to me.
  = The idea that *the gentleman was a thief* never occurred to me.
  그 신사가 도둑놈이라는 생각이 나에게 결코 떠오르지 않았다.

- **be sure of** 동사원형ing = be sure that S+V~ -~을 확신하다
  He is sure of *passing* the examination. 그는 그 시험에 합격할 것을 확신한다.
  = He is sure that *he will pass* the examination.

- **be ashamed of** 동사원형ing -~을 부끄럽게 생각하다
  I am ashamed of *not passing* the examination. 내가 그 시험에 합격하지 못해 부끄럽다.

- **succeed in** 동사원형ing -~에 성공하다
  No one has ever succeeded in *explaining* this phenomenon.
  이 현상을 설명하는데 어떠한 사람도 결코 성공하지 못했다.

- **of one's own + 동사원형ing** - 자기가 직접 ~하는
  This is a picture of *my own painting*. 이 그림은 그가 직접 그린 그림이다.

- **cannot ~ too** - 아무리 ~해도 지나치지 않다
  We cannot be too careful when we choose friends. 우리가 친구를 선택하는데 아무리 주의해도 지나치지 않는다.
  = We cannot be too careful in choosing friends.

- **need/want/require/deserve + 동사원형ing** -~할 필요가 있다 (수동의 의미)
  = need/want/require/deserve + to be p.p
  His house wants/needs *painting*. 그의 집은 페인트 칠할 필요가 있다.
  = His house wants/needs *to be painted.*

- **be busy with + 명사** = be busy (in) + 동사원형ing -~하는데 분주하다 바쁘다
  I am busy with my task. 나는 나의 과제로 바쁘다.
  She was busy (in) *tidying* up his desk. 그녀는 그의 책상을 정리하느라 바빴다.

Chapter 21

- **feel like + 동사원형ing = feel inclined + to do** – ~하고 싶은 생각이 나다
  I feel like *sleeping* now. 나는 지금 잠자고 싶다.
  = I feel inclined *to sleep* now.

- **be far from 동사원형ing** – 결코 ~이 아니다
  Your work is far from *being* satisfactory. 너의 일은 결코 만족스럽지 않다.
  She was far from *telling* a lie. 그녀는 결코 거짓말 하지 않았다.

- **insist on 동사원형ing = insist that S should 동사원형** – ~하기를 주장하다
  I insist on *his going* there. 나는 그가 거기에 가야 한다고 주장한다.
  = I insist that he should go there.

- **be worth 동사원형ing = It be worthwhile + to 동사원형** – ~할만한 가치가 있다
  This book is worth *reading* over and over again.
  = It is worthwhile *to read* over and over again.
  이 책은 반복해서 읽을 가치가 있다.

- **make a point of + 동사원형ing = be in the habit of 동사원형ing = make it a rule to 동사원형**
  ~을 규칙으로 하다
  I make a point of *getting* up early. 규칙적으로 일찍 일어난다.
  = I am in the habit of *getting* up early.
  = I make it a rule *to get* up early.
  = It is my rule to get up early.

- **come/go near + 동사원형ing = nearly escape + ~ing** – 하마터면 ~할 뻔하다
  He came near *drowning*. 그는 하마터면 익사할 뻔 했다.
  = He nearly escaped *drowning*.

- **not A but B = instead of + 동사원형ing(A), S + V(B)** – A라기 보다 B이다
  She is not shy, but unsocial. 그녀는 수줍어 한다기보다 사교적이지 못하다.
  = Instead of *being shy,* she is unsocial.

Chapter 21

Question
확 · 인 · 문 · 제

동사의 성전환 수술법 2
정답 및 해설 28page

1 다음 ( ) 안의 동사의 올바른 형태는?

01 (Read) French is easier than speaking it.
02 Would you mind (open) the window?
03 All the Korean people congratulated him on (win) the presidency election.
04 He tends (talk) too much.
05 His parents couldn't prevent them from (marry).
06 Tom refused (lend) me any money.

2 다음 동명사 구문을 해석하시오.

01 It goes without saying that honesty is the best policy.
02 We cannot help laughing at the sight.
03 He is used to working at night.
04 He is far from telling a lie.
05 On seeing the policeman, he ran away fast.
06 They never meet without quarreling.
07 She came near being run over by a bus.
08 I don't feel like going out tonight.
09 It is no use crying over spilt milk.
10 He makes a point of swimming every morning.

3 다음 문장에서 ( ) 안에서 적당한 것을 선택하시오.(정답이 둘인 경우도 있음)

01 Tommy has decided (get, to get, getting) a job.
02 Ann likes (play, to play, playing) the guitar.
03 Kevin is afraid of (see, to see, seeing) his teacher.
04 You should stop (smoke, to smoke, smoking) for your health.
05 (Go, To go, Going) to such a dangerous place is a bad idea.
06 Melanie enjoys (listen, to listen, listening) to fork songs of Latin.
07 Jeff has finished (paint, to paint, painting) his house.
08 He succeeded in (solve, to solve, solving) the problem by himself.
09 She left without (take, to take, taking) her suitcase.
10 Her job is (make, to make, making) computer programs.

22

동사의 기본 성격은 주어 다음에 와서 주어의 동작이나 상태를 표현하는 것이다.
동사원형ing(동명형부사)의 명사, 형용사, 부사 용법 중 형용사 용법을 현재분사라 하고
p.p(과거분사-동형부사)의 형용사, 부사 용법 중 형용사 용법을 일반적으로 과거분사라 한다.
결론적으로 분사-현재분사, 과거분사-는 동사를 형용사로 바꾼 것이다.

이들은 형용사처럼 문장의 부속품으로 명사의 앞뒤와 문장의 필수품으로
보충어(주어보충어/목적어보충어)자리에서 사용된다.

- **현재분사(동사원형 ing)** – 동작의 진행, 상황의 유도(~하게 하는)와 상태의 지속
- **과거분사(p.p)** – 수동(~되어진)과 완료
- **분사구문** – 부사절을 동사원형ing와 p.p(과거분사) 등으로 간단히 한 형태

동사의 성전환 수술법 3
– '형용사로 전환하는 분사 Participle

I. 현재분사와 과거분사의 용법
II. 부사절을 간단히 하는 분사구문(동사원형ing, p.p–과거분사)
III. p.p(과거분사)와 현재분사(동사원형ing)의 기준명사

Ⅰ. 현재분사와 과거분사의 용법

[형용사 역할하는 동사원형ing(현재분사)과 p.p(과거분사)]

부 속 품		필 수 품	
명사 앞	명사 뒤	주어 보충어 - 주어 보충 설명	목적어 보충어 - 목적어 보충 설명

동사원형ing(현재분사)과 p.p(과거분사)는 동사를 형용사로 사용하기 위해 동사의 성격을 바꾼 것이다. 즉 위의 표에서 보는 것처럼 형용사와 마찬가지로 명사의 앞뒤에서 문장의 부속품으로 사용되고 주어 보충어와 목적어 보충어 자리에서 문장의 필수품으로 사용된다.

01 동사원형ing(현재분사)

동사원형ing(동명형부사)의 명사, 형용사, 부사 용법 중 형용사 용법을 말한다.

동작의 진행	상황의 유도 - 감정유발	상태의 지속

1. 동작의 진행 – 수식 받는 기준명사가 진행 중임을 표현

➡ **부속품**(명사의 앞 뒤)
  ① 명사 앞
     Fighting children are my students. 싸우고 있는 아이들은 나의 학생들이다.
  ② 명사 뒤
     Look at *the dogs fighting* [in the road]. 길에서 싸우고 있는 개들을 보아라.

➡ **필수품**(보충어자리)
  ① 주어 보충어(2형식)
     The fisherman is *catching* fish. 그 어부가 물고기를 잡고 있는 중이다.
     (해설) 주어 the fisherman이 고기를 잡고 있는 진행 중
  ② 목적어 보충어(5형식)
     They saw *the passenger* running away. 그들은 그 여행객이 도망가는 것을 보았다.
     (해설) 목적어 the passenger가 달리고 있는 진행 중
     They found *his daughter* hiding behind the wall. 그들은 그의 딸이 벽 뒤에 숨어 있는 것을 발견했다.
     (해설) 목적어 his daughter가 숨고 있는 진행 중

Chapter 22

2. 상황의 유도(감정유발) – 수식 받는 기준명사가 유도(~하게 하다)를 표현

▶ **부속품**(명사의 앞 뒤)
① 명사 앞
　　The book is an *interesting* **love story.** 그 책은 흥미있게 하는 연예소설이다.
　　Amazon river has *astounding* **scenery.** 아마존강은 놀라게 하는 경치를 가지고 있다.
　　I have *astonishing* **news.** 나는 놀라게 하는 소식이 있다.
② 명사 뒤
　　I like *the movie* **frightening** audience. 나는 청중을 무섭게 하는 영화를 좋아한다.
　　He told us *news* **surprising** to us. 그는 우리에게 우리를 놀라게 하는 소식을 전했다.
　　We don't want *lecture* **boring** to students. 우리는 학생들을 지루하게 하는 강의를 원치 않는다.

▶ **필수품**(보충어)
① 주어 보충어(2형식)
　　His lecture is **confusing.** 그의 강의는 혼란스럽게 한다.　(해설) 주어 his lecture가 혼란을 유도
　　The news is **surprising.** 그 뉴스는 놀라게 한다.　(해설) 주어 the news가 놀라게 유도
② 목적어 보충어(5형식)
　　The students found *the game* **exciting.** 그 학생들은 그 게임이 흥미있다는 것을 발견했다.
　　(해설) 목적어 the game이 흥분을 유도

3. 상태의 지속

진행의 의미도 감정유발의 의미도 아닌 **상태의 동적상황**을 나타낸다. 명사 앞뒤에서 명사를 꾸며주는 역할을 하며 주어보충어 자리에서 주어를 보충 설명한다. 대부분, 수식받는 기준 명사와 동사원형ing가 '주어+동사'이다. 드물지만 '동사+목적어' 관계도 있다.

▶ **부속품**(명사 앞 뒤)
① 명사 앞
　　a *lasting* **impression**(← An impression lasts) 지속되는 인상
　　an *existing* **facility**(← A facility exists) 현존하는 시설
　　an *opposing* **point of view**(← A point of view opposes~) 정반대되는 견해
② 명사 뒤
　　a letter **inviting** him(← A letter invites him) 그를 초대하는 편지
　　the son **resembling** his father(← The son resembles his father) 아버지를 닮은 아들

the passenger using the facility(← The passenger uses the facility) 그 시설을 사용하는 여행객
those employees working in an assembly line.(← Those employees work in an assembly line.) 조립라인에서 일하고 있는 저 노동자들
The tongue is *a muscular organ* occupying the floor of the mouth.
혀는 입에서 바닥부분을 차지하고 있는 근육 조직이다.

> '동사 + 목적어' 관계
> missing *luggage* (~ misses luggage) 실종중인 수화물

● 필수품(보충어자리)

The snowfall in Moscow will be lasting during the whole weekend.
모스크바에서의 눈이 주말 내내 지속될 것이라고 한다.

02 p.p(과거분사) p.p[과거분사-동형부사]의 형용사와 부사 역할 중 형용사 역할을 말한다.

수동(영향 받음) – 타동사(3/4/5형식 동사)	완료(끝남) – 자동사(1/2형식 동사)

1. **수동** – 수식 받는 기준명사가 영향을 받음

● 부속품(명사 앞 뒤)
  ① 명사의 앞
  Frightened *birds* flew beyond the forest. 놀란 새들이 숲 너머로 날아갔다.
  Excited *players* shouted out loudly. 흥분된 선수들은 크게 소리질렀다.
  ② 명사의 뒤
  Children bored in the class went asleep. 수업에서 지친 아이들은 잠들었다.
  A spectator excited in the game danced on the ground. 그 게임에서 열광된 관중이 운동장에서 춤췄다.

● 필수품(보충어자리)
  ① 주어 보충어(2형식)
  The soldiers were killed in the battle. 군인들은 그 싸움에서 죽여 졌다. (해설) 주어 the soldiers가 죽여지는 수동관계
  The audience were excited in his address. 그 청중들은 그의 연설에 흥분되었다.
  (해설) 주어 the audience가 흥분되어지는 수동관계

Chapter 22

② 목적어 보충어(5형식)

The president got *the items* burnt immediately. 회장은 그 상품들이 즉각 태워지도록 했다.

해설 목적어 the items가 태워지는 수동관계

His teacher had *the classroom* cleaned. 그의 선생님은 교실이 청소되도록 했다.

해설 목적어 the classroom이 청소되어지는 수동관계

2. 완료(끝남) – 수식 받는 기준명사가 이미 끝남을 표현

➡ 부속품(명사 앞 뒤)
① 명사의 앞
  Get rid of a *faded* rose. 시든 장미를 제거하세요.
  Dad, I'm a *grown* woman. 아빠, 다 큰 숙녀에요.
② 명사의 뒤
  Soldiers retired [from the navy] have learned computer. 해군으로부터 제대한 군인들은 컴퓨터를 배워 왔다.

➡ 필수품(보충어자리)
① 주어보충어
  Creations are gone but good feelings remain. 창조물은 사라져 버렸으나 좋은 느낌은 살아있다.
② 목적어보충어
  The seven dwarfs found *her* fallen on the floor. 일곱 난장이들은 그녀가 바닥에 쓰러져 있는 것을 보았다.

참고 the 분사형용사 (people / person / thing)

the rich(부유한 사람들)처럼 'the 형용사'가 사용되듯 분사도 형용사이므로 'the 분사형용사'가 가능하다.

A. the + 형용사(분사) (people) – 복수사람명사
  the wounded = wounded people 부상자들   the living = living people 살아있는 사람들
  the dead = dead people 죽은 사람들   the dying = dying people 죽어 가는 사람들

B. the + 형용사(분사) (person) – 단수사람명사
  the accused (형사)피고인   the defendant (민사)피고
  the condemned 사형수   the assured 피보험자   the deceased 고인

C. the + 형용사(분사) (thing) – 단수사물명사
  the unexpected 예기치 않은 것   the unknown 미지의 것

참고 중요 감정유발의 '동사원형ing'와 수동의 과거분사(p.p)형태의 형용사들

감정유발의 현재분사 (~ing) (보통 사물과 함께 쓰임)	동 사	수동의 과거분사 (p.p) (보통 사람과 함께 쓰임)
tiring 피곤하게 하는	tire [táiər] 피곤하게 하다	tired 피곤에 지친
boring 지루하게 하는	bore [bɔːr] 지루하게 하다	bored 싫증 난
exhausting 지치게 하는	exhaust [igzɔ́ːst] 지치게 하다	exhausted 지친
confusing 혼동시키는	confuse [kənfjúːz] 혼란시키다	confused 혼란스러워진
exciting 흥미있게 하는	excite [iksáit] 흥분시키다	excited 흥분된
convincing 확신하게 하는	convince [kənvíns] 확신시키다	convinced 확신되어진
interesting 재미있게 하는	interest [íntərist] 흥미를 끌다	interested 흥미를 느낀
satisfying 만족시키는	satisfy [sǽtisfai] 만족시키다	satisfied 만족되어진
surprising 놀라게 하는	surprise [sərpráiz] 놀라게 하다	surprised 놀란
astounding 놀라게 하는	astound [əstáund] 놀라게 하다	astounded 놀란
frightening 겁나게 하는	frighten [fráitn] 놀라게 하다	frightened 겁에 질린
terrifying 무섭게 하는	terrify [térifai] 무섭게 하다	terrified 겁먹은
amazing 놀라게 하는	amaze [əméiz] 놀라게 하다	amazed 놀란
alarming 놀라게 하는	alarm [əlάːrm] 놀라게 하다	alarmed 깜짝 놀란
charming 매력을 느끼게 하는	charm [tʃɑːrm] 매혹시키다	charmed 매혹된
amusing 즐겁게 하는	amuse [əmjúːz] 즐겁게 하다	amused 즐거워진
embarrassing 난처하게 하는	embarrass [imbǽrəs] 당황스럽게 하다.	embarrassed 당혹스러워진
puzzling 당혹케 하는	puzzle [pʌ́zl] 당황하게 하다	puzzled 당혹스러워진
annoying 짜증나게 하는	annoy [ənɔ́i] 짜증나게 하다	annoyed 짜증난
encouraging 격려하는	encourage [inkɔ́ːridʒ] 격려하다	encouraged 고무된
shocking 충격을 주는	shock [ʃɑk] 충격을 주다	shocked 충격을 받은
refreshing 상쾌하게 하는	refresh [rifréʃ] 신선하게 하다	refreshed 기분이 좋아진
worrying 걱정스럽게 하는	worry [wə́ːri] 걱정시키다	worried 걱정스런
delighting 기쁘게 하는	delight [diláit] 기쁘게 하다	delighted 아주 기뻐하는
distinguishing 특징적인	distinguish [distíŋgwiʃ] 눈에 띄게 하다	distinguished 현저한
striking 감동을 주는	strike [straik] 감동시키다	striked 감동받은
moving 감동시키는	move [muːv] 감동시키다	moved 감동받은
disappointing 실망시키는	disappoint [disəpɔ́int] 실망스럽게 하다	disappointed 실망한
frustrating 좌절시키는	frustrate [frʌ́streit] 좌절시키다	frustrated 좌절되어진

※ 기타분사형용사

promising 가망 있게 하는   accustomed 익숙한   ashamed 수줍어하는   celebrated 유명한   complicated 복잡한
crowded 혼잡한   devoted 헌신적인   hurried 매우 급한   marked 명료한   upset 뒤집힌
reserved 예약된   wounded 상처 입은

II. 부사절을 간단히 하는 분사구문

Chapter 22

분사구문이란 부사절 중 원인, 조건, 시간, 동시·연속동작, 상황상관없음(암기법 – 원조시동상)의 부사절을 간단히 한 것을 말한다. 보통 '동사원형ing', 혹은 being 등이 생략되면 p.p[과거분사-동형부사]형태로 부사역할에 해당된다.

분사구문 만드는 법

접속사 ~~S'~~ + ~~V'~~ ~ , S + V~
            동사원형ing

1. 접속사 생략
[접속사]
① 원인 : because/as/since
② 조건 : if
③ 시간 : when/after/while/as
④ 동시·연속동작 : as 동시동작/and 연속동작
⑤ 상황상관없음 : though/although

2. 주어생략 여부
- S' = S → S' 생략
- S' ≠ S → S' 생략안함

다만 S와 다른 일반인(we/they) S'의 경우 생략가능

3. 시제
- V' = V → 동사원형ing : 시제가 같으면 동사원형에 ing만 붙인다
- V' 〉 V → having p.p : 만약 부사절의 동사가 한 시제 빠르면 having + p.p를 써야 한다

4. being/having been은 생략가능
→ p.p(과거분사)나 형용사 등으로 시작된다.

5. 접속사는 생략 안 할 수도 있다.
→ 뜻을 명확하게 하기 위해

● 원인(because/since/as) ~ 때문에

[Because ~~I~~ have no book with me], I can't lend it to you.
(해설) Because와 주절의 주어와 같은 I 생략하고 have에 ing붙였다.
→ [Having no book with me], I can't lend it to you. 나에게 어떤 책도 없기 때문에 나는 너에게 그것을 빌려 줄 수 없다.

[As ~~he~~ was ill], he seems unhappy.
(해설) As와 주절의 주어와 같은 he를 생략하고 종속절은 과거이고 주절은 현재동사이므로 having+pp를 한다.
→ [(Having been) ill], he seems unhappy. 그가 아팠기 때문에 불행하게 보인다. (해설) having been은 생략가능

[As ~~she~~ was rich at early days], she could go abroad.
(해설) As와 주절의 주어와 같은 she 생략, 동사원형에 ing를 붙인다.
→ [(Being) rich at early days], she could go abroad. 그녀가 어린 시절에 부자였기 때문에 해외에 갈 수 있었다.
(해설) being은 생략 가능.

[As it was fine], we went for a walk. (해설) 접속사 As하고 주어가 it과 주절의 주어we가 다르기 때문에 it을 써준다
→ [It being fine], we went for a walk. 날씨가 좋아서 우리는 산책했다.

조건(if) 만약 ~한다면

[If you turn to the left], you will find the library.
<해설> 동사의 시제가 형태상 졸병절의 turn은 현재고 주절은 will find로 미래이다. 하지만 turn은 때나 조건을 나타내는 부사절에서 미래를 현재로 나타낸다는 원칙 때문에 현재로 썼을 뿐 내용상 같은 미래를 나타낸다.

→ [Turning to the left], you will find the library. 왼쪽으로 돈다면 너는 도서관을 발견할 것이다.

시간(after/when/while) ~한 후에, ~할 때, 하는 동안

[When he was young,] he lived in Busan.
<해설> when~는 때를 나타내는 부사절이다. when 생략하고 주어 he가 주절의 주어와 같기 때문에 생략한다. 동사 was의 원형 be에 ing를 붙였다.

→ [Being young], he lived in Busan. 내가 어렸을 때 그는 부산에서 살았다.
<해설> Being young은 분사구문으로 부사구에 해당한다.

[When he saw the policeman,] he ran away. <해설> when절을 분사구문으로 Diet
→ [Seeing the policeman], he ran away. 경찰관을 봤을 때 그는 도망갔다.

동시 · 연속동작

① 동시동작(as, while) ~하면서

[As she sang merrily], she walked slowly. <해설> As~을 Diet
→ [Singing merrily], she walked slowly. 그녀는 노래 부르면서 천천히 걸었다.

② 연속동작 (and) 그리고 ~

She stood up, [and she went out.] <해설> 뒤의 절을 Diet 한다.
→ She stood up, [going out.] 그녀는 일어서서 밖으로 나갔다.

Chapter 22

 with+명사+[-ing / -ed / 형용사 / 부사] ~한 채/~하면서 (동시적인 상황묘사)

She sat there, with her arms folded.
→ She sat there, as she was folding her arms. 그녀의 팔을 포갠 채로 거기에 앉아 있었다.
The prisoner walked clumsily with his hands bound.
→ The prisoner walked clumsily, as his hands were bound. 그 죄수는 그의 손이 묶인 채 꼴사납게 걸었다.

※ with a hat on 모자를 쓰고서
  with a smile on one's face 얼굴에 미소를 짓고서
  with one's hairs waving in the wind 바람에 머리카락을 나부끼며
  with one's eyes closed 눈을 감고서
  with night coming on 밤이 다가와서
  with all one's money stolen 돈을 전부도둑 맞고서

● **상황상관없음(though/although/even if)** 비록 ~일지라도

[Though he is old,] he works hard. （해설） Though ~를 Diet 한다.
→ [Being old,] he works hard. 그는 나이가 많이 먹었지만 열심히 일한다.

 참고 분사구문 만들 때 유의 사항

A. Being과 Having been은 생략할 수 있다.
Being이나 Having been이 생략됨에 따라 분사구문은 '동사원형ing' 뿐 아니라 'p.p'나 '형용사' 등으로 문장이 시작되는 경우가 생긴다.

[While I was walking along the street,] I met a friend.
→ (Being) walking along the street, I met a friend.
→ Walking along the street, I met a friend. 나는 거리를 걷는 동안에 나의 친구를 만났다.

As she was born in France, she speaks French very well.
→ (Having been) born in France, she speaks French very well.
→ Born in France, she speaks French very well.
그녀가 프랑스에서 태어났기 때문에 그녀는 프랑스어를 잘 말한다.

동사의 성전환 수술법 3- 형용사로 전환하는 분사 | **301**

~~As~~ Betty was happy in London, She didn't come to her hometown.
→ (Being) happy in London, Betty didn't come to her hometown.
→ Happy in London, Betty didn't return to her hometown.
   Betty는 런던에서 행복했기 때문에 그녀의 고향에 돌아오지 않았다.

B. **주어가 다를 때**: 주어를 생략해서는 안 되고 반드시 써주어야 한다.

I shall go fishing tomorrow, ~~if~~ the weather permits.
→ *I* shall go fishing tomorrow, [the weather permitting].
   날씨가 허락한다면 나는 내일 낚시하러 갈 것이다.

~~After~~ the sun had set, *I* gave up picking up straw.
→ [The sun having set], *I* gave up picking up straw.
   태양이 진 후 딸기를 따는 것을 그만두었다.

~~As~~ night came on, *I* started for home.
→ [Night coming on], *I* started for home. 밤이 왔기 때문에 나는 집을 향해 떠났다.

다만, 비록 there는 주어가 아닌 유도부사이지만 주어처럼 생각한다. 대장절의 주어와 다르므로 there는 생략하지 않는다.

~~As~~ there was no seat in the train, *they* kept standing.
→ [There being no seat in the train], *they* kept standing. (해설) 유도부사 there는 생략 안 됨
   그 열차에 어떠한 자리도 없었기 때문에 그들은 계속해 서 있었다.

C. **일반인주어 생략**

두 개의 절의 주어가 다르더라도 일반인을 나타내는 we, you, they 등은 생략한다.

~~If~~ we speak strictly, *it* is not correct. - 두 개의 절
→ [~~We~~] Speaking strictly, *it* is not correct. - 하나의 절
Strictly speaking, it is not correct. (해설) 관용적으로 strictly가 speaking 앞으로 온다.
   엄격하게 말한다면 그것은 옳지 않다

~~If~~ we judge from her appearance, *she* seems to be poor.
→ [~~We~~] Judging from her appearance, *she* seems to be poor.
→ Judging from her appearance, *she* seems to be poor.
   그녀의 외모로 판단하면 그녀는 가난한 것처럼 보인다.

※ briefly speaking [= if we speak briefly] 간단히 말해서
  broadly speaking [= if we speak broadly] 대체로 말하면
  frankly speaking [= if we speak frankly] 솔직히 말하면
  considering his age [= if we consider his age] 나이에 비하면
  generally speaking [= if we speak generally] 일반적으로 말해서
  roughly speaking [= if we speak roughly] 대충 말한다면
  practically speaking [= if we speak practically] 실제는, 사실상
  seeing that ~이므로
  granting that 비록 ~이지만

III. p.p(과거분사)와 현재분사(동사원형ing)의 기준명사 Chapter 22

1. 일반적인 문장

p.p(과거분사)와 현재분사(동사원형ing)는 형용사로서 수식을 받는 **기준명사**와의 관계이므로 기준명사를 정확히 잡는 것이 중요하다. 일반적으로 기준명사는 앞에서 뒤명사를 수식할 경우 뒤명사가 기준명사이고 뒤에서 앞명사 수식하는 경우는 앞명사가 기준명사이다. 또 주어보충어에 쓰인 경우는 주어가 기준명사이고 목적어보충어 자리에 쓰인 경우 목적어가 기준명사이다. 기준명사와의 관계가 수동이면 p.p(과거분사), 진행이나 유도, 상태의 지속이면 '동사원형ing'가 온다.

● 바로 뒤명사가 기준명사
The *surprising news* spread like wildfire. 놀라게 하는 뉴스가 들불처럼 퍼졌다.
The *injured man* came back home. 상처 입은 남자가 집에 돌아왔다.

● 앞명사가 기준명사
The man driving that car is my uncle. 그 차를 운전하는 남자는 나의 삼촌이다.
The book, written in easy English, is suitable for beginners.
쉬운 영어로 씌어진 그 책은 초보자들에게 적당하다.
Once there lived *a man named* Robin Hood. 옛날에 로빈 후드라고 이름 불리어지는 한 남자가 살았다.
That car driven by my uncle is very expensive. 나의 삼촌에 의해 운전되어지는 저 차는 매우 비싸다.

● 주어가 기준명사
His behavior was *frightening*. 그의 행동은 두렵다.
He sat on his chair *surrounded* by the reporters. 그는 기자들에 의해 둘러싸인 채 그의 의자에 앉았다.
[조동사가 있는 경우]
The origin of the term 'cool' [can be] *found* in African language.
'cool'이라는 용어의 기원은 아프리카 언어에서 발견되어질 수 있다.
The law [has to be] *obeyed* by everyone. 법은 모든 사람에 의해 지켜져야만 한다.

● 목적어가 기준명사
I could hear *the boys playing* basketball in the playground.
나는 그 소년들이 운동장에서 농구를 하고 있는 것을 들을 수 있었다.
I found *the book* very *amusing*. 나는 그 책이 매우 재미있다는 것을 알았다.
The girl had *her picture taken* under the big tree. 그 소녀는 그 큰나무 아래에서 그녀의 사진이 찍혀지도록 했다.
This puzzle helped *his children taught* about other lands.
이 퍼즐은 그의 아이들이 다른 대륙들에 관해 가르쳐지도록-배우도록-도왔다.

2. 변형된 문장

두개의 절이 접속사에 의해 연결되거나 Diet하는 과정에서 나타나는 경우는 앞뒤의 문맥을 잘 살펴서 기준명사를 찾아야 한다.

● 접속대명사가 있는 경우 – 기준명사가 접속대명사인 경우, 접속대명사가 가리키는 (대)명사를 찾는다.

A national festival *which* is celebrated in Japan is New Year's Day.
일본에서 기념하는 국가적 축제는 New Year's Day이다.

This is the prisoner *who* has been sentenced to death. 이 사람은 사형 선고 받은 죄수이다.

Starcraft is the game *which* is exciting to children. Starcraft는 아이들을 흥미있게하는 게임이다.

The boat *which* was made by him looks great. 그에 의해 만들어진 그 보트는 대단하게 보인다.

The lava becomes rock *that* will be broken down by the wind and water.
용암은 바람과 물에 의해 부서지는 바위가 된다.

The man *who* is known as a great scientist will be here.
위대한 과학자로 알려진 그 남자는 여기에 올 것이다.

Never put off till tomorrow *what* can be done today. 오늘 행해질 수 있는 것을 내일 까지 미루지 마라.

He worked along with volunteers for the program, *which* is named after him - Jim Carter Work Project 2001.
그는 그의 이름을 딴 Jim Carter Work Project 2001이라는 프로그램을 위해 자원봉사자들과 함께 일했다.

Efforts to obtain personal well-being, *which* is called as search for happiness, are basic to life. 행복추구로 불리어진 개인적인 행복을 얻으려는 노력은 삶의 기본이다.

● to 동사원형과 함께 쓰인 경우

The popularity of bicycling is expected to keep increasing.
                              (*The popularity of bicycling* will keep increasing.)
자전거 타기의 인기는 계속해서 증가 할 것으로 기대되어지고 있다.

I expect *the room* to be cleaned immediately.
        (*The room* will be cleaned ~) 나는 그 방이 즉시 청소될 것을 기대한다.

Japanese turned out to be the least interested in dieting among Asia Pacific countries.
        (*Japanese* was the least interested ~)
일본은 아시아 태평양국가들 사이에 다이어트에 가장 관심이 없는 것으로 판명되었다.

Children hope to be given a present.
        (*Children* will be given a present.) 아이들은 선물 받기를 원한다.

It is natural for *a prisoner* to be controled by the police.
        (*A prisoner* should be controled by the police.)
죄수가 경찰에 의해 통제받는 것은 당연하다.

Chapter 22

It is necessary for *the handicapped* to be taken care of.
　　　　　└ (*The handicapped* should be taken care of.)
　　　　　　장애인들이 돌봐져야 한다는 것은 당연하다.

● 수동태 문장에서
He was seen stealing some money from the bank by the police.
　　　　└ (*He* was stealing ~) 그가 은행으로부터 얼마간의 돈을 훔치는 것이 경찰에 의해 목격되었다.

● 동명사가 포함된 경우
The great writer enjoys being criticized by readers.
　　　　　　└ (*The great writer* is criticized by readers.)
　　　　　　　위대한 작가는 독자들에 의해 비판받는 것을 즐긴다.
Birds can fly without being taught.
　　　　　└ (*Birds* are taught) 새들은 가르쳐지는 것 없이 날 수 있다.
He is afraid of being scolded.
　　　└ (*He* is scolded) 그는 꾸중 받는 것을 두려워 한다.
These cyclists risk being hit by cars.
　　　└ (*These cyclists* are hit by cars) 이러한 자전거를 타는 사람들은 자동차에 의해 부딪힐 위험이 있다.

● 분사구문에서
Not knowing what to say, *he* remains silent.
　└ (Because *he* doesn't know what to say,) 무엇을 말할지 몰라 그는 침묵을 지켰다.
Born in America, *he* speaks English very well.
　└ (Because *he* was born in America) 미국에서 태어났기 때문에 그는 영어를 매우 잘 말한다.
Exhausted, *she* was running toward the finish line.
　└ (As *she* was exhausted,) 지친 채 그녀는 결승전을 향해 달리고 있는 중이었다.

● 전치사가 있는 경우
Because of being tired, *he* went straight to bed.
　└ (Because *he* was tired,) 그는 피곤했기 때문에 곧장 잠자러 갔다.

● 가주어가 있는 경우
It is believed that the political situation is critical. 정치적 상황이 중요하다고 믿어진다.

Chapter 22

Question 확·인·문·제

동사의 성전환 수술법 3
정답 및 해설 29~30page

1 아래 문장에서 ( ) 안에 알맞은 동사형태를 쓰시오. (필요할 경우 be동사와 함께 쓰시오.)

01 Journalism is a career (choose) by people who want to influence others with their writing.
02 There were over 50,000 steel workers (live) in the small community.
03 To our great excitement, the date (fix) last week.
04 After the accident, the rock (remove) from the road last night.
05 Anyone (drive) over the speed limit will get a ticket.
06 A car (damage) in an accident should be cleared.
07 I had my picture (take).
08 I went to the party, but I felt (bore) the whole time.
09 This restaurant is famous for nice food and (relax) atmosphere.
10 Not too many years ago, it was an (excite) experience to travel 40 or 60 miles from hometown.

2 다음 문장에서 밑줄 친 부분을 간단히 하시오.

01 <u>After he opened the drawer</u>, he took out a paper envelope.
02 <u>As they lived in the country</u>, they had few amusements.
03 <u>After he finished the painting</u>, the artist was very pleased with the work he had created.
04 <u>When he was left to himself</u>, the little boy began to cry.
05 <u>As Mother was ill</u>, I took her to the hospital.
06 <u>If weather permits</u>, we shall start tomorrow.
07 <u>As he had never spoken in public</u>, he got nervous.

3 다음 문장의 형용사역할하는 밑줄 친 부분이 꾸며주는 명사-기준명사-를 표시하시오.

01 Pets <u>mistreated</u> by their owners became suspicious of humans.
02 The <u>injured</u> pedestrians were soon sent to the hospital.
03 You must look for a man <u>carrying</u> a large umbrella.
04 Hopeful new research results were <u>reported</u>.
05 Who is that girl <u>staring</u> at me?
06 The villagers saw their children <u>returning</u> home.
07 I want to read the novel <u>written</u> by your father.
08 <u>Walking</u> along the street, I met an old friend of mine.
09 <u>Excited</u> to see her, he waited impatiently in the lounge.
10 Their batteries had to be <u>recharged</u> very often.
11 All the workers want to be <u>paid</u> better wages.
12 We don't like being <u>treated</u> like a child.

어떠한 동사에 명사가 쓰일 수 있는 자리는 주어, 목적어, 보충어, 동격자리이다.
주어, 목적어, 보충어, 동격, 자리가 아닌 곳에서 명사를 쓰고자 할 때는 명사의 자리를
만들어 주어야 한다. 바로 **명사의 자리를 만드는 것이 전치사**이다.
전치사와 결합된 명사는 **형용사**나 **부사**역할을 하게 된다.

23

명사를 형용사나 부사로 바꾸는 전치사
Prepositions

Ⅰ. 전치사 및 「전치사+명사」의 역할
Ⅱ. 공간에서의 전치사
Ⅲ. 전치사의 시간 및 추상적 의미 활용
Ⅳ. 시험에 나오는 전치사구

# Ⅰ. 전치사 및 「전치사 + 명사」의 역할

> 전치사 : 명사의 자리를 만들어 준다
> 「전치사 + 명사」: 형용사나 부사로 역할한다

전치사는 명사의 자리를 만들어 준다. 주어나 목적어, 보충어, 동격자리가 아닌 자리에 명사를 쓰기 위해서는 명사 앞에 전치사를 써야 한다. 다시 말해 전치사는 명사 앞에 써서 명사를 형용사나 부사로 성격을 바꿔준다.

「전치사+명사」의 역할

1. 형용사 역할

● 앞명사 수식

John is *a man* of ability. 존은 재능이 있는 사람이다.
The boy with a book is my friend. 책을 가진 소년은 나의 친구이다.

● 보충어

① 주어 보충어
   This problem is of importance. 이 문제는 중요하다. (해설) 주어 This problem를 설명.
② 목적어 보충어
   The engineer made *the broken computer* of use. 그 엔지니어는 그 고장 난 컴퓨터를 유용하게 만들었다.
   (해설) 목적어 the broken computer를 설명한다.

2. 부사역할

● 동사 수식

He *handled* the box with care. 그는 주의 깊게 그 박스를 다루었다.

● 형용사 수식

The pop singer is very *popular* among teenagers. 그 팝가수는 십대들 사이에서 인기가 대단하다.
This present is *suitable* for a little boy. 이 선물은 어린 소년에게 적당하다.

● 부사수식

The teacher treated him *differently* from the other pupils. 그 선생님은 그를 다른 학생들과는 다르게 다루었다.

● 문장전체수식

In brief, *he is a clever boy*. 간단히 말하면 그는 영리한 소년이다.

II. 공간에서의 전치사　　　　　　　　　　　　　　　Chapter 23

전치사는 공간상에서 놓여있는 위 아래, 안과 밖, 앞과 뒤, 주변, 방향 등을 표현한다. 그 공간상의 원리가 시간에서도 적용되고 여러 가지 추상적 의미로 활용된다.

1. 위 아래를 나타내는 전치사

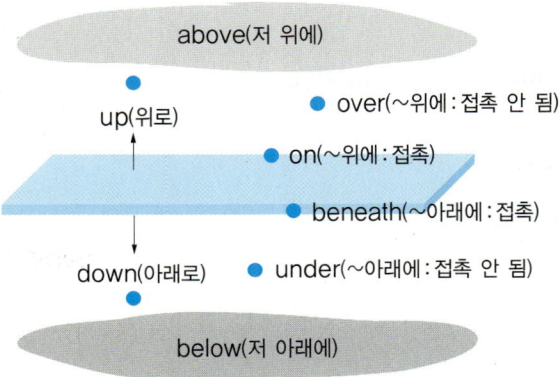

● **on과 beneath** – 접촉하고 있는 위 아래
　① on : 표면에 접촉하여 바로 위에
　　　There are some books on the table. 테이블 위에 몇 권의 책이 있다.
　　　Two flies stopped on the ceiling. 두 마리의 파리가 천장에서 멈췄다.
　② beneath : 표면에 접촉하여 바로 아래
　　　The ice broke beneath my feet. 얼음이 내 발아래에서 깨졌다.
　　　The dolphins disappeared beneath the waves. 돌고래들이 파도 아래로 사라졌다.

● **over와 under** – 약간의 공간을 두고 위 아래
　① over : 공간을 두고 위에
　　　The moon is over the roof of the house. 달이 집 지붕위에 있다.
　　　The bridge is over the river. 다리가 강위에 있다.
　② under : 공간을 두고 아래
　　　The cat is under the table. 고양이가 테이블 아래에 있다.
　　　The boat is under the bridge. 보트가 다리 아래에 있다.

- **above와 below** – 멀리 떨어져서 위 아래
  ① above : 저 멀리 위에
  　　The peak of Mt. Solak rises above the clouds. 설악산의 정상이 구름위로 솟는다.
  　　The moon has risen above the horizon. 달이 수평선 위로 솟아 올랐다.
  ② below : 저 멀리 아래에
  　　The sun is sinking below the horizon. 태양이 수평선 아래로 지고 있는 중이다.

- **up과 down** – 움직이는 위 아래
  　　A monkey ran up and down the ladder. 원숭이가 사다리 위아래로 오르락 내리락 했다.

2. 안과 밖 등을 나타내는 전치사

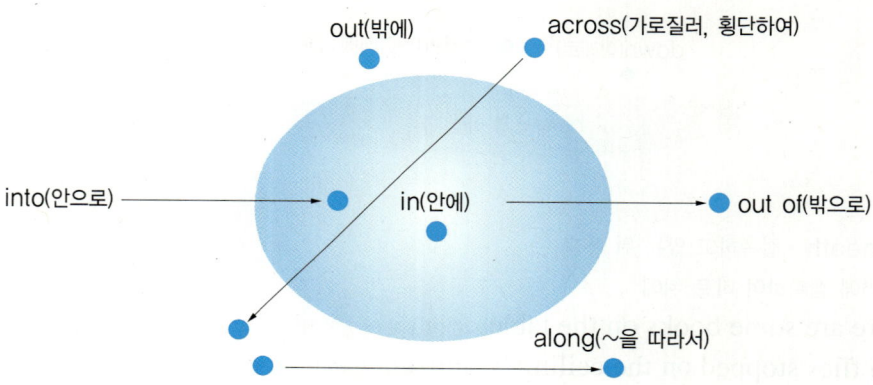

- **into와 out of**
  ① into : ~안으로
  　　He went into the room.
  　　The woman came into the room. 그 여자는 방 안으로 들어왔다.
  ② out of : ~의 밖으로
  　　They came out of the hotel. 그들은 호텔 밖으로 나왔다.

- **along과 across**
  ① along : ~을 따라서, ~을 끼고
  　　I walked along the street. 나는 거리를 따라서 걸었다.

Chapter 23

② across : ~을 가로질러
　　She lived across the river. 그녀는 강 건너에서 살았다.
　　She came running across the street. 그녀는 거리를 가로질러 달려왔다.

◉ in과 out
① in : ~안에 (정지된 상태)
　　A guest is waiting for you in the drawing room. 한 손님이 응접실에서 너를 기다리고 있는 중이다.
　　The childrun are playing in the yard. 아이들이 뜰에서 놀고 있는 중이다.
② out : ~밖에
　　He went out the door. 그는 문밖으로 나갔다.

3. 앞뒤 및 관통을 나타내는 전치사

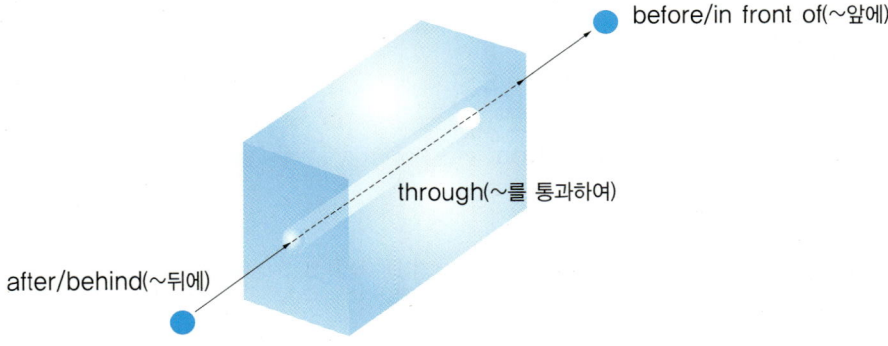

◉ before와 in front of – ~앞에
　　He stood trembling before his master. 그는 주인 앞에서 떨면서 서 있었다.
　　There are many passengers in front of the bus. 버스 앞에 많은 여행객들이 있다.

◉ after와 behind – ~뒤에
　　The police are after you. 경찰이 자네 뒤를 쫓고 있네.
　　There is a tree behind the house. 집 뒤에 나무가 있다.

◉ through – ~를 통과(관통)하여
　　The train is just going through the tunnel. 열차가 터널을 지나가고 있는 중이다.
　　He threw a book through the window. 그는 한 권의 책을 창 밖으로 내던졌다.

4. 기준점과의 위치관계를 나타내는 전치사

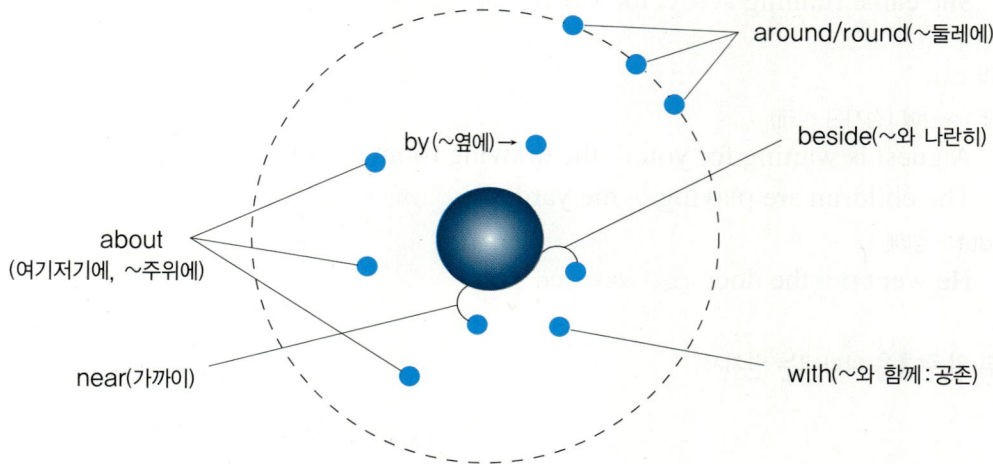

- near - ~근처에
  We want to find a house near the station. 우리는 역에 가까운 집을 찾기 원한다.

- about - ~주변에
  There are trees dotted about the field. 들판 주변에 점점이 늘어서 있는 나무들이 있다.

- around/round - ~둘레에
  They sat around the fire. 그들은 모닥불 둘레에 앉았다.
  The earth moves round the sun. 지구가 태양둘레를 돈다.

- beside - ~와 나란히
  Wendy came up and sat beside me. Wendy는 다가와 내 옆에 앉았다.

- with - ~와 함께
  He lives with his aunt. 그는 그의 숙모와 산다.

- by - ~옆에
  The ship sailed by an iceberg. 그 배는 빙산 옆을 빠져 나갔다

Chapter 23

5. 방향을 나타내는 전치사

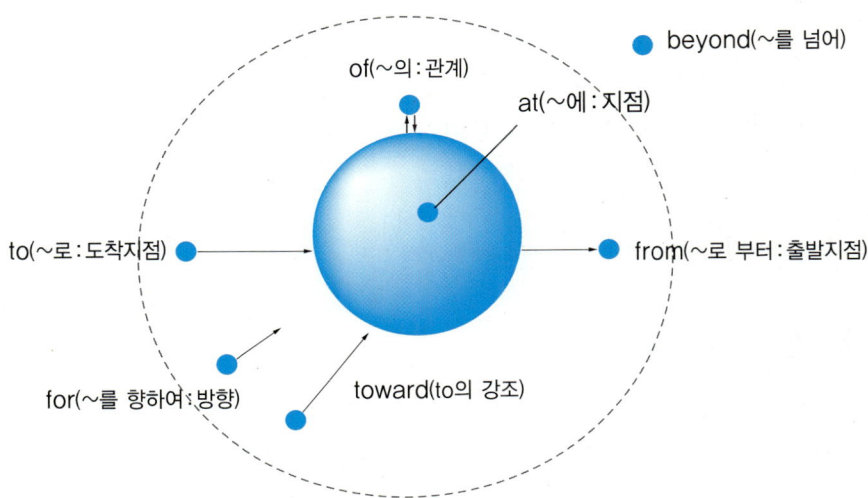

- **to** − ~쪽으로(도착지점) (go/come/return/send + to)
  He is travelling to Boston. 그는 보스턴에 여행중이다.
  The town lies to the north of Paris. 그 읍은 파리 북쪽에 위치해 있다.
  He has gone to America with her. 그는 그녀와 미국에 가버렸다.

- **for** − ~로 향하여(방향) (start/depart/leave/sail + for~)
  The ship is bound for Busan. 그 배는 부산행이다.
  He starts for America next month. 그는 다음달 미국을 향해 출발한다.

- **toward** − ~쪽으로(막연한 방향, 목적 지점의 도착여부가 분명치 않음.) (turn/rush + toward~)
  I walked toward the hill. 나는 언덕을 향해 걸었다.
  She walked toward the forest. 그녀는 숲을 향해서 걸었다.

- **from** − ~로부터(출발지점)
  Snow falls from the sky. 눈이 하늘에서 내린다.

- **of** − ~의(본질적 성격의 관련 있음−관련를 나타내는 전치사 on과 off의 포괄의미)
  They cost millions of dollars. 그들은 수백만 달러의 비용이 든다.

With a network of computers, you can send and receive information freely.
컴퓨터의 네트워크로 여러분은 정보를 자유롭게 보내고 받을 수 있다.

- at – 점을 나타내며 비교적 좁은 장소에 쓰인다.
    He bought the ball at the store over there. 그는 저쪽 가게에서 그 공을 샀다.

- beyond ~를 넘는
    He lives beyond his income. 그는 수입 이상의 생활을 한다.

6. 사이를 나타내는 전치사

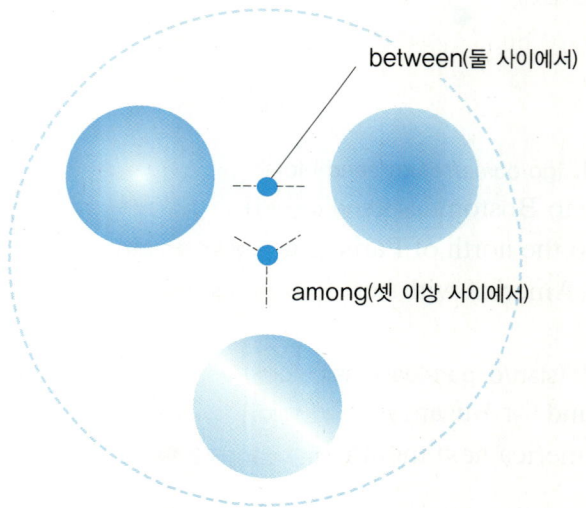

- 둘 사이를 나타내는 전치사
    There is a river between the two villages. 두 마을 사이에 강이 있다.

- 셋 이상 사이를 나타내는 전치사
    Many birds are singing among the trees. 많은 새들이 나무사이에서 지저귀고 있는 중이다.

III. 전치사의 시간 및 추상적 의미 활용 — Chapter 23

1. 시간 표시 전치사 (암기법 – at+시밤정, on+날요, in+계년월아점저)

● 기초 시간 표시전치사

① at : at + 시밤정 – 시각/밤(night)/정오(noon)의 시점에 해당하는 매우 짧은 시간을 나타낼 때
School begins at eight o'clock. 학교가 8시 정각에 시작한다.

② on : on+날요 – 날짜/요일/특정한 날을 나타낼 때
I will go there on Monday. 나는 월요일에 거기에 갈것이다.

③ in : in+계년월아점저 – 계절/년도/월/아침/점심/저녁 등 비교적 긴 시간을 나타낼 때
The war broke out in 1950. 전쟁은 1950년에 발생했다.
「~ 이 지나면」시간의 경과 (주로 미래의 일에 쓰인다.)
He will return in two weeks. 그는 2주 후에 돌아올 것이다.

④ within :「~ 이내에」일정한 시간(기간) 이내를 나타낸다.
He will return within two weeks. 그는 2주 이내에 돌아올 것이다.

⑤ after :「~ 후에」시간의 순서 (주로 과거의 일에 쓰인다.)
He came back after two weeks. 그는 2주 후에 돌아왔다.

● 시간의 기준표시(~까지) by 와 until(till)

① by :「~ 까지는」– 동작의 시한
You must arrive here by two o'clock. 너는 두시까지 여기에 도착해야 한다.

② until(till) :「~ 까지」– 상황 계속되다가 끝나는 시점
You must stay here till two o'clock. 너는 두시까지 여기에서 머물러야한다.
He waited for her till eight. 그는 여덟시까지 그녀를 기다렸다.

● 시간의 구간(~ 동안) for와 during

① for : 보통 숫자 명사와 함께 쓰이며 시간의 길이를 표현
The war lasted for five years. 그 전쟁은 5년 동안 지속되었다.

② during : 특정한 기간 명사와 함께 사용
I went there twice during the vacation. 나는 휴가동안 두 번 거기에 갔다.

> through : 「~ 동안 죽」처음부터 끝까지의 기간 전체를 나타낸다.
> Kerry stayed at his uncle's through the vacation. Kerry는 방학 내내 그의 삼촌 집에서 머물렀다.

● 출발시점(~부터) from과 since
① from : 「~ 부터」 출발 시점만을 나타낸다.
She studied in America from 1969 to 1975. 그녀는 미국에서 1969년에서 1975년까지 미국에서 공부했다.

② since : 「~ 이래 죽」과거의 어떤 시점에서 현재까지 계속되는 현재까지의 구간이다.
He has been writing letters since this morning. 그는 오늘 아침이래로 편지를 쓰고 있는 중이다.

2. 추상적 의미의 전치사

● 원인, 이유의 전치사
① from : ~ 때문에 (근본적인 원인)
I am still weak from my late illness. 나는 최근의 병으로 여전히 몸이 약하다.

② through (+carelessness/neglect/fault 등) ~ 때문에 (간접적인 원인)
He failed through ignorance. 그는 무지 때문에 실패했다.

③ of : 'die of ~' (~ 병으로 죽다)
He died of cancer. 그는 암으로 죽었다.

> 병 이외의 원인은 die from을 쓴다.
> He died from overwork. 그는 과로로 죽었다.
> He died from the explosion. 그는 폭발로 죽었다.

④ at : ~ 을 듣고, ~ 을 보고 (순간적 감정의 원인)
I was much pleased at the news. 나는 그 소식을 듣고 매우 기뻐했다.

⑤ over : ~ 으로, ~ 때문에 (감정의 원인)
They all mourned over his sudden death. 그들 모두는 그의 갑작스러운 죽음을 애도했다.

⑥ for : 명성, 상벌 등의 원인이나 이유
　　Mt Jiri is famous for its scenery. 지리산은 경치로 유명하다.
　　He was punished for his idleness. 그는 그의 게으름 때문에 처벌받았다.

🔹 결과의 전치사
① to : 동작의 결과
　　※ be burnt/starved/frozen+to death 타서/굶어서/얼어서 죽다.
　　He was frozen to death. 그는 얼어서 죽었다.

　　　📘 | to one's 감정추상명사 = ~ 하게도
　　　　　To my disappointment, he failed again. 내가 실망스럽게도 그는 다시 실패했다.

　　※ to one's surprise/sorrow/joy 놀랍게도/슬프게도/즐겁게도

② into : 변화의 결과
　　※ turn/change into 변해서 ~가 되다.
　　The girl turned into a swan. 그 소녀는 백조로 변했다.

🔹 원인, 재료의 전치사
① of : 물리적 변화 (재료의 성질은 그대로 있고 형태만 변한 경우 – 직접적 관계 있음)
　　The desk is made of wood. 그 책상은 나무로 만들어진다.

② from : 화학적 변화 (재료의 성질과 형태가 모두 변한 경우 – 직접적 관계 없음)
　　Wine is made from grapes. 와인은 포도로 만들어진다.

　　　📘 | Grapes are made into wine. 포도가 와인으로 만들어진다.　(해설) into는 변화의 결과

🔹 목적의 전치사
① for : ~을 위하여
　　We work for our living. 우리는 생활을 위해 일한다.

② after : ~ 을 추구하여, ~ 을 뒤쫓아
　　The police are after the murderer. 경찰은 그 살인자를 추적하고 있다.

③ on : ~ 으로 (용무, 목적)
He has gone to America **on business.** 그는 사업차 미국에 갔다.

※ on business 사업차 on errand 심부름으로 on journey 여행 중

3. 기초 전치사 at, on, in의 공간적/ 시간적/ 추상적 의미의 활용

	공간적 의미 (~점에)	시간적 의미 (~시점에)	추상적 의미
at	at the store 가게에서 at the front door 현관에서 at the theater 극장에서 at the party 파티에서 at the foot of the hill 언덕 아래에서 at the center 중앙에서	at 10 o'clock 10시에 at dawn 새벽에 at midnight 한밤에 at the present time 현재 at the same time 동시에 at the beginning of next month 다음달 초에	at breakfast 아침 식사 중 at school 수업 중 at work 일하고 있는 중 at peace 평화로운 at war 전쟁 중 at a speed of 50 miles an hour 시간당 50마일의 속도로
on	on the farm 농장에서 on the floor 바닥에서 on the ceiling 천장에 on the lake 호수에 on the train 열차에서	on Monday 월요일에 on November 21 11월21일에 on a rainy day 비 오는 날에 on arrival 도착하는대로 곧 on your birthday 너의 생일에	on business 사업차 go on an errand 심부름을 가다 on strike 파업중 on fire 불타고 있는 중 emphasis on ~에 대한 강조
in	in the house 집에 in London 런던에서 in prison 감옥안에 in school 재학 중 in court 법정에서	in my youth 나의 젊은시절에 in the 21st century 21세기에 in my absence 나의 부재중에 in January 1월에 in spring 봄에 in (the) future 미래에	in confusion 혼돈스러운 in excitement 흥분하여 in alarm 놀라서 in haste 서둘러 in despair 절망하여 in full blossom 만발하여

참고 전치사와 접속사

전치사 다음은 명사나 '동사원형ing' 이 오고 접속사 다음은 「주어의 동사」가 온다.

A. ~동안

전치사	접속사
for + 시간의 길이/during + 특정한 시간	while

Chapter 23

She has stayed for *10 months* in Washington. 그녀는 워싱턴에서 10개월 동안 머무르고 있다.
I stayed in my hometown during *my summer vacation.*
나는 여름휴가동안 나의 고향에서 머물렀다.
While *he was fighting on Germany,* he was arrested.
그는 독일에서 싸우고 있는 동안에 체포되었다.

B. ~까지

전치사	접속사
by+동작의 완료시점/until+동작이나 상태의 지속	until

He must finish the work by *4 o'clock.* 그는 네시까지 그 일을 끝내야 한다.
He waited for me until *4 o'clock.* 그는 네시까지 나를 기다렸다.
Wait for me until *I come back.* 내가 돌아올 때까지 나를 기다려라.

C. 상황상관없음 ~일지라도

전치사	접속사
despite/in spite of	though/although

The company's profits rise despite *high costs.* 높은 비용에도 불구하고 그회사의 이익은 증가한다.
In spite of *having no qualification,* he got the job. 어떤 자격도 없었지만 그는 취직이 되었다.
Though *he had not finished the paper,* he went to sleep. 그는 보고서를 끝내지 못했지만 잠잤다.
Although *Tina could not attend the party,* she sent a contribution.
티나가 그 파티에 참석하지는 못했지만 그녀는 기부금을 보냈다.

D. 원인 ~때문에

전치사	접속사
because of/due to/owing to/on account of	because/since/as/now that

Because of *the rain,* I didn't go out. 비 때문에 나는 밖에 나가지 않았다.
Because *he did his best in everything,* he succeeded in life.
그는 모든 것에서 최선을 다했기 때문에 그는 인생에서 성공하였다.

E. 접속사기능과 전치사기능 둘 다 있는 것들

after ~한 후에	since ~한 이후로	before ~전

They will be back the day after *tomorrow.* (전치사) 그들은 모레 돌아올 것이다.
We will arrive after *you've left.* (접속사) 네가 떠난 후에 도착할 것이다.
He has lived in America since *1980.* (전치사) 1980년 이래 미국에 살고 있다.
It has been five years since *the war ended.* (접속사) 전쟁이 끝나고 5년이 지났다.

참고 전치사 다음의 동사

전치사 다음의 동사는 일반적으로 '동사원형ing' 이 된다. 다만 about(~근처에), but/except/save(~를 제외하고)과 as(~만큼), than(~보다) 다음은 '(to)+동사원형' 이 온다.

A. 전치사+동사원형ing

Thank for *inviting* me to the party. 파티에 나를 초대해 주어 감사합니다.
We look forward to *visiting* your country. 우리는 너의 나라를 방문하는 것을 학수고대한다.
I am sure of *passing* the exam. 나는 그 시험에 통과할 것이라 확신한다.

B. 전치사+(to) 동사원형 – about, but/except/save, as, than 다음

We were about *to leave* when he arrived. 그가 도착했을 때 우리는 막 떠나려던 참이었다.
I have no choice but *to follow* him. 나는 그를 따라가는 것 외에는 선택의 여지가 없다.
We could not do anything except *to console* him. 우리는 그를 위로하는 것 외에는 아무 것도 할 수가 없었다.

참고 전치사별 공간/시간/추상적 의미의 활용 및 품사 활용

전치사는 원래 장소나 방향과 같은 공간상의 상황을 표현하는 내용이었으나 그 원리가 시간과 여러 가지 추상적인 의미로 활용하게 되었다. 또한 전치사의 범주를 넘어 부사나 형용사로도 활용된다.

words	전치사			부사	형용사
	공간적 의미	시간적 의미	추상적 의미		
about	~주위에	~쯤	~관한	대략	막 ~하려하는
above	~위쪽에	~이상인	~보다 나은	위쪽에	위의
across	~가로질러			가로질러	
against	~기대어		~반하여		
after	~뒤에	~나중에	~추구하여	뒤에	뒤의
along	~따라서			따라서	
among	~사이에서	~사이에서	~사이에서		
around	~둘레에	약, ~쯤	~입각하여	주위에	활동하는
at	~에서	~에	~에		
before	~앞에	~전에		전에	
behind	~뒤에	~이후에	~배후에	뒤에	뒤의
below	~보다 밑에		~미만의	아래로	

Chapter 23

words	전치사			부사	형용사
	공간적 의미	시간적 의미	추상적 의미		
beneath	~바로 밑의			~보다 낮은	밑에
beside	~곁에		~비해서		
between	~사이에	~사이에	~사이에		
beyond	~저쪽에	~을 지나서	~범위를 넘어서	저편에	
but			~을 제외하고	단지	
by	~의 옆에	~까지는	~때문에	옆에	
down	~아래로		~이래 줄곧	낮은 쪽으로	
during		~동안			
for	~를 향하여	~동안	~을 위하여		
from	~출신의	~부터	~에 의거하여		
in	~안에	~이내에	~중에	안에	
into	~안으로	~까지	~으로		
near	~가까이	~가까이	~가까이	가까운	
of	~에서	~에	~에 관한		
off	~떨어져서	~떨어져	~와 분리되어	떨어져서	
on(upon)	~위에	~에	~에 입각하여	위에	
out	~밖에			밖으로	
over	~위에	~중	~을 지배하여	위쪽에	위의
past	~을 지나서	~을 지나서	~을 넘어서	지나가서	지나간
round	~둘레에	~쯤		둘레에	둥근
since		~이후로		그 후	
to	~쪽으로	~까지	~맞추어서		
toward(s)	~를 향하여	~가까이	~에 대하여		
under	~아래	~미만으로	~이하의	아래에	아래의
until(till)	~위로	~까지	~하도록		
up	~위로		~에 올라	위로	올라가는
with	~와 함께	~와 동시에	~에 의해서		

 ※ 추상적 의미로만 사용하는 전치사
 as ~로서 besides ~이외에 despite ~에도 불구하고 except/save/but ~를 제외하고
 like ~처럼 than ~보다 without ~없이

IV. 시험에 나오는 전치사구

1. 명사+전치사

question about ~ ~에 관한 의문
concern about ~ ~에 대한 관심
confusion about ~ ~에 대한 혼돈
doubt about ~ ~에 관한 의문
argument about ~ ~에 관한 논쟁
idea about ~ ~에 대한 생각
information about ~ ~에 대한 정보
advances in ~ ~의 발전
advances in medical technology
의학 기술의 발전
experience in ~ ~에 대한 경험
interest in ~ ~에 대한 관심
the documents in duplicate 서류 사본
decrease in ~ ~에 있어 감소
increase in ~ ~에 있어 증가
participation in ~ ~에 대한 참여
failure in ~ ~에 대한 실패
competency in ~ ~에 대한 감당할 능력이 있는
satisfaction in ~ ~에 대한 만족
pleasure in ~ ~에서 기쁨
pride in ~ ~에 대한 자랑
skill in ~ ~분야에 대한 기술
success in ~ ~에 대한 성공
belief in ~ ~에 대한 신념
ability in ~ ~에 대한 능력
experience in ~ ~에의 경험
faith in ~ ~에 대한 신념
request/demand/need for ~ ~에 대한 요구
pity for ~ ~에 불쌍히 여김
reason for ~ ~에 대한 이유
preference for ~ ~에 대한 선호
responsibility for ~ ~에 대한 책임
advocate for ~ ~ 에 옹호
respect for ~ ~에 대한 존경
search for ~ ~에 대한 수색

except for ~ ~를 제외하고
substitute for ~ ~의 대용
sympathy for ~ ~에 대한 동정
introduction to ~ ~에 대한 소개
comparison to ~ ~에 비교
indifference to ~ ~에 냉담
opposition to ~ ~에 반대
objection to ~ ~에 반대
commitment to ~ ~에 헌신
reference to ~ ~에 관계
reaction to ~ ~에 대한 반응
access to ~ ~에 대한 접근
dedication to ~ ~에 헌신
devotion to ~ ~에 대한 헌신
response to ~ ~에 응답
approval of ~ ~에 대한 승인
choice of ~ ~의 선택
division of ~ ~의 분할
knowledge of ~ ~에 대한 이해
means of ~ ~의 수단
possibility of ~ ~의 가능성
prevention of ~ ~에 대한 예방
ahead of ~ ~의 앞에
process of ~ ~를 만드는 과정
fear on ~ ~에 대한 무서움
reliance on ~ ~에 대한 신뢰
tax on ~ ~대한 세금
emphasis on ~ ~에 대한 강조
dependency on ~ ~에 의존
effect on ~ ~에 효과
authority on ~ ~에 대한 권위
interview with ~ ~와의 인터뷰
problem with ~ ~에서의 문제
protection from ~ ~로부터 보호

2. 전치사+명사

around the world 전 세계에	in charge of ~의 책임을 맡다
at the top/bottom of ~의 맨 꼭대기에/맨 바닥에	in comparison with ~와 비교하여
at the pace/the price/the rate of ~의 속도로/가격로/비율로	in compliance with ~ ~를 준수하여
at the expense(the cost) of ~의 비용으로	in conclusion 결론적으로
at a surprisingly fast pace 놀랍게 빠른 속도로	in defiance of ~를 무시하고
at a great rate of ~의 상당한 비율로	in demand 수요가 있는
at the risk of ~위험을 무릅쓰고	in duplicate 두통 작성하여
at the discretion of ~의 재량으로	in error 잘못되어
at least 최소한	in front of ~ 의 앞에
along the beach 해변을 따라	in honor of ~을 축하하여
at all times(=always) 항상	in hospital 입원하다
ahead of time/schedule 예정보다 이른	in my opinion 나의 의견으로는
by means of ~를 수단으로	in one's discretion ~의 재량으로
by way of ~를 경유하여	in observance of ~를 준수하여
beyond the[one's] control of ~의 통제를 못하다	in person 직접, 몸소
on a trip/tour/journey 여행 중	in private/public 개인적으로/공개적으로
on behalf of ~를 대신하여	in[with] reference to ~과 관련하여
on schedule 일정에 맞추어	in spite of (=despite) ~에도 불구하고
on strike 파업 중	in the event of ~의 경우에
on the screen 스크린에서	in the distance 멀리서
on the right/left 오른쪽에/왼쪽에	in the foreseeable future 가까운 미래에
on the market 시장에 내놓은	in the suburbs 교외에
on the phone(=by phone) 전화로	in the sales department 영업부에서
on the computer 컴퓨터로	for your convenience 편의상
on vacation 휴가 차	for the sake of ~을 위하여
upon request 신청하는 대로	to one's satisfaction ~가 만족
out of stock 품절 된 ↔ in stock 재고가 있는	to one's surprise ~가 놀랍게도
out of print 절판된 ↔ in print 발간되는	under construction/development 건설/개발 중
out of order 고장 난 ↔ in order 정리되어 있는	under the new management 새로운 경영진의 지도아래
out of danger 위험에서 벗어난 ↔ in danger 위험에 빠진	with caution/care 주의하여
out of business 파산한 ↔ in business 사업을 하고 있는	with the exception of ~를 제외하고
in a line/row 줄에서	within our company 우리 회사 안에
in accordance with ~와 일치하여	within the guide line 지침 안에
in advance 미리서	without exception 예외 없이
in addition to(besides) ~이외에도	without reservation 기탄 없이

3. 동사+전치사

1형식동사 + 전치사
account for ~를 설명하다
attribute to ~의 탓으로 돌리다
accuse of ~를 고소하다
approve of ~을 승인하다
apply for 신청하다
break out (전쟁 등이) 발생하다
break in 침입하다
benefit from ~로부터 이익을 받다
coincide with ~와 우연히 일치하다
come to an end 결론을 이끌어 내다
compete/cooperate with ~와 경쟁/협력하다
comment on ~에 대해 논평하다
contribute to ~에 기부(기고)하다
call off ~를 취소하다(=cancel)
come in third 3등 하다
come into effect 발효하다
concentrate/focus on ~에 집중하다
collect from ~로부터 수금하다
clear through 세관을 통과하다
distribute to ~에게 배포하다
dispense with ~없이 지내다
deal with ~를 다루다
experiment with ~로 실험하다
escape from ~로부터 도망가다
fill in (=fill out, complete) 양식을 작성하다.
go through 어려움을 겪다
go into effect 발효하다
get through 통과하다/합격하다
lag behind ~에 뒤지다
leave for ~로 향해 떠나다
lead to(=result in) 야기하다
impact on ~에 영향을 미치다
interfere with ~를 방해하다
insist on/upon ~를 주장하다 고집하다
keep abreast of ~에 뒤지지 않고 따라가다

keep on (=go on) 계속~하다
look after ~를 돌보다 look on ~을 관찰하다
look forward to ~를 학수고대하다
put in for 출원하다, 신청하다
put up with(=endure) 참다
put out (=extinguish) 끄다
rely/depend/count on ~를 의존하다
refer to ~를 언급하다
replace with ~를 대체하다
sympathize with ~를 동정하다 ~를 동감하다
subscribe to ~에 기부하다
take into consideration 고려하다
take into custody 구금하다
touch down 착륙하다
take over 인수하다

2형식동사 + 보충어(형용사)
come close to ~에 가깝다
remain stable 안정적으로 유지하다
go bankrupt(=break the bank) 파산하다
taste excellent 뛰어나게 맛이 나다

3형식동사 + 명사~
make a rapid growth 급성장을 이루다
address a problem 문제를 제기하다
make a presentation 발표를 하다
narrow down the list 리스트 목록을 압축하다
generate funds 자금을 창출하다
acknowledge receipt of a letter 편지를 잘 받았다고 통보하다
keep track of 계산해 두다, 기억하고 있다
raise a question 질문을 제기하다
raise awareness 의식하다
assume the responsibility 책임을 떠맡다
take part in(=participate) ~에 참여하다
have yet to 동사원형 아직 ~하지 못하다

Chapter 23

4. be+형용사+전치사

be anxious/concerned/worried about ~에 대해 근심하다
| be anxious for ~를 갈망하다
be accountable to ~에 의무가 있다
be acquainted with ~에 정통하다
be addicted to ~에 중독 되다
be adequate/appropriate for ~에 대해 적당하다
be advantageous to ~에 이롭다
be adverse to ~에 불리하다
be ambitious of ~에 야심 있다
be appreciative of ~를 감사하다
be ashamed of ~를 부끄러워하다
be attentive to ~에 주의 깊다
be available to ~이 이용 가능하다
be aware of ~를 알고 있다
be bad/poor at ~을 잘못하다
be beneficial to ~에 이익이 되다
be blamed for ~에 대해 비난받다
be bored of ~에 싫증나다
be celebrated for ~로 유명하다
be comparable to ~ ~에 필적하다
be composed of ~ (consist of) ~로 구성되어 있다
be confused about ~ ~에 대해 혼돈하다
be conscious of ~ ~를 의식하다
be contrary/opposed to ~에 반대하다.
be dedicated/devoted to ~ ~에 헌신적이다
be derived from ~ ~로부터 유래하다
be desirous of ~ ~를 갈망하다
be desperate for ~ ~에 필사적이다
be disappointed in ~ ~에 실망하다
be distinguished for ~ ~에 뛰어나다
be eager/zealous for ~ ~을 열망하다
be enthusiastic for ~ ~에 열광적이다
be envious of ~ ~를 부러워하다
be equivalent to ~에 동등하다
be excellent in ~ ~에서 우수하다
be far from ~ ~와 멀다(~가 아니다)

be familiar to~ ~에 익숙하다
be grateful to/for ~에 감사하다
be generous to ~에 관대하다
be jealous of ~ ~를 선망하다
be indifferent to ~ ~에 무관심하다
be indispensible for ~ ~에 없어서는 안된다
be innocent of ~ ~에 결백하다
be insistent on ~ ~을 주장하다
be interested in ~ ~에 흥미를 갖다
be involved in ~ ~에 관련되다
be keen on ~ ~를 열망하다
be liable for ~ ~에 책임을 지다
be nervous about ~ ~에 대해 과민하다
be patient with ~ ~에게 인내하다
be pleased with ~ ~로 기쁘다
be prepared for ~ ~에 준비가 되어 있다
be prevented from~ ~로부터 방해받다
be proficient/skilled at ~ ~에 능숙하다
be provided with ~ ~을 제공받다
be regardless of ~ ~에 관련 없다
be related to ~ ~에 관계가 있다
be responsible for ~ ~에 대해 책임 있다
be responsive to ~ ~에 반응하다
be satisfied with~ ~로 만족하다
be sensitive to ~에 민감하다
be separate from ~와 분리되어 있다
be skeptical about ~ ~에 회의적이다
be subject to ~ ~에 종속되다
be sufficient for ~ ~에 충분하다
be suitable to ~ ~에 적당하다
be successful in ~ ~에 성공하다
be surprised/alarmed/astonished at ~ ~에 놀라다
be suspected of ~ ~의 혐의를 받다
be thoughtful about ~ ~에 사려 깊다
be tolerant of ~ ~을 관용하다
be unskillful in ~ ~에 서투르다

Question

확 · 인 · 문 · 제

Chapter 23

명사를 형용사나 부사로 바꾸는 전치사

정답 및 해설 30~31page

1 ( ) 안에 적당한 전치사를 넣으시오.

01 She loved him (   ) his stupidity.
02 She has been ill (   ) last Sunday.
03 The girl (   ) a white uniform took my temperature.
04 His father died (   ) the age of forty-nine.
05 (   ) night coming on, we started home.
06 The old man sat in the chair (   ) his eyes closed.
07 According (   ) the Bible, God made the world in six days.
08 We regard Dr. Brown (   ) the best heart specialist in the United States.
09 The old lady thanked me (   ) helping her cross the street.
10 The noise outside his window prevented him (   ) sleeping.
11 Your eyes remind me (   ) clear stars.
12 Sheep provide us (   ) wool.
13 She devoted all her energy (   ) studying Spanish.

2 다음 해석에 맞게 빈칸에 적절한 전치사를 넣으시오.

01 I adopted his friend (   ) (   ) him. 나는 그 대신 그의 친구를 받아들였다.
02 I never argued with my parents about differences (   ) their attitudes and mine.
   부모님과 내가 서로 입장을 달리한다고 해서 그분들과 논쟁을 벌인 일은 결코 없었다.
03 I hope you will not speak (   ) your mouth full in the party.
   나는 네가 파티가 열리는 동안 입에 음식을 가득 넣고 이야기하지 말기를 바란다.
04 He shall be lonely (   ) his sweetheart away. 그는 그의 애인이 가버리면 외로울 것이다.
05 I was astonished (   ) the accident. 나는 그 사고에 놀랐다.
06 Draft beer is made (   ) barley. 생맥주는 보리로 제조한다.
07 We came here on account (   ) your sick mother. 자네 모친의 병환이 염려되어 왔네.
08 John made an appointment to see Mr. Bean (   ) Monday. 존은 월요일에 Bean씨와 만날 약속을 하였다.
09 The appointment was (   ) two o'clock in the afternoon. 그 약속은 오후 2시였다.
10 Unfortunately, they had an accident (   ) the morning. 불행하게도, 그들은 아침에 사고를 당했다.
11 We promised to meet (   ) 2010. 우리는 2010년에 만나기로 약속하였다.
12 There will be a music festival (   ) Seoul International School. 서울 국제 학교에서 음악 축제가 있을 것이다.
13 The music festival will be held (   ) the school gymnasium. 그 음악 축제는 학교 체육관에서 개최될 것이다.
14 Compared with the normal winter in Korea, winters (   ) Russia are very cold.
   한국의 정상적인 겨울에 비해서 러시아의 겨울은 매우 춥다.
15 The two countries are very different (   ) each other. 그 두 나라는 서로 매우 다르다.

24

남여의 궁합처럼 영어에서도 꼭 궁합이 맞아야만 하는 경우가 있다.
즉 주어자리의 명사나 대명사 등의 수에 따라서 동사는 반드시 궁합이 맞아야 하며
또한 형용사와 명사, 명사와 대명사의 궁합도 맞아야만 한다.

반드시 궁합이 맞아야 하는 경우 Agreement

Ⅰ. 주어의 (대)명사의 수와 동사의 궁합
Ⅱ. 대명사(형용사)와 동사·명사의 궁합
Ⅲ. 유사한 대명사(형용사)의 동사·명사 궁합

참고 주어가 3인칭 단수일 때와 나머지 주어의 동사 비교

A. 3인칭 단수

1인칭(단수-I, 복수-we)이나 2인칭(단/복수-you)을 제외한 모든 것을 3인칭이라고 한다. 이 중 둘 이상을 3인칭 복수라 하고 둘이 아닌 것, 즉 하나이거나 하나는 아니라 하더라도 둘이 아닌 모든 사람과 사물, 그리고 모든 개념을 **3인칭 단수**라고 한다. 여기에는 he/she/it 등과 같은 대명사 뿐만 아니라 세상의 모든 명사(사람/사물/개념 등)와 명사역할하는 'to 동사원형', 동사원형ing(동명사), 명사절(that, whether/if, 의문사, 접속대명사 what/wh-ever, 수식받는 명사가 생략된 접속부사로 연결된 절)도 3인칭 단수에 해당한다.

- 3인칭 단수와 복수 예

	3인칭 단수	3인칭 복수
대명사	he, she, it, this, that, each, nothing, someone everyone, everything, either, neither, much 등	they, these, those, many
명사	a man, the boy, a child, a mother, a teacher, a family 한 가족 water 물 gas 가스 Oxygen 산소 athletics 체육 baseball 야구 a disaster 재난 unification 통일 peace 평화 honesty 정직 clothing 의류 love, snow 등	men 사람들 children 아이들 the boys 소년들 people 사람들 the police 경찰관들
명사대 용어구	- to 동사원형 - 동사원형ing(동명사) - 명사절(that, whether/if, 의문사, 접속대명사 what/wh-ever, 선행사 생략된 접속부사 등)	

B. 3인칭 단수와 나머지 주어의 동사

3인칭 단수주어	동 사	나머지 주어 (1인칭 단/복수, 2인칭 단/복수, 3인칭 복수)
is (과거-was)	be동사	are (과거-were) [다만, 1인칭 단수 I일 때 am (과거-was)]
has	have동사	have-동사원형
does	do동사	do-동사원형
동사원형 (e)s	일반동사	동사원형

(a) 주어가 3인칭 단수이고 현재-3인칭 단수 현재-를 나타낼 때, 위표에서처럼 be동사는 is, have동사는 has, do동사는 does, 나머지 일반동사는 동사원형에 -(e)s를 반드시 붙인다. 주어가 3인칭 단수일 때를 제외한 나머지(1인칭 단/복수-I/we, 2인칭 단/복수-you/you, 3인칭 복수)일 때 전부 **동사원형**을 쓴다. 다만 be동사의 경우, I일 때 am이고 나머지는 are이다.

(b) 과거일 때

단수와 복수 상관없이 동사가 전부 과거형으로 같다. 다만 be동사의 경우, 3인칭 단수와 1인칭 단수(I)일 때 was이고 나머지는 모두 were이다.

I. 주어의 (대)명사의 수와 동사의 궁합   Chapter 24

01 단수

1. 셀 수 있는 명사 중 하나

▶ 보통명사 중 하나

> a boy, a gentleman, an MP3

A dog *is* a faithful animal. 개는 충성스러운 동물이다.
The boy [upstairs] *is* running and jumping again. 위층에 있는 소년이 다시 뛰고 있다.
The bus [that I drive] *has* eleven seats. 내가 운전하는 버스는 11인승이다.
The man [answering the phone] *says* that Peter is not in the office.
전화를 받은 그 남자는 피터가 사무실에 없다고 말합니다.

▶ 집합명사 중 하나의 집합
원소명사 중 family형이 집합명사로 쓰이고 하나의 집합을 말하는 경우

> a family 한 가족 a class 한 학급 a committee 하나의 위원회

The class *is* made up of 35 students. 그 학급은 35명으로 구성되어 있다.

▶ 셀 수 있는 추상명사 중 한번의 행위

> a kiss 키스 한번 a kindness 친절한 행위 한번 a way 하나의 방법 a policy 하나의 정책

The quickest way [of contacting the fire department] *is* to use a fire alarm box.
소방서를 접촉하는 가장 빠른 방법은 화재 경보상자를 이용하는 것이다.
Our policy *is* to supply only the very best products to our customers.
우리의 정책은 단지 최고의 제품만을 공급하는 것입니다.
There *is* a small extra charge. 약간의 추가 부담이 있습니다.
There *is* a jazz concert [at the City Hall Saturday afternoon]. 토요일 오후 시청에서 재즈 콘서트가 있습니다.
A nonstop flight [from New York to Los Angeles] *takes* about six hours.
뉴욕에서 로스앤젤레스까지 논스톱 비행은 여섯 시간 걸린다.

2. 모든 셀 수 없는 명사

셀 수 없는 추상명사

> ① 학문명 – economics 경제학 mathematics 수학 ethics 윤리학 physics 물리학
> ② 병명 – measles 홍역 cancer 암 pneumonia 폐렴
> ③ 스포츠 명 – tennis, golf, basketball
> ④ 관직 – president 회장 mayor 시장
> ⑤ 계절 – spring, summer
> ⑥ 일반적 개념 – communication 의사소통 information 정보 advice 충고 weather 날씨 news

Economics *is* studied by many people. 경제학은 많은 사람에 의해 공부되어진다.
Music *is* the only thing [that really *makes* me happy]. 음악은 진정으로 나를 행복하게 하는 유일한 것이다.
All effective communication *starts* with listening. 모든 효과적인 의사소통은 듣는 것에서 시작한다.

물질명사

> gas, water, coffee
>
> ※ **총칭명사** – 전체를 총칭하는 명사
> ┌ 물질명사 – machinery 기계류 furniture 가구류 baggage/luggage 수화물 merchandise 상품
> │   clothing 의류 stationery 문구류
> └ 셀 수 없는 추상명사 – scenery 경치 poetry 시 장르 money 돈

The clothing [in the mall] *is* out of fashion. 그 몰에 있는 의류는 유행이 지난 것들이다.

고유명사

> Busan, Pagoda park, Moon Ikhwan 문익환 Youn Bongil 윤봉길 Lee Sunshin 이순신

Jumbo, [the elephant that escaped from the Baltimore Zoo this afternoon], *has* been caught. 오늘 오후 Baltimore 동물원에서 탈출했던 코끼리 점보는 붙잡혔다.

3. the 형용사 (thing / person)

> the true 진   the good 선   the beautiful 미   the accused 피고인

The accused *is* convicted to death. 그 피고는 사형선고 받았다.

4. a(n) / the 단수명사 and 단수명사 - 한명이 두 가지 직업

> a teacher and writer 선생님이면서 작가   the lawyer and politician 변호사이면서 정치가

The professor and scientist *is* very popular with students. 그 교수이자 과학자는 학생들 사이에 매우 인기가 많다.

5. 하나의 개념

> trial and error 시행착오   the bread and butter 버터 바른 빵   a needle and thread 바늘과 실
> a watch and chain 줄달린 시계   plain living and high thinking 소박한 삶과 높은 사유

Early to bed and early to rise *makes* a man healthy, wealthy, and wise.
일찍 자고 일찍 일어나면 사람은 건강해지고, 부자가 되고, 현명해진다.
Bread and butter *is* what he eats for breakfast. 버터 바른 빵이 그가 아침식사로 먹는 것이다.

6. 시간 / 거리 / 가격 / 중량 (암기법 - [밥이] 시거가주)

Four days *is* a long time to wait. 4일은 기다리기에 긴 시간이다.
Fifty dollars *is* difficult to save to the man. 50달러는 그 남자에게 저축하기에 어렵다.

> 시간의 흐름을 나타낼 경우 - 복수
> Ten years *have* passed since she died. 그녀가 죽은 이후로 10년이 지났다.

7. 명사대신사용어구

> - to + 동사원형
> - 동사원형 ing
> - 명사절 (that, whether/if, 의문사, 접속대명사 what/wh-ever, 수식받는 앞명사가 생략된 접속부사)

Traveling [by air] *is* popular in the United States. 미국에서 비행기로 여행하는 것은 인기가 높다.
Traveling [by air] *saves* a lot of time. 비행기로 여행하는 것은 많은 시간을 절약한다.
Here *is* what the weather will be like in our area. 우리지역의 날씨에 대한 예보가 다음과 같습니다.
It *is* necessary to change the water every day. 매일 물을 바꿔주는 것이 필수적이다.
  (해설) it는 가짜주어 to change ~가 진짜주어로 단수 취급
What you think about yourself *is* far more important than what others think about you.
네가 너 자신에 관해 생각하는 것은 다른 사람들이 너에 대해 생각하는 것보다 훨씬 중요하다.

02 복수

1. 셀 수 있는 명사 중 2 개 이상

● 보통명사의 둘 이상

Dogs *are* a faithful animal. 개는 충성스러운 동물이다.
Some restaurants *are* so popular that you may need a reservation in advance.
얼마간의 레스토랑은 너무 인기 있어서 너는 미리 예약하는 것이 필요하다.
All my friends *live* on the other side of town. 나의 모든 친구들은 도시 건너 쪽에 산다.
Many new bicycle paths *were* made. 많은 새로운 자전거 길이 만들어 졌다.
There *are* twice as many bicycles [as cars in the city]. 이 도시에는 차 만큼의 두 배 많은 자전거들이 있다.
Buses,[partly supported by the city], *transport* many people through the area.
시에 의해 부분적으로 지원되는 버스들이 그 지역의 많은 사람들을 운송한다.
Students [troubled by psychological disorder or poor health] *have* difficulty concentrating on and learning by heart what they've learned.
심리적 장애와 좋지 못한 건강으로 고생하는 학생들은 그들이 배운 것에 집중하고 암기하는데 어려움을 겪습니다.
The continent's vast ice fields *reflect* sunlight back into space.
그 대륙의 거대한 빙하들은 태양을 우주로 반사한다.
Wearers [of green] *have* a love of nature. 초록색을 입는 사람들은 자연을 사랑한다.
There *are* a tennis court and a baseball field in the new Sea Shore Apartment Complex.
새로운 SEA Shore Apartment Complex에는 테니스코트와 야구장이 있다.
Tony and Judy *go* to a restaurant at noon. 토니와 주디는 정오에 식당에 간다.

Chapter 24

Writing in English *were* the novelists Charles and William.
(←The novelists Charles and William *were* writing in English) (해설) 강조를 위해 문장 순서 바꿈 문장
소설가들인 Charles와 William은 영어로 쓰고 있는 중이다.

● 집합명사의 복수

> two families 두 가족   some classes 몇 개의 학급

Only three families *live* in this village. 단지 세가족 만이 이 마을에 산다.

● 원소명사 : 구성원을 가리키는 원소명사는 무조건 복수

> • family 형
>   family 가족 구성원들   class 학생들   committee 위원들   people 동포들
> • the police 형 – 신분과 관계된 말
>   the police 경찰들   the clergy 성직자들   the nobility 귀족들   the peasantry 농부들   the people 국민들
> • cattle 형
>   cattle 소들   people 사람들

The class *were* divided into two groups. 그 학급 학생들은 두 그룹으로 나뉘었다.
The police *run* after the criminal. 경찰들은 그 범인을 쫓고 있다.
People [who walk daily] *have* healthful bodies. 매일 걷는 사람들은 건강한 몸을 가지고 있다.

● 셀 수 있는 추상명사의 둘 이상

> two kisses 두번의 키스   some kindnesses 몇번의 친절한 행위들   54 burglaries 54번의 도난사건들

A year ago there *were* 54 burglaries in the area. 1년 전에 이 지역에 54건의 도난사건이 있었다.
The meanings [of some words] *have* changed recently. 얼마간의 단어들의 의미가 최근 변해 왔다.
Many positive responses [from readers] *have* invigorated the novelist.
독자들로부터의 긍정적인 반응은 그 소설가를 고무시켰다.
Channels [4 through 6] *are* satellite channels. 4번부터 6번까지 채널들은 위성채널이다.
These kinds [of drugs] *are* being consumed by our children.
이와 같은 종류의 약들은 우리 아이들에 의해 소비되고 있는 중이다.

2. 대칭형 명사들

> trousers 바지 scissors 가위 gloves 장갑 glasses 안경 pants 바지

Ladies' gloves *are* here on this floor. 숙녀들의 장갑이 여기 이층에 있다.

3. the 형용사 (people)

> the poor 가난한 사람들   the rich 부유한 사람들   the blind 맹인들   the deaf 귀먹은 사람들
> the wounded/the injured 부상자들

The injured *were* taken to hospital. 부상자들은 병원으로 후송되었다.

4. the 국가의 형용사형 – -n으로 끝나면 끝에 s를 붙인다.

> the English 영국인들   the Koreans 한국인들   the Chinese 중국인들   the Americans 미국인들

The Americans *value* their time highly. 미국인들은 그들의 시간을 매우 소중히 생각한다.

5. a(n)/the 단수명사 and a(n)/the 단수명사 – 두 명으로 복수

> a teacher and a writer 한 선생님과 한 작가   the lawyer and the politician 그 변호사와 그 정치가

A professor and a scientist *are* discussing the jobs in the future.
교수와 과학자는 미래의 직업에 관해서 토론하고 있는 중이다.

6. 시간의 흐름

Twenty years *have* passed since his mother died. 그의 어머니가 죽은 이후로 20년이 지났다.

(해설) 일반적으로 시간을 나타낼 때는 단수 취급하지만 시간의 경과를 나타낼 때는 복수취급.

II. 대명사(형용사)와 동사·명사의 궁합   Chapter 24

많은 대명사들이 형용사로도 쓰인다.

01 단수-단수명사 및 단수동사와 결합한다.

대명사 및 형용사 기능	either/neither/this/that/(a) little/much/each/one/what
대명사 기능만 있는 것	no one/nothing/nobody/something/somebody/someone/ anything/anybody/anyone/everyone/everybody/everything/ a good deal [of 단수명사]/a large amount [of 단수명사]

1. 대명사와 형용사 기능 둘 다 있는 것

▶ 대명사로 사용된 것

Either [of my sister and brother] *knows* where I can buy coffee around here.
나의 누이와 형 둘 중 한명이 여기 근처에서 커피살 수 있는 곳을 안다.
Neither [of the books] *is* good. (그 책의) 어느 쪽(것)도 다 좋지 않다.
Much [about the processes and the participants] *is* yet to be fully understood.
처리과정과 참가자들에 관한 많은 것들이 아직 완전히 이해 되어야만 한다.
Each [of the flowers] *is* a different color. 그 꽃들의 각각은 다른 컬러이다.
One [of the men who work in the office with her] *asks* her to go to the party.
그녀와 사무실에서 함께 일하는 그 남자 중에서 한사람이 그녀가 파티에 함께 가자고 요청했다.
Fortunately no one [in my family] *was* hurt. 다행히도 나의 가족의 어떤 사람도 상처입지 않았다.
What *seems* to be the problem, sir? 선생님, 문제가 무엇인 것 같습니까?

▶ 형용사로 사용된 경우

Either pen will do. 어느 펜이든 좋다.
Neither statement *is* true. 어느 쪽 주장도 진실은 아니다.
Much money *is* needed in the business. 그 사업에 많은 돈이 필요하다.
Each education material *is* very useful. 각각의 교육 기자재는 매우 유용하다.

> each에 명사가 반복되어도 단수 취급한다.
> Each boy and girl *has* a locker. 각각의 소년 소녀들은 라커를 가지고 있다.

This information *is* from her. 이 정보는 그녀로부터 나온 것이다.
There's very little money left. 남은 돈이 거의 없다.
What book *is* the better, this or that? 이책과 저책 중 어떤 것이 더 좋습니까?

반드시 궁합이 맞아야 하는 경우 | **335**

2. 대명사 기능만 있는 것

No one *knows* the answer. 아무도 그 답을 모른다.
Everyone *does* things like that once in a while. 모든 사람은 한동안 그처럼 행한다.
A good deal [of clothing] *was* burned by a fire. 많은 의류가 화재로 불탔다.
Nothing *is* as important as solving these problems.
어떤 것들도 이러한 문제들을 해결하는 것보다 더 중요하지 않다.

02 복수 – 복수명사 및 복수동사와 결합한다.

대명사 및 형용사 기능	both/many/several/(a) few/these/those/a good many 많은 수들
대명사 기능만 있는 것	a (good/large) number/numbers [of 복수명사] 많은 수들

1. 대명사 기능과 형용사 기능 둘 다 있는 것

▶ 대명사로 사용된 것

Both [of them] *were* surprised at the news. 그들 둘 다 그 뉴스에 놀랐다.
Many [of its shores] *are* no longer safe for swimming.
그 해변의 많은 곳들은 더 이상 수영을 위해 안전하지 않다.
The meals are awful, but few *complain*. 식사가 엉망이었지만 누구도 불평하지 않았다.
These *are* very exciting fairy tales. 이것들은 매우 흥미 있는 옛날이야기들이다.

▶ 형용사로 사용된 것

Both performances *were* canceled. 양쪽 공연이 모두 취소되었다.
Many people [in the world] *suffer* from disease. 세계의 많은 사람들은 질병으로 고생한다.
A few storms *are* very strong to severe damage. 몇몇의 폭풍은 강해서 심각한 피해를 준다.
A few programs [in the company] *are* greatly successful. 그 회사의 몇몇 프로그램들이 대 성공이다.

2. 대명사 기능만 있는 것

A good number [of employees] *were* fired due to recent economy depression.
많은 직원들이 최근의 경제 불황 때문에 해고되었다.

Chapter 24

03 단수도 될 수 있고 복수도 될 수 있는 것

복수명사와 결합하거나 지칭하면 복수동사, 단수명사와 결합하거나 지칭하면 단수동사

대명사 및 형용사기능	all/most/more/plenty/some/any/the rest/the majority 분수와 퍼센트 (a half/two-thirds/the ten percent/part)
대명사 기능만 있는 것	a lot/lots [of 단/복수명사]

1. 대명사 기능과 형용사 기능 둘 다 있는 것

● 대명사로 사용된 것

① 단수명사와 결합하여 단수동사
Some [of the money] *was* spent on books. 그 돈의 일부는 책 사는데 쓰였다.
Most [of the work] *has* been done. 그 일의 대부분은 완료되었다.
There *is* plenty [of time]. 많은 시간이 있다.
Half [of the apple] *is* rotten. 그 사과의 반은 썩었다.
Two-thirds [of our body] *is* composed of water. 우리의 몸의 3분의 2는 물로 구성되어 있다.

② 복수와 결합하여 복수동사
Some [of us] *are* getting together next weekend. 우리들 중 몇몇은 다음 주 함께 모일 예정이다
Some [of the books] *are* quite interesting. 그 책들 중의 얼마간은 아주 재미있다.
Most [of the students] *know* me. 그 학생들 대부분은 나를 알고 있다.
Most [of the books] *are* written in English. 그 책들 중 대부분은 영어로 씌어진다.
Half [of the apples] *are* rotten. 그 사과들 중 반은 썩었다.

● 형용사로 사용되는 경우

① 단수 명사와 결합하여 단수 동사
All information *is* useless. 모든 정보가 무용지물이다.
Most water [in the earth] *circulates*. 지구상의 대부분의 물은 순환한다.

② 복수명사와 결합하여 복수 동사
All books *are* interesting.
Some books *are* very interesting and instructive. 얼마간의 책들은 매우 흥미 있고 교훈적입니다.

2. 대명사 기능만 있는 것

① 셀 수 없는 단수명사와 결합하여 단수 동사.
　　A lot/Lots [of gas] *is* consumed in the city during winter. 많은 가스가 겨울 동안 도시에서 소비된다.
　　A lot [of farmland] *was* destroyed to build the building. 빌딩을 건설하기 위해 많은 농장이 파괴되었다.
② 셀 수 있는 복수명사와 결합하여 복수동사.
　　A lot/Lots [of cars] *were* produced by the company. 많은 차들이 그 회사에 의해 생산 되어진다.
　　There *are* a lot [of other passengers] on this plane. 이 비행기에 많은 다른 여행객들이 있다.
　　There *are* a lot [of interesting things] to do and to see. 하고 볼 많은 재미있는 것들이 있다.

☀ 참고　a(n) / every / the / no

형용사이므로 반드시 명사와 결합하여 사용한다.

A. a(n)/every + 단수명사

단수명사와 결합하고 단수동사와 쓴다.
　　A driver *was* not seriously hurt. 한 운전사는 심하게 상처입지 않았다.
　　Every dog *has* his day. 쥐구멍에도 해뜰 날 있다.

 every 다음에 명사가 반복되어도 단수 취급한다.
　　Every boy and girl [in this class] *is* good at math. 이 학급의 모든 소년 소녀는 수학을 잘한다.

B. the/no + 단수/복수명사

셀 수 있는 명사(단수명사와 복수명사) 및 셀 수 없는 명사와 다 쓸 수 있다.
　　NBC News suffered the worst scandal in its history.
　　　NBC 뉴스는 그 것의 역사상 최악의 스캔들을 겪고 있다.
　　We'll see the winners. 우리는 승리자들을 만나게 될 것이다.
　　You may use the Oxygen in the can. 너는 그 캔 안의 산소를 사용해도 된다.
　　This was no ordinary summer thunderstorm. 이것은 보통의 여름 폭풍우가 아니다.
　　No injuries were reported. 어떠한 부상도 보도되지 않았다.
　　We have no information on the policy. 우리는 그 정책에 관해 정보가 없다.

C. every 명사 of 명사

형용사이기 때문에 반드시 명사 앞에 써야한다. 'every of 명사' 형태로 쓸 수 없다.
　　The director will oversee every aspect of the film operation.
　　　그 감독이 그 영화작업의 모든 면을 검토할 것이다.

Chapter 24

 참고   접속(관계)대명사가 주어인 경우 수일치

접속대명사의 단수/복수는 접속대명사가 가리키는 명사와 일치.

One who *is* honest will succeed in life. 정직한 사람은 인생에서 성공할 것이다.
(해설) is의 주어는 who, who가 가리키는 말은 one로 단수

Scholars are available for *those* who *need* financial assistance.
장학금은 재정지원이 필요한 사람들에게 이용 가능하다.   (해설) need의 주어는 who 이고 who가 가리키는 말이 those로 복수

It is *they* who *are* responsible for the mistake. 그 실수에 책임져야 할 사람은 바로 그들이다.
(해설) are의 주어는 who, who가 가리키는 말이 they로 복수

One of *the buildings* which *are* very high and expensive will be sold by a foreigner.
매우 높고 비싼 빌딩 중의 하나가 외국인에 의해 팔릴것이다.
(해설) are의 주어는 which이고 which가 가리키는 말은 the buildings로 복수

 참고   짝꿍 접속사와 동사의 궁합

A. 둘 다 :
「Both A and B」 – A와 B 둘 다에 일치시키므로 복수 취급
=「not only A but (also) B」 – 동사는 B의 인칭과 수에 일치
=「B as well as A」 – 동사는 B의 인칭과 수에 일치

Both she and I *are* able to speak English.
= Not only she but also I *am* able to speak English.
= I as well as she *am* able to speak English. 그녀 뿐만 아니라 나도 영어를 말할 수 있다.

B. 둘 중 하나 :
「(either) A or B」 – 동사는 B의 인칭과 수에 일치시킨다.

Either Mike or I *am* to go. 마이크나 내가 가야 한다.
Either you or he *has* to attend the meeting. 당신이나 그가 회의에 참석해야 한다.
You or Tom *has* to go there. 당신이나 Tom이 거기에 가야 한다.
He or I *am* wrong. 그 아니면 내가 틀렸다.

C. 둘 다~아니다 :
「neither A nor B」 – 동사는 B의 인칭과 수에 일치시킨다.

Neither she nor I *am* the winner. 그녀도 나도 승자가 아니다.
Neither he nor you *know* the secret. 그 사람도 당신도 그 비밀을 모른다.

III. 유사한 대명사(형용사)의 동사·명사 궁합

01 a number와 the number

> • a number/numbers [of 복수명사]+복수동사   • the number [of 복수명사]+단수동사

'a number/numbers'는 '많은 수들'이라는 의미로 복수다. 하지만 'the number'는 '~의 수'라는 뜻으로 단수이다.

→ **a number of 복수명사+복수동사**
A number [of the reports] *were* not written by the reporter.
그 리포트의 많은 것들이 그 기자에 의해 씌어지지 않았다.

→ **the number of 복수명사+단수동사**
The number [of cases of cancer] *has* been on the rise since 1980.
암 환자의 수가 1980년 이후 증가하고 있다.

02 many 복수명사와 many a 단수명사

> • many 복수명사+복수동사   • many a(n) 단수명사+단수동사

many는 복수명사와 결합하고 many a(n)는 단수명사와 결합한다.

→ **many 복수명사+복수동사**
Many investors *were* very angry. 많은 투자자들은 매우 화났다.

→ **many a(n) 단수명사+단수동사**
Many an investor *was* very angry. 많은 투자자들은 매우 화났다.
Even many a teacher *doesn't* solve the question. 많은 선생님들조차도 그 문제를 풀지 못한다.

03 some/any와 something/anything

대명사 및 형용사기능	some/any(셀 수 없는 단수명사)+단수동사 or some/any(복수명사)+복수동사
대명사 기능만 있는 것	something[someone/somebody]/anything[anyone/anybody]+단수동사

some이나 any는 '얼마간'의 뜻으로 셀 수 있는 명사나 셀 수 없는 명사 둘 다 결합 가능하다. 셀 수 있는 명사를 받을 때는 복수, 셀 수 없는 명사를 받을 때는 단수이다. 하지만 something [someone /somebody]과 anything[anyone/anybody]은 어떤 것[어떤 사람]이라는 하나를 뜻하므로 단수 취급한다.

➡ some/any – 대명사기능과 형용사기능 둘 다 있다.
① some/any(셀 수 없는 단수명사)+단수동사
Some (information) *was* obtained from his friends. 얼마간의 정보가 그의 친구들로부터 획득되었다.
② some/any(복수명사)+복수동사
Some (students) *are* interested in physics. 얼마간의 학생들은 물리학에 흥미를 갖는다.

➡ something(someone/somebody)/anything(anyone/anybody)+단수동사
Someone *is* interested in physics. 어떤 사람은 물리학에 흥미를 갖는다.

04 all과 every 등

대명사 및 형용사 기능	all [(of) (the) 단수명사]+단수동사 or all [(of) (the) 복수명사]+복수동사
형용사 기능만 있는 것	every 단수명사+단수동사

all은 셀 수 있는 명사나 셀 수 없는 명사 둘 다 결합 가능하다. 셀 수 있는 명사를 가리킬 때 복수, 셀 수 없는 명사를 가리킬 때는 단수 취급한다. 또 대명사, 형용사, 황제부사로 쓰일 수 있다. 하지만 every는 형용사로만 쓰이며 단수명사와 결합하고 단수 취급한다. every의 대명사형은 everything(everyone/everybody)이다.

1. all

➡ all [(of) (the) 단수명사]+단수동사
① 대명사
All [of the scenery] in the ocean *is* wonderful. 대양에서의 모든 경치는 굉장하다.
(해설) [of the scenery]는 대명사 all을 수식하는 형용사구

② 황제부사

All the scenery in the ocean *is* wonderful. 그 대양의 모든 경치가 대단하다.

(해설) all은 대장형용사 the 앞에 쓰인 황제부사

③ 형용사

All scenery in the ocean *is* wonderful. (해설) all은 명사 scenery를 수식하는 형용사

◎ all [(of) (the) 복수명사]+복수동사

① 대명사

All [of the investors] *were* pleased at the news. 모든 투자자들이 그 뉴스에 기뻐했다.

② 황제부사

All the investors *were* pleased at the news. (해설) 대장형용사 the 앞에 쓰인 황제부사

③ 형용사

All investors *were* pleased at the news. (해설) all이 명사 investors를 꾸며주는 형용사

2. 형용사 every

◎ every 단수명사+단수동사

Every investor *was* pleased at the news. 모든 투자자들은 그 소식에 기뻐했다

05 대명사 none/no one/nobody/nothing과 형용사 no의 비교

대명사기능	none (of 단수명사)+단수동사 & none (of 복수명사) 복수동사 – 사람 사물 모두 사용 no one/nobody – 사람일 때 사용(단수) nothing – 사물일 때 사용(단수)
형용사기능	no 단수명사+단수동사 & no 복수명사+복수동사

none은 사람 사물 둘 모두를 가리키고 셀 수 있는 명사를 말할 때 복수, 셀 수 없는 명사를 말할 때 단수이다. 한편 no one, nobody는 사람, nothing은 사물을 칭하며 둘 다 단수 취급한다. no는 명사를 꾸며주는 형용사로 단수/복수와 각각 결합한다.

Chapter 24

1. 대명사

● none – 사람 사물 모두 사용
　① none (of 단수명사) + 단수동사
　　None [of the furniture] *is* good. 그 가구의 어떤 것들도 유용하지 않다.
　② none (of 복수명사) + 복수동사
　　None [of the voters] *were* impeded. 유권자들 누구도 방해받지 않았다.
　　None [of the cures] really *work*. 그 치료법의 어떤 것들도 효과가 없다.

● no one/nobody – 사람일 때만 사용 (단수)
　No one *knows* what will happen in the future. 아무도 미래에 무엇이 발생할 것인지 모른다.
　Nobody in the company *works* harder than the president. 이 회사에서 사장보다 더 열심히 일하는 사람은 없다.
　Nobody *listens* and *laughs* at my jokes. 아무도 나의 농담에 귀 기울이거나 웃지 않는다.

● nothing – 사물일 때만 사용 (단수)
　Nothing of the books *is* useful. 그 책들 중 어떤 것들도 유용하지 않다.

2. 형용사 no – 사람 사물 모두 사용

● no 단수명사 + 단수동사
　No member of his class *knows* the truth. 학급의 어떤 사람들도 그 사실을 알지 못한다.

● no 복수명사 + 복수동사
　There *were* no cars on the street. 거리에는 한 대의 차도 없었다.

참고　대명사 (all / most / some / any / one / each / none) of 목적격대명사

of는 전치사이므로 of 다음에 대명사가 올 때 목적격이 온다.

On cold days, *most* of us would eat lunch at their desks.
쌀쌀한 날에는 우리들 대부분이 자기 자리에서 점심을 먹곤 했다.
Some of them will be helpful, but *most* of them are too obscure.
부분적으로는 도움이 되겠지만, 나머지 대부분은 너무 불명확한 것 같아요.
One of them majors in astronomy. 그들 중 한사람은 천문학을 전공한다.
All of us believe that we will win the game. 우리들 모두는 우리가 그 게임을 승리할 것이라는 것을 믿는다.
None of them came on time. 그들 중 어떤 사람도 정각에 오지 않았다.

Chapter 24

Question
확·인·문·제

반드시 궁합이 맞아야 하는 경우
정답 및 해설 31~32page

1 다음 문장의 동사형태를 선택하시오.

01 My brother (is/are) a nutritionist.
02 His sisters (is/are) mathematicians.
03 The Supreme Court judge (decide/decides) the appropriate penalty.
04 The committee members (was/were) satisfied with the resolution.
05 Here (is/are) some helpful hints.
06 Over the ripples (glide/glides) a small canoe.
07 This strategy (is/are) often used for poetic effect.
08 There (was/were) a well-known writer at the meeting.
09 Watching fireflies (is/are) one of the nicest things about summer evenings.
10 The survey covering seven colleges (reveal/reveals) a growth in enrollment.

2 다음 문장에서 올바른 동사 형태를 고르시오.

01 Either the actors or the director (is/are) at fault.
02 A number of people (is/are) watching the World Cup game on TV.
03 Neither my brothers nor my father (is/are) going to sell the house.
04 Three-fifths of the troops (was/were) lost in the battle.
05 Climbing mountains (is/are) also good for the heart and can prevent heart attacks.
06 Sixty percent of the students (is/are) in favor of changing the policy.
07 Everyone on the committee (is/are) welcome to express his/her ideas.
08 The news of the invention (is/are) spreading around the world.
09 The mass media in the world (has/have) publicized the facts.
10 As for me, 10,000 dollars (is/are) a considerable amount of money.
11 Every student (has/have) done his/ her homework very well.
12 Somebody (has/have) left her purse.
13 Some of the beads (is/are) missing.
14 Some of the water in the basin (is/are) gone.
15 Each of the students (is/are) responsible for doing his or her work in the library.
16 The mayor as well as his brothers (is/are) going to prison.
17 The mayor and his brothers (is/are) going to jail.
18 Neither of the two traffic lights (is/are) working.
19 The speaker whom you saw at the lecture (is/are) one of the state senators from Minnesota.
20 The quarterback and the coach (is/are) having a conference.

Chapter 24

반드시 궁합이 맞아야 하는 경우
정답 및 해설 33~34page

3 다음 문장에서 올바른 동사형태를 말하시오.

01 This is one of the most important events that (has/have) happened this year.
02 He is the only one of my friends who really (understands/understand) me.
03 The old man gathered everything that (is/are) useful.
04 The sales manager is a good researcher who (spend/spends) a great amount of time surfing the Web for information.
05 Sales managers are good researchers who (spend/spends) a great amount of time surfing the Web for information.
06 Anyone who (ⓐ want/wants) to pursue higher education (ⓑ has/have) to pass entrance exams.
07 Information that (make/makes) its way to the short term memory STM does so via the sensory storage area.
08 The brain has a filter which only (ⓐ allow/allows) stimuli that (ⓑ is/are) of immediate interest to pass on to the STM, also known as the working memory.

4 다음 문장에서 잘못된 부분이 없으면 O 하고 잘못된 부분이 있으면 바르게 고치고 설명하시오.

01 The police had little opportunities to catch the thief who had committed a large number of crimes.
02 You will have less problems with your income taxes if you get professional assistance.
03 After the strike, the company dismissed much employees.
04 Though the bottom corner of pocket was torn, little coins fell out.
05 Since he bought the new adapter, he has had fewer trouble with the machine
06 Much soldiers who had been in heavy combat were brought back for a little rest.
07 There were few good seats left, so that we decided not to buy tickets to the movie.
08 Nowadays many women are becoming lawyers.
09 Although she was very rich, she wore little jewelry.
10 He did not eat many fruit in the winter.
11 Most equipments were burnt in the fire.
12 One of the most beautiful government building is Seoul City Hall.
13 Bob is interested in mathematics and their applications.
14 Every river has the power to clean itself, only if they are not overloaded with pollutants.
15 Many teaching methods makes these subjects more attractive to the students.
16 The police admits that the suspect has done something illegal.
17 Much clothing were displayed in the shopwindow.
18 Some books provides every branch of knowledge and detailed information.

POP SONG

Woman in Love
by Barbra Streisand

Life is a moment in space
when the dream is gone It's a lonelier place
I kiss the morning goodbye but down inside
You know we never know why

The road is narrow and long
when eyes meet eyes and the feeling is strong
I turn a way from the wall
I stumble and fall, but I give you it all

**

I am a woman in love
And I'd do any thing to get you in to my world,
and hold you within
It's a right I defend over and over again
What do I do?

With you eternally mine in love
there is no measure of time
We planned it all at the start

that you and I live in each other's heart
We may be oceans away
you feel my love I hear what you say
No truth is ever a lie
I stumble and fall but I give you it all

**repeat

I am a woman in love and I'm talking to you
I know how you feel what a woman can do
It's a right I defend over and over again

사랑에 빠진 여인

인생이란 우주 속에서 한 순간과도 같죠.
꿈마저 없다면 너무나 외로운 곳입니다
아침에 이별의 키스를 하고 나서도 마음속에 밀려드는 상심
우린 왜 그런지 이유를 알 수 없어요

인생의 길은 좁고도 길죠.
우리 눈길이 마주치고 사랑의 느낌이 점점 커져갈 때면
난 기대고 있던 벽에서 몸을 돌려
비틀거리고 넘어질지라도 이 내 모든 사랑을 그대에게 드릴게요.

 **
나는 사랑에 빠진 여인이랍니다.
무엇이라도 다 하렵니다 그대를 나의 세계로 맞아들여
그대를 마음속에 간직할 수 있다면
그것만이 언제까지라도 내가 꼭 지켜갈 일이예요
내가 어찌해야 하나요?

그대는 나의 영원한 여인
우리의 사랑은 영원할 거예요
처음부터 그렇게 되어 있었던 거랍니다
그대와 나, 서로의 가슴속에 살아가도록

바다가 우리 사이에 놓여 있을지라도
그대 나의 사랑을 느끼고 나는 그대의 목소리를 들을 거예요
진실이란 절대 거짓일 수 없답니다
나 비틀거리고 넘어져도 그대에게 내 모든 사랑을 드립니다.

**반복
나는 사랑에 빠진 여인 나 그대에게 말하겠어요.
한 여인이 할 수 있는 일이 얼마나 큰 것인지 그대도 느끼고 있음을 알고 있다고
그것만이 내가 지켜가야 할 일이예요 언제까지라도

곡해설

드넓은 우주 속에서 보면 한 순간에 불과한 덧없는 인생살이에서 사랑을 알게 된 여인이 사랑하는 사람을 위해 무엇이든 하겠다는 내용의 노래입니다.

25

영어에서 비교는 만큼 그 만큼(원급), 보다 더(비교급), 가장 비교(최상급)가 있다.
만큼 비교(원급) : as ~ as ~
보다 비교(비교급) : -er/more ~ than ~
가장 비교(최상급) : the -est/the most ~

비교 Comparatives

I. 비교의 종류
II. 비교급과 최상급 만드는 방법
III. 최상급에 해당하는 표현법
IV. 알아야 할 관용표현

Ⅰ. 비교의 종류

비교의 종류		형 태
만큼 비교(원급)	긍정문	as ~ as
	부정문	not as/so ~ as
보다 비교(비교급)	긍정문	-er/more~ than
	부정문	not -er/more ~ than = less ~ than
가장 비교 (최상급)		the - est/most 명사 of 복수명사 in 단수명사(집단) S + have(had) ever p.p

● 만큼 비교 (원급)

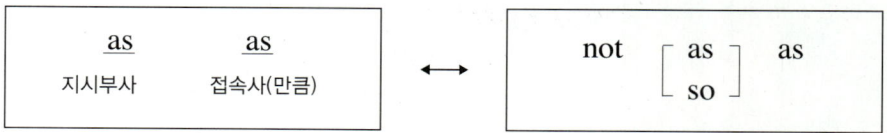

She is **as** tall **as** I. 그녀는 나만큼 크다. ↔ She is *not* so/as tall as I. 그녀는 나만큼 크지 않다.
I got here as fast as I could. 가능한 한 빨리 여기에 왔다.
I don't know as many people as you do. 나는 네가 아는 만큼 많은 사람을 알지 못한다.

💡 참고   배수표현

~ **times** as 원급 as = ~ **times** 비교급 than

This box is three times *as* large *as* that one. 이 상자는 저 상자보다 세배 크다.
= This box is three times *larger than* that one.
Dogs can hear at least ten times *as* well *as* people. 개는 사람보다 적어도 10배 잘 듣는다.
= Dogs can hear at least ten times *better than* people.

● ~ 보다 비교 (비교급)

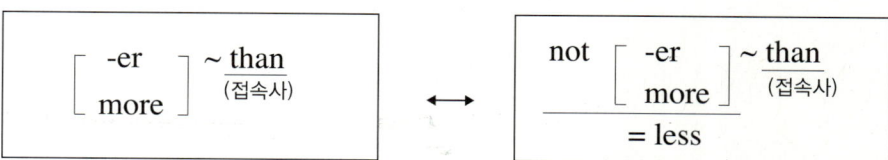

Chapter 25

She is more beautiful than my wife. 그녀는 나의 아내보다 더 아름답다.
↔ She is *not more* beautiful than my wife. 그녀는 나의 아내보다 더 아름답지 않다.
= She is *less* beautiful than my wife.

The exam was more difficult than we expected. 그 시험은 우리가 기대했던 것보다 더 어려웠다.
↔ The exam was *not more* difficult than we expected.
= The exam was *less* difficult than we expected. 그 시험은 우리가 기대했던 것보다 더 어렵지 않았다.

It's cheaper to go by car than by train. 열차보다 승용차로 가는 것이 더 싸다.
Going by train is more expensive than going by car. 열차로 가는 것이 차로 가는 것보다 더 비싸다.

🔵 가장비교 (최상급)

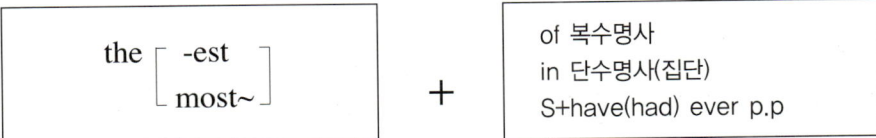

You are the tallest girl *of my friends*. 너는 나의 친구들 중 가장 큰 소녀이다.
He is the tallest boy *in our class*. 그는 우리학급에서 가장 큰 소년이다.
She is the tallest girl *I have ever met*. 그녀는 내가 지금까지 만난 가장 키가 큰 소녀이다.
This is the nicest room *of our rooms*. 이 방은 우리의 방들 중 가장 좋은 방이다.
This is the nicest room *in this hotel*. 이 방은 이 호텔에서 가장 좋은 방이다.
You are the most intelligent student *I have ever met*. 너는 내가 지금까지 만난 가장 지성적인 학생이다.

cf. than을 쓰지 않고 to를 쓰는 라틴어 출신 단어들

- superior to ~보다 나은   ↔ inferior to ~보다 열등한
- junior to ~보다 손아래의   ↔ senior to ~보다 손위의
- anterior to ~보다 이전의   ↔ posterior to ~보다 후에
- minor to ~보다 적은   ↔ major to ~보다 더 큰
- interior to ~보다 안쪽에   ↔ exterior to ~보다 밖에
- prefer A to B B보다 A를 선호하다

He is definitely *superior* to the others. 그는 남보다 단연 우수하다.
He is *junior* to you by two years. 그는 2년 차이로 너보다 어리다.

II. 비교급과 최상급 만드는 방법

| 형용사(부사)er/est | more/most 형용사(부사) | 멋대로 변화형 |

➡ -er/-est

- 1음절
- 2음절 중 -ow/-er/-y/-ly/-some
  [암기법 - 오이(ow)야(er) 이(y)리(ly)서(some)]로 끝나는 단어

[1음절] · tall - taller - tallest   · short - shorter - shortest
         · high - higher - highest
[2음절] · narrow - narrower - narrowest   · clever - cleverer - cleverest
         · easy - easier - easiest   · early - earlier - earliest

This car is **cheaper** than that one. 이 차는 저 차보다 더 싸다.
Mike started **earlier** than I did. Mike는 내가 출발했던 것보다 더 일찍 출발했다.

➡ more ~/most ~

- 2음절 중: -ow/-er/-y/-ly/-some[암기법 - 오이(ow)야(er) 이(y)리(ly)서(some)]를 제외한 단어
- 3음절 이상

[2음절] · foolish - more foolish - most foolish   · careful - more careful - most careful
[3음절] · exciting - more exciting - most exciting · wonderful - more wonderful - most wonderful

Smith's dress is **more beautiful** than my wife's. Smith의 드레스는 나의 아내 것보다 더 아름답다.

➡ 멋대로 변화형

- little 양이 적은(거의 ~하지않는) - less - least
- bad 나쁜 ⎫
  ill 아픈 ⎭ - worse - worst
- far ⎧ (거리) farther - farthest
      ⎩ (정도) further - furthest

- good 좋은 ⎫ - better - best
  well 잘 ⎭
- many 수가 많은 ⎫ - more - most
  much 양이 많은 ⎭
- old - ⎧ (나이) older - oldest
        ⎩ (순서) elder - eldest

As these jets fly longer and **farther,** the strain on pilots also goes up.
이 같은 제트기들이 더 오래 멀리 날기 때문에 조종사들의 긴장도 또한 증가한다.

For **further** information, call the membership office at 212-769-5606.
더 많은 정보를 위해서 멤버쉽 사무실 212-769-5606로 전화하세요.

Chapter 25

The company is looking for *further* growth in 2010. 그 회사는 2010년에 다 큰 성장을 추구하고 있는 중이다.
Living in the country is *less* expensive than in the city. 시골 살림은 도회지 살림보다 비용이 덜 든다.
At *least* five people died in weekend traffic wrecks. 주말 교통사고에서 적어도 다섯 사람이 죽었다.
Humans have spurred the *worst* extinctions since dinosaurs. 인간들은 공룡멸종 이후 최악의 멸종을 가속화하고 있다.

 참고   강조표현

   A. 원급강조 : (not) ~nearly/just/quite/almost as ~ as
      She is *just* as tall as her brother. 그녀는 단지 그녀의 오빠만큼 크다.

   B. 비교급강조
      (a) 훨씬 : far/by far/still/even/a lot/much   ※ very는 절대 안됨.
         This is *much* better than that pencil. 이것은 저 연필보다 훨씬 좋다.
         Ben is *still* taller than John. Ben은 John보다 훨씬 크다.
         cf) 셀 수 있는 복수명사가 올 때 many
         This edition includes *many* more exercises. 이번 호는 훨씬 더 많은 연습문제를 포함하고 있다.
      (b) 얼마간 : any
         You are *any* fatter than she. 너는 그녀보다 얼마간 더 살이 쪘다.
      (c) 약간 : a little
         She is *a little* taller than you. 그녀는 너보다 약간 크다.

 참고   the + 비교급

최상급에만 the를 붙이고 비교급에는 the를 붙이지 않은 것이 원칙이지만 다음의 경우는 정한다는 개념의 the를 붙인다.

   A. the 비교급, the 비교급 : ~하면 할수록 더 ~하다
      The more we have, the more we want. 우리가 많이 가지면 가질수록 우리는 더 많이 원한다.
      The harder you study, the more you can learn. 네가 더 열심히 공부하면 공부할수록 너는 더 많이 배울 수 있다.
      The more we learn, the more we realize our ignorance. 우리가 더 많이 배우면 배울수록 무지를 더 깨닫는다.

   B. (all) the 비교급 + 이유(because/as/because of/for)
      I like her all the better because she is honest. 나는 그녀가 정직하기 때문에 그녀를 더욱 더 좋아한다.

   C. the 비교급 + of the two(명사)
      Jennifer is the more beautiful of the two sisters. Jennifer는 두 자매 중 더 아름답다.

III. 최상급에 해당하는 표현법

원 급	S is as ~ as any 단수명사 = S is as ~ as... ever = No 단수명사 is as ~ as S
비교급	= S is 비교급 than any other 단수명사 = S is 비교급 than any 단수명사 else = S is 비교급 than all the other 복수명사 = No 단수명사 is 비교급 than S
최상급	= S is the 최상급 of all the 복수명사(in 단수명사) = S is the 최상급 in 단수명사(집단) = S is the 최상급 S + have(had) ever p.p

'Harvard는 세계에서 가장 좋은 대학이다.' 의 표현들

◉ 원급표현

Harvard is as good as any university in the world.
Harvard is as good as ever in the world.
No university in the world is as good as Harvard.

◉ 비교급표현

Harvard is better than any other university in the world.
Harvard is better than any university else in the world.
Harvard is better than all the other universities in the world.
No university in the world is better than Harvard.

◉ 최상급표현

Harvard is the best university of all the universities in the world.
Harvard is the best university in the world.

IV. 알아야 할 관용표현

Chapter 25

- **the same 명사 as** ~와 똑같은
  Will Kerry make the same mistakes as Clinton? Kerry는 clinton과 똑같은 실수를 할 것인가?

- **as 원급 as possible** (=as 원급 as 주어 can) 가능한 한 ~
  Please call me as soon as possible.
  = Please call me as soon as you can. 가능한 한 빨리 전화주세요.

- **as many as** ~만큼 많은 수
  In summer, they spent as many as 30 days in Guam. 여름에 그들은 괌에서 30일을 보냈다.

- **as much as** ~만큼 많은 양
  He spent as much as $1,000 on the vacation. 그는 그 휴가에서 1,000달러나 소비했다.

- **as good as** ~와 마찬가지인
  This computer is as good as a new one. 이 컴퓨터는 새 것 만큼이나 좋다.

- **as far as** ~하는 한
  As far as I know, Bill is diligent and honest. 내가 아는 한 빌은 근면하고 정직하다.

- **as long as** ~하는 한
  You may go out, as long as you are not late. 네가 늦지 않는다면 나가도 좋다.

- **A is no more B than C is (D)** A가 B가 아닌 것은 C가 D가 아닌 것과 마찬가지다.
  A whale is no more a fish than a horse is. 고래가 물고기가 아닌 것은 말이 물고기가 아닌 것과 마찬가지다.

- **B rather than A = not so much A as B = not A so much as B** A라기보다는 B이다
  The man is a poet rather than a professor.
  = The man is not so much a professor as a poet.
  = The man is not a professor so much as a poet. 그 남자는 교수라기보다는 시인이다.

비교 | **353**

- **much(still) more** (긍정문에서) ~은 말할 것도 없이
  He can speak Chinese, still more English. 그는 영어는 말할 것도 없이 중국어도 말할 수 있다.

- **much(still) less** (부정문에서) ~는 말할 것도 없이
  She can not speak English, much less French. 그는 프랑스어는 말할 것도 없이 영어도 말할 수 없다.

- **no longer**(=not ~ any longer) 더 이상 ~ 않다
  They no longer live in this town.
  =They do not live in this town any longer. 그들은 더 이상 이 도시에서 살지 않는다.

- **may as well** 동사원형 (=had better) ~하는 편이 좋다
  You may as well leave at once. 너는 즉시 떠나는 편이 낫다.

- **without so much as ~ing** ~조차 없이
  They left without so much as saying good-bye to us. 그들은 우리에게 작별인사도 없이 떠나 버렸다.

- **more or less** 다소
  The total figures are presumably more or less accurate. 아마 전체 숫자는 다소 정확하다.

- **sooner or later** 조만간
  Call me sooner or later. 조만간 나에게 전화해라.

- **as .... as any** 명사 어떤 명사에 못지않게 .....한
  He is as brave as any player in the team. 그는 그 팀에서 어떤 선수 못지않게 용감하다.

- **as .... as ever** 전례 없이 .....한
  He is as great a reporter as ever lived. 그는 전례 없이 대단한 리포터이다.

- **not so much as + 동사** ~조차도 않다.
  The sales manager didn't so much as say 'thank you' 그 세일즈 매니저는 감사하다는 말조차도 하지 않았다.

- **know better than to 동사원형** ~할 정도로 어리석지 않다.
  The clerk know better than to misunderstand what you say.
  그 점원은 네가 말한 것을 오해할 정도로 바보는 아니다.

Chapter 25

💡 **참고**　~ more than 과 ~ less than

A. ~ more than A ($x > A$)

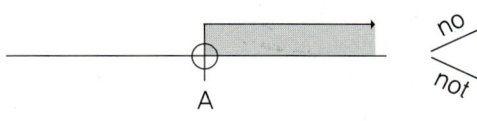

• no more than A ($x = A$)

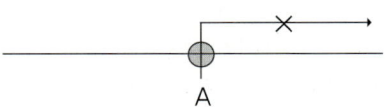

• not more than A ($x \leq A$)

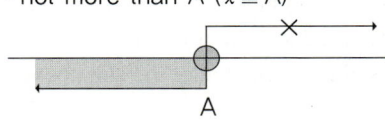

- no more than (= only) 단지
He has no more than 100,000 won. 그는 단지 100,000원 가지고 있을 뿐이다.

- not more than (= at most) 기껏, 많아야
You have not more than 100,000 won. 너는 많아야 100,000원 가지고 있을 뿐이다.

B. ~ less than A ($x < A$)

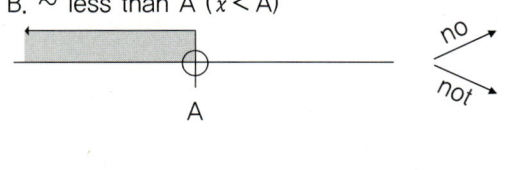

• no less than A ($x = A$)

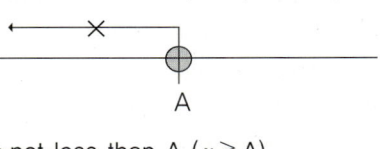

• not less than A ($x \geq A$)

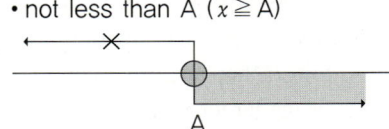

- no less than ~만큼이나 (= as many as)
She has no less than 1,000 books about history. 그녀는 역사에 관한 책 1,000권이나 가지고 있다.

- not less than 적어도 (= at least)
She is not less than 175 centimeters tall.
그녀는 키가 작아도 175센티미터나 된다.(그 이상이 될 수도 있다.)

비교 | **355**

Chapter 25

Question
확·인·문·제

비 교
정답 및 해설 34~35page

1 다음 문장에서 ( ) 안에 들어갈 말로 올바른 것은?

01 This method is (   ) efficient as the way you deal with the problem.
02 She has worked in the company longer (   ) any other employee.
03 This is (   ) best French restaurant we can find in the area.
04 The older you become, (   ) (   ) difficult it is to begin a new work.
05 Internet is the (   ) effective method we can express our thought.
06 She is not so talented (   ) you.
07 Image, sound and durability are vastly superior (   ) anything.
08 (   ) saddest thing under the sun above is to say goodbye to the ones you love.
09 Busan is (   ) away from Seoul than Daegu.
10 Air pollution is one (   ) the most serious problems in Korea.

2 다음 문장에서 잘못된 것을 찾아 바르게 고치시오.

01 The baby can't even walk, much more run.
02 Rhee's Quick service is fast courier in this city.
03 The players in our team are superior than those in your team.
04 To really know yourself is difficulter than anything else.
05 The more you work without rest, the much your work rate decreases.
06 The earlier the marriage, the more likely the divorce.
07 I think Susan is a nicer of the two.
08 This blouse is as expensive than that one.
09 The movie was very longer than I thought.
10 Canada is bigger than any other countries in the world.
11 New York is the larger of all American cities.
12 I would like bigger of the two shirts.
13 What is the highest mountain of the world?
14 Seoul is larger than all the other city in Korea.

3 다음 문장과 뜻이 같도록 주어진 말로 시작하여 문장을 만드시오.

> Love is the most valuable of all in life. 사랑은 삶에서 모든 것들 중 가장 가치 있는 것이다.

01 Love is as valuable (   ) any other thing in life.
02 (   ) is so valuable as love in life.
03 Love is more valuable (   ) any other thing in life.
04 (   ) is more valuable than love in life.

문장 순서 바꿈
강조를 위한 문장 순서 바꿈과 의문문 등 어법상의 문장 순서 바꿈이 있다.

같은 문법구조
A and/or/but B(, and C)에서 A와 B(C)는 같은 품사(구조)가 되어야 한다.

불필요한 반복피하기
문법적으로나 내용적으로 불필요하게 중복해서 쓰지 않는다.

생략
없어도 되는 어구는 생략

끼워넣기
대장절, 명사(구/절), 형용사(구/절), 부사(구/절)은 문장 가운데 끼워넣을 수 있다.

공통관계
반복되는 어구는 생략되어 공통관계를 이룬다.

부정
부분부정과 완전부정이 있다.

26

> > >

문장 순서 바꿈, 같은 문법구조
불필요한 반복피하기, 생략
끼워넣기, 공통관계, 부정

Inversion, parallelism & Avoiding unnecessary repetition etc.

I. 문장 순서 바꿈
II. 같은 문법구조
III. 불필요한 반복피하기
IV. 생략
V. 끼워넣기
VI. 공통관계
VII. 부정

Ⅰ. 문장 순서 바꿈

문장 순서 바꿈이란 문장의 기본적 구조인 'S +V~'의 순서가 바뀐다는 말로 강조를 위한 순서 바꿈과 의문문 등 어법상의 순서바꿈이 있다.

01 강조를 위한 순서 바꿈

1. **강조하는 말+be/조동사/do동사+S+(일반동사원형)** (← S + be/조동사+일반동사/일반동사 ~)

   강조하는 말을 맨 앞으로 하고, be/조동사/일반동사일 때 do 동사를 주어 앞에 쓴다.

부정어 등을 강조	only 등이 포함된 말을 강조	'so ~' 형태의 보충어 등을 강조

   ● **부정어 앞으로**
   다음과 같은 부정어가 포함된 부분을 강조할 때.

부사	not, never, nowhere 어디에도 ~없다, rarely/barely 거의 없다 seldom/scarcely/hardly 거의 ~아니다, no sooner, not only, not until, not once by no means/under no circumstances/under no conditions 어떠한 상황에서도 ~ 아니다
형용사	few 명사, little 명사, no 명사 etc
대명사	none, nothing, nobody, no one, neither, few, little etc
접속사	unless(= if~not), nor(and~not) etc

   No sooner *had* he seen me than he ran away.
   (←He had no sooner seen me than he ran away.)
   = Hardly *had* he seen me when/before he ran away.
   (←He had hardly seen me when/before he ran away.)
   = Scarcely *had* he seen me when/before he ran away.
   (←He had scarcely seen me when/before he ran away.)
   = As soon as he saw me, he ran away. 그는 나를 보자마자 도망갔다.

   Never *has* John studied English. (←John has never studied English.)
   존은 영어를 결코 공부한 적이 없다.

   In no case *should* you violate this rule. (←You should violate this rule in no case.)
   너는 어떠한 경우에도 이 규칙을 어길 수 없다.

Chapter 26

Under no conditions *can* you stay here .
(←You can stay here under no condition.) 너는 결코 여기에서 머물 수 없다.

At none of the beaches *were* the soldiers alert.
(←The soldiers were alert at none of the beaches.) 해변 어디에도 군인들이 경계중이지 않았다.

Nothing *did* I see that I liked. (해설) did가 과거를 표시하므로 see는 반드시 동사원형
(←I saw nothing that I liked.) 나는 내가 좋아하는 어떠한 것도 보지 않았다.

Not until 1920 *did* women throughout America vote in a presidential election.
(해설) did가 과거를 표시하므로 vote는 반드시 동사원형
(←Women throughout America didn't vote in a presidential election until 1920.)
1920년에 이르러서야 비로소 미국 전역의 여성들이 대통령 선거에서 투표하게 되었다.

Little *did* I dream of his coming back so soon. (해설) did가 과거를 표시하므로 dream은 반드시 동사원형
(←I dreamed little of his coming back so soon.)
나는 그가 곧 돌아 올 것이라고 결코 꿈도 꾸지 않는다.

Seldom *has* John been so pleased.
(←John has seldom been so pleased.) 존은 그렇게 기뻤던 적이 결코 없다.

Few movies *have* we enjoyed so thoroughly.
(←We have enjoyed few movies so thoroughly.)
우리는 어떠한 영화도 그렇게 철저히 즐겨본 적이 없다.

● only 이하 도치

only가 포함된 말이 강조될 때

Only a word *did* he speak. 그는 단지 한마디만 말했다. (해설) did가 과거를 표시하므로 speak는 반드시 동사원형
(←He spoke only a word.)

Only his mother *will* he obey.
(←He will obey only his mother.) 그는 단지 어머니에게만 복종할 것이다.

Only in this way *is* it possible to explain their actions.
(←It is possible to explain their actions only in this way.)
그들의 행동을 설명하는 것은 단지 이러한 방식으로만이 가능하다.

Only on weekends *was* John able to see his family.
(←John was able to see his family only on weekends.) 존은 단지 주말에만 그의 가족들을 볼 수 있었다.

● **보충어강조**(특히 so~등 있거나 주어가 길 때)
So isolated *was* Santa Fe from U. S that mail reached the city only once a month.
(←Santa Fe was so isolated from U.S that mail reached the city only once a month.)
Santa Fe는 미국으로부터 너무 고립되어서 단지 한 달에 한번 우편물이 도착했다.

So absurd *was* his manner that everyone stared at him.
(←His manner was so absurd that everyone stared at him.)
그의 태도가 너무 이상해 모든 사람이 그를 응시했다.

Enclosed *is* a manual about how to use a vacuum cleaner.
(←A manual about how to use a vacuum cleaner is enclosed.)
진공청소기를 사용하는 방법에 관한 메뉴얼이 동봉되어 있습니다.

Untouched *was* the issue of women's suffrage.
(←The issue of women's suffrage was untouched.) 여성의 투표권에 관한 문제가 다루어지지 않았다.

Writing in English *was* the novelist Charles Dickens.
(←The novelist Charles Dickens was writing in English.) 소설가 Charles Dickens는 영어로 쓰고 있는 중이었다.

So ridiculous *did* she look that everybody burst out laughing.
(←She looked so ridiculous that everybody burst out laughing.)
그녀는 너무 우습게 보여서 모든 사람들이 웃음을 터트렸다.

Strange *was* his behavior toward his son.
(←His behavior toward his son was strange.) 그의 아들에 대한 그의 행동이 이상하다.

Chapter 26

2. 강조하는 말＋be／조동사／일반동사＋S (← S＋be／조동사＋일반동사／일반동사 ~)

강조하는 말을 맨 앞으로 한다. be/조동사/일반동사를 주어 앞에 쓴다.

장소나 방향을 나타내는 부사(구) 강조	인용문 강조

● **장소나 방향을 나타내는 부사(구)강조**

In the gap *were* the footprints of the sheep.
(←The footprints of the sheep were in the gap.) 양의 발자국들이 그 골짜기에 있었다.

Currently on display at the museum *is* an exhibit from Paris.
(←An exhibit from Paris is currently on display at the museum.)
파리에서 온 전시품들이 현재 박물관에서 전시 중이다.

In *came* a girl she had not seen before.
(←A girl she had not seen before came in.) 그녀가 이전에 결코 보지 못했던 소녀가 들어왔다.

Here and there over the grass *bloomed* wild flowers.
(←Wild flowers bloomed here and there over the grass.)
야생화들이 잔디 여기저기에 피었다.

At the summit *stood* the castle.
(←The castle stood at the summit.) 성이 정상에 서 있었다.

Down the road *drove* the bus.
(←The bus drove down the road.) 버스가 길 아래로 내려 왔다.

Within the palace *dwell* the gods.
(←The gods dwell within the palace.) 신들이 궁전 안에서 산다.

● **인용문 강조**

"Search the house!" *ordered* the leader. (The leader ordered "search the house!")
그 대장은 집을 수색하라고 말했다.

"It's your responsibility" *said* our teacher.(Our teacher said "it's your responsibility")
우리선생님은 "그건 네 책임이야"라고 말하셨다.

"Quick, I must hide in the secret room behind the bookcase." *said* Sir Thomas.
(Sir Thomas said "Quick, I must hide in the secret room behind the bookcase.")
Thomas경은 "서둘러, 나는 비밀의 방의 책장 뒤로 숨어야한다."라고 말했다.

cf) 다만 주어가 대명사일 때, 「"인용문" 주어 +주어의 동사」형태로 쓴다.
"When did you last see your father" *he* asked.(He asked "when did you last see your father")
그는 "네가 마지막으로 너의 아버지를 언제 보았느냐고 물었다."

3. 강조하는 말＋S＋be／조동사＋일반동사／일반동사 (← S＋be/조동사＋일반동사/일반동사 ~)

강조하는 말만 맨 앞에 쓰고 나머지는 그대로 쓴다.

주어가 대명사 일 때	목적어 강조

● **주어가 대명사일 때**
The door opened and in *she* came.
(←The door opened and she came in.) 문이 열렸고 그녀가 들어왔다.

There *he* goes.
(←He goes there.) 그가 거기에 간다.

● **목적어가 앞으로 나올 때**
That big sunglasses the girl wears.
(←The girl wears that big sunglasses.) 그 소녀는 그 큰 선글라스를 쓴다.

What I'm going to do next I don't quite know.
(←I don't quite know what I'm going to do next.) 나는 내가 다음에 해야 할 것을 제대로 알지는 못한다.

How he escaped from a prison I can't imagine.
(←I can't imagine how he escaped from a prison.) 나는 그가 어떻게 감옥으로부터 도망쳤는지 상상할 수 없다.

 부정어 포함된 목적어

목적어가 앞으로 나왔다 하더라도 부정어가 포함되어 있으면 조동사가 주어 앞으로 나온다.
Not a soul *could* I see on the main street.
(← I could see not a soul on the main street.) 나는 주요거리에서 한 사람도 볼 수 없었다.

Chapter 26

02 어법상 순서 바꿈

- **의문문에서**
  (의문사)＋조동사/be동사＋S~ ?

  Who's paying? 누가 지불할 예정입니까?
  What are you doing? 너는 무엇을 하고 있는 중입니까?
  Are you going to the party? 너는 파티에 갈 예정입니까?

- **So/Neither/Nor＋be/조동사/do동사＋S**
  ① 긍정문일 때 - so＋be/조동사/do동사＋S 형식
     A: I like swimming.
     B: So do I. (←I like swimming, too.)
  ② 부정문일 때 - Neither/Nor＋be/조동사/do 동사＋S
     A: I don't want to paint the room this weekend, Joe.
     나는 이번 주말에 그 방을 페인트 칠 하는 것을 원치 않아, Joe야
     B: Neither do I. (←I don't want to paint this weekend, either) 나도 그래.

- **비교 구문에서** - as/than 다음에서 주어와 조동사의 순서바꿈이 가능하다.
  Mary liked the same man *as* did Sue. (=Sue did.) Mary는 Sue가 좋아하는 똑같은 남자를 좋아했다.
  John hasn't bought as many books *as* has his brother. (=his brother has.)
  John은 그의 형이 산 것 만큼의 책을 사지 않았다.
  Kim seems cleverer in music *than* does Lee in math. (=Lee does in math.)
  이씨가 수학에서 잘 하는 것보다도 더 김씨는 음악을 더 잘한다.

- **There/Here＋V＋S**
  Here *is/comes* the milkman. (←The milkman is/comes here.) 우유배달부가 여기 있다.
  There *is* the book I want. (←The book I want is there.) 내가 찾는 책이 저기 있다.

There / Here + 대명사 S + V

다만 주어가 대명사일 때는 "There/Here+대명사 S+V"

Here he comes.(←He comes here.)
There he goes.(←He goes there.)

◉ 기원의 May 순서 바꿈
May를 사용하여 기원을 표현할 때 주어와 조동사 May가 순서바꿈한다.
May you live long! 오래 사시길!
May you succeed! 성공을 기원합니다!

◉ 가정법에서 if 생략 시
Had I known Mary, I would have hired her.
(←If I had known Mary, I would have hired her.) 내가 메리를 알았다면 나는 그녀를 고용했을 텐데.

Should you make up your mind, please let me know.
(←If you should make up your mind, please let me know.) 네가 너의 마음을 결정한다면 나에게 알려주세요.

◉ though의 의미로 쓰인 as
Woman as she was, she was brave. （해설） as 앞의 명사에 a(n) 등 관사 붙이지 않는다.
(=Though she was a woman, she was brave.) 그녀는 여자였지만 용감했다.

II. 같은 문법구조

1. 평등접속사(and, but, or...)나 콤마 전후에 같은 문법적구조가 온다.

   A and/or/but B, A, B, and C 에서 A 와 B(C)는 같은 품사(구조)가 되어야 한다.

A	B (C)
명사	명사
형용사	형용사
부사	부사
to + 동사원형	to + 동사원형
동사원형ing	동사원형ing
전치사 + 명사	전치사 + 명사
S + V	S + V

● 명사
   The children played on the swings, slides, and seesaws. 아이들은 그네, 미끄럼, 시소에서 놀고 있다.
   Vendors, artists, and fork singers can all be seen at the summer festival in the park.
   행상인들, 예술가들과 가수들을 공원에서의 여름축제에서 볼 수 있다.

● 전치사 + 명사
   They play in the playground and in the garden. 그들은 운동장과 정원에서 논다.
   For all her years of triumph and tragedy, of glory and ruin, of hope and despair, the actress was still able to draw a crowd.
   그 여배우는 몇 년 동안의 승리와 비극, 영광과 파멸, 희망과 절망에도 불구하고 여전히 군중을 끌 수 있었다.

● 동명사
   Reading, writing, and calculating are important skills to learn. 읽기와 쓰기 계산하기는 배울 중요한 기술이다.

● to+동사원형
   After her accident, Emma had to learn how to speak, to work, and to write again.
   Emma는 사고 후에 다시 말하고 일하고 쓰는 방법을 배워야만 했다.

● 동사
   We will run, swim, and play at the beach. 우리는 해변에서 달리고 수영하고 놀 것이다.
   The tools of the digital age give us a way to easily get, share, and act on information in new ways. 디지털시대의 도구들은 우리에게 새로운 방법으로 쉽게 정보를 얻고 공유하고 행동할 수 있게 하는 방법을 준다.

형용사

Most children are often stubborn, noisy and troublesome.
대부분의 아이들은 가끔 고집이 세고 떠들썩하고 말썽을 일으킨다.
Betty is short, chubby, and vivacious. Betty는 키가 작고 통통하고 그리고 쾌활하다.

부 사

This car runs efficiently, quietly, and dependably. 이 차는 효율적으로 조용히 믿을 수 있게 달린다.

절

Our dialect is determined by where we live, when we live, and what socio-economic group we belong to. 우리의 방언은 우리가 어디에서 사는가 언제 사는가 우리가 어떤 사회경제적 그룹에 속하는가에 따라 결정되어진다.

The creation of a map is a compromise of what needs to be shown, what can be shown in terms of map design, and what we would like to include.
지도를 만드는 것은 무엇을 나타내는 것이 필요한가, 지도 디자인의 관점에서 무엇을 보여 줄 수 있는가, 그리고 우리가 무엇을 포함하고자 하는가에 대한 절충이다.

2. 짝꿍 접속사에서 A, B가 같은 문법적 구조

A와 B 둘 다	(both) A and B =not only A but also B =B as well as A
A와 B 둘 중 하나	(either) A or B
A와 B 둘 다 ~아니다.	neither A nor B
A가 아니라 B이다.	not A but B
A는 B만큼 ~하다. ≠A는 B만큼 ~하지 않다.	A ..... as ~ as B, ≠ A .... not as(=so) as B
A는 B보다 더 ~하다.	A .... more[-er] ~ than B

Flying is **not only** faster **but also** safer. [it is safe(×)]
비행기를 타는 것이 더 빠를 뿐만 아니라 더 안전하다.

Chapter 26

My professor wants to go *either* by plane *or* by train. [train(×)]
나의 교수는 비행기나 열차 둘 중 하나로 가는 것을 원한다.

My sister likes skating *and* (she likes) skiing. [to ski(×)]
나의 누이는 스케이트와 스키를 좋아한다.

The rabbit was not *so* diligent *as* the tortoise (is diligent)
토끼는 거북 만큼 부지런하지 않다.

Flying is safer *than* driving (is safe). [to drive(×)]
비행기를 타는 것이 차를 운전하는 것보다 더 안전하다.

Mental practice is *as* important *as* physical practice. (is important.)
정신적 연습은 신체적인 연습 만큼 중요하다.

Visiting a farm is far more educational *than* looking at a book about a farm.
농장을 방문하는 것은 농장에 관한 책을 보는 것보다 훨씬 더 교육적이다.

III. 불필요한 반복피하기

Chapter 26

1. 접속사의 중복

두 개의 절을 연결하는데 접속사 하나면 된다.

Although she may be young, *but* she seems very wise.(×)
→ Although she may be young, she seems very wise. 그녀는 어림에도 불구하고 매우 현명하게 보인다.

해설 접속사 Although가 있으므로 but은 필요하지 않다.

2. 대명사 중복

불필요하게 명사를 대명사로 중복하지 않는다.

All employees they ought to review their medical insurance policies.(×)
→ *All employees* ought to review their medical insurance policies
모든 직원들은 그들의 건강보험 증권을 검토해야한다. 해설 they는 all employees이므로 대명사로 주어에서 중복하면 안 된다.

다만, 의미가 추가되는 대명사의 동격은 상관없다.

The paintings show pictures of a brightly colored palace with four *gates*, *one* in each of the four directions (one = a gate) 그 그림들은 네 방향의 하나씩 네 개의 문을 가진 밝게 채색된 궁전의 그림들을 보여준다.

 명사로 반복하는 동격은 문제없다.
Mr. Smith, a psychiatrist, solved her mental problems.
정신과 의사인 Mr. Smith는 그녀의 정신적 문제를 해결하였다.
해설 Mr. Smith와 a psychiatrist는 같은 사람으로 중복이지만 동격을 나타내는 명사의 중복은 문제되지 않는다.

3. 부정어가 중복

하나의 절(S+V) 안에서 의미없이 부정어를 이중으로 써서는 안 된다. 즉 no, not, none, never, scarcely, hardly, seldom, without, unless 등은 같이 사용되지 않는다.

I have *hardly no* money to borrow you.(×)
→ I have *hardly any* money to borrow you. 나는 너에게 빌려줄 어떠한 돈도 결코 없다.

해설 hardly와 no는 부정어로 내용상 이중부정의 의미도 아니다. 따라서 no를 any로 고쳐야한다.

I shall not go there *unless* you *don't.*(×)
→ I shall not go there *unless* you *do.* 네가 가지 않으면 나도 거기에 가지 않을 것이다.

해설 unless는 'if ~ not'으로 부정어가 포함되어 있어서 부정어 not과 함께 쓰이지 않는다.

IV. 생략

Chapter 26

생략은 문장을 간단하게 하기 위한 것이다. 문장의 앞뒤에 같은 어구가 있거나 같은 어구는 없다하더라도 문맥상 의사전달에 문제가 없을 때 생략된다.

반복되는 어구의 생략	문맥상 알만하면 생략

1. 반복되는 어구의 생략

같은 어구 반복을 피하기 위해 and, but, or 등의 평등접속사에 의해 연결된 절에서 주어, 동사, 혹은 〈주어+동사〉 등이 반복되면, 반복되는 뒤의 어구는 생략한다.

● 반복된 주어의 생략

The girl got hurt and (she) went to hospital.
→ The girl ┌got hurt
　and (she) └went to hospital. 그 소녀는 상처를 입고 병원에 갔다.

● 반복된 동사의 생략

Some like sports, and others (like) a movie.
→ Some like sports,
and others (like) a movie. 얼마간은 스포츠를 좋아하고 다른 사람들은 영화를 좋아한다.

● 반복된 보어의 생략

I don't like to be late for school, but I frequently am (late).
→ I don't like to be late for school,
but I frequently am (late). 나는 학교에 늦는 것을 좋아하지 않지만 자주 늦는다.

● 반복된 전치사 등 뒤 명사의 생략

A bird in a hand is worth two (birds) in the bush. 손안에 있는 새가 숲속의 두 마리 새보다 가치 있다.

● to 다음의 반복된 동사

'to+동사원형' 이 앞의 동사를 반복할 때 to만을 쓰고 '동사원형~' 는 생략

You may go there if you want to (go there). 가기를 원한다면 거기에 가도 좋다.
He went out even if his mother asked him not to (go out).
심지어 그의 엄마가 나가지 말라고 했음에도 그는 나갔다.

● not만 추가되어 반복된 경우
앞의 문장에서 not만 추가된 문장이 반복될 때 not만을 쓴다.

Will it snow tomorrow ? - I hope (it will) *not* (snow tomorrow).
내일 눈이 내릴까? – 눈이 내리지 않길 희망해.

● than과 as다음에서 주어 등 반복어구 생략

She runs faster than I (run fast). 그녀는 나보다 빨리 달린다.
He sings as well as you (sings well). 그는 너보다 노래를 잘한다.

2. 반복된 어구는 아니지만 문맥상 알만하면 생략

● 부사절에서

① 〈S + be〉 생략
시간(when, while, till, before, as), 원인(as, because), 상황상관없음(though), 조건(if, unless)을 나타내는 종속절의 주어(S')가 대장절의 주어(S)와 일치하는 경우 종속절의 〈S' +be〉는 생략된다.
When (I was) a boy, I used to swim in this reservoir. 내가 어렸을 때 이 저수지에서 수영하곤 했다.

② 결과를 나타내는 〈so ~ that〉구문에서 that생략
He was so tired (that) he could hardly work. 그는 너무나 피곤하여 일을 할 수가 없었다.

● 형용사절에서

① 〈주격접속대명사(who/which/that 등)+be동사〉의 생략
That is the man (who is) called a genius. 저 사람은 천재로 불려지는 사람이다.

② 목적격 접속대명사(whom/which/that)의 생략
That is the car (which) I will sell. 저것이 내가 팔 차이다.

③ 접속부사(when/where/why/how/that)의 생략
The old man remembered clearly the day (when) they first met.
그 노인은 그들이 처음 만난 그 날을 분명히 기억했다.
This is the village (where) my grandfather used to live. 이 곳은 나의 할아버지가 살았던 마을이다.
Can you tell me the reason (why) you like me? 나를 좋아하는 이유를 말해 줄래?

Chapter 26

● 명사절 that절에서 that의 생략

① 목적어자리에 쓰인 경우
I believe (that) he will join the club. 나는 그가 그 클럽에 참여할 것이라 믿는다.

② 보어자리에 쓰인 경우
The trouble is (that) all the workers went home.
문제는 모든 노동자들이 집에 가버렸다는 것이다.

● 소유격 다음의 명사를 생략하여 소유격 단독[명사's]으로 사용되는 경우

소유격 뒤에서 장소를 나타내는 house/home, shop/store, church/cathedral, school, hospital, office 등의 명사생략

I am staying at my uncle's (home) during this summer vacation.
나는 여름방학동안 나의 삼촌 집에서 머무를 예정이다.
St. Paul's (cathedral) 성 파울 성당

● 부사절을 간단하게 하는 분사구문에서의 〈being〉이나 〈having p.p〉 생략

(Being) Left alone, the girl began to sob.
그 소녀는 혼자 남겨졌을 때 흐느끼기 시작했다.

● 핵심어만으로 의사전달 – 인사말 등 일상어에서

(I wish you a) Happy New Year!
No smoking (is allowed here) 금연. (Keep your) Hands off 만지지 말 것.

V. 끼워넣기

| 대장절〈주어+동사〉 끼워넣기 | 명사(구/절)-동격-끼워넣기 | 형용사(구/절)끼워넣기 | 부사(구/절)끼워넣기 |

문장은 일반적으로 '주어 +동사 +(목적어/보어)' 형태이지만 문장 가운데 여러 어구가 끼워넣기되는 경우가 있다. 끼워넣기 어구 앞뒤에 컴마(,) 등이 있는 경우가 많다.

● 대장절의 〈주어+동사〉가 끼워넣기되는 경우

Hellen, it seems, is intelligent.
(← It seems that Hellen is intelligent.)
Hellen은 지적으로 보인다.

He would be, people thought, a great writer.
(← People thought that he would be a great writer.)
사람들은 그가 위대한 작가가 될 거라고 생각했다.

● 명사(구/절)-동격-의 끼워넣기

No living creature, plant or animal, can exist in complete isolation.
어떠한 살아있는 생물—식물이든 동물이든—도 완전히 고립된 상태에서 살 수 없다.

The rumor that they might divorce turned false.
그들이 이혼할 것이라는 소문은 거짓으로 판명되었다.

● 형용사(구/절) 끼워넣기

The train, starting at two, arrives in London at ten.
 (← The train, which starts at two, arrives in London at ten.)
두시에 출발한 그 열차는 런던에 10시에 도착한다.

Our plane, flying very low, swept back and forth.
(← Our plane, which was flying very low, swept back and forth.)
매우 낮게 비행하고 있던 우리 비행기는 앞뒤로 빠르게 움직였다.

Chapter 26

🔆 참고 접속대명사 다음에 끼워넣기한 어구

I employed a man + I thought he was diligent.

먼저 I thought가 없다고 보고 I employed a man와 he was diligent를 접속대명사 who로 연결한다. 즉,

   I employed a man. **+he** was diligent.
→ I employed a man **who** was diligent.

이 문장에 접속대명사 who다음에 I thought를 끼워넣는다.
→ I employed a man who I thought was diligent. 내가 생각하기에 근면한 한 남자를 고용했다.

● 부사(구/절)의 끼워넣기

He is, so far as I know, a reliable man. 내가 아는 한 그는 믿을 만한 사람이다.
(← So far as I know, he is a reliable man.)

You are, so to speak, a bookworm. 너는 말하자면 책벌레야.
There is little, if any, hope of her success. 설사 있다하더라도 그녀의 성공가능성은 거의 없다.
He seldom, if ever, goes to church. 설사 간다하더라도 거의 교회에 가지 않는다.
Jerry is, as far as I know, an honest man. 내가 아는 한 Jerry는 정직한 남자이다.

VI. 공통관계

반복되는 어구가 생략됨에 따라 같은 문법구조의 공통관계가 형성된다. X (A+B)형, (A+B)X형, X(A+B)Y형태를 이루며 이 때 A, B는 같은 문법구조를 형성한다. 반복의 위치를 파악하여 문장을 세로로 정리해 보면 문장을 정확히 이해할 수 있다.

| 공통된 어구가 앞에 있는 것 | 공통어구가 뒤에 있는 것 | 공통된 어구가 앞뒤에 있는 경우 |

1. 공통된 어구가 앞에 있는 것 : X (A + B)형 ⇒ 〈XA + XB〉

● 주어 (동사~ + 동사~)

Harry plays the violin, listens to music, and reads a novel on weekends.
= Harry ┌ plays the violin,
        │ listens to music,
    and └ reads a novel on weekends. Harry는 주말에 바이올린을 연주하고 음악을 듣고 소설을 읽는다.

(해설) 공통주어 Harry의 동사 세 개(plays ~/listens ~/reads ~)

● ~ 동사 (목적어 + 목적어)

These new devices use fingers, hands, faces, eyes, and voices.
= These new devices use ┌ fingers,
                        │ hands,
                        │ faces,
                        │ eyes,
                    and └ voices. 이러한 새로운 기계들은 손가락, 손, 얼굴, 눈 그리고 목소리를 이용한다.

(해설) 공통 '주어+동사'인 These new devices use에 연결된 5개의 명사의 목적어(fingers, hands, faces, eyes, and voices)

● ~ 동사(~)(보충어 + 보충어)

① 주어보충어 : ~ 동사 (보충어 + 보충어)
A beautiful thing is enjoyed, felt, and experienced.
= A beautiful thing is ┌ enjoyed,
                       │ felt,
                   and └ experienced. 아름다운 것은 즐겨지고 느껴지고 경험되어진다.

(해설) 공통 '주어+동사' A beautiful thing is에 연결된 세 개의 p.p형태의 주어보충어(enjoyed, felt, experienced)가 연결되고 있다.

Chapter 26

② 목적어보충어 : ~ 동사 + 목적어 + (보충어 + 보충어)

She decided to have her body pulled and stretched.
= She decided to have *her body* ┌ pulled
 and └ stretched. 그녀는 그녀의 몸을 잡아당겨 늘리기로 결정했다.

(해설) 두개의 과거분사 pulled와 stretched가 명사 her body에 연결

~p.p + (to 동사원형 + to 동사원형)

The students are excited to get away from home and to be with a lot of other students.
= The students are *excited* ┌ to get away from home
 and └ to be with a lot of other students.
그 학생들은 집으로부터 떠나 많은 다른 학생들과 함께 있어서 흥분되었다. (해설) 두개의 'to+동사원형'이 excited에 연결

동사 + (부사 + 부사)

The mechanic drove slowly and carefully.
= The mechanic *drove* ┌ slowly
 and └ carefully. 그 기능공은 천천히 그리고 주의 깊게 운전했다.

(해설) 동사 drove에 연결된 두개의 부사

명사 + (전치사 + 명사 + 전치사 + 명사) ~

Government of the people, by the people, for the people shall not perish.
= *Government* ┌ of the people,
 │ by the people,
 └ for the people shall not perish. 국민의, 국민에 의한, 국민을 위한 정부는 멸망하지 않을 것이다.

(해설) 명사 a man에 세 개의 〈전치사+명사〉가 연결되고 있다.

전치사 + (명사 + 명사)

Please pay attention to the length and the center of the speech.
= Please pay attention *to* ┌ the length
 and └ the content of the speech. 제발 연설의 길이와 내용에 집중 하세요.

(해설) 전치사 to에 두개의 명사 the length와 the content연결

문장 순서 바꿈, 같은 문법구조, 불필요한 반복피하기 등

2. 공통어구가 뒤에 있는 것 : (A + B) X~ ⇒ 〈AX~ + BX~〉

● (주어 + 주어) 동사 ~

The shapes, colors, and textures of bowls make these clay items beautiful.
= The ⎡shapes,⎤
　　　⎢colors,⎥
　and ⎣textures⎦ of bowls **make** these clay items beautiful.

사발의 모양과 색깔, 그리고 짜임새들은 이 점토 제품을 아름답게 만든다.

(해설) 세 개의 명사 주어 the shapes와 colors, 그리고 textures가 동사 make의 주어

To hear, to speak, and to write, requires constant practice.
= ⎡To hear,⎤
　⎢to speak,⎥
and ⎣to write⎦ **requires** constant practice.

듣고 말하고 쓰는 것은 끊임없는 연습을 요구한다.

(해설) 세 개의 〈to + 동사원형〉형태의 주어가 동사 requires연결

Reading a great book or enjoying a good play can inspire a person to improve his or her own circumstances
= ⎡Reading a great book⎤
or ⎣enjoying a good play⎦ **can inspire** a person to improve his own circumstances.

좋은 책을 읽고 좋은 연극을 즐기는 것은 사람이 그 자신의 환경을 개선하도록 고무할 수 있다.

(해설) 두개의 〈동사원형ing〉형태의 주어가 동사 can inspire ~에 연결

● (형용사 + 형용사) 명사

Air and water are the most important but the cheapest things.
= Air and water are ⎡the most important⎤
　　　　　　　but ⎣the cheapest　　　　⎦ **things.**

공기와 물은 가장 중요하지만 가장 싼 것들이다.

(해설) things를 두개의 형용사가 꾸며주고 있다.

Chapter 26

● (전치사 + 전치사) 목적어

I walk three miles to and from school everyday.
= I walk three miles $\begin{bmatrix} \text{to} \\ \text{and from} \end{bmatrix}$ school everyday.

나는 매일 학교까지 그리고 학교에서 3마일을 걷는다.

(해설) 두개의 전치사 to와 from에 공통으로 명사 school이 연결

3. 공통된 어구가 앞뒤에 있는 경우 : X(A + B)Y형 ⇒ 〈 XAY + XBY 〉

● 주어(동사 + 동사) 목적어 ~

Mary washes and irons her shirts everyday.
= $Mary \begin{bmatrix} \text{washes} \\ \text{and irons} \end{bmatrix}$ her shirts everyday. Mary는 매일 그녀의 셔츠를 빨아서 다림질한다.

(해설) 주어 Mary와 목적어 her shirts everyday가 동사 washes와 irons에 공통으로 연결

● 주어 (동사 + 동사) 주어보충어

She always looked, but never was happy.
= She always $\begin{bmatrix} \text{looked,} \\ \text{but never was} \end{bmatrix}$ happy. 그녀는 항상 행복하게 보였지만 결코 행복하지 않았다.

(해설) 주어 She와 주어 보충어 happy가 동사 looked와 was에 공통으로 연결

VII. 부정

1. 부분부정과 전체부정

부분부정	전체부정
not + 전부에 해당하는 표현 ※전부에 해당하는 표현 : all/both/every~/necessarily/absolutely/completely/ altogether/completely/ entirely/wholly	전체부정어(=not + 일부에 해당하는 표현) ※전체부정어 : none/nobody/neither/never 등 ※일부에 해당하는 표현 : either(둘 중 하나)/any(얼마간)

◯ 부분부정

Everybody does not like her. 모든 사람이 그녀를 좋아하지는 않는다.
All of them weren't satisfied. 그들 모두가 만족한 것은 아니다.
Both of them didn't enter the party. 그들 둘 다 파티에 참석하지는 않았다. (한 명만 참석했다.)
The rich are not always happy. 부자라고 항상 행복한 것은 아니다.
You are not entirely free from blame. 너는 비난으로부터 완전히 자유로운 것은 아니다.
I do not altogether agree with him. 나는 그에게 전적으로 동의하지는 않는다.
The greatest minds do not necessarily ripen the quickest. 위대한 정신이 필수적으로 가장 빠르게 결실을 맺는 것은 아니다.
The real reasons are not altogether clear. 그 진정한 이유들은 완전히 밝혀진 것이 아니다.

◯ 전체부정

I do not know either of them.
= I know neither of them. 나는 그들 둘 모두를 알지는 못한다.

I did not invite any of them.
= I invited none of them. 나는 그들 누구도 초대하지 않았다.

Nobody likes her. 누구도 그녀를 좋아하지 않는다.

참고 부정의 강조

not에 in the least, at all, a bit를 붙여 부정을 강조하여 '결코 ~ 이 아니다(never)' 가 된다.

She doesn't know the fact *in the least*. 그녀는 그 사실을 결코 알지는 못한다.
Shelly didn't understand what I said *at all*. Shelly는 내가 말한 것을 결코 이해하지 못했다.

Chapter 26

문장 순서 바꿈, 같은 문법구조, 불필요한 반복피하기 등
정답 및 해설 36~37page

Question
확·인·문·제

1 다음의 문장은 어순이 바뀐 문장이다. 순서 바꿈 이전의 문장으로 고치시오.

01 In no other way could the matter be explained.
02 Hardly had we started the work when it began to rain.
03 Seldom have I heard such a beautiful song.
04 Never shall I forget your kindness.
05 Only then did I see the danger that we were in.
06 No sooner had we left the house than it exploded.
07 Not till he got home did he realize that he had lost the key.
08 Down fell half a dozen apples.
09 Should an emergency arise, dial 999.
10 Had Mr. Chan been kinder to his employees, his business would not have collapsed.

2 다음은 문장들은 같은 품사구조 원칙에 어긋난 문장이다. 올바로 고치시오.

01 Jed sat all day eating and having a conversation.
02 Ms. Nelson is a teacher and who writes stories.
03 The art course included drawing, to paint, and sketching.
04 The building designed by the architect and which Bingo built has large cracks in the walls.
05 The class has three projects: writing a term paper, to read three novels, and two plays.
06 His suggestion is brilliant, original, and will work.
07 That painting is gaudy and without meaning.
08 Midway through the examination, Peter found his mind wandering and that his vision had become blurred.
09 While the children were swimming, Lone and I made the salad, set the table, and then the steaks were grilled.
10 Madelene finds that caring for them is expensive and she gets very tired.

3 다음 문장은 어법상 잘못된 부분이 있다. 잘못된 부분을 올바로 고치시오.

01 The passenger he wants to look around the university.
02 People wanted an easier way one to put on and take off clothes
03 Though she is not beautiful, but I love her.
04 Because they agree with the contract, and they signed it.
05 Because they have moved away, they hardly never go to the beach anymore.
06 Historically, most people were entirely almost certain the earth was flat.
07 He loves the girl whom you introduced her.
08 The study, which it appears in the New England Journal of Medicine online, reports on the results of treating 9,060 men.

문장 순서 바꿈, 같은 문법구조, 불필요한 반복피하기 등 | **379**

Chapter 26

Question
확·인·문·제

문장 순서 바꿈, 같은 문법구조, 불필요한 반복피하기 등
정답 및 해설 37~38page

4 다음 문장에서 생략된 부분을 원래대로 쓰시오.

01 When in Rome, do as the Romans do.
02 While reading a book, he fell asleep.
03 Though poor, he is very optimistic.
04 She is better today than yesterday.
05 Alice went to Europe, and her brother to America.
06 We thought she would be happy and she was.
07 To some, life is pleasure, to others suffering.
08 The weather isn't as good as last week.
09 I've bought one, and Sue has, too.
10 Father went to the barber's.

5 다음 문장에서 끼워넣기된 어구를 찾으시오.

01 His idea, it seems to me, is the best.
02 Do what you think is right.
03 The tower, which was built about 100 years ago, stands on the hillside alone.
04 The manager had, surprisingly, paid the bill.
05 The roommate was, so to speak, a walking dictionary.
06 The temple, destroyed in 2002, is being rebuilt now.
07 There is little, if any, possibility of his recovery.
08 Father rarely, if ever, watched TV.
09 She has a novel which I think is very interesting to you.
10 Where do you think she lives?

6 다음을 해석하시오.

01 All is not gold that glitters.
02 Not all rainwater falling from a cloud reaches the ground.
03 I can not quite agree with you.
04 All that he says is not true.
05 None of them were satisfied.
06 Neither of them entered the party.
07 None of the puppies are for sale.

English Grammar

부 록

1. 불규칙 동사변화표
2. 필수속담
3. 수를 표현하는 법

부록1 불규칙 동사 변화표 (Irregular verbs)

1. 형태별 불규칙 동사 변화표

원형-과거형-과거분사형(A-A-A)

burst burst burst (폭탄, 풍선 등)터지다
cast cast cast 던지다
cost cost cost 비용이 들다
cut cut cut 자르다
hit hit hit 때리다
hurt hurt hurt 상처를 입히다
let let let 허락하다
put put put 두다
※참고-발음만 달라짐
read[ri:d] read[red] read[red] 읽다
set set set 놓다, 일몰하다
shed shed shed (피 눈물 등이)흘리다
shut shut shut 닫다
thrust thrust thrust (~를)밀다

원형-과거형-과거분사형(A-B-A)

become became become ~이 되다
come came come 오다, 가다
run ran run 달리다

원형-과거형-과거분사형(A-B-B)

shine shone shone 빛나다
sell sold sold 팔다
send sent sent 보내다
shoot shot shot 쏘다
sit sat sat 앉다
sleep slept slept 자다
speed sped sped 속도를 내다
spend spent spent 소비하다,(시간)보내다
spill spilt spilt (피 등)흘리다
understand understood understood 이해하다
stand stood stood 일어서다
strike struck struck 치다
teach taught taught 가르치다
tell told told 말하다
think thought thought 생각하다
weep wept wept 울다
win won won 이기다
wind wound wound 감다

원형-과거형-과거분사형(A-B-C)

bear bore born ~을 낳다
begin began begun 시작하다
bite bit bit/bitten 물다
blow blew blown 불다
break broke broken 부수다
choose chose chosen 선택하다
do[does] did done 하다
draw drew drawn (그림)그리다, 당기다
drink drank drunk 마시다
drive drove driven 운전하다
eat ate eaten 먹다
fall fell fallen 떨어지다
fly flew flown 날다, 날아가다
forget forgot forgot/forgotten 잊다
freeze froze frozen 얼다
get got got/gotten 얻다
give gave given 주다
go went gone 가다
grow grew grown 자라다
hide hid hidden 숨기다
know knew known 알다
ride rode ridden (탈것에) 타다
ring rang rung (종이) 울리다
rise rose risen 오르다
see saw seen 보다
shake shook shaken 흔들다

show showed showed/shown 보여주다
sing sang sung 노래하다
speak spoke spoken 말하다
steal stole stolen 훔치다
strive strove striven 노력하다
swell swelled swelled/swollen 부풀다
swear swore sworn 맹세하다
swim swam swum 수영하다
sow sowed sowed/sown 씨를 뿌리다
take took taken 잡다, 가지다
tear tore torn 찢다
throw threw thrown 던지다
tread trod trod/trodden 걷다
wear wore worn 입고 있다
weave wove woven 짜다
write wrote written 쓰다

2. 알파벳순서에 따른 불규칙동사변화표

arise arose arisen 일어나다
awake awaked/awoke awaked/awoke(n) 깨어나다
bear bore born/borne 참다, 낳다
beat beat beat/beaten 치다
become became become 어울리다
begin began begun 시작하다
behold beheld beheld 주시하다, 보다
bend bent bent 구부리다
bet bet bet (돈을) 걸다
bid bid bid 값을 매기다, 명령하다
bind bound bound 묶다, 매다
bite bit bitten 물다
bleed bled bled 피 흘리다
blow blew blown 불다, 폭파하다
break broke broken 깨다, 어기다
breed bred bred 키우다
bring brought brought 가져오다
broadcast broadcast broadcast 방송하다
build built built 짓다, 건설하다
burn burnt/burned burnt/burned 태우다

burst burst burst 터트리다
buy bought bought 사다
cast cast cast 던지다
catch caught caught 잡다
choose chose chosen 고르다
cling clung clung 들러붙다
come came come 오다
cost cost cost 비용이 들게 하다
creep crept crept 기어가다
cut cut cut 자르다
deal dealt dealt 다루다, 거래하다
dig dug dug 파다
do did done 하다
draw drew drawn 당기다, 그리다
dream dreamt/dreamed dreamt/dreamed 꿈꾸다
drink drank drunk 마시다
drive drove driven 운전하다
dwell dwelt/dwelled dwelt/dwelled 거주하다
eat ate eaten 먹다
fall fell fallen 떨어지다, 몰락하다
feed fed fed 먹이다
feel felt felt 느끼다
fight fought fought 싸우다
find found found 찾다, 알다
fit fit/fitted fit/fitted 적합하다
flee fled fled 도망치다
fling flung flung 내던지다
fly flew flown 날다
forbid forbade forbidden 금지하다
forecast forecast forecast 예상 예고하다
foresee foresaw foreseen 예견하다
foretell foretold foretold 예언하다
forget forgot forgotten 잊다
forgive forgave forgiven 용서하다
freeze froze frozen 얼리다
get got got/gotten 갖다, 얻다, 취하다
give gave given 주다
go went gone 가다
grind ground ground 갈다

부록1 불규칙 동사 변화표 (Irregular verbs)

grow grew grown 자라다, 키우다
hang hung hung 매달다, 걸다
hang hanged hanged 목매달아 죽이다
hear heard heard 듣다
hide hid hidden 숨기다
hit hit hit 때리다
hold held held 잡다
hurt hurt hurt 부상 입히다
input input input 입력하다
inset inset inset 끼워 넣다
interweave interwove interwoven 섞어 짜다
keep kept kept 유지하다, 키우다
kneel knelt/kneeled knelt/kneeled 무릎 꿇다
knit knit/knitted knit/knitted 짜다
know knew known 알다
lay laid laid 놓다, 낳다, 눕히다
lead led led 이끌다, 지도하다
lean leaned/leant leaned/leant 기울다/기대다
leap leapt/leaped leapt/leaped 뛰다
learn learned/learnt learned/learnt 배우다
leave left left 떠나다, 남겨두다
lend lent lent 빌려주다
let let let 허락하다
lie lay lain 눕다, 놓여 있다
light lit/lighted lit/lighted 밝히다
lose lost lost 잃다
make made made 만들다
mean meant meant 의미하다
meet met met 만나다
mow mowed mowed/mown 잔디를 깎다
overthrow overthrew overthrown 전복하다
pay paid paid 지불하다, 갚다
plead pled/pleaded pled/pleaded 청원하다
proofread proofread proofread 교정하다
prove proved proven/proved 증명하다
put put put 놓다
quit quit/quitted quit/quitted 중단하다
read read read 읽다
relay relaid relaid 다시 놓다

repay repaid repaid 다시 지불하다
rid rid rid 제거하다
ride rode ridden 타다, 태워다 주다
ring rang rung 종을 울리다
rise rose risen 증가하다
run ran run 달리다
say said said 말하다
see saw seen 보다
seek sought sought 추구하다
sell sold sold 팔다
send sent sent 보내다
set set set 놓다, 정하다
sew sewed sewn/sewed 바느질하다
shake shook shaken 흔들다
shear sheared shorn/sheared 자르다
shed shed shed 흘리다, 뿌리다
shine shined/shone shined/shone 빛나다
shoot shot shot 쏘다, 촬영하다
show showed shown/showed 보여주다
shrink shrank/shrunk shrunk 줄어들다
shut shut shut 닫다
sing sang sung 노래하다
sit sat sat 앉다
sleep slept slept 자다
slide slid slid 미끄러지다
smell smelled/smelt smelled/smelt 냄새를 맡다
speak spoke spoken 말하다
speed sped/speeded sped/speeded 속도를 내다
spell spelled/spelt spelled/spelt 철자를 쓰다
spend spent spent 쓰다, 소비하다
spin spun spun 짜다, 잣다
spit spit/spat spit/spat 침 뱉다
spill split split 엎지르다, 쏟다
spoil spoiled/spoilt spoiled/spoilt 망치다
spread spread spread 확산되다, 퍼지다
spring sprang sprung 솟아나다, 뛰어 오르다
stand stood stood 서다, 참다
steal stole stolen 훔치다

stick stuck stuck 들러붙다
sting stung stung 찌르다
stride strode stridden 활보하다
strive strove striven 분투하다
strike struck struck/stricken 치다
string strung strung 줄을 묶다
swear swore sworn 맹세하다
sweep swept swept 싹쓸다
swell swelled swollen/swelled 부풀다
swim swam swum 수영하다
swing swung swung 흔들리다, 그네 타다
take took taken 취하다, 갖다, 가져가다
teach taught taught 가르치다
tear tore torn 눈물을 흘리다, 찢다
tell told told 말하다
think thought thought 생각하다
throw threw thrown 던지다
thrust thrust thrust 밀치다
tread trod trodden/trod 터벅터벅 걷다
unbind unbound unbound 풀다
understand understood understood 이해하다
undertake undertook undertaken 떠맡다
undo undid undone 원상태로 돌리다
uphold upheld upheld 올리다
upset upset upset 뒤엎다, 전복시키다
wake woke/waked woken/waked 일어나다
wear wore worn 입다, 닳다
weave wove woven 짜다
wed wed/wedded wed/wedded 결혼하다
weep wept wept 울다
wet wet/wetted wet/wetted 젖다
win won won 이기다
wind wound wound 감다
withdraw withdrew withdrawn 철회하다
write wrote written 쓰다

혼동하기 쉬운 불규칙 변화단어들

awake awoke awoken (vi) 깨다
awaken awakened awakened 깨우다, 깨다
wake woke woken 깨우다, 깨다
waken wakened wakened 깨우다, 깨다

arise arose arisen (vi) 생겨나다, 발생하다
arouse aroused aroused (vt) 깨우다, 자극하다

bear bore born 낳다
bear bore borne 나르다, 지탱하다

bind bound bound 묶다, 매다
bound bounded bounded 튀다

fall fell fallen (vi) 떨어지다
fell felled felled (vt) 베어 쓰러뜨리다

fly   flew flown 날다
flee fled fled 도망치다

wind winded winded 바람 불다
wind wound wound 감다
[waind] [waund] [waund]

wound wounded wounded 상처를 입히다
[wu:nd] [wu:ndid] [wu:ndid]

-ic로 끝나는 단어:k를 붙이고 -ed

picnic picnicked picnicked 소풍가다
mimic mimicked mimicked 흉내내다
traffic trafficked trafficked 장사하다

부록2 필수속담 (Proverbs)

- A bad workman always blames his tools.
  서툰 목수가 연장 탓한다

- A drop in the bucket.
  구우일모(九牛一毛)

- A bird in the hand is worth two in the bush.
  손 안의 새 한 마리가 덤불 속의 새 두 마리의 가치가 있다

- A burnt child dreads the fire.
  자라보고 놀란 가슴 솥뚜껑 보고도 놀란다

- A drowning man will catch at a straw.
  물에 빠진 사람은 지푸라기라도 잡으려 한다

- A friend in need is a friend indeed.
  어려울 때 친구가 진정한 친구이다

- A little knowledge is dangerous.
  선무당이 사람 잡는다

- A man is known by the company he keeps.
  사귀는 친구를 보면 그 사람을 알 수 있다

- A picture is worth a thousand words.
  그림 하나가 천 마디 말보다 가치가 있다
  (백문이 불여일견)

- A rolling stone gathers no moss.
  구르는 돌에는 이끼가 끼지 않는다

- A soft answer turns away wrath.
  웃는 낯에 침 뱉으랴

- A sound mind in a sound body.
  건전한 정신은 건전한 신체에 깃든다

- A stitch in time saves nine.
  제 때의 바늘 한 땀이 아홉 바늘의 수고를 덜어준다

- A watched pot never boils.
  끓기를 기다리면 더디 끓는다

- Actions speak louder than words.
  행동이 말보다 설득력이 있다

- After a storm comes a calm.
  폭풍 뒤에 고요가 온다 - 고진감래

- All's well that ends well.
  끝이 좋으면 만사가 좋다

- All that glitters is not gold.
  반짝인다고 모두 금은 아니다

- All work and no play makes Jack a dull boy.
  일만 하고 놀지 않으면 바보가 된다

- As the twig is bent, so grows the tree.
  될 성싶은 나무는 떡잎부터 알아본다

- As you sow, so shall you reap.
  뿌린 대로 거둔다(인과응보)

- Beauty is in the eye of the beholder.
  아름다움은 보는 이의 눈에 달려있다

- Beggars can't be choosers.
  거지는 더운 밥 찬밥 가릴 처지가 못 된다

- Better late than never.
  하지 않는 것보다는 늦더라도 하는 것이 낫다

- Birds of a feather flock together.
  같은 깃털을 가진 새끼리 모인다 (유유상종)

- Blood is thicker than water.
  피는 물보다 진하다

- Castle in the air.   공중 누각

- Credit is better than gold.
  신용이 돈보다 낫다

- Cut your coat according to your cloth.
  분수에 맞게 살아라

- Do to others as you would be done by.
  대접받고 싶은 대로 남을 대접하라

- Don't bite the hand that feeds you.
  은혜를 원수로 갚지 마라

- Don't count your chickens before they are hatched.
  김칫국부터 마시지 마라

- Don't cry before you are hurt.
  다치기도 전에 우는 소리를 내지 말라

- Don't put all your eggs in one basket.
  계란을 한 바구니에 담지 말라
  (위험을 분산시켜라)

- Easier said than done.
  말하기는 쉬워도 행동하기는 어렵다

- Easy come, easy go.
  쉽게 얻은 것은 쉽게 잃는다
  (=Light come, light go)

- Empty vessels make the most sound.
  빈 수레가 요란하다

- Even Homer sometimes nods.
  원숭이도 나무에서 떨어질 때가 있다

- Every cloud has a silver lining.
  쥐구멍에도 볕들 날 있다

- Every man knows his own business best.
  누구든지 자신의 일은 자신이 가장 잘 안다

- Every minute seems like a thousand.
  일각이 여삼추다

- Familiarity breeds contempt.
  친숙해지면 서로를 멸시하게 된다

- Fine feathers make fine birds.
  옷이 날개다

- First come, first served.
  선착순

- Half a loaf is better than no bread.
  없는 것보다는 반이라도 있는 게 낫다

- He laughs best who laughs last.
  마지막에 웃는 자가 진정한 승자다

- Heaven helps those who help themselves.
  하늘은 스스로 돕는 자를 돕는다

- Honesty is the best policy.
  정직이 최상의 방책이다

- Hunger is the best sauce.
  시장이 반찬이다

- If you run after two hares, you will catch neither.
  두 마리 토끼를 잡으려다 다 놓친다

- Ignorance is bliss.
  모르는 게 약이다

- It is never too late to mend.
  늦게라도 고치는 것이 낫다

- It is no use crying over spilt milk.
  우유를 엎질러놓고 울어봐야 소용없다

- It never rains but it pours.
  불행은 겹쳐온다

- It takes two to tango.
  손뼉도 마주쳐야 소리가 난다

- It takes all sorts to make a world.
  여러 종류의 사람들이 모여 세상을 만든다

- Jack of all trades, and master of none.
  재주가 많으면 특별히 잘하는 것이 없다

부록2 필수속담 (Proverbs)

- Kill two birds with one stone.
  일거양득
- Lend your money and lose your friend.
  돈을 빌려주면 친구를 잃는다
- Like father, like son.
  부전자전
- Lock the stable after the horse is stolen.
  소 잃고 외양간 고치기
- Look before you leap.
  돌다리도 두드려보고 건너라
- Make hay while the sun shines.
  해가 비칠 때 건초를 만들어라
- Many drops make a shower.
  티끌 모아 태산
- Water will wear away stone.
  물은 약하지만 바위를 닳게 한다
- Many a little makes a mickle.
  티끌 모아 태산이다
- Many hands make light work.
  백짓장도 맞들면 낫다
- Near neighbor is better than a distant cousin.
  이웃사촌
- Never judge by appearances.
  외모로 판단하지 말라
- No pains, no gains.
  고생하지 않으면 얻는 것도 없다
- No smoke without fire.
  아니땐 굴뚝에 연기 나랴

- Never put off till tomorrow what you can do today.
  오늘 할 일을 내일로 미루지 말라
- No news is good news.
  무소식이 희소식이다
- Nothing ventured, nothing gained.
  호랑이를 잡으려면 호랑이 굴로 들어가라
- One man sows and another man reaps.
  재주는 곰이 부리고 돈은 되놈이 번다
- Out of the frying pan into the fire.
  갈수록 태산
- One man's music is another man's noise.
  한사람에게는 음악이라도 다른 사람에게는 소음이 된다
- One good turn deserves another.
  가는 말이 고우면 오는 말도 곱다
- One swallow does not make a summer.
  제비 한 마리가 왔다고 여름이 온 것은 아니다
- Out of sight, out of mind.
  보이지 않으면 마음에서도 멀어진다
- Practice makes perfect.
  연습을 해야 완벽해진다
- Rome was not built in a day.
  로마는 하루아침에 이루어진 것이 아니다
- Slow and steady wins the race.
  느리지만 꾸준한 사람이 경주에 이긴다
- So many men, so many minds.
  사람마다 마음이 다르다
- Spare the rod and spoil the child.

매를 아끼면 아이를 망친다

- Still waters run deep.
  잔잔한 물이 깊게 흐른다

- Strike while the iron is hot.
  쇠는 달구어졌을 때 두들겨라

- Talk [Speak] of the devil, and he is sure to appear.
  호랑이도 제말하면 온다

- The early bird catches the worm.
  일찍 일어나는 새가 벌레를 잡는다

- The glass is always greener than on the side of the fence.
  남의 떡이 더 크게 보인다

- The leopard does not change his spots.
  표범은 얼룩을 바꾸지 못한다- 천성은 못 버린다

- The pot calls the kettle black.
  똥 묻은 개가 겨 묻은 개 나무란다 -자신을 알라

- The tree is known by its fruit.
  크게 될 나무는 떡잎부터 알아 본다

- There is no royal road to learning.
  학문에는 왕도가 없다

- They that know nothing fear nothing.
  무식한 놈이 겁이 없다

- Time and tide wait for no man.
  세월은 사람을 기다려주지 않는다

- Time flies like an arrow.
  시간은 화살처럼 흐른다

- Time heals all wounds.
  시간이 약이다

- Tread on a worm and it will turn.
  지렁이도 밟으면 꿈틀 한다

- Too many cooks spoil the broth.
  사공이 많으면 배가 산으로 간다

- Two of a trade seldom agree.
  같은 장사꾼끼리는 화합이 안된다

- Two heads are better than one.
  두 사람의 지혜가 한 사람의 지혜보다 낫다

- Walls have ears.
  낮말은 새가 듣고, 밤 말은 쥐가 듣는다

- We never meet without a parting.
  헤어짐 없는 만남은 없다

- Well begun is half done.
  시작이 반이다

- What is done cannot be undone.
  일단 이루어진 것은 되돌릴 수 없다

- When the cat is away, the mice will play.
  호랑이 없는 골에 토끼가 스승이다

- What's learned in the cradle is carried to the grave.
  세 살 버릇 여든까지 간다

- You cannot have your cake and eat it, too.
  꿩 먹고 알 먹을 수는 없다

- You reap what you sow.
  뿌린 대로 거둔다

부록3 수를 표현하는 법

1. 기수 서수

기수는 일반적인 수(하나, 둘, 셋)를 표현하며 서수는 보통 기수에 -th를 붙여 순서(첫째, 둘째, 세째)를 나타낸다.

	기수	서수		기수	서수
1	one	first	19	nineteen	nineteenth
2	two	second	20	twenty	twentieth
3	three	third	21	twenty-one	twenty-first
4	four	fourth	22	twenty-two	twenty-second
5	five	fifth	23	twenty-three	twenty-third
6	six	sixth	24	twenty-four	twenty-fourth
7	seven	seventh	25	twenty-five	twenty-fifth
8	eight	eighth	26	twenty-six	twenty-sixth
9	nine	ninth	27	twenty-seven	twenty-seventh
10	ten	tenth	28	twenty-eight	twenty-eighth
11	eleven	eleventh	29	twenty-nine	twenty-ninth
12	twelve	twelfth	30	thirty	thirtieth
13	thirteen	thirteenth	40	forty	fortieth
14	fourteen	fourteenth	50	fifty	fiftieth
15	fifteen	fifteenth	60	sixty	sixtieth
16	sixteen	sixteenth	70	seventy	seventieth
17	seventeen	seventeenth	80	eighty	eightieth
18	eighteen	eighteenth	90	ninety	ninetieth

	기수	서수
100	(a/one) hundred	(a/one) hundredth
1,000	(a/one) thousand	(a/one) thousandth
10,000	ten thousand	ten thousandth
100,000	one hundred thousand	one hundred thousandth
1,000,000	(a/one) million	(a/one) millionth
10,000,000	ten million	ten millionth
100,000,000	one hundred million	one hundred millionth
1,000,000,000	(a/one) billion	(a/one) billionth

2. 기타 숫자 읽기

(1) 긴 숫자 읽기

$$1,000,000,000,000$$

trillion(조)　　billion(십억)　　million(백만)　　thousand(천)

컴마단위로 끊어서 각 컴마안의 세자리(백단위)를 hundred를 붙여서 읽은 다음 각 컴마의 단위를 위에서 처럼 각각 trillion(조), billion(10억), million(100만), thousand(천)를 붙여서 순서대로 읽는다.

▶ 234 → two hundred thirty four
▶ 4,196 → four thousand, one hundred ninety-six
▶ 6,021 → six thousand twenty one
▶ 6,327,719 → six million, three hundred twenty-seven thousand, seven hundred nineteen

백단위(hundred)다음에 and를 넣어줄 수도 있다.
▶ 479 → four hundred (and) seventy-nine
▶ 27,238,476 → twenty-seven million, two hundred (and) thirty-eight thousand,
▶ 78,123,456,789 → seventy-eight billion, one hundred (and) twenty-three million,
　　　　　four hundred (and) fifty-six thousand, seven hundred (and) eighty-nine

(2) 연도
두 자리씩 끊어서 읽는다.
▶ 1853 → eighteen hundred fifty three
▶ 1999 → nineteen ninety-nine
▶ in the 1950's → in the nineteen fifties
cf) 103 → one hundred and three, 1400 → fourteen hundred, 1009 → one thousand and nine

(3) 날짜
날짜는 서수와 기수, 두 가지로 읽을 수 있다.
▶ 7월 17일 → 표기 : July 17(th),　　읽기 : July seven, July (the) seventh
▶ 8월 15일 → 표기 : August 15(th), 읽기 : August fifteen, August (the) fifteen(th)
※ 연월일은 〈월/일/연〉의 순서로 쓴다.
▶ 1950년 6월 25일 → 표기 : June 25 1950/June (the) 25th 1950
　　　　　　　　　읽기 : June twenty-five, nineteen fifty/June the twenty fifth, nineteen fifty

(4) 시간
시간과 분을 각각 기수로 읽는 법과 past(after)나 to(before)를 사용하여 읽는 법이 있다.
▶ 7:45 a.m. = seven forty-five a.m. or a quarter to(before) eight
▶ 8:15 → eight fifteen or a quarter past(after) eight
▶ 9:30 → nine thirty or half past(after) nine
▶ 10:45 → ten forty-five or a quarter to(before) eleven
▶ 11:00 a.m. → eleven(o'clock) [eiem]
※ 뒤에 "~분"이 붙으면 o'clock을 사용하지 않는다.　　※ 오전 a.m.[eiem], 오후 p.m.[piem]

(5) 전화번호
한자리씩 기수로 읽는다.
▶ 634-4790 = six, three four, four seven nine o[ou]
▶ 383-7885 = three eight three, seven double eight five
※ 0은 O[ou] 또는 zero[zi(:)rou], nought naught[nɔ:t]로 읽는다.

부록3 수를 표현하는 법

(6) 금액
숫자를 기수로 읽고 돈의 단위를 붙여 읽는다. 달러의 경우 소수점(.)이하는 cent이다.
- $7.25(7달러 25센트) → seven dollars (and) twenty-five (cents)
- $25.50(25달러 50센트) = twenty-five dollars (and) fifty (cents)
- £5(5파운드) → five pounds
- ₩870(870원) → eight hundred seventy won

(7) 분수

$$\frac{0 \text{ 기수}}{0 \text{ 서수}}$$

분수를 읽을 때는 분자는 기수로, 분모는 서수로 읽으며, 분자가 2이상이면 분모에 복수형 어미 -s를 붙여 읽는다.
- 1/2 → a half or one-half, 1/3 → a third or one-third, 1/4 → a quarter or one-fourth
- 3/4 → three-fourths or three quarters 5/7 → five-sevenths
- 7+4/5 → seven and four-fifths

(8) 소수
소수점까지는 보통 기수로 읽으며, 소수점 이하는 한 자씩 읽는다. 소수점은 point로 읽는다.
- 3.14159 → three point one four one five nine
- 0.05 → point zero five [point oh five]
    * (0.068 → nought point nought six eight)
- 17.43 → seventeen point four three

(9) 수식
- 6 +11 = ? → What's six and eleven ?
- 25 - 8 = ? → What's twenty-five minus eight?
- 3 + 6 = 9 → Three and six are(is · make(s)) nine. = Three plus six equal(s) nine.
- 8 - 3 = 5 → Three from eight leaves(is) five. = Eight minus three equal(s) five.
- 6 × 7 = 28 → Six times seven is forty-two. = Six multiplied by seven equals forty-two.
- 48 ÷ 6 = 4 → Forty-eight divided by six equals eight.

(10) 기타
기수로 읽을 때는 숫자를 나중에 읽고 서수로 읽는 때는 the를 붙여 먼저 읽는다.
- World War II = World War Two, the Second World War
- Book II = Book two, the second book
- Lesson 10 = Lesson ten, the tenth lesson
- Chapter V = Chapter five, the fifth chapter
- page 8 = page eight, the eighth page

정답 및 해설

뼈에 사무치는 영어문법

Chapter 1

기초동사

정 답 1 ·· 16 page
01 are   02 is   03 be   04 were
05 is   06 be   07 been   08 are

해 석
01 모든 티켓이 팔렸다.
02 그 남자가 봉투를 뜯고 있는 중이다.
03 오후에 교통상황이 좋지 않을 거라고 생각한다.
04 10년 전에 어디에 있었습니까?
05 11시 10분전이다.
06 너는 미래에 훌륭한 피아니스트가 될 것이다.
07 나는 캐나다에 가본 적이 있다.
08 너는 왜 종이 모자를 쓰고 있습니까?
어휘 wear[wɛəːr] 입다 쓰다

정 답 2 ·· 16 page
01 조동사(부정문)   02 조동사(동사강조)
03 조동사(의문문)   04 조동사(의문문)
05 조동사(도치문)   06 조동사(도치문)
07 조동사(도치문)   08 일반동사 (~하고 있는 중)
09 ⓐ조동사(의문문) ⓑ 일반동사(~하다)

해 석
01 나는 동물 이야기를 읽지 않는다.
02 Tommy는 탐정소설을 쓴다.
어휘 detective[ditéktiv] 탐정의
03 립스틱을 바르세요?
04 회장은 휴가차 어디에 가지요?
05 그녀는 거의 먹지 않았다.
06 어제야 비로소 그를 만났다.
07 자넬 다시 만나리라고는 꿈에도 생각 못했네.
08 무엇을 하고 있습니까?
09 그의 직업은 무엇인가?

정 답 3 ·· 16 page
01 일반동사 3형식   02 조동사적 (현재구간)
03 조동사적 (현재구간)   04 조동사적 (현재구간)
05 일반동사 3형식   06 일반동사 3형식
07 일반동사 3형식   08 일반동사 5형식
09 일반동사 5형식

해 석
01 우리는 때때로 식사사이에 간식을 먹는다.
02 Charlie와 James는 그들의 운동을 끝냈다.
03 Tim은 새끼토끼를 학교에 가져왔다.
04 너는 우리 영어선생님에 관해 들어본 적이 있어요?
05 나는 10시 반에 중요한 회의가 있다.
06 너는 여전히 거기에 갈 많은 시간이 있다.
07 그 책에는 요리에 관한 장(章)이 있었다.
어휘 chapter[tʃǽptər] 장
08 그 교수는 우리가 긴 보고서를 쓰도록 했다.
09 아이들이 원으로 앉도록 하시오.
해설] 명령문으로 동사원형 Have가 왔다. 명령문에서 주어는 You가 생략되어 있다.

Chapter 2

문장의 종류와 부정문 및 의문문 만들기

전체해설 1- 부정문 만들기

- 'be/조동사＋not' -be동사나 조동사 다음에 not
- 'do[does/did]＋not 동사원형'-일반 동사 앞에 'do동사+not

정 답 1 ·· 28 page
01 The old man didn't hear from his daughter.
02 John and Sue were not wanted by the police.
03 I can not remember his name.
04 He doesn't work for the advertising company.
05 Susan doesn't live in that house.
06 The beggar didn't have his hair cut ~
07 The old didn't take a trip around the world.

해 석
01 그 노인은 그의 딸로부터 소식을 듣지 못했다.
02 John과 Sue는 경찰에 의해 수배되지 않았다.
어휘 wanted[wɔ́ntid] 모집, 지명 수배
03 나는 그의 이름을 기억할 수 없다.
04 그는 광고 회사에서 일하지 않는다.
05 Susan은 그 집에서 살지 않는다.
06 그 거지는 그 이발소에서 머리를 깎지 않았다.
07 그 노인들은 세계일주 여행을 하지 않았다.

전체해설 2- 의문문 만들기

- **의문사 없을 때:** be동사나 조동사(일반동사 일 때 do/does/did−동사는 반드시 동사원형)를 주어 앞으로 한다.

- **의문사 있을 때:** 의문사 없을 때처럼 똑같이 be/조동사(일반동사일 때 do/does/did - 동사는 반드시 동사원형)를 주어 앞으로 한 다음, 의문사를 주어 앞에 쓴다.

전체해설 4-의문문 연결하기

두 개의 문장을 연결할 때 의문사는 연결 역할 하는 접속사이다. ~ + '의문사(형용사+명사) 주어+동사'순으로 연결한다. 다만 동사가 think, suppose, guess, imagine, believe 등 일 때, 의문사는 맨 앞으로 나온다.

정답 2 ·············· 28 page

01 Were the children surprised at the news?
02 Did you have a good time last weekend?
03 Can you operate this copy machine?
04 Haven't we met somewhere before?
05 Did your wife want to go on a vacation?
06 How long have you studied English?
07 Who is your teacher?
08 What do you want to study at college?
09 How much is this jacket?

정답 4 ·············· 28 page

01 Could you tell me which bus I have to take to go to the post office?
02 Do you know what time the buses leave at?
03 May I ask what your name is?
04 Who do you think will win the race?
05 I wonder where he went.
06 No one knows why he was sad?

해석

01 그 아이들이 그 뉴스에 놀랐습니까?
02 너는 지난 주말을 잘 보냈습니까?
03 이 복사기를 다룰 수 있으세요?
04 이전에 어디선가 만나지 않았나요?
05 당신의 아내는 휴가 가는 것을 원했습니까?
06 얼마나 오랫동안 영어를 공부해 왔습니까?
07 너의 선생님은 누구시니?
08 대학에서 무엇을 공부하기를 원하니?
09 이 재킷이 얼마지요?

해석

01 내가 우체국에 가기 위해 어떤 버스를 타야 하는지 말해 줄 수 있으세요?
02 버스가 몇 시에 떠나는지 아세요?
03 이름을 여쭤도 될까요?
04 누가 게임에 승리할거라고 생각하세요?
해설] 동사 think 때문에 의문사가 맨 앞으로 나왔다.
05 그가 어디에 갔는지 궁금하다.
06 아무도 그가 왜 슬픈지 모른다.

전체해설 3- 동사 반대 주어 copy 의문문

동사란 앞 문장에서 be동사나 조동사(일반동사일 때 do/does /did)를 받고, 반대란 긍정이면 부정으로, 부정이면 긍정으로, 그리고 주어를 대명사로 copy 한다. 다만 명령문은 will you?로, Let's... 는 shall we?로 한다.

Chapter 3

words와 기본 sentence 형성

정답 1 ·············· 40page

01 Water on the land runs into lakes and rivers.
명사 전치사 관사 명사 동사 전치사 명사 접속사 명사
02 Sometimes he goes abroad on business.
부사 대명사 동사 부사 전치사 명사
03 The salt in the jar is from the ocean.
관사 명사 전치사 관사 명사 동사 전치사 관사 명사
04 He is ignorant of economics.
대명사 동사 형용사 전치사 명사
05 Life in the city is busy and life in
명사 전치사 관사 명사 동사 형용사 접속사 명사 전치사
the country is with leisure.
관사 명사 동사 전치사 명사

정답 3 ·············· 28 page

01 isn't it? 02 have you? 03 didn't he?
04 doesn't she? 05 will you? 06 shall we?

해석

01 David의 학교는 꽤 조용하다. 그렇지 않니?
02 너는 미국에 가본 적이 결코 없다. 그렇지?
03 Jack은 그 일에 신청했다. 안 그러니?
어휘 apply for 지원하다 신청하다
04 그녀는 여기 근처에서 산다. 안 그러니?
05 차문을 닫으세요. 알았지요?
06 파티를 엽시다.

해석
01 육지에 있는 물은 호수와 강으로 흐른다.
02 때때로 그는 사업차 해외에 간다.
03 단지 안에 있는 소금은 큰 바다로부터 온다.
어휘 jar[dʒɑːr] 항아리, 단지 ocean[óuʃən] 대양, 해양
04 그는 경제학에 관해 무지하다.
어휘 be ignorant of ~에 대해 무지하다 economics[iːkəná miks] 경제학
05 도시에서의 생활은 바쁘다. 그리고 시골에서의 삶은 여유롭다.
어휘 with leisure 한가로운

정답 2 ········· 40 page
01 He is in the room.
   주어 동사 수식어구 (부사역할-동사 is 수식)
02 I am fond of him.
   주어 동사 주어보충어 수식어구(부사 역할-형용사 fond수식)
03 I met Jina at the station.
   주어 동사 목적어 수식어구(부사역할-동사 met수식)
04 Jennifer gave me a novel for free.
   주어 동사 간접목적어 직접목적어 수식어구 (부사역할-동사 gave수식)
05 To my joy, the news made me happy.
   수식어구(부사역할-문장전체수식) 주어 동사 목적어 목적격보충어

해석
01 그는 방안에 있다.
02 나는 그를 좋아한다.
03 나는 역에서 지나를 만났다.
04 Jennifer는 나에게 공짜로 소설책을 주었다.
어휘 for free 공짜로
05 내가 즐겁게도, 그 뉴스는 내가 행복하도록 했다.

정답 3 ········· 40 page
01 interested 02 to help 03 saying 04 elected
05 ⓐ to improve ⓑ to practice/practicing
06 ⓐ calming ⓑ relaxing 07 depressing
08 with caution or cautiously
09 (A sense) of humor or humorous (sense)

해석
01 이러한 신호들은 누군가 너에게 흥미를 느끼고 있다는 것을 보여준다.
해설] someone과 수동적관계의 형용사역할하는 p.p(과거분사)를 쓴다.
02 여기에 네가 좋은 학습습관을 기르도록 도움을 주는 몇 가지 정보가 있습니다.

해설] 앞명사 some tips를 수식하는 형용사 용법 중 미래성의 의미로 'to 동사원형'을 쓴다.
어휘 tip[tip] 팁, 비밀 정보,
03 우리는 끊임없이 말하지 않고도 대화하고 있다.
해설] 전치사 without 다음은 명사, 다만 동사가 오면 동명사(동사원형ing)를 쓴다.
어휘 constantly[kánstəntli] 변함없이
04 그녀는 1978년에 두 번째 임기로 다시 선출되었다.
해설] 주어 she와 수동관계로 p.p(과거분사)
어휘 term[təːrm] 임기, 학기, 조건
05 기술을 개발할 유일한 방법은 네가 원하는 것을 육체적으로 연습하는 것이다.
해설] ⓐ:명사 way를 꾸며주는 to+동사원형의 형용사용법, ⓑ:보충어자리로 명사역할 하는 to + 동사원형 or 동명사
어휘 improve 개선하다 practice 연습하다 physically 물질적으로
06 초록색과 파랑색은 침착하게 하고 이완시키는 효과를 갖고 있습니다.
해설] ⓐ,ⓑ 둘 모두 뒤명사 effect를 꾸며주는 '~하게 하는' 의 유도를 나타내는 형용사는 현재분사(동사원형ing)
어휘 calm[kɑːm] 고요하게 하다 relax[riláeks] 이완시키다
07 어두운 회색과 검정색은 우울하게 하는 효과를 갖습니다.
해설] 뒤명사 effect를 꾸며주는 '~하게 하는'의 유도의 형용사인 현재분사(동사원형ing)
어휘 depress[diprés] 우울하게 하다
08 우리는 주의 깊게 진행해야 한다.
해설] 동사 proceed는 1형식 동사이므로 명사 caution의 자리가 없다. 전치사 with로 명사의 자리를 만들어주거나 부사로 고쳐서 쓰면 된다.
어휘 proceed[prousíːd] 나아가다 caution[kɔ́ːʃən] 조심, 신중
09 유머감각은 사업에서 자산이다
해설] 명사 humor는 자리가 없어서 명사자리를 만드는 전치사 of와 함께 쓰거나 명사 a sense를 꾸며주는 형용사형으로 쓰면 된다.
어휘 a real asset 부동산

Chapter 4
주요품사와 문장에서의 주요요소

정답 1 ········· 55 page
01 ⓐ - 명사, ⓑ - 부사구   02 부사절
03 명사절 04 명사구 05 명사절 06 명사구
07 ⓐ 부사구 ⓑ 부사구 ⓒ 부사구 08 형용사절
09 부사구 10 형용사

정답 및 해설

해 석
01 나는 인터넷에서 너의 이메일 주소를 찾았다.
해설 ⓐ your e-mail address는 동사 found의 목적어로 명사이고 ⓑ on the Internet은 동사 found를 수식하는 부사구에 해당된다.
02 이것이 첫 번째 펜팔편지이기 때문에 약간 신경이 쓰인다.
해설 because이하는 원인을 나타내는 부사절로 앞문장 전체를 꾸며준다.
어휘 nervous[nə́:rvəs] 신경(성)의
03 네가 우리의 어려움을 이해하기를 희망한다.
해설 you 이하는 동사 hope의 목적어로 명사절이다. hope 다음에 that이 생략되었다.
04 외국의 친구를 갖는다는 것은 매우 흥미 있게 들린다.
해설 'Having ~ abroad'는 동사 sounds의 주어로 동명사로서 명사구이다.
05 그것이 내가 인터넷에서 펜팔을 찾는 이유이다.
해설 why 이하는 주어보충어로 명사절이다.
06 다른 문화들에 관해 배우는 것은 나에게는 정말 재미있다.
해설 동사원형ing으로 동사 is의 주어로 동명사이다. 동명사는 명사구이다.
07 나는 6시 반에 일어나 학교에 여덟시 바로 전에 도착한다.
해설 각각 '전치사+명사'로 앞의 동사 get up, arrive를 꾸며주는 부사구들이다.
08 우리 모두는 하얗고 푸른 학교유니폼을 입는다.
해설 which 이하는 앞 명사 uniforms를 수식하는 형용사절이다.
09 나의 학급에 약 40명의 학생들이 있다.
해설 '전치사+명사' in my class는 동사 are를 수식하는 부사구이다.
10 너는 어떠한 취미들을 가지고 있느냐?
해설 what은 뒤명사 hobbies를 수식하는 의문을 나타내는 형용사이다.

정답 2 ································· 55 page
01 ⓐ 주어 ⓑ 주어보충어 02 주어보충어 03 주어
04 목적어 05 주어보충어 06 목적어
07 ⓐ주어보충어 ⓑ주어 08 주어
09 목적어   10 목적어 11 목적어보충어

해 석
01 영어와 생물은 나의 가장 좋아하는 과목이다.
해설 ⓐEnglish and biology는 주어이고 ⓑmy favorite subjects는 주어를 보충 설명하는 주어보충어
어휘 biology[baiálədʒi] 생물학 subject[sʌ́bdʒikt] 과목
02 그 수업들은 수업들 사이에 10분씩 휴식을 취하면서 50분씩 지속된다.
해설 fifty minutes long은 주어 The classes를 보충 설명하는 주어보충어이다.

어휘 recess[rí:ses] 쉼
03 음악을 연주하는 것은 그녀가 그녀의 인생의 모든 영역에서 발전하도록 도왔다.
해설 Playing music은 동사 helped의 주어역할 한다.
04 Jennifer야, 너는 어떤 종류의 책들을 좋아하느냐?
해설 What kind of books는 동사 like의 목적어 역할 한다.
05 탐정 Smart는 그가 어떤 것을 들었을 때 그의 책상에 앉아 있는 중이었다.
해설 sitting at his desk는 주어 Detective Smart를 보충 설명하는 주어보충어이다.
어휘 detective[ditéktiv] 탐정
06 나는 독서와 영화보기를 좋아한다.
해설 reading and going to ~는 동사 like의 목적어
07 거기의 날씨가 어떠냐?
해설 'The weather is how there'를 의문문으로 바꾼 문장으로 The weather는 주어이고 how는 주어보충어
08 효율적인 정보사냥꾼이 되기 위한 몇 가지 단순한 기술들이 있다.
해설 'Here/There+동사+주어 ~'
어휘 effective[iféktiv] 유효한
09 나는 거실에서 들려오는 소리를 들었다.
해설 noise는 동사 heard의 목적어이다. coming이하는 명사 noise를 꾸며주는 형용사구
10 나는 우리가 어느 날 직접 서로 만날 수 있기를 희망한다.
해설 that절은 동사 hope의 목적어 역할 하는 명사절이다.
11 좋은 과학 소설은 내가 과학 전문가처럼 느끼게 만든다.
해설 feel이하는 목적어 me를 보충 설명하는 목적어보충어이다.
어휘 expert[ékspə:rt] 전문가

정답 3 ································· 56 page
01 부사절   02 부사구   03 형용사구
04 ⓐ - 형용사구 ⓑ - 부사구   05 부사구
06 형용사구   07 ⓐ - 부사구 ⓑ - 부사구
08 ⓐ - 부사   ⓑ - 부사구   09 부사절
10 부사구   11 형용사구   12 부사구
13 형용사구   14 형용사절

해 석
01 그가 현관문을 울렸을 때 Mr. Black이 나왔다.
해설 뒤 문장전체를 꾸며주는 때를 나타내는 부사절이다.
02 너의 잦은 두통 때문에 너의 의사에게 가는 것을 상상하시오.
해설 앞 문장 전체를 꾸며주는 이유를 나타내는 부사구이다.
03 모차르트의 음악은 음악을 듣는 사람들을 진정시키는 능력에서 뛰어나다.

해설] 앞 명사 its ability를 수식하는 'to 동사원형'형태의 형용사구이다.
어휘 remarkable[rimáːrkəbəl] 주목할 만한 calm[kɑːm] 진정시키다
04 인도에서의 병원들은 정신병을 치료하기 위해 다른 종류의 음악들을 사용한다.
해설] ⓐ in India는 앞명사 Hospitals를 수식하는 형용사구이고 ⓑ to treat mental illness는 문장전체를 꾸며주는 부사구이다.
어휘 mental illness 정신병
05 미국의 우주비행사들은 1972년에 달에서 그것을 가져왔다.
해설] '전치사+명사' from the moon은 동사 brought를 수식하는 부사구
어휘 astronaut[ǽstirənɔ̀ːt] 우주비행사
06 한 음악가는 인간의 몸을 치료하는 독특한 능력을 가지고 있는 것처럼 보인다.
해설] 앞 명사 ability를 수식하는 형용사구이다.
어휘 heal[hiːl] (병 등을) 낫게 하다
07 각각의 과목 선생님이 우리의 교실에 와서 가르친다.
해설] ⓐ For each subject는 문장전체를 수식하는 부사구이고 ⓑ to our classroom는 동사 comes를 수식하는 부사구이다.
08 때때로 수업으로 우리는 지친다.
해설] ⓐ Sometimes는 문장전체를 수식하는 부사구이며 ⓑ with the lessons는 과거분사 형용사인 bored를 수식하는 부사구이다.
09 그들은 아마도 사람들이 말하기 이전에 노래했다고 생각한다.
해설] 앞 문장을 꾸며주는 부사절이다.
10 그들이 놀랍게도 Krissy는 기억으로부터 음악을 연주할 수 있었다.
해설] 문장전체를 수식하는 부사구이다.
어휘 To their astonishment 그들이 놀랍게도
11 두개의 오래된 촛대를 가진 테이블이 방 한가운데에 있었다.
해설] 앞 명사 a table을 수식하는 형용사구이다. A table with two old silver candlesticks was in the center of the room이 순서 바뀐 문장
12 개업식 날 그는 한 남자가 사무실 안으로 오는 것을 보았다.
해설] 문장전체를 수식하는 부사구이다.
13 프랑스에서 모차르트의 세레나데 음악을 들은 소들은 보다 많은 우유를 생산했다.
해설] 앞 명사 cows를 수식하는 수동의 뜻인 과거분사 (serenaded) 형태의 형용사이다.
14 음악전문가들이 그들의 환자들에게 똑같은 충고를 하는 많은 국가들이 있다.
해설] 앞 명사 many countries를 수식하는 접속대명사절 형태의 형용사절이다.

Chapter 5

주어의 상태와 동작을 나타내는 동사

정답 1 ....72 page
01 happily   02 sweet   03 easily   04 healthy
05 silent   06 good

해 석

01 그는 행복하게 살았다.
해설] live는 '살다'라는 뜻의 1형식 동사로 형용사가 올 수 없고 동사를 수식하는 부사가 온다.
02 그 장미는 달콤하게 냄새가 난다.
해설] 'smell'은 '~하게 냄새가 나다'라는 2형식 동사로 보충어가 필요하다. 보충어는 명사나 형용사가 가능하다. 하지만 절대 부사는 보충어가 될 수 없다.
03 이 셔츠는 쉽게 세탁되어진다.
해설] 동사 'wash'는 '세탁되다'의 1형식 동사와 '~를 세탁하다'의 3형식 동사로 쓰인다. 여기서는 '세탁되다'라는 1형식동사로 쓰였다. 동사 수식할 수 있는 것은 부사다.
04 이 가난한 사람은 건강하게 보인다.
해설] 'look'은 2형식 동사로 보충어가 필요하다. 보충어는 명사나 형용사가 가능하다. 부사는 보충어자리에 쓰일 수 없다.
05 그녀는 침묵을 지켰다.
해설] 'remain'은 2형식 동사로 보충어가 필요하다. 보충어 자리에는 명사나 형용사가 가능하지만 절대로 부사는 보충어자리에 쓰일 수 없다.
06 중국음식은 맛이 좋다.
해설] 'taste'는 2형식 동사로 보충어가 와야 한다. 'good(좋은)'은 형용사로 보충어로 쓰일 수 있지만 'well(잘)'은 부사로 보충어자리에 쓰일 수 없다.

정답 2 ....72 page
01 arrived   02 rises   03 reached   04 waits
05 entered   06 married   07 discussed
08 graduated from   09 resembles

해 석 2

01 Tom은 안전하게 도착했다.
해설] '도착하다'에 해당하는 동사는 1형식동사로는 arrive와 get이 있고 3형식 동사로 reach가 있다. safely는 부사로 목적어가 아니다. 목적어가 없으니 3형식동사 reach는 안되고 arrive가 와야 한다.
02 태양은 동쪽에서 뜬다.

해설] 'rise'는 1형식동사로 '(떠)오르다' 'raise'는 '~를 올리다'라는 의미의 3형식동사다. 여기서는 목적어가 없고 '태양이 떠오르다'라는 의미의 1형식동사가 필요하다.
03 그 컴퓨터 프로그래머는 역에 도착했다.
해설] 목적어 'the station'이 있으므로 '도착하다'하는 뜻의 3형식동사가 필요하다. 'arrive'는 전치사 at이 와야 한다.
04 세월은 누구도 기다리지 않는다.
해설] wait는 1형식동사로 전치사 'for'와 함께 쓰이고 await는 3형식동사로 바로 목적어가 온다. 이 문장에서는 전치사 for 가 있으므로 waits가 온다.
05 그 열차는 터널 안으로 들어갔다.
해설] went는 1형식동사로 전치사(into)를 쓰고 명사를 써야 한다. enter는 3형식동사로 목적어가 바로 온다.
06 Mr. Gardiner는 그 기자와 결혼했다.
해설] marry는 3형식동사로 전치사 오지 않고 바로 목적어가 온다.
07 우리는 회의에서 많은 것들을 토론했다.
해설] discuss는 3형식동사로 전치사 쓰지 않고 목적어 바로 쓴다.
08 시장직에 대한 후보는 1998년 하버드대를 졸업했다.
해설] graduate 1형식동사 전치사(from)쓰고 명사를 써야 한다.
어휘 candidate[kǽndidèit] 후보자 mayor[méiər] 시장
09 그는 그의 어머니를 닮았다.
해설] 3형식 동사로 바로 목적어를 쓴다.

05 우리는 그 기자들에게 편의시설을 제공하였다.
해설] 'provide/furnish/supply + A + with +B'형식으로 'A에게 B를 제공하다'라는 뜻이다.
어휘 convenience facilities 편의시설

정답 4 ....72 page
01 to go   02 bring   03 chase or chasing
04 to apply   05 crash   06 carry
07 taken   08 tick or ticking 09 waiting

해 석
01 나의 엄마는 내가 파티가 가도록 설득했다.
해설] 엄마가 설득한 것에 비해 내가 파티에 간 것은 나중 일이므로 목적어보충어에 시간차를 표현하는 'to 동사원형'이 와서 전형적인 5형식패턴인 'S + persuade + O + to 동사원형'으로 쓴다.
02 제인은 웨이터가 그녀에게 한 잔의 커피를 가져오도록 했다.
해설] 시간차 없는 동시성동사는 목적어보충어에 동사원형이 와서 '(사역동사(let, make, have) 및 지각동사(see, watch, hear 등) + O + 동사원형'으로 쓰인다.
03 나는 탐정이 그 죄수를 쫓는 것을 보았다.
해설] 내가 본 것과 탐정이 쫓고 있는 것이 동시적이므로 동사원형이 온다. 또 쫓고 있는 진행 중일 때는 '동사원형ing'이 올 수 있다.
어휘 detective[ditéktiv]탐정 chase 추적하다 criminal 죄수
04 나는 그녀가 그 일에 지원하도록 간청했다.
해설] 간청한 것과 지원한 것은 시간차 있으므로 전형적인 5형식 구조 'S + urge + O + to 동사원형'을 쓴다.
어휘 urge[ə:rdʒ]간청하다.
05 나는 차들이 거리에서 충돌하는 소리를 들었다.
해설] 시간차 없는 지각동사 heard는 목적어보충어에 동사원형이 와서 'S + hear + O + 동사원형' 형태를 쓴다.
06 중국 출신의 여행들은 짐꾼이 그들의 가방을 운반해 주도록 했다.
해설] 동시성 동사인 사역동사 have는 'S + have + O + 동사원형'형태를 쓴다.
07 그 노인은 그 자리가 차지되었다는 것을 알았다.
해설] 사람이 그 자리를 차지하면 그 자리는 차지되어지므로 수동을 나타내는 과거분사가 온다.
08 그들은 시계가 똑딱거리는 소리를 듣지 못했다.
해설] 지각동사 hear는 'S + 지각동사 (hear) + O +동사원형'형태를 쓴다. 또 진행 중인 상황일 때는 목적어보충어자리에 '동사원형ing'도 가능하다.
09 그는 우리가 한 시간 동안 기다리도록 했다.
해설] 우리가 기다리는 진행 중이므로 '동사원형 + ing'가 온다.

정답 3 ....72 page
01 about을 없애야 한다.   02 to go → from going
03 in을 없애야 한다.   04 rise→raise
05 reporters 다음에 전치사 with를 써야 한다.

해 석
01 관리자들은 신용대출금 상환 연장에 대한 너의 요청에 대해 토론했다.
해설] discuss는 3형식동사로 전치사가 오지 않고 바로 목적어가 온다.
어휘 an extension for credit 신용대출금 상환 연장
02 불행하게도 그 폭우는 학생들이 캠핑 가는 것을 막았다.
해설] 'prevent, stop, keep, hinder, prohibit + 목적어 + from + 동사원형ing'으로 써야 한다.
03 그 비극적인 선박사고에서 어떠한 사람도 살아남을 수가 없었다.
해설] survived는 3형식동사로 전치사 오지 않고 목적어가 온다.
04. 폭우는 농산물가격을 올릴 것이다.
해설] rise는 1형식동사로 목적어 'the price of agricultural products'가 올 수 없다. raise는 3형식동사로 목적어가 온다.

Chapter 6

동사의 동작이나 상태의 시점을 나타내는 시제

정답 1 .... 82 page

01 The writer writes a detective novel.
02 The writer wrote a detective novel.
03 The writer will write a detective novel.
04 The writer is writing a detective novel.
05 The writer was writing a detective novel.
06 The writer will be writing a detective novel.
07 The writer has written a detective novel.
08 The writer had written a detective novel.
09 The writer will have written a detective novel.
10 The writer has been writing a detective novel.
11 The writer had been writing a detective novel.
12 The writer will have been writing a detective novel.

정답 2 .... 82 page

01 comes 02 has doubled 03 has worked
04 had already gone 05 was
06 will have served 07 has snowed 08 finish
09 will come 10 visited 11 are

해석

01 그가 돌아올 때 나는 그에게 그렇게 말할 것이다.
해설] when절이 때를 나타내는 부사절로 동사의 현재형태로 미래를 표현한다.
02 2차 세계대전 이후로 지구의 인구가 배가 되었다.
해설] 과거(2차 세계대전) 이후로 현재까지로 현재구간 (has/have p.p)를 쓴다.
어휘] population[pàpjəléiʃən] 인구, 주민수
03 Betty는 지금까지 5년 동안 세일즈 매니저로 일해 오고 있다.
해설] 과거부터 현재까지를 나타내는 현재구간 (has/have p.p)를 쓴다.
어휘] promotion[prəmóuʃən] 승진 증진 up to now 지금까지
04 Sarah가 파티에 도착했을 때 Paul은 집에 이미 가버렸다.
해설] Sarah가 파티에 도착한 것보다 Paul이 집에 가버린 것이 앞서므로 과거구간(had p.p)
05 그 조사가 9년 전에 수행되었다.
해설] 9 years ago가 명시적 과거로 과거동사를 써야한다.
어휘] carry out 수행하다
06 그 교수는 내년에 은퇴할 때까지 35년 동안 이 대학에서 근무하게 될 것이다.
해설] 미래 어떤 시점까지의 구간을 나타내는 시제는 미래 완료(will have p.p)를 쓴다.

어휘] retire[ritáiəːr] 물러가다,
07 지난 목요일 이후 눈이 내리고 있다.
해설] 과거 이후 현재까지는 현재구간(has/have p.p)
08 일을 끝마친다면 집에 돌아갈 것이다.
해설] 때나 조건을 나타내는 부사절은 현재로 미래 대신 쓴다.
09 나는 그들이 다음주 언제 집에 돌아올지 모른다.
해설] when이하는 동사 know의 목적어로 명사절이다. 명사절에서는 미래는 will 등을 반드시 써야한다.
10 2001년 여름에 그는 주택건설 프로젝트에 참가하기 위해 한국을 방문했다.
해설] In the summer of 2001이 명시적인 과거이기 때문에 과거동사를 쓴다.
어휘] participate[pɑːrtísəpèit] 참가하다
11 네가 질문을 받지 않는다면 네가 질문해야 한다.
해설] Unless(~하지 않는다면)가 조건을 나타내므로 현재로 미래를 대신 표현한다.

Chapter 7

주어가 영향을 받는 수동태

전체해설-수동태 만드는 법

첫째 : 동사의 대상 즉 O(목적어)를 주어로 가져온다.
둘째 : 동사를 'be + p.p'로 한다. 이때 시제(능동태문장에서 확인)와 인칭(수동태의 주어, 즉 능동태의 목적어)에 따라 be동사를 알맞게 표시한다.
셋째 : 능동태의 주어는 수동태에서 by 다음에 쓴다(대명사의 경우 당연히 목적격을 쓴다). 다만 일반인(we, they 등)은 보통 생략한다.
넷째 : 부사 등 수식어구는 수동태에서도 그대로 써준다.

정답 1 .... 94 page

01 More than ~ are written by Mozart.
02 More than ~ were written by Mozart.
03 More than ~ will be written by Mozart.
04 More than ~ are being written by Mozart.
05 More than ~ were being written by Mozart.
06 More than ~ will be being written by Mozart.
07 More than ~ have been written by Mozart.
08 More than ~ had been written by Mozart.
09 More than ~ will have been written by Mozart.
10 More than ~ have been being written by Mozart.
11 More than ~ had been being written by Mozart.
12 More than ~ will have been being written by Mozart.

[문제종합해설] 주어는 more than 600 pieces로 복수이다.

정 답 2 .... 94 page

01 Two hundred people *were employed* by the company.
02 This kind of accident *is caused* by careless driving.
03 Music could *be heard* from a long way away.
04 The president *has been shot* by the gunman.
05 The room *is being cleaned* at the moment by the old.
06 The policeman *was given* the information about the accident by us.
   The information about the accident *was given to* the policeman by us.
07 I *was asked* some difficult questions at the interview by the reporters.
   Some difficult questions *were asked of* me at the interview by the reporters.
08 I *am wanted* to help them by them.
09 The couple *was noticed to enter* a hotel last night by me.
10 ×
11 He *was heard to enter* the room by them.

해 석

01 이백 명의 사람들이 그 회사에 의해 고용되었다. (그 회사는 이백 명의 사람들을 고용했다.)
해설] 능동태의 시제가 과거이고 새로 나온 주어가 복수이므로 'were + p.p'가 된다.
어휘] company[kΛ́mpəni] 회사 employ[emplɔ́i] 고용하다
02 이와 같은 사고는 부주의한 운전에 의해 일으켜진다. (부주의한 운전 때문에 이와 같은 사고를 일으킨다.)
해설] 능동태의 시제가 현재이고 새로 나온 주어가 단수 + p.p'가 된다.
어휘] cause [kɔːz] 일으키다 accident [ǽksidənt] 사고
03 음악이 멀리서 들려왔다.
해설] 조동사가 있을 때의 수동태는 조동사 다음에서 반드시 be동사가 동사원형으로 와서 '조동사+ be + pp'가 되어야한다.
04 대통령은 그 총잡이에 의해 쏘아졌다. (그 총잡이가 대통령을 쏘았다.)
해설] 현재구간 수동태는 'have/has + been +pp'이다.
05 지금 이 순간 그 노인들이 그 방을 청소하고 있는 중이다.
해설] 능동태가 현재진행형이고 새로 나온 주어가 단수이므로 현재진행수동은 'am/are/is + being + p.p'가 되어야 한다.
어휘] at the moment 이 순간에
06 그 경찰관은 우리에 의해 사고에 관해 정보를 받았다/ 사고에 관한 정보가 우리에 의해 경찰관에게 주어졌다. (우리는 그 경찰관에게 그 사건에 관한 정보를 주었다.)
해설] 4형식의 목적어는 간접목적어와 직접목적어가 두 개로 각각 수동태를 만들 수 있다. 직접목적어가 주어로 쓰이는 수동태에서 뒤에 남아 있는 간접목적어 앞에 전치사 (to/for/of 등 — give는 to)를 쓴다.

07 나는 그 기자들에 의해 몇 가지 어려운 질문을 받았다/몇 가지 어려운 질문들이 나에게 그 기자들에 의해 이루어졌다. (기자들은 나에게 몇 가지 어려운 질문을 했다.)
해설] 4형식의 목적어는 간접목적어와 직접목적어가 두 개로 각각 수동태를 만들 수 있다. 직접목적어가 주어로 쓰이는 수동태에서 뒤에 남아 있는 간접목적어 앞에 전치사 (to/for/of 등 — ask는 of)를 쓴다.
어휘] interview[íntərvjùː] 회견
08 내가 그들을 도울 것을 그들에 의해 원해진다. (그들은 내가 그들을 돕기를 원한다.)
해설] 동사가 미래성동사인 일반적인 5형식은'S + V + O + to 동사원형'이다. 이 문장의 수동태는 'S + be p.p + to 동사원형'을 만든다.
09 그 커플이 지난밤 호텔에 들어가는 것이 나에 의해 목격되었다.(나는 어젯밤 그 커플이 호텔에 들어가는 것을 목격했다.)
해설] 5형식 문장 중 동사가 지각동사/사역동사일 때 'S + V + O + 동사원형'이다. 이 문장을 수동태로 만들 때 동사원형에서 to가 붙어 'S + be p.p + to 동사원형'형태가 된다.
어휘] enter[éntər] 들어가다
10 Gary는 대단한 소설가가 되었다.
해설] become 은 '~되다'라는 뜻일 때 2형식 동사로 수동태 만들지 않는다.
11 그가 방안에 들어가는 것을 그들에 의해 들어 졌다. (그들은 그가 방안에 들어가는 것을 들었다.)
해설] 5형식 문장 중 동사가 지각동사/사역동사일 때 'S + V + O + 동사원형'이다. 이 문장을 수동태로 만들 때 동사원형에서 to가 붙어 '~ + be p.p + to 동사원형'형태가 된다.

Chapter 8

거짓말을 표현하는 가정법

정 답 1 .... 104 page

01 were, could buy 02 knew, could[would] write
03 didn't have, could help 04 had been, could[would] have helped 05 hadn't been, could[would] have gone
06 had studied, might not have failed 07 had worked, might be

해 석

01 내가 부자라면 나는 차를 살 수 있을 텐데.
해설] 현재사실이 전혀 아닌 현재 생거짓말형 'If S +과거 동사, S +would/should/could/might + 동사원형'으로 써야 한다.

02 그가 그의 주소를 안다면 그녀에게 편지를 쓸 텐데.
해설] 현재사실이 전혀 아니므로 현재 생거짓말형'If S + 과거동사, S + would/should/could/might + 동사원형'으로 써야 한다.
03 내가 많은 해야 할 숙제가 없다면 나는 너를 도울 수 있을 텐데.
해설] 현재사실이 전혀 아닌 현재 생거짓말형 'If S + 과거동사, S + would/should/could/might + 동사원형'으로 써야 한다.
04 내가 부자였다면 너를 도울 수 있을 텐데.
해설] 과거의 사실과 완전히 다르므로 과거 생거짓말형 'If S + had + p.p, S + would/should/could/might have + p.p' 형태로 써야 한다.
05 (과거에) 그가 아프지 않았더라면 그는 밖에 나갔을 텐데.
해설] 과거의 사실과 완전히 다르므로 과거 생거짓말형 'If S + had + p.p, S + would/should/could/might have + p.p' 형태로 써야 한다.
06 (과거에) 그녀가 열심히 공부했더라면 실패하지 않았을 텐데.
해설] 과거의 사실과 완전히 다르므로 과거 생거짓말형 'If S + had + p.p, S + would/should/could/might have + p.p' 형태로 써야 한다.
07 내가 (과거에) 열심히 일했더라면 나는 지금 부자일 텐데.
해설] if절은 과거에 대한 거짓으로 과거 생거짓말 형태 'If S had + p.p', 대장절 부분은 현재의 사실과 완전히 다르므로 현재생거짓말 대장절 형태인 'S + would /should/could/might 동사원형'으로 한다.

해설] 실제로 현재 정직하지 않으므로 현재사실이 아닌 것을 표현하는 현재 생거짓말 형태의 if절 'If S 과거동사(be-were)'와 결합해서 쓴다.
05 그는 마치(현재) 모든 것을 아는 것처럼 말한다.
해설] 실제로 현재 모든 것을 아는 것이 아니므로 현재사실과 다른 것을 표현하는 현재 생거짓말 형태의 if절 'If S 과거동사'와 결합해서 쓴다.
06 그는 그 책을 (과거에) 읽은 것처럼 말한다.
해설] 실제로 (과거에) 그 책을 읽지 않았으므로 과거 생거짓말 형태 if절 부분 'if S had + p.p'와 결합하여 사용한다.
07 그들은 화가가 직접 벽에 그림을 그려야만 한다고 주장했다.
해설] 대장절의 동사가 requested(요청했다)이고 that절 부분이 '~해야 한다'의 당위를 표현하므로 'should + 동사원형'을 써야 한다. 물론 should는 생략가능하다. 이때에도 should가 있다고 보고 '동사원형'을 유지한다.
08 영석은 그의 이름이 이 책에 씌어 져야만 한다고 요청했다.
해설] 대장절의 동사가 asked(요청했다)이고 that절 부분이 '~해야 한다'의 당위를 표현하므로 'should + 동사원형'을 써야 한다. 이 문장에서 주어 his name과 write의 관계가 수동이므로 should be written이 되어야하며 물론 should는 생략가능하다. should가 생략되어도 should가 있다고 보고 '동사원형'을 유지한다.

정 답 2 ·· 104 page
01 were 02 had studied 03 had not failed 04 were
05 knew 06 had read 07 (should) paint 08 (should) be written

해 석
01 내가 새라면 얼마나 좋을까?
해설] '얼마나 좋을까' 부분은 사실대로 '현재 희망 한다'라는 표현 I wish를 쓰고 '내가 새라면' 부분은 현재사실이 아니므로 현재 생거짓말 if절 형태인 'S + 과거동사~'를 쓰면 된다.
02 내가 (과거에) 열심히 공부했더라면 얼마나 좋을까?
해설] 과거에 공부하지 않았는데 '(과거에) 열심히 공부했다면'으로 과거 생거짓말이다. 결국 '과거 생거짓말' 형태의 if절 'S + had p.p~'를 결합해서 쓴다.
03 내가 실패하지 않았더라면 얼마나 좋을까?
해설] '얼마나 좋을까'는 현재의 실제사실이므로 I wish를 쓰고, 과거에 실제 실패 했으면서 거짓으로 '실패하지 않았더라면'으로 써야 되므로 과거생거짓말 If절 'S + had p.p~'형태를 결합해야 한다.
04 그는 마치(현재) 정직한 것처럼 보인다.

Chapter 9
동사를 돕는 조동사

정 답 1 ·· 119 page
01 can or may 02 may 03 can't 04 must
05 should 06 should(ought to) 07 should
08 had 09 should 10 would
11 must 12 may 13 can't

해 석
01 네가 좋다면 나의 차를 빌려도 된다.
해설] 허가를 나타낼 수 있는 조동사는 may와 can이다.
02 주부들이 그들의 판에 박힌 일에 불평하는 것이 당연하다.
해설] may well + 동사원형 ~하는 것이 당연하다.
어휘 routine[ruːtíːn] 판에 박힌 일
03 그는 지금 스페인어를 말할 수 없지만 일년 후에는 말 할 수 있을 것이다.
해설] 부정적 능력을 나타내는 조동사 can't
04 너는 돈을 지불해야만 한다. 그러나 즉시 지불 할 필요는 없다.
해설] 의무를 나타내는 조동사 must

05 나무에서 떨어지지 않도록 조심해라.
해설] lest ~ should = so that ~ may not = in order that ~ may not ~하지 않기 위하여
06 지난밤 회의에 참석했어야만 하는데.
해설] 'should(ought to) have+pp' ~했어야만 했는데(과거의 행위에 대한 후회)
07 그 백만장자는 그 결작을 자기가 가져야만 한다고 주장했다.
해설] 제안(suggest, propose) 요구(require, ask, demand) 명령(order) 주장(insist) 권고 (recommend)등의 동사(형용사)가 있을 때 that절에서 당위를 나타내는 should가 오거나 동사원형이 와야 한다.
어휘] masterpiece [mǽstə:rpi:s]걸작, 명작
08 하루를 쉬는 게 낫다.
해설] had better+동사원형 ~하는 것이 낫다.
어휘] take off 쉬다
09 운전하는 동안 교통법규를 지켜야만 한다.
해설] 당위를 나타내는 조동사 should
어휘] traffic regulation 교통법규
10 불 명예롭게 사느니 자살하겠다.
해설] would rather 동사원형(A) than 동사원형(B) B하느니 차라리 A하겠다.
어휘] kill oneself 자살하다
11 너는 하루 종일 여행했다. 피곤함에 틀림없다.
해설] 100% 확신(~임에 틀림없다)의 추측표현 must
12 그는 성공하기 위하여 열심히 일한다.
so that ~ may ~하기 위하여
13 그 소문이 사실이라는 것은 전혀 불가능하다. 이 말은 사실일리 없다는 말이다.
해설] 가능성 0%(전무)을 나타내는 조동사 can't

정답 2 .... 119 page

01 will	02 would	03 will	04 used to
05 had	06 Would	07 Could	08 hold
09 should	10 must	11 may	12 can't have stolen

해 석

01 그가 성공하기를 희망한다.
해설] 현재로부터 미래를 표현하는 will
02 그가 성공하기를 희망했다.
해설] 과거 시점(hoped)으로부터의 미래를 나타낼 때는 조동사 will의 과거형 would를 쓴다.
03 문에 무엇인가 문제가 있다. 잘 열리지 않는다.
해설] 현재의 경향성을 나타내는 조동사 will
04 그녀가 어렸을 때 교회에 가곤 했다.
해설] 과거의 상태나 규칙적 습관을 표현하는 조동사 used to
05 너는 너의 일이나 신경 쓰는 게 낫겠다.
해설] had better+동사원형 ~하는 게 낫다.
06 커피한잔 드시지요?
해설] 권유나 공손한 표현의 would

07 버스 정류소에 가는 방법을 좀 가르쳐 주세요?
해설] '~할 수 있습니까?'를 정중하게 표현하는 could
08 그는 정부가 조사를 해야 한다고 주장했다.
해설] 제안(suggest, propose) 요구(require, ask, demand) 명령(order) 주장(insist) 권고 (recommend)등의 동사(형용사/명사)가 있을 때 that절에서 당위를 나타내는 should가 오거나 동사원형이 와야 한다.
어휘] inquiry[inkwáiəri] 문의, 조사
09 네가 화내는 것은 당연하다.
해설] 당위를 나타내는 natural 형용사가 있으므로 당위를 표현하는 조동사 should가 온다.
10 그녀가 스파이라는 것은 확실하다. 즉 그녀는 스파이임에 틀림없다.
해설] 가능성 100%를 나타내는 조동사 must (~임에 틀림없다)
11 그가 범인이라는 것이 가능하다. 즉 그는 범인일지도 모른다.
해설] 가능성 50%를 나타내는 조동사 may (~일지도 모른다.)
어휘] criminal[krímənl] 범인, 범죄자
12 그가 돈을 훔쳤다는 것이 불가능하다. 즉 그가 돈을 훔쳤을 리 없다.
해설] 가능성이 거의 없음을 나타내며 과거에 대한 내용이므로 can't have p.p(~이었을 리 없다.)를 쓴다.
어휘] stole: steal (훔치다)의 과거.

Chapter 10
누가 한 말을 전달하는 화법
전체해설-간접화법 만드는 법

적절한 전달동사를 쓰고 커마(,)와 인용부호("...")를 없애고 접속사(that/whether/if/의문사)로 연결한다(명령문은 'to+동사원형~'). 전달자의 입장에서 인칭, 시제, 부사구 등을 알맞게 바꿔 써준다.

주장문	접속사는 that • '~에게'가 없는 경우: say • '~에게'가 있는 경우: tell
의문문	전달동사는 ask • 의문사 없는 경우: whether/if로 연결 • 의문사 있는 경우: 의문사가 연결역할
명령문	'S+V+O+to 동사원형~' • 일반적으로 말한 경우: tell • 부탁한 경우: ask • 충고한 경우: advise • 명령한 경우: command/order
감탄문	전달동사는 exclaim/cry out • 감탄문을 그대로 연결한 경우: 감탄사 (what/how)로 연결 • 주장문으로 바꿔서 연결한 경우: that으로 연결

정답 ....128 page

01 She said that she had lost her umbrella.
02 Mary told her mother that she didn't want to eat breakfast.
03 She asked me if/whether I knew Ellis.
04 He asked me where I worked.
05 He told me to keep studying for about three hours.
06 Mom told us not to spend too much time watching TV.
07 He advised me to go and see a doctor.
08 She exclaimed what a brave man he was.
   = She exclaimed that he was a very brave man.
09 The policeman ordered me to stop the car.
10 She exclaimed how cute that dog was.
   = She exclaimed that that dog was very cute.
11 Kate said that he was going to read that novel that day.
12 Nancy told me (that) she had met Bob an hour before.
13 Mark says (that) he studies Chinese hard.
14 Sarah asked Ann to come to her party.
15 Jeff told me (that) he would study economics.
16 Kevin asked me why I had been absent from school.
17 Bob asked me whether I had been to Mt. Geumgang.
18 Mike asked me how I got there.

해 석

01 그녀는 우산을 잃어버렸다고 말했다.
[해설] 3형식에서는 전달 동사인 said를 그대로 쓴다. 커마(,)와 인용부호("")대신 접속사 that을 쓴다. 주어 I는 그녀입장에서 she가 되고 동사 'have lost'는 'said'보다 앞서므로 'had lost' my는 her가 된다.

02 Mary는 그녀의 엄마에게 아침식사를 하는 것을 원치 않는다고 말했다.
[해설] ~에게(to her mother)가 있으므로 4형식동사 told를 쓰고 커마(,)와 인용부호("")대신 접속사 that을 쓴다. Mary입장에서 I는 she로 고치고 동사 'don't want'는 told와 시점이 같으므로 'didn't want'가 된다.

03 그녀는 나에게 내가 Ellis를 아는지 어떤지 물었다.
[해설] 의문문을 전달할 때 전달동사는 'asked'를 쓰고 커마(,)와 인용부호("")대신 의문사가 없을 때는 'if/whether'로 연결한다. 나에게 물을 때 사용한 you는 I가 되고 know는 asked와 같은 시점으로 knew가 된다.

04 그는 나에게 어디에서 일하냐고 물었다.
[해설] 의문문을 전달할 때 전달 동사는 asked가 되고 커마(,)와 인용부호("")대신 의문문에 있는 의문사로 연결한다. 이때 '의문사＋주어＋동사 ~'순서로 연결한다. 나에게 물으면서 사용한 you는 I가 되고 동사 work는 asked와 시점이 같으므로 worked로 쓴다.

05 그는 내가 약 세 시간 동안 계속해서 공부하라고 말했다.
[해설] 명령문의 간접화법은 전형적인 5형식형태인 '주어＋전달동사＋목적어＋to동사원형'형식으로 만든다. 전달동사(said to)는 분위기에 따라 적절한 동사를 쓴다. 여기서는 일반적으로 말하는 경우이므로 told를 쓰고 'to 동사원형'으로 연결한다.

06 엄마는 우리가 TV를 보면서 너무 많은 시간을 소비하지 말라고 말했다.
[해설] 부정(Don't) 명령문의 간접화법은 전형적인 5형식형태에 'to 동사원형' 앞에 not을 써 '주어＋전달동사＋목적어＋ not to 동사원형' 형태로 만든다. 일반적으로 말한 것이므로 전달동사는 told를 쓴다.

07 그는 내가 가서 진찰하라고 충고했다.
[해설] 전달문 "You'd better go and see a doctor"가 명령문 형식은 아니지만 내용상 충고의 의미로 명령문과 같은 내용이다. 전달동사 advised를 써서 5형식 형태를 만든다.

08 그녀는 그가 정말 용감한 사람이다라고 외쳤다.
[해설] 감탄문은 감탄문을 그대로 연결하는 경우와 주장문으로 고쳐하는 경우 두 가지가 있다.
감탄문 그대로 연결하는 경우 의문사(what/how)가 연결역할하며 주장문으로 고쳐서 연결하는 경우는 커마(,)와 인용부호(" ")대신 접속사 that을 사용하여 연결한다.
※ What a brave man he is!
　　＝He is a very brave man.

09 그 경찰관은 내가 차를 세우라고 명령했다.
[해설] 경찰관이 명령했으므로 전형적인 5형식 "S ＋V (order)＋O ＋to 동사원형"형태로 쓴다.

10 그녀는 그 개가 정말 귀엽다고 감탄했다.
[해설] 감탄문은 감탄문을 그대로 연결하는 경우와 주장문으로 고쳐서하는 경우 두 가지가 있다. 감탄문 그대로 연결하는 경우 의문사(what/how)가 연결역할하며 주장문으로 고쳐서하는 경우는 커마(,)와 인용부호(" ")대신 접속사 that을 사용하여 연결한다.
※ How cute this dog is!
　　＝ This dog is very cute.

11 Kate는 그날 그 소설을 읽을 것이라고 말했다.
[해설] 주장문의 3형식 전달동사(과거)는 said, 커마(,)와 인용부호("...")는 that, I는 he, is는 was, this novel은 that novel, today는 that day로 바꾼다.

12 Nancy는 나에게 그녀가 한 시간 전에 Bob을 만났다고 말했다.
[해설] 4형식 주장문 전달동사는 told, 커마(,)와 인용부호("...")는 that, I는 she, met은 told보다 앞섰으므로 had met, ago는 before로 바꾼다.

13 Mark는 그가 중국어를 열심히 공부한다고 말한다.
[해설] 주장문의 3형식 전달동사(현재)는 says, 커마(,)와 인용부호("...")는 that, I는 he이고 시제는 같은 현재이므로 바뀌지 않는다.

14 Sarah는 Ann이 그녀의 파티에 오라고 요청했다.
[해설] 명령문은 전형적인 5형식 구조 'S＋V＋O＋to 동사원형'형태를 쓴다. 전달동사는 요청한 것이므로 asked, 내용상 Ann이 오는 것(come)이므로 목적어가 된다.

15 Jeff는 나에게 그가 경제학을 공부할 것이라고 말했다.
[해설] 4형식 주장문 전달동사(과거)는 told, 커마(,)와 인용부호("...")는 that, I는 he, will은 과거이므로 would가 된다.

16 Kevin은 나에게 왜 학교에 결석했는지 물었다.

해설] 의문문의 전달동사는 asked, 의문사가 있으면 '의문사 S+V~' 순으로 연결한다. 동사 were는 asked보다 앞섰으므로 시제에 맞춰 had been으로 쓴다.
17 Bob은 나에게 내가 금강산에 가본 적이 있는지 물었다.
해설] 의문사 없는 의문문의 전달동사는 asked, 커마(,)와 인용부호("...")는 whether나 if로, you는 I, asked보다 갔다 온 것이 먼저이므로 had been이 된다.
18 Mike는 나에게 내가 어떻게 거기에 가는지 물었다.
해설] 의문문의 전달동사는 asked, 의문사가 있으면 '의문사 S+V~' 순으로 연결한다. 동사는 시제에 맞춰 got으로 쓴다.

08 내일 날씨가 좋을 것인가가 문제다.
어휘   matter 문제가 되다, 중요하다
09 모든 승객들이 비행기 충돌에서 살아남았다는 것은 기적적이다.
어휘   passenger[pǽsəndʒər] 승객, 여객, survive[sərváiv] 생존하다   the plane crash 비행기 충돌
        miraculous[mirǽkjələs] 기적적인
10 화내는 것이 해결책이 아니다.
어휘   solution[səlú:ʃən] 해결책

Chapter 11

주어, 목적어, 보충어자리에 쓰이는 명사

정답 1 ·· 148 page

01 명사주어— This male
02 명사주어— Korea's consumer sentiment
03 대명사주어— He
04 to + 동사원형 주어—
   To resolve the issue of North Korea's nuclear
05 동명사 주어— Smoking in the lobby
06 명사절 주어— What he said to me
07 명사절 주어: 가짜주어— It, 진짜주어— that he will win the presidency election
08 명사절: whether weather will be fine tomorrow
09 명사절— That all passengers survived the plane crash
10 to + 동사원형 주어— To get angry

해 석

01 이 남자는 지금 서른두 살이고 건강하다.
어휘   male[meil] 남자, 남성
02 한국의 소비자 체감이 11월에 침체가 심하다.
어휘   consumer sentiment 소비자 체감 in the doldrums 침체 되어 있는
03 그는 영업부의 새로운 매니저이다.
04 북한핵문제 해결이 한반도 평화에 필수적이다.
어휘   resolve[rizávl] 해결하다. issue[íʃu:] 논쟁점
        North Korea's nuclear 북한 핵
        the Korean peninsular peace 한반도 평화
05 로비에서 흡연이 금지되어 있다.
어휘   forbidden[fəːrbídn]: forbid(금지하다)의 p.p
06 그가 나에게 말했던 것은 거짓말이었다.
07 그가 대통령선거에서 승리하는 것은 어렵다.
어휘   the presidency election 대통령 선거

정답 2 ·· 148 page

01 you—대명사   02 a fancy store—명사
03 to sell the auto company—to + 동사원형
04 smoking here—동명사
05 that the inside of the earth is very hot—명사절 that절
06 whether it will rain or not tomorrow—명사절 whether절
07 where you have lived—명사절 의문사절
08 how to go there—의문사 to 동사원형

해 석

01 그 새 드레스는 너에게 어울린다.
해설] 'become'은 '~되다'뜻일 때는 2형식동사이고 '~어울리다'의 뜻일 때는 3형식동사이다. 여기서는 3형식동사로 쓰였다.
02 그는 팬시점을 경영한다.
해설] 동사 'run'은 1형식동사로 '달리다', 2형식 동사로 '~되다', 3형식동사로 '~을 경영하다'로 쓰인다. 여기서는 3형식동사로 쓰였다.
03 그 회장은 자동차 회사를 팔기로 결정했다.
해설] 동사 'decide'는 3형식동사로 목적어가 필요하다.
04 여기서 담배 피우는 것을 꺼려하시겠습니까?
해설] 동사'mind'는 3형식동사로 동명사형 목적어가 쓰인다.
05 그 과학자들은 지구의 내부가 뜨겁다는 것을 발견했다.
해설] 동사 'found'는 3형식동사로 '~을 발견하다'라는 의미로 쓰였다. 명사절 that절이 목적어로 쓰였다.
06 나는 내일 비가 내릴지 안 내릴지 궁금하다.
해설] 동사 'wonder'는 3형식동사로 목적어가 필요한 동사이다. 명사절 'whether S+V or not'(~인지 아닌지)가 목적어로 쓰였다.
07 나에게 그간 어디에서 살았는지를 말해주세요.
해설] 동사 'tell'은 4형식동사로 쓰인다. 간접목적어는 'me'이고 직접목적어는 의문사절'where you have lived'이다. 의문사절은 명사절로 쓰일 수 있다.
08 나는 그가 거기에 어떻게 갈 것인지 모른다.
해설] 'know'가 3형식동사로 목적어가 필요하다. 목적어가 '의문사 +to 동사원형'이다.

정답 3 .... 148 page

셀 수 있는 명사	셀 수 없는 명사	셀 수 없는 명사(U)&셀 수 있는 명사(C)
02 committee 집합—위원회 원소—위원들	01 machinery 기계류	19 beer U—맥주 C—맥주의 종류
03 poem 시 한편	04 poetry 시 장르	
05 machine 기계	06 knowledge 지식	
	07 baggage 수화물	
	08 luggage 수화물	20 perfume U—향수 C—향수의 종류
	09 news 뉴스	
	10 information 정보	
	11 furniture 가구류	
	12 physics 물리학	21 baseball U—야구 C—야구공
	13 linguistics 언어학	
	14 electronics 전자공학	
	15 dynamics 역학	
	16 genetics 유전학	
	17 billiards 당구	
	18 measles 홍역	
	22 Oxygen 산소	
	23 electricity 전기	

Chapter 12

막연한 하나를 표시하는 a/an, 구체적으로 지정하는 the

정답 1 .... 158 page

a	an	the	관사붙이지 않는 것
02 dog	01 orange	11 police	06 weather
03 tree	07 honor student	12 seventh ~	15 coffee
04 chair	08 uncle	13 earth	16 physics
05 human being		14 cup on ~	17 equipment
09 unique organism		19 most ~	
10 university			
18 one-piece ~			

정답 2 .... 158 page

01 ⓐ a ⓑ the	02 the	03 ×
04 the	05 ⓐ the ⓑ the	06 an	07 the
08 ×	09 The	10 the	11 ⓐ × ⓑ the
12 the	13 ×	14 ×	15 ×
16 the	17 the	18 the	19 the
20 the			

해 석

01 그는 나에게 책을 한 권 주었다. 그런데 그 책은 재미있다.
[해설] ⓐ: 막연한 하나 ⓑ: 나에게 준 책 (정해진 책)
02 어느 날 내가 태어난 땅에 되돌아가야만 한다.
[해설] 땅 중에서 내가 태어난 땅으로 한정하고 있으니 정관사 the를 써야한다.
03 그는 암으로 죽었다.
[해설] 감기 등 간단한 병은 셀 수 있는 명사로 a(n)를 붙여 'catch a cold' 형식으로 쓰이지만 일반적 병명은 보통 셀 수 없는 추상명사 취급하여 관사 쓰지 않는다. cancer는 일반적 병명으로 관사붙이지 않는다.
04 그는 나의 목을 잡았다.
[해설] 신체의 특정부위를 정하므로 the를 붙인다.
05 우리가 높이 올라가면 갈수록 날씨는 추워진다.
[해설] the 비교급 ~, the 비교급.. ~하면 할수록 더 .. 한다.
06 그들은 같은 나이다.
[해설] '하나'의 나이, 즉 같은 나이를 뜻하는 a(n)
07 태양은 달보다 훨씬 크다.
[해설] 태양과 달은 하나 밖에 없어 누구나 아는 뻔한 것으로 정해져 있다.
08 물은 열에 의해 스팀으로 변화했다.
[해설] 물질명사는 셀 수 없는 명사임으로 a(n)는 붙일 수 없으며 정해진 의미도 없으니 the도 붙이지 않는다.
09 이 샘의 물은 마시기에 좋지 않다.
[해설] water는 셀 수 없는 명사이므로 a(n)는 붙이지 않으며 물중에서 이 샘(of this well)의 물로 한정하므로 the를 붙인다.
10 우체국은 역 근처에 있다.
[해설] 내용상 뻔히 아는 역으로 the를 붙인다.
11 설탕은 파운드 단위로 팔린다.
[해설] sugar은 물질명사이고 정하는 의미도 없다. 단위를 나타내는 pound는 the를 붙인다.
12 그녀는 월단위로 아파트를 임대했다.
[해설] 월단위로 정한다는 의미로 the를 붙인다.
13 나는 7시 반에 아침을 먹는다.
[해설] 아침식사의 개념을 나타내는 말로 셀 수 없는 추상명사로 관사 쓰지 않는다.
14 심리학은 매우 흥미 있다.
[해설] 학문이름은 셀 수 없는 추상명사로 단수 취급한다.
15 그들은 축구를 하고 있다.
[해설] 스포츠는 개념을 나타내는 셀 수 없는 추상명사로 관사 쓰지 않는다.
16 나는 전 세계로 여행하는 것을 원한다.
[해설] 세계는 하나로 정해져 있다. the를 붙인다.
17 서울은 한국에서 가장 큰 도시이다.
[해설] 최상급은 그 자체로 정한다는 개념이 있어 the를 붙인다.
18 이집트는 문명화된 첫 번째 국가이다.
[해설] 서수는 그 자체로 정한다는 개념으로 the를 붙인다.
19 2월 달은 일년 중 2번째 달이다.
[해설] 서수는 그 자체로 정한다는 개념으로 the를 붙인다.

20 그 여자는 피아노를 잘 연주합니까?
해설] 악기이름은 the를 붙인다.

Chapter 13
명사를 대신 사용하는 대명사

정답 1 .... 177 page
01 He   02 me   03 his   04 us
05 himself   06 for himself   07 mine

해석
01 그는 영어 회화에 능숙하다.
해설] 주어 위치에 주격을 쓴다.
02 나의 어머니는 나를 콘서트에 데리고 갔다.
해설] 목적어 자리에 목적격 me를 쓴다.
03 그의 공헌이 있었기에 그 도시는 새로운 도서관을 지을 수 있었다.
해설] 명사 앞에서 소유격으로 쓴다.
04 우리들 모두는 그 강도의 행동에 놀랐다.
해설] 전치사 다음에는 전치사의 목적어가 나와야하므로 목적격을 쓴다.
05 그는 요리하던 중 자신을 칼에 베었다.
해설] 주어와 같은 말이 목적어에 다시 올 때 다시돌아온 대명사를 쓴다.
06 그는 혼자서 가구를 옮겼다.
해설]혼자 힘으로 - for oneself.
07 이 애완동물은 나의 것이다.
해설] '나의 것'은 소유대명사로 mine.

정답 2 .... 177 page
01 this   02 ⓐ this ⓑ that   03 those
04 such   05 so   06 those

해석
01 내가 원하는 것은 다음과 같다: 나는 분별력 있는 사람을 원한다.
해설] 뒤의 어구를 받는 this
어휘 sensible[sénsəbəl] 분별 있는
02 개와 고양이는 둘 모두 인간에게 유용하다. 후자(고양이)는 집에서 쥐들을 쫓고, 전자(개)는 집을 지킨다.
해설] 두 개 중 앞의 것은 that(the former/the one), 뒤의 것은 this(the latter/the other)를 쓴다.
03 산토끼의 귀는 고양이의 귀보다 길다.

해설] A와 B의 특정부위를 가리킬 때 사용하는 that(those). 즉 산토끼(the hare)와 고양이(the cat)의 특정부위(the ears)이고 복수이므로 those
어휘 hare[hɛər] 산토끼
04 그는 어린애다. 그리고 어린애로서 다루어 져야 한다.
해설] 앞의 명사를 받는 as와 함께 쓰이는 대명사는 such
어휘 treat[triːt] 다루다
05 그가 올까? 그렇게 생각해.
해설] hope, think 등의 목적어로 쓰이는 대명사는 so. 이때 so는 he is coming을 받는다.
06 한국이 직면하고 있는 상황은 독일의 경우와 매우 다르다.
해설] A와 B의 특정부위를 가리킬 때 사용하는 복수형 대명사는 those로 쓴다. 한국과 독일의 특정부위 즉 상황(circumstances)을 가리킨다.
어휘 circumstances[sə́ːrkəmstəns]상황 face 직면하다

정답 3 .... 177 page
01 one   02 ⓐ one, ⓑ the other   03 another
04 the others   05ⓐ one thing, ⓑ another
06 ⓐany, ⓑsome   07 either

해석
01 네가 연필이 필요하면 내가 너에게 하나를 빌려줄게.
해설] 앞에 나온 명사와 같은 종류를 나타내므로 one을 쓴다.
02 나는 두 마리의 개를 가지고 있다. 하나는 흰둥이고, 나머지 하나는 검둥이다.
해설] 순서 없는 둘 중 하나는 one, 나머지 하나는 the other.
03 이것은 적당치 않습니다. 하나 더 보여주세요?
해설] 또 다른 하나 another
04 그들 중 20명은 수학을 좋아하고, 나머지 전부는 영어를 좋아한다.
해설] 나머지 전부를 가리키는 the others
05 아는 것과 가르치는 것은 별개다.
해설] 'A와 B는 별개다'를 말하는 'A is one thing, B is another'의 구문
06 당신이 얼마간의 돈을 가지고 있다면, 저에게 얼마간 빌려주세요.
해설] 부정문, 의문문, 조건문에는 any, 긍정문에는 some
07 당신은 두 언니들 중 한 명을 아느냐?
해설] 둘 중 하나를 가리키는 either

정 답 4 .... 178 page
01 There → it   02 your → yours   03 it → there
04 you → yourself (복수일 때는 yourselves)
05 that → those   06 her → their
07 them → themselves   08 his → their
09 him → himself   10 seem → seems

해 석
01 암살 후 여러 개의 푸른 대나무가 나타났다고 말했다.
해설] that절이 진짜주어로 가짜주어 it가 필요하다.
어휘 bamboo[bæmbúː] 대나무 assassination[əsæsi'neiʃən] 암살
02 우리의 학교들은 너의 학교와는 다르다.
해설] 너의 학교이므로 소유격과 대명사를 함께 쓸 수 있는 소유대명사 yours가 와야 한다.
03 영어를 배우는데 어떠한 최고의 방법도 없다는 것을 기억해라.
해설] 내용상 '~가 있다'라는 의미로 말을 이끄는 유도부사 there가 와야 한다.
04 너 자신을 돌보라.
해설] 명령문의 주어는 you이고 너 자신을 돌보라는 의미이므로 다시 돌아온 대명사 yourself를 써야 한다.
05 외국으로부터 이사 온 얼마간의 사람들은 그들의 성을 보다 새 국가의 성처럼 보이도록 만든다.
해설] 명사의 특정부위가 복수 their surnames를 받으므로 those를 써야 한다.
어휘 surname[sə́ːrnèim] 성
06 잠시 후에 두 소녀와 그들의 어린 남동생은 방안으로 데려와졌다.
해설] 두 소녀들의 어린 동생이므로 her를 their로
07 아마도 인간들은 자기 자신들에게 이 같은 문제들을 매우 심각하게 질문해야 한다.
해설] 내용상 주어 humans가 목적어에 다시 나오므로 다시 돌아온 대명사 themselves를 써야 한다.
08 부모들은 그들의 아이들이 어린나이에 죽을 지도 모른다고 두려워했다.
해설] 복수인 parents를 받으므로 their를 써야 한다.
09 그는 밀집매트에 앉아 악기를 연주하기 시작했다.
해설] 주어 He가 목적어에 다시 나왔으므로 himself
어휘 instrument[ínstrəmənt] 악기
10 회상해 볼 때 모든 것이 이상하고 비현실적인 것처럼 보인다.
해설] 주어 everything은 3인칭 단수 취급하므로 단수동사 seems로 써야 한다.
어휘) weird[wiərd] 이상한 unreal 비현실적인

정 답 5 .... 178 page
01 가짜주어—to guess the meaning of a family name
02 가짜주어—that you could collide with another passenger

03 지시대명사—The United Nations
04 사람 아닌 주어—거리
05 사람 아닌 주어—시간
06 가짜 목적어—that she doesn't want to travel
07 It~ that 강조 구문
08 가짜목적어—to support a household only by giving speeches.

해 석
01 가끔 가족이름의 의미를 추측하는 것이 가능하다.
해설] It는 가짜주어고 it가 가리키는 진짜주어는 to + 동사원형
02 또한 여러분이 또 다른 여행객과 충돌할 수 있다는 것이 가능하다.
해설] It는 가짜주어이고 It가 가리키는 진짜주어는 that절
03 UN은 해일로 피해를 입은 남아시아 지역의 백만 명 이상의 사람들에게 음식을 제공하고 있는 중이라고 말한다.
해설] it는 The United Nations를 받는 지시대명사이다.
어휘 feed[fiːd] 먹을 것을 주다
tsunami-stricken regions 해일 피해지역
04 비 오는 날에 도로가 미끄럽기 때문에 차를 세우는데 두 배만큼의 거리가 필요하다.
해설] it는 시간 날짜 요일 날씨 거리 상황 등을 표현하는 사람 아닌 주어다.
어휘 distance 거리 slippery [slípəri] 미끄러운
05 과학자들의 국제적인 팀이 인간의 몸에 대한 정보를 정리하는데 10년이 걸렸다.
해설] 'It takes 사람 시간 to 동사원형'에서 it는 시간을 표현하는 '사람 아닌 주어'
어휘 put in order 정리하다
06 그녀가 여행하고 싶지가 않다는 것이 이상하다고 생각한다.
해설] it는 가짜 목적어이고 진짜목적어는 that절이다.
07 내가 전통적인 한국음악 콘서트에 참가할 첫 번째 기회를 가진 것은 2004년이었다.
해설] 'in 2004'를 강조하기 위해 It was와 that사이에 넣었다.
어휘 opportunity[àpərtjúːnəti] 기회
08 그녀는 단지 연설만을 해서 가사를 돌보는 것이 어렵다는 것을 알았다.
해설] 진짜목적어 'to support a household only by giving speeches'가 길어서 가짜 목적어 it을 쓰고 뒤로 뺐다.

Chapter 14
명사 맨 앞에 오는 대장형용사와 황제부사

정 답 .... 184 page
01 All the people(=All of the people/All people)~
02 Both these boys(=Both of these boys/Both boys) ~

03 It's so beautiful a flower.
04 It was such an interesting book ~
05 That is as exciting a novel ~
06 What a wonderful sky it is!
07 What a fantastic day it is! 혹은 How fantastic it is!
08 I met a friend of mine this morning.
09 It's no fault of my brother's.
10 It is no business of yours.
11 Every child wants his own way.

해석

01 파티에 참석한 모든 사람들이 그 소식에 놀랐다.
해설) all/both/double/half는 the/these/my등 앞에 오는 황제부사이다.
02 이 두 소년들은 내 아들들이다.
해설) all/both/double/half는 the/these/my등 앞에 오는 황제부사이다.
03 너무나 아름다운 꽃이다.
해설) so/as/too/how(ever)는 네 개 잘난 황제부사로 형용사와 함께 a(n)등 앞에 와 'so/as/too/how(ever) 형용사 a 명사' 순
04 너무나 재미있는 책이어서 그는 책을 놓을 수가 없었다.
해설) such/what/quite/rather는 덜 잘난 황제부사로 자기들만 a(n)등 앞으로 나와 'such/what/quite/rather a 형용사 + 명사'순으로 쓴다.
05 그것은 웃기는 만화만큼 흥미 있는 소설이다.
해설) so/as/too/how(ever)는 네 개 잘난 황제 부사로 'so/as/too/how(ever) 형용사 a 명사' 순으로 쓴다.
06 정말 멋진 하늘이다!
해설) 'what (a) 형용사 명사 (주어＋동사)!'나 'how 형용사/부사 (주어＋동사)!'순으로 쓴다.
07 정말 환상적인 날씨구나!
해설) what (a) 형용사 명사 (주어＋동사)!'나 'How 형용사/부사 (주어＋동사)!'순으로 쓴다.
08 나는 오늘아침 나의 한 친구를 만났다.
해설) a와 my는 같은 대명사출신의 형용사로 나란히 쓰지 않고 my의 소유대명사 mine이 'of mine'형태로 명사 뒤에 쓴다.
09 그것은 나의 형의 단점이 아니다.
해설) no와 my brother's가 둘 모두 (대)명사출신의 형용사 － 대장 형용사 － 로 나란히 쓰지 않는다. 소유격 my brother's가 'of my brother's'형태로 명사 뒤에 쓴다.
10 그것은 네가 상관할 바 아니다.
해설) no와 your는 같은 대장 형용사로 나란히 쓰지 않고 your가 'of yours' 형태로 명사 뒤에 붙는다.
11 모든 아이는 자기 자신의 방법을 고집한다.
해설) every와 the는 같은 대장형용사로 같이 쓸 수 없다. 내용상 the를 없애야 한다.

Chapter 15

명사의 졸병 － 형용사

정 답 .... 198 page

01 new   02 which the couple had bought
03 ample opportunity to ask questions
04 sweet, simple and home-loving
05 for the new product   06 who went to the party
07 established in 1999
08 reaching across 100 acres or more
09 where the school plans to build its new headquarters.
10 that were crossing the street
11 to get along with people

해석

01 그 회사는 오랫동안 새로운 어떤 것도 개발하지 못했다.
02 그 아파트는 그 커플이 산 새로운 것들로 멋지게 보였다.
03 청중들은 질문할 충분한 기회를 가졌다.
04 그녀는 친절하고 소박하고 가정적인 여자이다.
05 새로운 상품에 대한 특허권을 획득하기가 어려울 것이다.
어휘) patient right 특허권 product 상품 obtain 획득하다
06 파티에 간 누구라도 실망했다.
어휘) disappoint[disəpóint] 실망시키다
07 1999년에 새워진 그 박물관은 방문객들로 붐볐다.
어휘) establish[istǽbliʃ] 확립하다, 설치[설립]하다
08 100에이커 이상 번지는 화재들이 아프리카에서 일반적이다.
어휘) reach 이르다, 도착하다 common 일반적인
09 그 학교가 새로운 학교본부를 세울 계획을 갖고 있는 장소가 여기이다.
어휘) headquarters[hédˌkwɔ́ːrtərz] 본부
10 거리를 가로 지르고 있는 소년과 그의 개는 버스에 치었다.
11 사람들과 어울리는 그의 능력은 그의 주요한 장점이다.
어휘) advantage[ædvǽntidʒ] 이점

정 답 2 .... 198 page

01 주어보충어   02 주어보충어 03 주어보충어
04 목적어보충어   05 목적어보충어
06 목적어보충어   07 뒤명사 girls 수식
08 앞명사 the men 수식   09 뒤명사 children 수식
10 앞명사 any books 수식   11 앞명사 The old man 수식

해석

01 그 컴퓨터는 유용하다.
해설) 형용사역할 하는 '전치사＋명사', 'of use'는 주어 The computer를 보충 설명하는 주어보충어이다.

02 그 연극은 지루하게 했다.
해설] 형용사역할 하는 '동사원형+ing'의 boring은 주어 'The play'를 보충 설명하는 주어보충어이다.
03 그 청중들은 지루하게 느꼈다.
해설] 형용사 역할 하는 과거분사 'bored'는 주어 'The audience'와 수동관계의 주어보충어이다.
04 나의 아내는 나를 행복하게 만든다.
해설] 형용사 'happy'는 목적어 me를 보충 설명하는 목적어보충어이다.
05 나는 내 새 차를 수리했다.
해설] 형용사 역할 하는 과거분사(p.p), repaired가 my new car와 수동관계의 목적어보충어이다.
06 나는 그 소년이 길에서 울고 있는 것을 보았다.
해설] 형용사 역할 하는 '동사원형+ing' 'crying'은 목적어 'the boy'를 보충 설명하는 목적어보충어이다.
07 잡담하고 있는 아이들은 나의 학급친구들이다.
해설] 형용사역할 하는 '동사원형+ing' (playing)은 명사 girls앞에서 수식하고 있다.
08 운동장에서 야구를 하고 있는 남자들은 한국인들이다.
해설] 형용사역할 하는 '동사원형+ing'은 뒤에 따라 오는 어구(baseball in the ground) 때문에 명사 뒤에서 앞 명사 the men을 수식한다.
09 그 놀란 아이들은 도망갔다.
해설] 형용사 역할 하는 과거분사 amazed가 명사 앞에서 뒤 명사 children을 수식한다.
10 그들은 읽을 어떤 책도 없다.
해설] 형용사 역할 하는 'to+동사원형'(to read)이 앞명사 any books를 수식한다.
11 그 마을에 혼자 남겨진 그 노인은 외로움을 심하게 느꼈다.
해설] 형용사 역할 하는 과거분사 left가 뒤따라오는 어구들(alone in the village) 때문에 명사 뒤에서 앞 명사 the old man 수식한다.

정답 3 ·· 198 page
01 late → lately   02 successful → successive
03 strangely → strange   04 illness → ill
05 O   06 sadness → sad   07 much → many

해 석
01 나는 그녀를 최근에 보지 못했다.
해설] 내용상 late(늦은)를 lately(최근에)로 바꾼다.
02 우리 팀이 네 번 연속 이겼다.
해설] 내용상 successful(성공적인)을 successive(연속적인)로 바꾼다.
03 그의 변명은 이상하게 들리지만 그것은 사실이다.
해설] sound는 2형식 동사로 보충어가 필요하다. 부사는 보충어가 될 수 없다. 형용사는 strange
04 그는 아팠기 때문에 올 수 없었다.

해설] was다음에 보충어가 와야 한다. 주어보충어자리는 명사나 형용사가 가능하지만 명사가 주어보충어가 되려면 '주어(he)=주어보충어(illness)'관계가 성립해야 한다. 하지만 '그(he)라는 사람=질병(illness)'가 성립하지 않으므로 형용사 ill을 써야한다.
05 그녀는 이미 그녀의 아버지가 우울한 이유를 알았다.
06 그 소녀는 너무 목말랐고 엄마는 너무 슬펐다.
해설] was다음에 보충어가 와야 한다. 주어보충어자리는 명사나 형용사가 가능하지만 명사가 주어보충어가 되려면 '주어(he)=주어보충어(sadness)'관계가 성립해야 하지만 성립하지 않으므로 형용사 sad를 써야한다.
07 많은 종류의 폭력이 있다.
해설] kinds는 셀 수 있는 명사로 many가 와야 한다.

Chapter 16

동사, 형용사, 다른 부사, 문장전체의 졸병 – 부사

정답 1 ·· 216 page
01 in our bedroom   02 quickly   03 Recently
04 nearly, since the Second World War
05 to see her family   06 to have time to pack
07 when she hears the good news
08 Considering everything
09 Because oil is an irreplaceable natural resource
10 because of his accent   11 in spite of the heavy snow
12 as if he is a preacher   13 Though he is rich
14 Not finishing the work, until midnight
15 all night to watch The Super Bowl on TV
16 Despite the heavy rain, on time
17 If you don't take exercise   18 Unless it rains this weekend
19 in case it rains afternoon
20 home late at night, finding his wife dead on the toilet

해 석
01 괴물들이 우리의 침대에서 산다.
해설] '전치사+명사'는 형용사역할이나 부사역할 한다. in our bedroom이 동사 live를 꾸며주므로 부사역할이다.
02 너의 눈을 빠르게 움직여라.
해설] quickly가 동사 move를 꾸며준다.
03 최근 그는 새로운 기계를 발명했다.
해설] Recently가 문장전체를 꾸며주는 부사이다.
04 지구의 인구가 2차 세계대전 이후 거의 배가 되었다.
해설] nearly는 동사를 꾸며주는 부사이다. since the Second World War는 '전치사+명사'로 문장전체 수식하는 부사구이다.
05 Joan은 그의 가족들을 보는 것을 열망하고 있다.
해설] 'to+동사원형'(to see~)으로 형용사 anxious를 꾸며주는 부사역할 한다.

어휘 anxious[ǽŋkʃəs] 걱정하여 열망하는
06 그녀는 가방을 쌀 시간을 갖기 위해 일어났다.
해설] 'to + 동사원형'(to have ~)으로 '~하기 위하여' 라는 뜻으로 문장전체를 수식하는 부사역할 한다.
어휘 pack 싸다, 짐을 꾸리다
07 Sally는 그 좋은 소식을 들을 때 행복할 것이다.
해설] 때를 나타내는 부사절(when she ~)로 앞에 있는 문장전체를 꾸며주는 부사 역할 한다.
08 모든 것을 고려한다면 좋지 않은 휴일은 아니었다.
해설] 분사구문(Considering ~)으로 문장전체 수식 부사역할
09 오일은 대체할 수 없는 천연자원이기 때문에 우리는 그것을 보존해야만 한다.
해설] Because ~가 원인을 나타내는 부사절
어휘 irreplaceable[iripléisəbəl] 대체할 수 없는
  natural resource 천연자원 conserve 보존하다
10 나는 그의 액센트 때문에 그가 의미하는 것을 이해 할 수 없었다.
해설] Because of ~가 원인을 나타내는 부사구
11 그녀는 폭설에도 불구하고 강의에 참석할 것이다.
해설] in spite of ~가 상황상관없음을 나타내는 부사구
어휘 in spite of ~임에도 불구하고
12 그는 마치 설교자인 것처럼 말한다.
해설] as if ~가 모양태도를 나타내는 부사절
어휘 preacher[príːtʃər] 설교자
13 Kevin은 부자지만 열심히 일한다.
해설] Though~가 상황상관없음을 나타내는 부사절
14 나는 일을 끝내지 못했기 때문에 한밤중까지 일해야만 한다.
해설] Not finishing the work은 원인을 나타내는 부사절을 Diet 분사구문이고 until midnight은 전치사구로 부사절
15 나는 TV에서 슈퍼볼을 보기 위해 밤새 자지 않았다.
해설] all night는 부사역할이고 to watch이하는 목적을 나타내는 to + 동사원형의 부사적용법
16 폭우에도 불구하고 우리는 공항에 정각에 도착했다.
해설] Despite the heavy rain은 상황상관없음을 나타내는 부사구, on time은 때를 나타내는 부사구
17 네가 운동을 하지 않으면 몸무게가 늘 것이다.
해설] if you~절은 조건을 나타내는 부사절
어휘) gain weight 몸무게가 늘다
18 이번 주말에 비가 오지 않으면 나는 하이킹 갈 것이다.
해설] unless ~이하는 부정적 조건을 나타내는 부사절
어휘) unless ~하지 않는다면
19 오늘 오후 비올 경우를 대비해서 우산을 가지고 가거라.
해설] in case 이하는 조건을 나타내는 부사절
어휘) in case ~할 경우를 대비해서
20 그는 밤에 늦게 집에 가서 그의 아내가 화장실에서 죽어있는 것을 발견했다.
해설] home, late, at night 각각 부사이고 finding이하는 연속동작을 나타내는 부사절을 Diet 분사구문으로 부사역할 한다.

정답 2 ......216 page

01 He <u>always comes</u> late.
02 He <u>is often</u> late for school.
03 He <u>can scarcely</u> understand her words.
04 skillful→ skillfully
05 enough rich → rich enough
06 very → much   07 yet → already
08 most → almost   09 heavy → heavily
10 almost → most   11 inadequately → inadequate
12 haven't hardly → haven't

해 석

01 그는 항상 늦게 온다.
해설] 빈도부사는 be동사나 조동사 다음, 일반동사 앞에 not
02 그는 가끔 학교에 지각한다.
해설] 빈도부사는 be동사 다음에 온다.
03 그는 결코 그녀의 말을 이해 할 수 없다.
해설] scarcely는 빈도부사로 조동사 can 다음에 와야 한다.
04 그 곡예사들은 능숙하게 공연했다.
해설] 동사 performed를 꾸며주는 부사가 와야 한다.
어휘 acrobat[ǽkrəbæt] 곡예사 perform[pərfɔ́ːrm] 실행하다
05 Billy는 차를 살 만큼 충분히 부자는 아니다.
해설] enough가 형용사나 부사를 꾸며주는 부사로 쓰일 때 반드시 형용사나 부사 뒤에 와야 한다.
06 이 차는 너의 차보다 훨씬 싸다.
해설] 비교급 cheaper를 강조하는 부사는 very가 아니라 much/far/by far/still/even/a lot이다.
07 나는 그 책을 이미 읽었다.
해설] 긍정문에서 '이미'라는 뜻의 부사는 already이다.
08 미국은 거의 확실히 이중침체의 늪에 빠질 것 같다.
해설] '거의' 뜻의 부사는 almost이다.
어휘 double- dip recession 이중침체
09 교통통제 시스템이 여전히 심하게 인간에 의존하고 있다.
해설] '전치사 + 명사'(on manpower)는 여기에서 동사 relies를 꾸며주므로 부사이고 이를 다시 꾸며주는 부사가 와야 한다.
어휘 rely on 의존하다 manpower[mǽnpàuəːr] 인적 자원
10 오후였다. 그래서 가게의 대부분이 닫혔다.
해설] 주어자리는 명사나 대명사가 와야 한다. almost(거의)는 부사로 올 수 없고 문맥상 '대부분'을 뜻하는 most가 와야 한다.
11 대학의 대부분의 학생들이 영어에 대한 부적절한 지식을 가지고 있다.
해설] 명사 knowledge를 수식하는 형용사가 와야 한다.
어휘 inadequate[inǽdikwit] 부적당한
12 나는 나의 약속에 대한 확인을 받지 못했다.
hardly는 '결코 ~하지 않다'라는 부정어로 not과 함께 쓸 수 없다.
어휘 confirmation[kànfərméiʃən] 확인 appointment[əpɔ́intmənt] 약속

Chapter 17

신랑과 신부를 중매하는 마담뚜 – 연결사

정답 1 ························ 223 page

01 and	02 and	03 and(so)	04 or
05 for	06 and(so)	07 and(=nor does he drink)	
08 and	09 or	10 nor	11 Either
12 but			

해 석

01 나는 저항운동을 주도한 혐의로 체포되었고 종신형을 받았다.
  해설] 두개의 절이 '그리고, 그래서'에 해당하므로 접속사 and
  어휘   arrest 체포하다 protest movement 저항운동 be sentenced to life in prison 종신형을 받다
02 열심히 해라, 그러면 성공할 것이다.
  해설] '명령문, and S+V~'형식
03 마침내 1994년에 민주적인 총선거가 실시되어 남아프리카공화국에서 공식적으로 인종차별정책이 종식되었다.
  해설] 두개의 절이 '그리고, 그래서'로 연결
  어휘   a democratic general election 민주적인 총선 apartheid [əpá:rthèid] 남아프리카에서 행해진 인종차별정책 officially 공식적으로 end 끝나다
04 코트를 입어라 그렇지 않으면 너는 감기에 걸릴 것이다.
  해설] '명령문, or S+V' 형식 '...해라 그러면 ~할 것이다.'
05 오늘밤 비가 올 것이다. 기압계가 떨어진 것을 보니.
  어휘 barometer[bərámitər] 기압계
  해설] 문장 뒤에서 앞문장에 대한 근거를 제시하는 for
06 비가 내리고 있어서 우산을 가지고 갔다.
  해설] '그래서'에 해당하는 and
07 Mr. Kim은 담배도 피우지 않고 술도 안 마신다.
  해설] '그리고'에 해당하는 and
08 Robert 씨는 재능이 있을 뿐 아니라 잘생기기도 했다.
  해설] 'both A and B' A와 B 둘 다
09 그는 여기에서 직업을 구하거나 로스앤젤레스에 공부하러 갈 것이다.
  해설] 'either A or B' A 와 B 둘 중 하나
10 그는 자격을 잘 갖추지도 충분히 경험을 쌓지도 않았다.
  해설] 'neither A nor B' A, B 둘 다 ~하지 않다.
11 독일이나 브라질 둘 중하나가 이번 월드컵에서 우승할 것 같다.
  해설] 'either A or B' 둘 중 하나
12 지난 3년 동안에 세계무역에서 90억 달러의 성장이 있었다. 그러나 많은 국가에서 노동자들이 여전히 직업의 안정에 대한 우려를 나타내고 있다.
  해설] 앞의 내용은 긍정적인 내용인데 비해 뒤의 내용은 부정적인 내용으로 but
  어휘 billion[bíljən]10억 express[iksprés] 표현하다 concern [kənsə́:rn] 에 관계하다 job security 직업의 안정성

정답 2 ························ 223 page

01 either, or	02 both, and (= not only, but also)
03 as well as	04 Neither, nor
05 and	06 ⓐ Unless, ⓑ or

해 석

01 해설] 둘 중 하나 'either A or B'
02 해설] 둘 다: 'both A and B'= 'not only A but also B'
03 해설] B 뿐만 아니라 A도 'A as well as B'
04 해설] 둘 다 아니다.: 'neither A nor B'
05 네가 일찍 극장에 간다면 좋은 자리를 잡을 것이다.
  해설] 'If S +V' = '명령문, and S +V'
06 네가 주의하지 않는다면 너는 나무에서 떨어질 것이다.
  해설] 'If S not' = 'Unless S+V' = '명령문, or S + V'

Chapter 18

졸병절을 통한 문장의 확장

전체해설 – 졸병절

명사절 – 주어, 목적어, 보충어와 동격자리에 쓰인 절은 명사절. that, whether/if, 의문사, 접속대명사(what/wh-ever), 수식받는 앞명사 생략된 접속부사 등으로 연결된 절(S+V)

형용사절 – 명사 뒤에서 앞 명사를 꾸며 주는 절. 접속대명사(who, whose, whom, which, that)와 접속부사(when, where, why, that)로 연결 된 절(S+V)

부사절 – 단독으로 대장절 맨 앞이나 중간, 혹은 뒤에 와서 문장 전체를 수식 하는 절. 원조사동상(원인, 조건, 시간, 동시·연속동작, 상황반대), 원조목걸이(감정의 원인, 조건, 목적, 결과, 이유 – 판단의 근거), 장모대비(장소, 모양태도, 비례, 비교, 대비)를 나타낸다.

정답 1 ························ 249 page

01 부사절	02 부사절	03 형용사절	04 부사절
05 형용사절	06 ⓐ명사절 ⓑ명사절		07 부사절

정답 및 해설

08 명사절	09 부사절	10 형용사절	11 명사절
12 명사절	13 명사절	14 형용사절	
15 형용사절	16 명사절	17 부사절	18 명사절
19 명사절	20 명사절		

해석

01 Sally는 어린 소녀시절 이후로 줄곧 그림 그리는 것을 좋아한다.
[해설] since 이하 절은 때를 나타내는 부사절
02 나는 그날 너무나 많은 사람들을 만나서 모두를 기억할 수는 없다.
[해설] 'so~ that can't...' '너무나 ...해서 ...할 수 없다. that절은 결과를 나타내는 부사절
03 Justin은 차고주변을 둘러봤다. 그 차고는 기름투성이였고 자전거 부품으로 가득했다.
[해설] 접속대명사 which이하는 his garage를 꾸며주는 형용사절
[어휘] garage[gərá:3] 자동차 차고, 주차장 greasy[gri:zi] 기름투성이의
04 그는 직접 그것을 만들었기 때문에 그것을 자랑했다.
[해설] 원인을 나타내는 부사절
05 그의 눈은 자전거 옆의 로봇으로 움직였다. 그런데 그 자전거는 거의 완성되었다.
[해설] which는 the bike를 받는 접속대명사이다. 접속대명사절은 명사를 꾸며주는 형용사절이다.
[어휘] complete [kəmplí:t] 완전한, 완벽한
06 그가 다음에 본 것은 그에게 그가 올바른 결정을 했다는 것을 확신시키는 것이었다.
[해설] @의 what은 수식받는 앞명사를 쿠데타한 접속 대명사로 주어자리에 쓰인 명사절 ⓑ절은 목적어자리에 쓰인 명사절
[어휘] convince [kənvíns] ~에게 깨닫게 하다.
07 그들은 말을 타면서 입이 찢어지게 웃었다.
[해설] as 절은 동시동작(~하면서)을 나타내는 부사절
[어휘] grin from ear to ear 입을 쨰지게 웃다 hop 뛰다
08 Jack은 선생님이 그에게 말했던 것을 기억할 수가 없었다.
[해설] what절은 수식받는 앞명사를 포함한 접속대명사절로 동사 remember의 목적어로 쓰인 명사절
09 내가 너라면 나는 단지 편안한 T셔츠와 짧은 바지를 입을 텐데.
[해설] if절은 조건을 나타내는 부사절
[어휘] comfortable[kʌ́mfərtəbəl] 기분 좋은, 편안한 a pair of 한 켤레의 shorts 짧은 바지
10 너는 편하고 너의 다리를 잘 감싸주는 신발을 신어야만 한다.
[해설] that절은 앞명사 shoes를 꾸며주는 형용사절.
11 이것은 네가 아마도 활동이 없는 세계에 혼자가 아니라는 것을 의미한다.
[해설] that절은 동사 means의 목적어로 명사절
[어휘] inactivity[inæktíviti] 활동하지 않음

12 한 가지 이유는 어린이의 뇌가 완전히 발달된 것은 아니라는 것이다.
[해설] that절은 주어보충어자리에 쓰인 명사절
13 그들은 그들이 얼마나 외로운가를 곧 알게 될 것이다.
[해설] 의문사 how로 연결된 절은 명사절이다.
14 규칙적으로 운동하는 대부분의 사람들은 더 건강하고 더 민첩하게 느낀다.
[해설] who 이하는 앞명사 Most people를 수식하는 접속대명사절로서 형용사절이다.
15 네가 보다 더 잘 듣는 것이 필요한 적당하고 개인적인 이유를 찾아라.
[해설] why절은 접속부사로 앞명사 reason을 꾸며주는 형용사절
16 어린 왕자는 나에게 그들이 몰래 어디에서 모이는가를 말해 주었다.
[해설] 다른 문장과 연결된 모든 의문사절은 명사절이다. where절은 told의 직접목적어로 쓰이고 있다.
17 컴퓨터가 존재하는 한 컴퓨터 기술자가 필요하다.
[해설] as long as 는 '~하는 한' 을 나타내는 조건을 나타내는 부사절
18 그것은 그들을 보다 유연하게 만들고 그들이 언어를 보다 잘 배우는 이유를 설명할 것이다.
[해설] why이하는 explain의 목적어 역할 하는 명사절. why절은 의문사절이거나 접속부사절 'the reason why ~'에서 수식받는 앞명사 the reason이 생략된 접속부사절 중 하나로 보면 된다. 의문사절이든 수식받는 앞명사 생략된 접속 부사절이든 둘 다 명사절이다. 뜻도 비슷하다.
[어휘] flexible[fléksəbəl] 적응성이 있는
19 12살에서 19살까지의 청소년기는 어린 사람들이 성인으로 발전하는 때이다.
[해설] when 절은 접속부사절 'the time when ~' 에서 앞의 명사 the time이 생략된 명사절이다. 접속 부사절은 원래 형용사절이었으나 수식받는 앞명사가 생략되면 명사절이 된다.
[어휘] adolescence[æ̀dəlésəns] 청년기, 사춘기, 청춘
20 유전학적인 연구는 어떻게 음식을 재배할 것인가에 혁명을 일으킬 것이다.
[해설] 의문사절 how이하는 전치사 in의 목적어로 쓰인 명사절이다.
[어휘] genetic[dʒinétik] 유전학적인

정답 2 ....249 page

01 That he is alive is certain.
02 The fact is that he is unaware of it.
03 The contractor claimed that the billing error was only an oversight.
04 The fact that we have no money is a problem.
05 I want to know whether(if) the bus stops here.
06 Nobody believed what she said.
07 Whether he is rich or not is not important.
08 Tell me what the main idea in the paragraph is.

해 석

01 그가 살아있다는 것은 확실하다.
해설] is의 주어자리에 'he is alive'로 단정적이므로 명사절 that절이 들어가면 된다.
02 사실은 그가 그것을 인식하지 못한다는 것이다.
해설] 보충어리에 'he is unaware of it'으로 단정적이므로 명사절인 that절이 들어가면 된다.
03 그 계약자는 계산서의 에러가 단지 잘못 본 것이라고 주장했다.
해설] claimed의 목적어 자리에 'the billing error was only an oversight.'로 단정적이므로 명사절인 that절이 들어가면 된다.
어휘 contractor[kəntræktər] claim[kleim]요구하다
billing[bíliŋ]청구서 작성 oversight[óuvərsàit] 빠뜨림
04 우리가 아무 돈도 가지고 있지 않다는 사실이 문제이다.
해설] 'we have no money'로 단정적이므로 명사 the fact와 동격절인 that절이 들어가면 된다.
05 나는 여기에서 버스가 서는지 어떤지 알기를 원한다.
해설] 'does the bus stop here?'가 선택적이므로 whether나 if로 연결하여 know의 목적어가 된다.
06 아무도 그가 무엇을 말했는지 이해하지 못한다.
해설] 동사 believed의 목적어가 될 수 있는 명사절이 들어가면 된다. 주어진 문장의 의문사 what으로 연결하며 '의문사 S+V'순으로 쓴다.
07 그가 부자인지 아니지는 중요하지 않다.
해설] 주어진 문장이 선택적이므로 whether로 연결하여 is의 주어로 들어가면 된다.
08 그 단락에서 주제가 무엇인지 나에게 말해 주세요.
해설] 주어진 문장이 의문문이고 직접목적어자리가 비어 있으므로 '의문사 S+V'순으로 들어가면 된다.

전체해설 3

접속대명사 – 문장을 두 개의 절로 분리, 접속대명사를 생략하고 주어, 목적어, 소유격 중 무엇이 없는가를 확인한다. 또 접속대명사가 가리키는 말이 사람인지 사물인지 확인하고 아래와 같이 접속대명사를 찾는다.

	주격	소유격	목적격–생략가능
사람	who(=that)	whose	whom(=that)
사물	which(=that)	whose	which(=that)
–사람&사물 –강조표현(최상급 등) –의문사	that	--	that

- whose를 제외하고 who/whom/which 대신에 that으로 대체가능. 다만 커마(,)다음에는 that 쓰지 않음
- 목적어 대신 쓴 접속대명사는 생략가능하다.
- 수식받는 앞명사 포함한 대명사는 what(=the thing which)

접속부사(생략 가능) – 접속대명사와는 달리 접속부사를 생략하고 두개의 절을 나눠보면 두 개의 절 모두 완전하다. 때, 장소, 이유, 방법 등을 확인한다. that으로 대체 가능하다.

때	when (=that, at/on/in which)
장소	where (=that, at/on/in which
방법	how (=that, by which)
이유	why (=that, for which)

정 답 3 ················· 250 page

01 who/that   02 whom/that/ø   03 whose
04 whose   05 where/that (=at/in which)/ø
06 when/that (=on which)/ø   07 when/that (=in which)/ø
08 why/that(=for which)/ø   09 who/that   10 which/that/ø
11 which/that/ø   12 that/ø   13 which/that
14 which/that   15 which/that/ø
16 which/that/ø   17 that/ø
18 where/that/(=in which)/ø   19 whose   20 what

해 석

01 광대는 너를 웃게 만드는 어떤 사람이다.
해설] A clown is someone / [∨ makes you laugh.]
위 두 문장을 연결하기 위해 접속사와, 뒤 문장에서 makes의 주어가 없으므로 주어역할을 동시에 할 수 있는 것은 접속대명사, someone이 사람이므로 who나 that이 필요
02 진찰 받고자 하는 의사는 근무 중이지 않다.
해설] The doctor [I hoped to see ∨] wasn't on duty.
see의 목적어가 없고 사람 The doctor를 가리키므로 whom이나 that, 또는 생략할 수 있다.
어휘 on duty 근무 중인
03 차를 도난당한 사람은 화가 났다.
해설] The man [∨ car was stolen] has become angry.
The man을 가리키고 car앞의 소유격이 생략되었으므로 whose
04 잎이 떨어진 나무가 정원에 서 있다.
해설] A tree [∨ leaves have fallen] stands in the garden.
A tree를 가리키고 leaves의 소유격이 생략되었으므로 whose
05 저것이 우리가 처음으로 만난 식당이다.
해설] That's the restaurant/ [we met ∨ for the first time.]
met뒤에 장소에 해당하는 at/in the restaurant가 생략된 형태이므로 where나 where대신에 that, 혹은 '전치사+접속대명사'의 at/in which를 쓰면 된다. 혹은 접속부사where가 생략될 수도 있다.
06 나는 우리가 처음 만난 날을 기억한다.
해설] I remember the day/ [we first met .]
두개의 문장 모두 완전하다. 때에 해당하는 the day를 받으면서 두개의 절을 연결할 수 있는 접속부사 when, that, 접속부사는 생략가능
07 그가 태어나던 해 매우 뜨거운 여름이었다.
해설] There was a very hot summer in the year/ [he was born.] 두개의 문장 모두 완전하다. 때에 해당하는 a very hot summer를 받으면서 두개의 절을 연결할 수 있는 접속부사 when, that, 접속부사는 생략가능

08 네가 늦게 집에 온 이유를 나에게 말해라.
해설] Tell me the reason/ [you were late home.]
두개의 문장 모두 완전하다. 이유를 나타내는 the reason받으면서 두개의 절을 연결할 수 있는 접속부사 why, that, 접속부사는 생략가능
09 회의에서 말한 그 여자는 지식이 꽤 많다.
해설] The woman [∨ spoke at the meeting] was very knowledgeable. 위 두 절을 연결하기 위해 접속사와, 뒤 문장에서 spoke의 주어가 없으므로 주어역할 할 수 있는 것은 접속대명사, The woman이 사람이므로 who나 that이 필요
어휘] knowledgeable[nálidʒəbəl] 지식이 있는
10 코끼리가 사랑하는 그 쥐는 매우 아름답다.
해설] The mouse [the elephant loved ∨] was very beautiful. loved의 목적어가 없고 The mouse를 가리키므로 사물일 때 목적격 접속대명사 which, that, 접속대명사 생략형
11 네가 알아야만 하는 어떤 것이 있다.
해설] There's something / you should know ∨.
know의 목적어가 없고 something을 가리키므로 사물일 때 목적격 접속대명사 which, that, 접속대명사 생략형
12 그것은 내가 지금까지 본 최고의 영화이다.
해설] It was the best film / I've ever seen ∨.
seen의 목적어가 없고 the best film을 가리키므로 사물일 때 목적격 접속대명사 which, that, 접속대명사 생략형
어휘] film[film] 영화
13 코끼리는 더운 나라에서 사는 동물이다.
해설] An elephant is an animal / ∨ lives in hot countries. lives의 주어가 없고 사람이 아닌 an animal을 받으므로 which나 that이 필요
14 냉장고 안에 있는 서양자두는 맛있다.
해설] The plums [∨ were in the refrigerator] were delicious. were의 주어가 필요하고 사물인 The plums을 받는 which나 that이 필요
어휘] delicious[dilíʃəs] 맛있는
15 내가 냉장고 안에 두었던 서양자두들은 어디에 있지?
해설] Where are the plums / I put ∨ in the refrigerator?
put의 목적어가 없고 the plums를 가리키므로 사물일 때 목적격 접속대명사 which, that, 접속대명사 생략형
어휘] plum[plʌm] 플럼, 서양자두
16 내가 읽고 있는 책을 본사람 누구 있어요?
해설] Has anyone seen the book/ [I was reading ∨?]
reading의 목적어가 없고 the book를 가리키므로 사물일 때 목적격 접속대명사 which, that, 접속대명사 생략형
17 누군가 가지고 있는 어떤 것도 나의 잃어버린 가방을 대체할 수 없다.
해설] Nothing [anyone has ∨] can replace my lost bag.
has의 목적어가 없고 Nothing를 가리키므로 전부나 전무 등과 같은 강조적인 표현을 받을 때 목적격 접속대명사 that이나 접속대명사 생략형
어휘] replace[ripléis] 되돌리다.

18 태양이 항상 비추는 나라로 가자.
해설] Let's go to a country/ [the sun always shines.]
두개의 문장 모두 완전하다. 장소에 해당하는 a country를 받으면서 연결할 수 있는 접속부사 where, that, 접속부사는 생략 가능
19 그들은 지붕에 구멍이 가득 찬 집에서 산다.
해설] They live in the house/ [∨ roof is full of holes.]
the house를 가리키고 roof의 소유격 생략되었으므로 whose
어휘] hole[houl] 구멍, 틈
20 너는 그가 말한 것을 듣기를 원하냐
해설] Do you want to hear ∨/ [he said ∨.]
두 문장 모두 불완전하다. hear와 said의 목적어가 모두 없다. 둘 모두 완전하게 하는 접속대명사는 '~라는 것' 뜻의 쿠데타 접속대명사 what

정답 4 ········· 250 page

01 Please call me after you finish your dinner.
02 He studied English hard so that he could pass the test.
03 You are so young that you cannot understand what he said.
04 Because he needed money badly, he sold out all of his property.
05 While I was shopping around, I met my old friend.
06 We stayed together until it got dark.
07 The park is much crowded, because there is a boy's baseball game today.
08 Though the cost of living in a big city is very expensive, Ann doesn't want to move into the country.
09 While some people feel pleasure in doing good, others feel good in doing evil.

정답 5 ········· 251 page

01 ⓐ 명사절(주어)-그녀가 오든 안 오든 나는 관심 없다.
ⓑ 부사절-네가 그것을 좋아하든 좋아하지 않던 너는 그것을 해야만 한다.
02 ⓐ 부사절(조건)-네가 그에게 요청하면 그는 너를 도와 줄 것이다.
ⓑ 부사절(상황상관없음)-그것이 하루 종일 걸린다하더라도 우리는 그것을 끝낼 것이다.
ⓒ 명사절(목적어)-그는 내가 중국음식을 좋아하는지 물었다.
03 ⓐ 명사절(주어)-오는 사람 누구나 환영받을 것이다.
ⓑ 부사절-누가 반대한다하더라도 나는 포기하지 않을 것이다.
ⓒ 명사절(목적어)-네가 좋아하는 사람 누구라도 초대해도 좋다.
04 ⓐ 명사절(주어-의문사절)-그들이 언제 올 것인가가 문제이다.

ⓑ 명사절(보충어-수식받는 앞명사 생략된 접속부사절)-밤은 그 나라의 대부분의 사람들이 밖에 나가지 않은 시간이다.
ⓒ 형용사절(the month수식)-오월은 우리가 가장 다양한 종류의 꽃을 볼 수 있는 달이다.
ⓓ 부사절-비가 내릴 때 그녀는 보통 실내에서 머문다.
05 ⓐ 명사절(진짜주어)-그가 집에 되돌아오는 것은 사실인가?
ⓑ 명사절(목적어)-너는 곧 그녀가 거짓말쟁이라는 것을 깨닫게 될 것이다.
ⓒ 형용사절(the girl 수식)-그것을 어제 여기에 온 소녀에게 주어라.
ⓓ 부사절(목적-하도록)-모든 사람이 너를 들을 수 있도록 좀 크게 말해라.
06 ⓐ 명사절(목적어)-그는 좋은 호텔이 어디에 있는지 물었다.
ⓑ 형용사절(the house 수식)-이곳이 내가 태어난 집이다.
ⓒ 부사절-그가 가는 곳에 그의 아내가 항상 따른다.

Chapter 19

졸병절의 Diet론

전체해설 1-명사절 Diet법

- 시점이 대장절 보다 미래일 때: to 동사원형으로 Diet. (의문사/whether가 있을 때는 의문사/whether 생략 안함)
- 내용이 항시적이거나 과거적일 때, 전치사 다음일 때: 동명사로 Diet

정 답 1 ····················265 page

01 I want to marry Cinthia.
02 It is difficult to pass this test.
03 Do you know how to operate the machine?
04 His dream is to be a pilot.
05 The investigator insisted on seeing the document.
06 I am sure of his being rich.
07 I enjoy playing computer Baduk.
08 It is necessary for you to help the handicapped.
09 It was careless of you to lose your bag.
10 Tell me where to sit down.

해 석

01 나는 Cinthia와 결혼하는 것을 원한다.
해설] that절이 미래를 나타내는 명사절이기 때문에 'to + 동사원형'으로 Diet한다. 접속사 that과 대장절의 주어와 같은 I는 생략한다.
02 이 시험에 합격하는 것은 어렵다.
해설] It은 가짜주어고 that절은 명사절로 진짜주어이다. 미래를 나타내므로 'to+동사원형'으로 Diet한다. 접속사 that과 일반인 주어 we는 생략한다.
03 너는 이 기계를 작동하는 방법을 아느냐?
해설] how 이하는 명사절이다. 의문사절이 Diet할 때 의문사는 생략하지 않고 'to+동사원형'으로 한다. 주어 you는 대장절의 주어와 같기 때문에 생략한다.
어휘 operate[ápərèit] 작동하다
04 그의 꿈은 조종사가 되는 것이다.
해설] that절은 명사절이고 미래성의 의미이기 때문에 'to+동사원형'으로 Diet한다. 접속사 that을 생략하고 주어 he는 his ambition에서의 his이므로 생략한다.
05 그 조사관은 그 자료를 봐야한다고 주장했다.
해설] 명사절 that앞에 전치사 on이 숨어 있다가 that절이 동명사로 바뀌면 on이 살아난다. 접속사 that과 대장절의 주어 he와 같은 주어 he는 생략하고 동사를 동명사로 바꾼다.
어휘 investigator[invéstəgèitər] 연구자 insist[insíst] 주장하다
06 나는 그가 부자라는 것을 확신한다.
해설] that절은 명사절이고 that 앞에 전치사 of가 숨어있다. 명사절이 동명사로 바뀌면 전치사 of가 살아난다. 동명사 being의 의미상의 주어를 표시하기 위해서 소유격 his를 써준다.
07 나는 컴퓨터 바둑을 하는 것을 즐긴다.
해설] that절은 동사 enjoy의 목적어로 동명사로 Diet할 수 있다. 접속사 that을 생략하고 주어 I는 전체주어와 같아서 생략하고 동사 play를 동명사로 고친다.
08 네가 장애인을 도와야 한다는 것은 필수적이다.
해설] 진짜주어 that절은 명사절로 'to+동사원형'으로 Diet 가능하다. 의미상의 주어는 for를 쓰고 쓴다.
어휘 the handicapped 장애인들
09 네가 가방을 잃어버린 것은 부주의하다.
해설] 진짜주어 that절은 명사절로 'to+동사원형'으로 Diet 가능하다. 사람의 성격을 나타내는 형용사일 때 의미상의 주어는 전치사 of를 쓰고 쓴다.
10 나에게 어디에 앉아야만 하는지를 말해주세요.
해설] 의문사절은 명사절로 '의문사 to + 동사원형'으로 Diet 할 수 있다.

전체해설 2-형용사절 Diet 법

- 대장절보다 미래일 때: 'to 동사원형'으로 Diet
- 진행이나 유도 및 상태의 지속일 때: '동사원형ing'으로 Diet
- 수동일 때: p.p(과거분사)로 Diet.

정답 2 .... 265 page

01 Please give me a chair to sit on.
02 Would you know the teacher to teach us English?
03 Wake up the baby sleeping in the classroom.
04 Can you smell something burning in the yard.
05 The language spoken in this province is English.
06 Theses are the books for you to read in high school days.

해 석

01 내가 앉을 의자를 주세요.
해설] 미래를 나타내므로 'to+동사원형'으로 Diet.
02 우리에게 영어를 가르칠 선생님을 아세요?
해설] 미래이므로 'to+동사원형'으로 Diet.
03 교실에서 자고 있는 아이를 깨우세요.
해설] 진행 중이므로 현재분사(동사원형+ing)로 Diet.
04 뜰에서 타고 있는 어떤 것을 냄새를 맡을 수 있으세요?
해설] 진행 중이므로 현재분사(동사원형+ing)로 Diet
05 이 지방에서 사용되는 언어는 영어다.
해설] 수동의 의미이므로 과거분사(p.p)로 Diet한다.
어휘 province[právins] 지방
06 이것들은 네가 고교에서 읽어야만 할 책이다.
해설] 형용사절 which 이하에서 주어 you는 for 다음에 쓰고 should가 미래의 일이므로 'to + 동사원형'로 Diet가능

전체해설 3-부사절 Diet법

- 분사구문으로 Diet: 원인/조건/시간/동시·연속동작/ 상황상관없음 일 때(원조시동상)
- 'to 동사원형'으로 Diet: 감정의 원인/조건/목적/결과/이유 (원조목결이)

정답 3 .... 265 page

01 Christopher went to Canada to study English.
02 He worked hard, only to fail in the exam.
03 To hear him talk, you would take him for an American.
   =Hearing him talk, you would take him for an American.
04 She is kind enough to show me the way to solve the problem.
05 Tom is too young to marry the lady.
06 Feeling tired, I came back home after work.
07 It being fine, we decided to go camping.
08 To judge from his accent, he must be a Western American.
   =Judging from his accent, he must be a Western American.
09 Susan drove to Miami instead of flying (so as) to save money.
10 You are too young to understand it.
11 The case is light enough for the girl to carry.

해 석

01 Christopher는 캐나다에 영어를 공부하기 위하여 갔다.
해설] that절은 '~하기 위하여'의 의미로 목적을 나타내므로 'to+동사원형'의 부사적 용법으로 Diet.
02 그는 열심히 공부했지만 시험에 실패 했다.
해설] 'so that절은 대장절의 부정적 결과를 나타낼 때 'only to+동사원형'으로 Diet.
03 그가 말하는 것을 듣는 다면 너는 그를 미국인으로 간주할 텐데.
해설] If절은 조건을 나타내는 부사절로 'to+동사원형'이나 분사구문의 부사적 용법으로 Diet.
04 그녀는 나에게 문제를 해결해 줄 방법을 나에게 알려 줄 만큼 충분히 친절하다.
해설] so ~ that ~can은 '형용사/부사 enough to+동사원형'으로 Diet. 이때 enough는 반드시 형용사 다음에 온다.
05 Tom은 너무 어려서 그 숙녀와 결혼할 수 없다.
해설] 'so ~ that ~can't'는 'too~ to+동사원형'으로 Diet.
06 피곤을 느꼈기 때문에 방과 후 집에 왔다.
해설] 원인을 나타내는 부사절은 분사구문으로 Diet.
07 날씨가 좋아서 우리는 캠핑가기로 결정했다.
해설] 원인을 나타내는 부사절은 분사구문을 만든다. 다만 주어 it과 we가 다르기 때문에 it을 생략하지 않는다.
08 그의 악센트로 판단한다면 그는 미국서부 출신임에 틀림없다.
해설] 조건을 나타내는 부사절을 'to 동사원형' '분사구문' 으로 Diet. 주어 we가 대장절의 주어 he와 다르지만 일반인이므로 생략한다.
어휘 judge[dʒʌdʒ] 판단하다
09 Susan은 마이미에 비행기 대신 돈을 절약하기 위해 직접 운전했다.
해설] so that 이하가 목적을 나타내는 부사절로 'to동사원형'으로 간단히 Diet 할 수 있다. 목적을 나타내는 to+동사원형용법일 때 to 앞에 'so as'를 쓸 수 있다.
어휘 instead of ~대신에
10 너는 너무나 어려 그것을 이해 할 수 없다.
해설] 'so 형용사 that S can't ~'는 'too ~ to 동사원형'으로 Diet 할 수 있다.
11 그 상자는 그 소녀가 옮길 수 있을 정도로 가볍다.
해설] 'so ~ that S can'은 '형용사/부사 enough to 동사원형' 으로 Diet 할 수 있다. 의미상의 주어를 표현할 때는 보통 for를 쓰고 쓴다.

Chapter 20

동사의 성전환 수술법1-명사, 형용사, 부사로 전환하는 to + 동사원형

정답 1 ·· 279 page

01 명사적 용법-주어
02 명사적 용법-주어(진짜주어)
03 명사적 용법-목적어
04 명사적 용법-목적어(진짜목적어)
05 명사적 용법-목적어(의문사 to + 동사원형)
06 명사적 용법-보어
07 형용사적 용법-대명사수식
08 형용사적 용법-명사수식
09 형용사적 용법-주어보충어
10 부사적 용법-결과   11 부사적 용법-목적
12 부사적 용법-감정의 원인
13 부사적 용법-형용사 easy 수식
14 형용사적 용법 -목적어보충어

해 석

01 외국어를 공부하는 것은 어렵다.
02 법을 지키는 것은 모든 사람의 의무다.
03 우리는 집에 택시타고 가기로 결정했다.
04 나는 정각에 이 일을 끝내는 것을 중요하게 생각한다.
05 제발 나에게 이 프로그램을 사용하는 법을 설명해 주세요.
06 편지를 부치는 것을 잊지 말아라.
07 나는 마실 아무것도 없다.
08 앉을 어떤 의자도 없어서 우리 모두는 바닥에 앉아야만 했다.
09 그녀는 정직한 것처럼 보인다.
10 나는 깨어나 내 자신이 해변에 누워있는 것을 알았다.
11 그들은 첫 열차를 타기위해 일찍 떠났다.
12 한국 사람은 그 소식을 듣고 깊이 감동받았다.
13 이 책은 이해하기에 매우 쉽다.
14 나는 그가 내일 도착하기를 기대한다.

정답 2 ·· 279 page

01 me   02 She   03 일반인 (we, you, they)
04 I   05 you   06 her   07 Her father

해 석

01 이 돌은 너무나 무거워 나는 그것을 들어 올릴 수 없다.
해설] This stone is so heavy that I can't lift it을 간단히 한 문장으로 to lift의 의미상 실제적인 주어는 me
02 그녀는 외국에 갈 만큼 충분히 부자다.
해설] She is so rich that she can go abroad를 간단히 한 문장으로 to go의 의미상 실제상의 주어는 She
03 사람들이 거짓말하는 것은 잘못이다.
해설] It is wrong that we[they/you] should tell a lie를 간단히 한 문장으로 to tell의 주어는 일반 보통 사람을 칭하는 we[they/you]
04 나는 너와 함께 가는 것을 희망한다.
해설] I hope that I will go together with you을 간단히 한 문장으로 to go의 의미상 실제적인 주어는 주어 I
05 네가 이 책을 읽는 것은 현명하다.
해설] It is wise that you read this book을 간단히 한 문장으로 to read의 의미상 실제적인 주어는 you
06 그들은 그녀가 노래를 부르라고 강요했다.
해설] 'to sing a song'는 'she would sing a song'에서 나온 문장으로 to sing의 의미상 실제적인 주어는 her(she)
07 그녀의 아버지의 소망은 전쟁에서 잃어버린 아들을 찾는 것이다.
해설] 'to find his lost son in the war'는 'Her father should find his lost son in the war'에서 나온 문장으로 to find의 의미상 실제적인 주어는 Her father

정답 3 ·· 279 page

01 to laugh → laugh   02 to complain → complain.
03 break → to break   04 want → want to
05 of you → for you   06 for him → of him
07 for him → him   08 to get → getting
09 see → seeing

해 석

01 나는 웃지 않을 수 없었다.
해설] to가 없어야 한다. 'can not but 동사원형 = can not help -ing'(~하지 않을 수 없다)
02 그는 단지 불평만 한다.
해설] to가 없어야 한다. 'do nothing but 동사원형' 단지 ~하기만 한다. (nothing but = only)
어휘 complain[kəmpléin] 불평하다
03 그가 사무실에 침입하는 것을 비서에 의해 목격되었다.
해설] seen 다음에 to가 있어야 한다. 능동태 His secretary saw him break into the office의 수동태 문장이다. 수동태에서는 to를 써야 한다.
어휘 secretary[sékrətèri] 비서,
04 네가 가기를 원한다면 너는 거기에 가도 좋다.
해설] want다음에 to가 있어야 한다. 즉 want 다음에 to there가 있어야 하지만 go there는 반복되기 때문에 생략이 가능하며 반드시 to는 있어야 한다.
05 네가 열심히 일하는 것은 필수적이다.
해설] you앞에 of를 for로 바꿔야 한다. to work의 의미상의 주어는 you이다. 일반적으로 의미상의 주어 앞에 for를 쓰며 다만 사람의 성격을 나타내는 형용사가 올 때 of를 쓴다.

06 그가 그렇게 많이 담배를 피우는 것은 어리석다.
해설] him 앞의 for를 of로 바꿔야 한다. 형용사 stupid가 사람의 성격을 나타내는 말이기 때문이다.
어휘 stupid [stjú:pid] 어리석은
07 나는 그가 정각에 도착할 것을 기대한다.
해설] him 앞의 for를 없애야 한다. expect는 타동사로 him의 자리가 본래 있다. 별도로 him의 자리를 만들어주는 for가 필요하지 않다.
08 너는 해외에서 일자리를 얻는 것을 고려해 본적이 있는가?
해설] 동사 consider는 동명사를 목적어로 취한다. to consider를 considering으로 바꿔야 한다.
09 나는 크리스마스 때 너를 볼 것을 학수고대하고 있다.
해설] look forward to에서 to는 전치사 to로 동명사가 와야 한다. to see를 seeing으로 바꿔야 한다.
어휘 look forward to ~를 학수고대하다

전체해설 4-가짜주어 it을 추방하는 문장

1. that절에서의 주어가 가짜주어 it를 추방하고 주어가 되는 경우— that의 동사의 시제가 대장절의 시제와 같거나 한 시제 나중이면 'to+동사원형'으로 고치고 한 시제 빠르면 'to have p.p'로 고친다.
(that절이 목적어인 경우—첫째: that을 주어로 수동태로 고친다. 둘째: 다시 가짜주어 it을 쓰고 that절(진짜주어)은 뒤로 뺀다. 셋째: that절의 주어가 it을 추방하고 주어가 된다.)
2. 사람의 성격을 표현하는 형용사가 아닌 형용사가 있을 때: for다음의 의미상주어가 it를 추방하고 주어가 될 수 없고 의미상 to + 동사원형의 목적어가 it를 추방하고 주어가 될 수 있다.
3. 사람의 성격을 표현하는 형용사가 있을 때: 의미상의 주어를 표현하는 of 다음의 의미상의 주어가 it을 추방하고 주어가 되는 경우

정답 4 ················· 280 page

02 ⓐ That he is rich is said (by them).
ⓑ It is said that he is rich (by them).
ⓒ He is said to be rich (by them).
02 ⓐ That Nelson will win the game is believed (by them).
ⓑ It is believed that Nelson will win the game (by them).
ⓒ Nelson is believed to win the game (by them).
03 ⓐ That the old lady was beautiful is believed (by them).
ⓑ It is believed that the old lady was beautiful (by them).
ⓒ The old lady is believed to have been beautiful (by them).
04 She seems to be honest.
05 Richard Sanderson happened to meet his son.
06 Morison appears to worry about something.
07 Anny is likely to pass the exam.
08 She appears to have been ill.
09 Henry seemed to have been ill.
10 You are stupid to sell your books.
11 This suitcase is easy for him to lift.

해 석

01 그들은 그가 부자라고 말한다.
해설] ⓐ that절이 목적어로 수동태를 만든다. ⓑ 가짜주어 it을 쓰고 that절(진짜주어)은 뒤로 뺀다. ⓒ that절 안에서의 주어가 It을 추방하고 주어가 된다. 시제가 that절과 대장절이 둘 다 현재로 같으므로 'to 동사원형'
02 그들은 Nelson이 그 게임을 이길 것이라고 믿는다.
해설] ⓐ that절이 목적어로 수동태를 만든다. ⓑ 가짜주어 it을 쓰고 진짜주어 that절을 뒤로 뺀다. ⓒ that절 안의 주어가 it를 추방하는 문장을 만든다. 대장절은 현재이고 that절은 미래이므로 'to 동사원형'을 쓴다.
03 그들은 그 노인이 아름다웠다고 믿는다.
해설] ⓐ that절이 목적어로 수동태를 만든다. ⓑ 가짜주어 it을 쓰고 진짜주어 that절을 뒤로 뺀다. ⓒ that절 안의 주어가 it를 추방하는 문장을 만든다. 대장절은 현재이고 that절은 과거로 오히려 that절이 한 시제 빠르므로 'to have pp'를 쓴다.
04 그녀가 정직한 것처럼 보인다.
05 Richard Sanderson은 우연히 그의 아들을 만났다.
06 Morison은 무엇인가에 대해 걱정하는 것처럼 보인다.
07 Anny가 시험에 합격할 것 같다.
08 그녀가 아팠던 것처럼 보인다.
해설] that절의 시제가 과거(was)나 현재구간(has been)으로 한 시제 빠르므로 'to have p.p'를 쓴다.
09 Henry가 아팠던 것처럼 보인다.
해설] that절의 시제가 과거구간(had been)로 한 시제 빠르므로 'to have p.p'를 쓴다.
10 네가 너의 책을 파는 것은 어리석다.
해설] stupid가 사람의 성격을 나타내는 형용사이므로 의미상의 주어를 표현하기위해 of를 썼다. of 다음의 의미상의 주어가 it을 쫓아내고 주어가 될 수 있다.
11 그가 이 가방을 들어올리는 것은 쉽다.
해설] easy가 사람의 성격을 나타내는 형용사가 아니므로 의미상의 주어 앞에 of를 쓰지 않고 for를 썼다. 이때는 for다음의 의미상의 주어는 절대 it 자리에 올 수 없고 다만 'to 동사원형'의 의미상 목적어가 it를 쫓아내고 주어자리에 쓰일 수 있다.
He is easy to lift this suitcase.(×)
어휘 suitcase[sú:tkèis] 여행 가방

Chapter 21

동사의 성전환 수술법 2
– 명사로 전환하는 동명사

정 답 1 .... 292 page
01 Reading　02 opening　03 winning　04 to talk
05 marrying　06 to lend

해 석
01 프랑스어를 읽는 것은 말하는 것보다 더 쉽다.
해설] 주어자리이므로 '동사원형+ing'나 'to+동사원형'이 올 수 있다. 다만 than 다음에서 '동사원형+ing'인 speaking이 나왔으므로 reading이 옳다.
02 창문을 좀 열어주시겠습니까?
해설] mind는 목적어로 동명사를 취한다.
03 모든 한국 사람들은 대통령선거에서 승리한 것에 대해 그를 축하했다.
해설] 전치사 on의 목적어, 전치사다음의 동사는 except/save/but/as/than/about 등을 제외하고는 동명사
어휘] presidency election 대통령선거
04 그는 너무 많이 말하는 경향이 있다.
해설] tend to 동사원형 ~하는 경향이 있다.
05 그의 부모님은 그들이 결혼하는 것을 막을 수 없었다.
해설] 전치사 from 다음은 동명사
06 Tom은 나에게 얼마간의 돈을 빌려주는 것을 거절했다.
해설] refuse는 '(미래의 일을) 거절하다'의 의미로 'to+동사원형'이 온다.
어휘] refuse[rifjú:z] 거절하다

정 답 2 .... 292 page
01 정직이 최선의 정책임은 말할 필요조차도 없다.
02 우리는 그 광경에 웃지 않을 수 없다.
03 그는 밤에 일하는 것에 익숙해 있다.
04 그는 거짓말하는 것과는 거리가 멀다.
05 경찰관을 보자마자 그는 재빨리 도망갔다.
06 그들은 만났다하면 싸운다.
07 그녀는 버스에 하마터면 치일 뻔 했다.
08 나는 오늘밤 밖에 나가고 싶지 않다.
09 엎질러진 우유를 두고 울어봤자 소용없다.
10 그는 매일 아침 규칙적으로 수영한다.

해 석
01 It goes without saying that ~ (=It is needless to say that~) ~은 말 할 필요조차 없다.
02 cannot help —ing(=cannot but 동사원형) ~하지 않을 수 없다.
03 be used to —ing (=be accustomed to —ing)~에 익숙하다.
04 be far from —ing (=never) 결코 ~가 아니다.
05 on —ing (as soon as S +V) ~하자마자
06 never ... without —ing(=whenever S+V, S+V)~하면 반드시~한다.
07 come near —ing 하마터면 — 하다
08 feel like —ing —하고 싶다
09 It is no use —ing —해 봤자 소용없다.
10 make a point of　—ing 규칙적으로 —하다

정 답 3 .... 292 page
01 to get　02 to play or playing　03 seeing　04 smoking
05 To go or Going　06 listening　07 painting　08 solving
09 taking　10 to make or making

해 석
01 Tommy는 직업을 구하기로 결정했다.
해설] decide는 미래성 동사로 'to 동사원형'을 목적어로 취한다.
02 Ann은 기타를 연주하는 것을 즐긴다.
해설] like는 의미상 차이가 거의 없이 'to 동사원형'과 '동명사' 둘 다 목적어를 취한다.
03 Kevin은 그의 선생님을 보는 것을 두려워한다.
해설] 전치사 of 다음은 동명사가 온다.
04 너의 건강을 위하여 담배를 끊어야 한다.
해설] stop이 '끊다, 중단하다' 일 때 동명사를 목적어로 취한다.
05 그처럼 위험한 장소에 가는 것은 좋지 않은 생각이다.
해설] 동사가 주어자리에 쓰이기 위해서 명사로 바꿔야 한다. 'to 동사원형' '동명사'가 되어야한다.
06 Melanie는 라틴 대중음악을 듣는 것을 즐긴다.
해설] enjoy다음에는 동명사가 온다.
07 Jeff는 그의 집을 페인트칠하는 것을 끝마쳤다.
해설] finish 다음에는 동명사가 온다.
08 그는 혼자서 문제를 해결하는데 성공했다.
해설] 전치사 in다음은 동명사가 온다.
09 그녀는 여행용가방을 남겨둔 채 떠났다.
해설] 전치사 without 다음에는 동명사가 온다.
10 그의 직업은 컴퓨터프로그램을 만드는 것이다.
해설] 동사를 보충어자리에서 명사처럼 쓰기 위해 'to 동사원형'이나 동명사가 온다.

Chapter 22

동사의 성전환 수술법 3
- 형용사로 전환하는 분사

정답 1 ·················· 306 page

01 chosen   02 living   03 was fixed   04 was removed
05 driving   06 damaged   07 taken   08 bored
09 relaxing 10 exciting

해 석

01 저널이즘은 글로 다른 사람들에게 영향을 미치고자 하는 사람들에 의해 선택되어진 직업이다.
해설] 직업(a career)이 선택되어지므로 수동의 의미를 나타내는 과거분사형용사가 온다.
어휘] journalism[dʒɔ́:rnəlìzəm] 저널리즘 influence 영향을 주다

02 그 조그만 공동체에 50,000명 이상의 철강 노동자가 살고 있었다.
해설] 50,000명 이상의 철강 노동자들이 스스로 살고 있는 '상태의 지속'을 나타내면서 형용사역할하는 '동사원형+ing'이 와야 한다.
어휘] steel 강철 community[kəmjú:nəti] 사회, 공동체

03 우리는 매우 흥분되게도 날짜가 지난주 잡혔다.
해설] 문장의 동사가 없어 fix는 문장의 동사역할인데 날짜가 잡는 것이 아니라 잡히는 것이므로 수동태가 되어야 한다.
어휘] to our great excitement 대단히 흥분되게도

04 그 사고 후에 어젯밤 바위가 길에서 치워 졌다.
해설] remove는 동사인데 바위가 치우는 것이 아니고 치워지는 것이므로 수동이 되어야 한다.

05 속도를 위반하는 사람 누구라도 딱지를 뗄 것이다.
해설] 문장의 동사는 will get이므로 drive는 형용사가 되어야 한다. 어떠한 사람이 스스로 운전하므로 단순 '주어 동사'관계로 '상태의 지속'을 나타내는 형용사형 driving가되어야 한다.
어휘] speed limit 속도제한

06 사고에서 피해 입은 차가 치워져야한다.
해설] 문장의 동사는 should be이므로 damage는 a car를 꾸며 주는 역할을 해야 한다. 차가 손상되어지므로 수동을 나타내는 과거분사형용사가 와야 한다.
어휘] damage[dǽmidʒ] 손상시키다

07 나는 내 사진을 찍었다.
해설] take는 목적어 my picture를 설명하는 목적어보충어이며 나의 사진이 찍는 것이 아니라 찍혀지는 것이므로 수동으로 과거분사형용사가 와야 한다.

08 나는 파티에 갔지만 내내 지루함을 느꼈다.
해설] 문장의 동사는 felt이므로 bore는 주어 I를 설명하는 주어보충어이다. 내가 지루함을 느껴지는 것이므로 수동을 나타내는 과거분사형용사가 와야 한다.

09 이 식당은 좋은 음식과 편하게 하는 분위기로 유명하다.

해설] relax는 atmosphere를 꾸며주는 역할을 해야 한다. 분위기가 편하게 유도하므로 유도를 나타내는 '동사원형+ing'을 써야 한다.
어휘] atmosphere[ǽtməsfìər] 대기 분위기

10 그리 오래 전이 아닌 때에 고향에서 4~60마일을 여행하는 것은 흥미 있게 하는 경험이었다.
해설] excite는 명사 experience를 꾸며주는 역할을 해야 한다. 경험이 흥미 있도록 유도하므로 유도를 나타내는 '동사원형+ing'을 써야 한다.

전체해설2 - 분사구문 만드는 방법

(원조사동상-원인, 조건, 시간, 동시·연속, 상황상관없음을 나타내는 부사절을 간단히 Diet한다.)
1. 접속사 생략한다.
2. 주어를 비교해서 같으면 생략하고 다르면 써준다(다만 we 등 일반인일 경우 다르더라도 생략할 수 있다).
3. 동사의 시제를 비교해서 같으면 동사원형에 ing을 붙이고 한 시제 빠르면 having p.p를 쓴다.

정답 2 ·················· 306 page

01 Opening the drawer, he took out an paper envelope.
02 Living in the country, they had few amusements.
03 Finishing the painting, the artist was very pleased with the work she had created.
04 (Being) Left to himself, the little boy began to cry.
05 Mother being ill, I took her to the hospital
06 Weather permitting, we shall start tomorrow.
07 Never having spoken in public, he got nervous.

해 석

01 그는 서랍을 연후 종이봉투를 하나 꺼냈다.
해설] After he opened[→opening] the drawer,
02 그들은 시골에 살기 때문에 거의 오락을 하지 못했다.
해설] As they lived[→Living] in the country,
03 그 미술가는 그 그림을 끝낸 후에 그가 그린 작품에 대해 매우 기뻤다.
After he finished[→Finishing] the painting,
04 그 어린 소년이 혼자 남겨진 후 울기 시작했다.
When he was[→being] left to himself,
05 엄마가 아팠기 때문에 나는 그녀를 병원에 모시고 갔다.
As Mother was[→being] ill, I took her to the hospital
06 만약 날씨가 허락한다면 우리는 내일 떠날 것이다.
해설] If weather permits[→Weather permitting], we shall start tomorrow.
주어 weather가 대장절의 주어 we와 다르므로 생략하지 않는다. 또한 동사 permits가 현재로 표시되고 있지만 이는 '때나 조건을 나타내는 부사절'이므로 현재로 썼을 뿐 미래이다. 즉 둘 모두 미래를 나타내므로 동사원형ing을 쓰면 된다.

07 그는 대중들에게 연설해 본적이 없기 때문에 초조했다.
As he had never spoken[→Never having spoken] in public, he got nervous
[해설] 동사가 'had p.p' 형태로 과거구간으로서 대장절의 과거(got)보다 앞섰다. 한 시제 앞서면 'having + p.p' 형태가 되어야 한다. 또한 부정어 Never는 맨 앞에 쓴다.

어휘 recharge[ri:tʃá:rrdʒ] 다시 충전하다
11 모든 노동자들이 더 좋은 임금을 지불 받기를 원한다.
[해설] All the workers want + All the workers will be paid에서 나온 문장으로 paid는 All the workers와 수동적 의미로 p.p(과거분사)
어휘 paid: pay(지불하다)의 과거, 과거분사형
12 우리는 아이처럼 다루어지는 것을 원치 않는다.
[해설] We don't like + We are treated like a child가 합해서 나온 문장으로 treated는 We와 수동적 관계로 p.p(과거분사)

정답 3 ··············· 306 page
01 Pets 02 pedestrians 03 a man 04 new research results
05 that girl 06 their children 07 the novel 08 I 09 he
10 Their batteries 11 All the workers 12 We

해석
01 그들의 주인에 의해 잘못 다뤄진 애완동물들은 인간을 불신하게 된다.
[해설] 앞명사 pets의 졸병. 수동관계이므로 p.p
어휘 suspicious[səspíʃəs] 의심스러운,
02 상처 입은 보행자들은 곧 병원에 보내졌다.
[해설] 뒤명사 pedestrians의 졸병. 수동관계로 p.p
어휘 pedestrian[pədéstrian] 보행자
03 너는 큰 우산을 옮기고 있는 남자를 찾아야만 한다.
[해설] 앞명사 a man의 졸병. 진행관계로 a man이 운반하고 있는 진행 관계로 '동사원형ing'이 온다.
04 희망적인 새로운 연구결과가 보도되었다.
[해설] 주어를 보충 설명하는 주어보충어이고 주어와 수동 관계로 p.p
05 나를 응시하고 있는 저 소녀는 누구냐?
[해설] 앞명사 that girl을 꾸며주며 진행을 표현하는 '동사원형ing'
06 그 마을사람들은 그들의 아이들이 집에 돌아오고 있는 것을 보았다.
[해설] 목적어보충어 목적어 their children이 진행 중이므로 '동사원형ing'
07 나는 너의 아버지에 의해 쓰여진 소설을 읽기를 원한다.
[해설] 소설이 쓰는 것이 아니고 쓰여지므로 수동
08 거리를 따라 걷고 있을 때 나는 나의 옛 친구를 만났다.
[해설] While I was walking ~가 Diet하기위해 분사구문으로 만든 문장이다. Walking은 주어 I가 진행 중임을 표현
09 그는 그녀를 만나는 것에 흥분되어서 라운지에서 초조하게 기다렸다.
[해설] As he was excited~를 분사구문으로 Diet한 문장으로 주어 he가 흥분되는 것이므로 수동이다.
어휘 impatiently[impéiʃəntli] 초조하게
10 그들의 배터리들은 매우 자주 충전되어져야만 했다.
[해설] recharged는 주어 their batteries를 보충 설명하는 수동 의미이므로 p.p(과거분사).

Chapter 23
명사를 형용사나 부사로 바꾸는 전치사

정답 1 ··············· 326 page
01 despite (= in spite of) 02 since 03 in
04 at 05 with 06 with 07 to
08 as 09 for 10 from 11 of
12 with 13 to

해석
01 그녀는 그의 어리석음에도 그를 사랑한다.
[해설] '~ 불구하고'에 해당하는 전치사는 despite/in spite of
어휘 stupidity[stju:pídəti] 어리석음
02 그녀는 지난 일요일 이후로 계속 아프다.
[해설] '~이후로'에 해당하는 전치사는 since
03 하얀 유니폼을 입은 그 소녀가 내 체온을 쟀다.
[해설] 옷을 입으면 옷 안에 소녀가 들어가므로 안에 해당하는 전치사 in을 쓴다.
어휘 temperature[témp-ərətʃuə:r] 온도, 체온
04 그의 아버지는 49세의 나이에 죽었다.
[해설] 공간이나 시간의 점에 해당하는 전치사는 at
05 밤이 다가 옴에 따라 우리는 집을 향해 출발했다.
[해설] '~한 채, ~함에 따라'에 해당하는 상황을 나타내는 전치사는 with
06 그 노인은 눈을 감은 채 의자에 앉아 있었다.
[해설] '~한 채, ~함에 따라'에 해당하는 상황을 나타내는 전치사는 with
07 성경에 따르면 신은 세계를 6일 만에 창조했다.
[해설] '~에 따르면'에 해당하는 전치사 구는 according to.
08 우리는 Dr. Brown을 미국에서 최고의 심장전문가로 간주한다.
[해설] regard A as B: 주어는 A를 B로 간주하다
09 그 노부인은 그녀가 거리를 건너는데 도와줌에 감사했다.
[해설] thank A for B: B때문에 A에게 감사하다.

10 창밖에서의 소음은 그가 잠자는 것을 방해했다.
[해설] prevent A from B: 주어는 A가 B하는 것을 방해했다.
11 너의 눈은 나에게 맑은 별을 생각나게 한다.
[해설] remind A of B: 주어는 A에게 B를 상기시키다.
12 양은 우리에게 울을 제공한다.
[해설] provide A with B: 주어는 A에게 B를 공급한다.
13 그녀는 모든 그녀의 에너지를 스페인어를 공부하는데 바쳤다.
[해설] devote A to B: 주어는 A를 B에 바치다

정답 2 ·· 326 page

01 instead of	02 between	03 with	04 with
05 at	06 from	07 of	08 on
09 at	10 in	11 in	12 at
13 in	14 in	15 from	

해 석

01 나는 그 대신에 그의 친구를 택했다.
[해설] '~대신에' 의미는 instead of
[어휘] adopt[ədápt] 양자로 삼다 채용하다.
02 부모님의 태도와 나의 태도 사이의 차이에 관해 나는 그들과 결코 논쟁하지 않았다.
[해설] between A and B A와 B사이에
[어휘] attitude[ǽtitjuːd] 태도
03 나는 파티에서 너의 입이 가득 찬 채 말하지 않기를 희망한다.
[해설] '~한 채'에 해당하는 전치사는 with
04 그는 그의 애인이 떠나 버린 채 외로울 것이다.
[해설] '~한 채', '~때문에'에 해당하는 전치사는 with
[어휘] sweetheart[swíːthɑ̀ːrt] 연인, 애인
05 나는 그 사고에 놀랐다.
[해설] 사고의 순간적 시점을 나타내는 전치사는 at
[어휘] astonished[əstániʃt] (깜짝) 놀란.
06 생맥주는 보리로 만들어진다.
[해설] 생맥주는 보리로부터 출발. 출발을 나타내는 전치사는 from
[어휘] barley [báːrli] 보리
07 자네 모친의 병환이 염려되어 왔네.
[해설] '~때문에'에 해당하는 표현 on account of=owing to = due to=because of
08 John은 월요일에 Mr. Bean을 만나기 위해 약속했다.
[해설] 요일 앞에 쓰는 전치사는 on
[어휘] make an appointment 약속하다
09 약속은 오후 정각 두시이다.
[해설] 두시라는 시간의 점을 표시하는 전치사 at.
10 불행하게도, 그들은 아침에 사고를 당했다.
[해설] in the morning[afternoon, evening]
11 우리는 2010년에 다시 만나기로 약속했다.
[해설] 2010년도 안에서 만나므로 연도 앞에 in.

12 Seoul International School에서 음악 축제가 있을 것이다.
[해설] Seoul International School라는 공간적 점에서 음악 축제가 있을 것이다.
13 음악 축제는 학교체육관에서 개최 될 것이다.
[해설] 음악축제가 학교 체육관내부에서 이기 때문에 '~안에서'를 나타내는 전치사는 in.
[어휘] gymnasium[ʤimnéiziəm] 체육관
14 한국에서의 보통의 겨울과 비교 되었을 때 러시아의 겨울은 매우 춥다.
[해설] 러시아내에서의 겨울이므로 in
15 두 국가는 서로 매우 다르다.
[해설] be different from 형식으로 쓰인다.

Chapter 24

반드시 궁합이 맞아야하는 경우

정답 1 ·· 344 page

| 01 is | 02 are | 03 decides | 04 were | 05 are |
| 06 glides | 07 is | 08 was | 09 is | 10 reveals |

해 석

01 나의 형은 영양사다.
[해설] 주어 my brother가 단수이므로 is
[어휘] nutritionist[njuːtríʃənist] 영양사
02 그의 누이들은 수학자들이다.
[해설] 주어 His sisters가 복수이므로 are
03 대법원판사가 적절한 형벌을 결정한다.
[해설] 주어 The Supreme Court judge이 3인칭 단수이므로 동사원형에 -(e)s를 붙여야 한다.
[어휘] The Supreme Court 대법원 appropriate[əpróupriit] 적절한 penalty[pénəlti] 형벌
04 그 위원회 구성원들은 그 결정에 만족했다.
[해설] 주어 the committee members가 복수이므로 were
[어휘] committee[kəmíti] 위원회 resolution[rèzəlúːʃən] 결의
05 몇 가지 도움이 되는 힌트들이 있다.
[해설] There/Here V + S'에서 주어는 동사 다음 부분이다. 이 문장의 주어는 some helpful hints로 복수이다.
06 조그마한 카누가 물결위로 미끄러지듯 떠다닌다.
[해설] 주어는 a small canoe으로 단수. over the ripples는 '전치사+명사'로 형용사구나 부사구로 절대 주어가 될 수 없음. over the ripples를 강조하기 위해 앞으로 위치를 바꿨을 뿐이다.
[어휘] ripple[rípəl] 잔물결, 파문 canoe[kənúː] 카누
07 이 전략은 가끔 시적효과를 위해 사용되어진다.
[해설] 주어 this strategy가 단수

31

어휘 strategy[strǽtədʒi] 전략 poetic[pouétik] 시적인
      effect[ifékt] 결과
08 그 회의에 잘 알려진 작가가 있었다.
해설] 주어가 a well-known writer로 단수
09 개똥벌레를 보는 것은 여름날 저녁에 가장 멋진 것들
    중 하나이다.
해설] 주어가 '동사원형ing'는 3인칭 단수 취급한다.
10 여덟 개의 대학에 이르는 그 조사는 입학등록이 증가
    하고 있음을 보여주고 있다.
해설] 주어 the survey로 단수. covering seven colleges는 주
      어 the survey를 수식하는 형용사구이다.
어휘 survey[səːrvéi] 내려다보다 reveal[rivíːl] 드러내다
      growth 성장 enrollment[enróulmənt] 등록

정답 2 ························344 page

01 is	02 are	03 is	04 were
05 is	06 are	07 is	08 is
09 have	10 is	11 has	12 has
13 are	14 is	15 is	16 is
17 are	18 is	19 is	20 are

해 석

01 배우들이나 감독 둘 중 하나가 문제다.
해설] 'either A or B', 'neither A nor B', 'not only A but also
      B'는 B에 일치시킨다.
어휘 at fault 잘못하는
02 많은 사람들이 TV로 월드컵게임을 보고 있는 중이다.
해설] a number of에서 a number는 '많은 수들'이라는 복
      수개념, 한편 the number of에서 the number는 '~의
      수' 라는 뜻의 단수개념이다.
03 나의 형들과 아버지 누구도 그 집을 팔지 않을 것이다.
해설] neither A nor B에서 B에 동사일치. my father가 단수
04 그 병력의 5분의 3이 그 전투에서 죽었다.
해설] 분수/percent/all/most/some/none는 복수가 따라오면 복
      수취급, 단수가 따라오면 단수 취급한다. 여기에서 'of
      the troops'가 복수로 '병력'이라는 뜻이다.
어휘 troops[truːp] 군대
05 등산은 또한 심장에 좋아서 심장마비를 예방한다.
해설] 주어가 '동사원형ing'는 3인칭 단수 취급한다.
어휘 prevent [privént] 막다 heart attacks 심장마비
06 그 학생들의 60퍼센트가 그 정책을 바꾸는데 찬성한다.
해설] the students가 복수이므로 그의 60퍼센트는 복수이
      다.
07 그 위원회의 모든 사람들은 각각의 생각을 말하는 것
    을 환영한다.
해설] 주어 everyone은 모든 사람들을 한 덩어리로 봐서
      단수 취급한다. on the committee는 주어 everyone를
      수식하는 형용사구.
어휘 express[iksprés] 표현하다

08 그 발명과 관련된 소식이 전 세계에 퍼져 나가고 있
    는 중이다.
해설] 주어는 the news로 단수이다. of the invention은 주어
      the news를 수식하는 형용사구
어휘 invention [invénʃən] 발명
09 전 세계의 대중매체들은 그 사실을 보도했다.
해설] 주어는 the mass media로 복수이다. media는 midium
      의 복수형태 in the world는 형용사구
어휘 mass media 대중매체, publicize [pʌ́bləsàiz] 공개하다
10 나에게 10,000달러는 상당한 양의 돈이다.
해설] 시간, 거리, 가격, 중량은 하나의 덩어리로 단수취급
어휘 considerable[kənsídərəbəl] 상당한 amount 양
11 모든 학생이 자기의 숙제를 잘 해오고 있다.
해설] every는 형용사로 student를 수식한다. every student가
      함께 주어로 단수 취급한다.
12 누군가가 그의 지갑을 놔두고 갔다.
해설] 주어 somebody는 어떤 사람이라는 말로 단수.
      some/any가 셀 수 있는 명사를 말할 때 몇몇 사람
      (개)의 복수개념이지만 somebody/someone/some-
      thing/anybody/anyone/anything 등은 각각 하나를 칭하
      므로 단수 취급한다. 물론 some/any도 셀 수 없는
      명사를 지칭할 때는 단수.
13 구슬 중에서 몇 개가 사라졌다.
해설] some이 주어이고 of the beads는 형용사구이다. some
      자체는 단/복수 판단이 안 되고 뒤에 나온 수식어
      구에 따라 결정된다. 구슬 중에서 몇 개이므로 복
      수개념이다.
어휘 bead[biːd] 구슬
14 그 세숫대야의 물중 얼마간이 사라졌다.
해설] some이 주어이고 of the water가 수식어구이다. of the
      water가 셀 수 없는 명사이므로 some이 단수개념
어휘 basin[béisən] 세숫대야
15 그 학생들은 각자가 도서관에서 자기 일에 책임을 진
    다.
해설] each는 '각자'라는 뜻의 단수. of the students는 each를
      수식하는 형용사구이다.
16 그의 형제들뿐만 아니라 그 시장도 감옥에 갈 것이다.
해설] 'B as well as A'에서 앞부분 B에 동사를 일치시킨다.
어휘 mayor [méiər] 시장 go to prison 감옥에 가다
17 그 시장과 그 형제들까지 감옥에 갈 것이다.
해설] (both) A and B에서 A와 B 둘 다에 동사일치시므로
      복수 취급한다.
어휘 go to jail 감옥에 가다
18 교통신호등 둘 중 어떠한 것도 작동하지 않고 있다.
해설] neither는 '둘 다 아니다'라는 의미로 단수 취급한다.
19 네가 그 강의에서 본 그 연사는 미네소타 주 출신의
    주 상원 의원 중 한명이다.
해설] 주어는 the speaker로 단수. whom you saw at the lec-
      ture는 주어 the speaker를 수식한다.
어휘 senator[sénətər] 상원 의원

20 그 쿼터백과 코치는 회의를 하고 있는 중이다.
해설] 주어가 the quarterback and the coach가 복수
어휘 quarterback (미식축구) 쿼터백 have a conference 회의하다

전체해설3-접속대명사가 주어일 때 동사일치

접속대명사만으로 단수인지 복수인지 구별 할 수 없다. 접속대명사가 가리키는 말을 접속대명사 앞에서 찾아야 한다. 보통 접속대명사 바로 앞에 나오지만 꼭 그렇지는 않다. 내용을 파악하여 정확히 확인해야 한다.

정 답 3 ·········· 345 page
01 have 02 understands 03 is 04 spends
05 spend 06 ⓐwants ⓑ has 07 makes 08 ⓐ allows ⓑ are

해 석

01 이것은 금년에 발생한 가장 중요한 사건들 중 하나이다.
해설] 동사 ( )의 주어는 접속대명사 that이다. that만으로는 단수/복수 구별이 안 되고 that이 가리키는 말을 찾아서 단/복수를 확인한다. that이 가리키는 말은 the most important events로 복수이다.
02 그는 나의 친구들 중에서 나를 진정으로 이해하는 유일한 친구이다.
해설] 동사 ( )의 주어는 접속대명사 who이다. who가 가리키는 말이 my friends가 아니고 the only one이므로 단수이다.
03 그 노인은 쓸모 있는 모든 것을 모았다.
해설] 동사 ( )의 주어는 접속대명사 that이고 that 이 가리키는 말은 everything이다. everything은 단수 취급한다.
04 그 세일즈 매니저는 정보를 구하기 위하여 웹을 서핑하면서 많은 시간을 보내는 훌륭한 연구가이다.
해설] 동사 ( )의 주어는 접속대명사 who이다. 하지만 주어 who만으로는 단/복수 구별이 안 된다. who가 가리키는 말을 찾아야 한다. 여기에서 who는 a good researcher를 가리키며 단수이다.
어휘 surf[sə:rf] (정보 등)를 구하다.
05 그 세일즈 매니저들은 정보를 위해 웹을 서핑하면서 많은 시간을 보내는 훌륭한 연구가들이다.
해설] 동사 ( )의 주어는 접속대명사 who, who가 가리키는 말이 good researchers로 복수.
06. 더 나은 교육을 추구하는 것을 원하는 사람은 입학시험을 통과해야만 한다.
해설] 앞부분에서 동사 ( )의 주어는 접속대명사 who이고 who가 가리키는 말이 anyone(어떤 사람)으로 단수. 뒤의 ( )의 주어 역시 anyone으로 단수이다. 'who~ education'은 주어 anyone을 꾸며주는 형용사절이다.

어휘 pursue[pərsú:] 뒤쫓다, 추적하다
07 STM(단기간 기억 장소)에 정보유지는 감각기관의 저장지역을 경유하여 그렇게 한다.
해설] 동사 ( )의 주어는 접속대명사 that이고 that가 가리키는 말은 information으로 단수이므로 makes이다.
어휘 via[váiə] 경유로 the sensory storage area 감각적인 저장 장소
08 너는 즉각적인 흥미가 있는 자극들이 STM에 전달하도록 허락하는 여과장치를 가지고 있다.
어휘 a filter 여과장치 stimuli[stímjəlai] stimulus(자극)의 복수 of immediate interest 즉각적으로 흥미를 느끼는

정 답 4 ·········· 345 page
01 little → few 02 less → fewer 03 much → many
04 little → few 05 fewer trouble → fewer troubles 혹은 less trouble 06 Much → many 07 O 08 O 09 O
10 many → much 11 equipments were → equipment was
12 building → buildings 13 their → its 14 they are → it is
15 makes → make 16 admits → admit 17 were → was
18 provides → provide

해 석

01 경찰은 많은 범죄를 범한 그 도둑을 붙잡을 기회를 거의 갖지 못했다.
해설] opportunities는 기회들이란 의미로 셀 수 있는 추상명사이므로 few가 온다. little은 셀 수 없는 명사와 사용
02 네가 전문적인 도움을 받는다면 소득세에 관한 문제가 더 적어질 것이다.
해설] problems는 셀 수 있는 명사로 fewer사용. less는 little 의 비교급으로 셀 수 없는 명사와 사용
어휘 income tax 소득세 professional assistance 전문적 도움
03 파업 후에 그 회사는 많은 종업원들을 해고하였다.
해설] much는 셀 수 없는 명사와 쓰인다. employee는 셀 수 있는 명사로 many와 함께 쓰인다.
어휘 dismiss[dismís] 떠나게 하다, 해고하다
04 호주머니 아래쪽 한부분이 찢어졌음에도 하나의 동전도 빠지지 않았다.
해설] coins는 셀 수 있는 명사로 little를 few로 고쳐야 한다.
어휘 bottom[bátəm] 밑바닥 torn: tear(찢다)의 과거분사
05 그는 새로운 어댑터를 샀기 때문에 그는 그 기계에 어떠한 문제도 없다.
해설] trouble은 셀 수 있는 명사로도 쓰이고 셀 수 없는 명사로도 쓰인다. 다만 few(fewer)는 셀 수 있는 명사의 복수형과 쓰고 little(less)는 셀 수 없는 명사와 쓰인다.
어휘 adapter[ədǽptər] 어댑터
06 격렬한 전투에 임했던 많은 군인들이 약간의 휴식을 위해 돌아왔다.

해설] much는 셀 수 없는 명사와 쓰인다. 셀 수 있는 명사는 many를 쓴다.
어휘 combat[kámbæt] 전투.
07 좋은 좌석이 거의 남겨져 있지 않아서 우리는 그 영화티켓을 사지 않기로 결정했다.
해설] seats가 셀 수 있는 명사로 few와 쓰이는 것이 옳다.
08 요즈음 많은 여자들이 변호사가 되고 있다.
해설] woman은 단수이고 women은 복수이다. 복수형 women과 many가 함께 쓰임은 옳다.
09 그녀는 매우 부유하지만 보석을 몸에 지니지 않는다.
해설] jewelry는 보석류라는 뜻의 전체를 칭하는 셀 수 없는 명사로 little과 함께 쓰이는 것이 옳다.
어휘 jewelry[dʒúːəlri] 보석류
10 그는 겨울에 많은 과일을 먹지 않았다.
해설] fruit는 과일을 총칭해서 쓰는 말로 셀 수 없는 명사이다. 셀 수 없는 명사일 때 much를 써야 한다.
11 대부분의 장비가 그 화재로 불탔다
해설] equipment는 총칭하는 셀 수 없는 명사로 복수형 쓸 수 없고 단수 취급한다.
어휘 equipment[ikwípmənt] 장비
12 가장 아름다운 정부빌딩중 하나는 시청이다.
해설] 하나 중에서 하나라는 말은 성립이 안 된다. 둘 이상 중에서라는 의미이므로 of 다음에 복수가 와야 한다.
어휘 application[æ̀plikéiʃən] 적용
13 Bob은 수학과 그것의 활용에 흥미를 느낀다.
their를 its로 고쳐야 한다. mathematics는 셀 수 없는 명사로 단수이고 it인데 여기서는 소유격이므로 its.
14 오염물질로 과도하게 뒤덮이지 않는 한 모든 강은 스스로 정화할 수 있는 힘을 가지고 있다.
해설] Every river를 받으므로 'they are'를 'it is'로 고쳐야 한다. everything(-one/-body)은 모두 단수
어휘 overload [òuvərlóud] 짐을 너무 많이 싣다
pollutant [pəlúːtənt] 오염 물질
15 많은 교수방법들은 이 같은 주제들을 학생들에게 더욱 매력적이도록 한다.
해설] 주어 many teaching methods가 복수이므로 makes를 동사원형 make을 써야 한다.
어휘 method[méθəd] 방법 subject[sʌ́bdʒikt] 과목
16 경찰은 그 혐의자가 불법적인 어떤 것을 행했다고 인정한다.
해설] 주어가 원소명사 The police로 원소명사는 복수 취급한다. 복수일 때 동사원형 admit을 쓴다.
어휘 suspect[səspékt] 의심하다 illegal[illíːgəl] 불법의
17 많은 의류가 가게윈도우에 전시되었다.
clothing은 총칭적 물질 명사로 의류라는 뜻이다. 물질명사는 복수로 쓸 수 없다. 동사는 당연히 단수 was를 쓴다.
어휘 clothing[klóuðiŋ] 의류 display 전시하다
shopwindow 점포의 진열장
18 얼마간의 책들은 모든 분야의 지식과 상세한 정보를 제공한다.

해설] 주어 Some books가 복수이므로 동사는 원형 provide를 써야 한다.
어휘 branch[bræntʃ] 가지, 분야 detailed[díːteild] 상세한

Chapter 25

비 교

정 답 1 ....356 page
01 as   02 than   03 the   04 the more
05 most   06 as   07 to   08 The
09 farther   10 of

해 석

01 이 방법은 네가 다루는 방법만큼 효율적이다.
해설] 뒤의 as와 짝꿍을 맞춰 '~만큼'의 as
어휘 efficient[ifíʃənt] 능률적인 deal with 다루다
02 그녀는 그 회사에서 어떠한 다른 직원보다도 더 오래 일해 왔다.
해설] 앞의 비교급 longer와 짝꿍을 이뤄 '~보다'의 than
어휘 employee[implɔ́iː] 고용인
03 이곳이 이 지역에서 찾을 수 있는 가장 좋은 프랑스 식당이다.
해설] 일반적으로 최상급 앞에는 the가 붙는다.
04 네가 더 나이 먹으면 먹을수록 새로운 일을 시작하는 것이 더 어렵다.
해설] 'the 비교급, the 비교급'형태로 '~하면 할수록 더 ~하다'의 뜻이다.
05 인터넷은 우리가 우리의 생각을 표현할 수 있는 가장 효과적인 방법이다.
해설] the와 함께 최상급 표현을 쓴다.
어휘 effective method 효과적인 방법
express[iksprés] 표현하다 thought[θɔːt] 생각하기
06 그녀는 너만큼 그렇게 재능 있지 않다.
해설] as ~as의 부정일 때 앞의 as 대신에 so를 쓸 수 있다.
어휘 talented['tæləntid] 재능 있는
07 이미지와 음향 그리고 내구성이 어떤 것보다 크게 우수하다.
해설] 라틴계출신의 비교급은 than을 쓰지 않고 to를 쓴다.
어휘 durability[djùərəbíləti] 오래 견딤 superior[səpíəriər] 위의, 보다 높은
08 태양아래에서 가장 슬픈 것은 사랑하는 사람과 이별하는 것이다.
해설] 최상급에는 the가 붙는다.

09 부산은 대구보다 서울에서 더 멀리 떨어져 있다.
해설] far의 거리를 나타내는 비교급은 farther
10 대기오염은 한국에서 가장 심각한 문제 중의 하나이다.
해설] '~ 중에서'를 나타내는 of
어휘 pollution[pəlúːʃən] 오염 serious[síːəriəs] 진지한

12 나는 그 두 셔츠 중 큰 것을 원한다.
해설] 'of the two'가 있으면 비교급에도 the를 붙인다.
13 세계에서 가장 높은 산은 무엇인가?
해설] '최상급 of 복수명사/최상급 in 단수명사'로 쓴다.
14 서울은 한국에서 모든 다른 도시들 보다 더 크다.
해설] '비교급 than all the other 복수명사'로 쓴다.

정 답 2 ·· 356 page

01 more → less   02 fast → the fastest
03 than → to   04 difficulter → more difficult
05 the much → the more   06 틀린 것 없음
07 a nicer → the nicer   08 than → as (또는 as → more)
09 very → far/by far/still/even/a lot/ much
10 countries → country   11 large → largest
12 bigger → the bigger   13 of → in
14 city → cities

전체해설3-최상급표현들

A is the 최상급
= A is as ~ as any other thing
= 부정주어 ~ as(so) ~ as A
= A is 비교급 ~ than any other thing
= 부정주어 ~ 비교급 than A

정 답 3 ·· 356 page

01 as   02 Nothing   03 than   04 Nothing

해 석

01 그 아기는 달리는 것은 말할 것도 없고 심지어 걸을 수조차 없다.
해설] '~말할 것도 없이'는 긍정문에서 much[still] more, 부정문에서는 much[still] less
02 Rhee's Quick이 이 도시에서 가장 빠른 배달회사이다.
해설] 최상급 앞에는 the가 붙어야 한다.
어휘 courier[kúriər] 택배, 배달회사
03 우리 팀의 선수들이 너의 팀의 선수들보다 더 우수하다.
해설] 라틴계에서 온 형용사는 than을 쓰지 않고 to를 쓴다.
04 진정으로 너 자신을 아는 것은 그 밖의 어떤 것보다 더 어렵다.
해설] 3음절이상의 비교급은 앞에 more를 붙인다.
05 네가 휴식 없이 많이 일하면 일할수록 너의 일 효율은 더 감소한다.
해설] the 비교급 ~ the 비교급.... '~하면 할수록 더 ...하다'
어휘 work rate 일 효율
06 결혼을 빨리하면 빨리 할수록 이혼가능성이 더 크다.
해설] -y로 끝나면 y를 i로 고치고 er를 붙인다.
어휘 likely 할 것 같은
07 수잔이 둘 중 더 좋다고 생각한다.
해설] of the two가 있으면 비교급에 the를 붙인다.
08 이 블라우스는 저것만큼 비싸다. (이 블라우스가 저것보다 더 비싸다.)
해설] 'as ~ as' 혹은 '비교급 ~ than' 으로 통일
09 이 영화는 내가 생각했던 것보다 훨씬 길다.
해설] 비교급을 강조할 때 very는 쓸 수 없고 far /by far/still/even/a lot/much를 쓴다.
10 캐나다는 세계에서 어떤 국가들 보다 더 크다.
해설] '~ 비교급 than any other 단수명사'로 쓴다.
11 뉴욕은 모든 미국의 도시들 중에서 가장 크다.
해설] 셋 이상을 비교할 때는 최상급을 쓴다.

Chapter 26

문장 순서 바꿈, 같은 문법 구조, 불필요한 반복피하기, 생략, 끼워넣기, 공통관계, 부정

정 답 1 ·· 379 page

01 The matter could be explained in no other way.
02 We had hardly started the work when it began to rain.
03. I have seldom heard such a beautiful song.
04 I shall never forget your kindness.
05 I saw only then the danger that we were in.
06 We had no sooner left the house than it exploded.
07 He didn't realize that he had lost the key until he got home.
08 Half a dozen apples fell down.
09 If an emergency should arise, dial 999.
10 If Mr Chan had been kinder to his employees, his business would not have collapsed.

해 석

01 그 문제는 어떤 식으로도 설명될 수 없었다.
해설] 부정어가 포함되어 있는 in no other way가 강조를 위해 문장순서를 바꿔 앞으로 했고 또 조동사 could를 앞으로 했다. 이를 정상적인 위치로 한다.
어휘 in no other way 결코 ~하지 않다 .the matter 문제

02 우리가 그 일을 시작하자마자 비가 내리기 시작했다.
해설] 부정어 hardly를 강조를 위해 문장순서를 바꿔 앞으로 했고 또 조동사 had를 앞으로 한 문장이다. 원위치 시킨다.
어휘 hardly 결코 ~하지 않다.
03 나는 결코 그처럼 아름다운 노래를 들어본 적이 없다.
해설] 부정어 seldom이 앞으로 나왔고 또 조동사 have가 앞으로 나왔다. 원위치 한다.
어휘 seldom 거의 ~하지 않다.
04 나는 결코 너의 친절을 잊어 본 적이 없다.
해설] 부정어 never가 앞으로 나오고 또 조동사 shall이 앞으로 나온 문장이다. 원위치 한다.
05 나는 단지 그때서야 우리가 처해 있는 위험을 알았다.
해설] only then을 강조하기 위해 앞으로 나왔고 다시 일반 동사의 과거형 조동사 did를 앞으로 했다. 이를 원위치 시킨다. did는 없어진 대신 동사(see)를 과거(saw)로 쓴다.
06 우리가 그 집을 떠나자마자 폭발했다.
해설] 부정어 no sooner를 강조하기위해 앞으로 하고 또 조동사 had를 앞으로 순서를 바꿨다. 이를 원위치 한다.
어휘 no sooner ~than ~하자마자 ~하다
explode[iksplóud] 폭발시키다
07 그는 집에 도착해서야 비로소 그가 키를 잃어버렸다는 것을 알았다.
해설] till이하를 강조하기 위해 앞으로 순서를 바꾸면서 not을 till앞에 쓴다. 부정어가 앞으로 나오면 조동사 (일반동사 일 때 do-does-did)가 또 나온다. 이를 원위치 한다.
어휘 not A till(until) B B해서야 비로서 A하다.
08 여섯 개의 사과가 아래로 떨어졌다.
해설] 위치나 장소에 해당하는 부사 down을 강조하기 위해 앞으로 하였고 또한 동사 fell이 앞으로 순서를 바꾼 문장이다. 'S+V+부사'순서로 한다.
09 위급한 상황이 발생하면 999로 전화하세요.
해설] If가 생략되면 조동사가 도치된다. If를 써서 원위치 한다.
어휘 emergency[imə́:rdʒənsi] 비상
10 Mr Chan이 그의 종업원들에게 보다 친절했다면 그의 사업은 망하지 않았을 테데
해설] If가 생략되면 조동사가 도치된다. If를 써서 원위치 한다.
어휘 collapse[kəlǽps] 무너지다

전체해설2-같은 문법구조

반복의 위치를 잡고 같은 문법적 구조를 취한다.

정답 2 .... 379 page

01 Jed sat all day eating
                and conversing.
02 Ms. Nelson is a teacher
                and writer.
03 The art course included drawing,
                painting,
                and sketching.
04 The building designed by the architect
                and built by Bingo has large cracks ~.
05 The class ~ writing a term paper,
                reading three novels,
                and acting two plays.
06 His suggestion is brilliant,
                original,
                and workable.
07 That painting is gaudy
                and meaningless.
08 ~ Peter found his mind wandering
                and his vision blurring.
09 ~ Loni and I made the salad,
                set the table,
                and grilled the steaks.
10 Madelene finds that ...... is expensive
                and tiring.

해 석

01 Jed는 하루 종일 먹고 대화하면서 앉아 있었다.
해설] converse는 동사로 eating과 같은 위치이므로 같은 문법적 구조 conversing이 되어야 한다.
어휘 conversation[kɑ̀nvərséiʃn] 회화, 대담
02 Ms. Nelson은 선생님이자 작가이다.
해설] a에 teacher와 writer가 같은 위치로 같은 문법적 구조로서 명사가 되어야 한다.
03 그 미술 과정은 drawing, painting과 sketching을 포함한다.
해설] 동사 included에 drawing, painting, sketching이 같은 위치로 문법적 구조가 같아야 한다.
어휘 include[inklú:d] 포함하다 sketch[sketʃ] 스케치하다
04 그 건축가에 의해 설계되고 Bingo에 의해 세워진 그 빌딩은 벽들에 큰 금들이 있다.
해설] 명사 the building을 두 개의 과거분사 designed~와 built~가 꾸며준다.
어휘 architect[ɑ́:rkitèkt] 건축가 crack[kræk] 갈라진 금
05 그 학급은 세 개의 프로젝트 즉 학기 paper 쓰기, 세 개의 소설 읽기, 두개의 연기하기를 행한다.
해설] 콜론(:)다음에 세 개의 프로젝트(three projects)에 해당하는 말을 '동사원형+ing' 형태로 나열했다.
06 그의 제안은 재치 있고 독창적이고 실행할 수 있다.
어휘 suggestion[səgdʒéstʃən] 암시 brilliant[bríljənt] 찬란하게 빛나는 original[ərídʒənəl] 최초의
해설] 세 개의 형용사가 is에 걸린다.

07 저 그림은 지나치게 야하고 무의미하다.
해설] 두개의 형용사가 동사 is에 연결된다.
어휘] gaudy[gɔ́:di] 번쩍번쩍 빛나는
08 그 시험의 중간쯤 Peter는 그의 마음이 종잡을 수 없고 그의 시야가 캄캄하다는 것을 알았다.
해설] found 다음에 두개의 '명사+동사원형ing'이 연결되고 있다.
어휘] wander[wándə:r] 헤매다 vision[víʒən] 시력 blur[blə:r] 희미해지다
09 아이들이 수영하고 있는 동안에 Loni와 나는 샐러드를 만들고 테이블을 차리고 스테이크를 구웠다.
해설] 주어 Loni and I에 세 개의 동사가 연결되고 있다.
어휘] steak[steik] 스테이크 grill[gril] 굽다
10 Madelene는 자동차를 좋아하는 것이 비싸고 피곤하게 한다는 것을 발견한다.
해설] 동사 is에 연결되는 두개의 형용사.
어휘] care for 돌보다

정답 3 ·············· 379page

01 The passenger (he) wants to look around the university.
02 People wanted an easier way (one) to put on and take off clothes.
03 Though she is not beautiful, (but) I love her.
04 Because they agree with the contract, (and) they signed it.
05 Because they have moved away, they hardly (never) go to the beach anymore.
06 Historically, most people were (entirely) almost certain the earth was flat.
07 He loves the girl whom you introduced (her).
08 The study, which (it) appears in the New England Journal of Medicine online, reports on the results of treating 9,060 men.

해 석

01 그 여행객은 그 대학을 구경하기를 원한다.
해설] 대명사로 주어 등을 불필요하게 반복해서 쓰지 않는다.
어휘] passenger[pǽsəndʒər] 승객 look around 돌보다
02 사람들은 옷을 입고 벗을 쉬운 방법을 원한다.
해설] one은 앞의 명사 way를 불필요하게 반복해서 쓴 것으로 필요 없다.
03 그녀가 아름답지는 않지만 나는 그녀를 사랑한다.
해설] 두 개의 절을 연결하는 접속사는 하나면 된다.
04 그들이 그 계약에 동의하기 때문에 서명했다.
해설] 두 개의 절을 연결하는 접속사는 하나면 된다.
어휘] contract[kántrækt] 계약 sign[sain] 서명하다
05 그들은 이사 갔기 때문에 결코 그 해변에 더 이상 가지 않는다.
해설] 하나의 절 안에서 의미 없이 부정어를 중복하지 않는다.

어휘] beach[bi:tʃ] 해변 hardly 결코 ~하지 않는다. anymore[ènimɔ́:] 더 이상
06 역사상, 대부분의 사람들은 지구가 평평하다고 거의 확신했다.
해설] almost에 이미 포함된 의미 entirely는 쓰지 않는다.
어휘] historically[históri̇kəli] 역사(상)의 entirely[entáiərli] 전체의 flat [flæt] 편평한
07 그는 네가 소개해준 그 소녀를 사랑했다.
해설] 접속대명사 whom은 her 대신 사용하였으므로 불필요하게 반복해서 쓰지 않는다.
08 the New England Journal of Medicine online에 발표된 그 연구는 9,060명의 남자를 치료한 결과를 보도한다.
해설] 접속명사 which가 it대신 사용하였으므로 중복하지 않는다.
어휘] treat[tri:t] 치료하다

정답 4 ·············· 380page

01 When (you are) in Rome, do as the Romans do
02 While (he was) reading a book, he fell asleep.
03 Though (he is) poor, he is very optimistic.
04 She is better today than (she was) yesterday.
05 Alice went to Europe, and her brother (went) to America.
06 We thought she would be happy and she was (happy).
07 To some, life is pleasure, to others (life is) suffering.
08 The weather isn't as good as (it was) last week.
09 I've bought one, and Sue has (bought one), too.
10 Father went to the barber's (shop).

해 석

01 로마에 있을 때 로마인들이 행하는 대로 하라.
02 그가 책을 읽다가 잠들었다.
03 그가 가난하지만 매우 낙천적이다.
04 그녀는 어제보다 오늘 더 좋다.
05 Alice는 유럽에 갔다. 그리고 그의 형은 미국에 갔다.
06 우리는 그녀가 행복할 것이라고 생각했고 행복했다.
07 얼마간의 사람들에게는 삶은 즐거움이고 다른 사람에게는 삶의 고통이다.
08 날씨가 지난주만큼은 좋지 않다.
09 내가 하나 샀고 Sue도 또한 하나 샀다.
10 아버지는 이발소에 갔다.

정답 5 ··· 380page

01 His idea, *it seems to me*, is the best.
02 Do what *you think* is right.
03 The tower, *which was built about 100 years ago*, stands on the hillside alone.
04 The manager had, *surprisingly*, paid the bill.
05 The roommate was, *so to speak*, a walking dictionary.
06 The temple, *destroyed in 2002*, is being rebuilt now.
07 There are little, *if any*, possibility of his recovery.
08 Father rarely, *if ever*, watched TV.
09 She has a novel which *I think* is very interesting to you.
10 Where *do you think* she lives?

해석

01 그의 생각은 나에게 최선인 것처럼 보인다.
02 네가 생각하기에 옳은 것을 하시오.
03 약 100년 전에 세워진 그 탑은 언덕위에 혼자 서있다.
04 놀랍게도 그 매니저가 그 계산서에 대해 지불했다.
05 그 룸메이트는 말하자면 걸어 다니는 사전이다.
06 2002년에 파괴된 그 절은 지금 복원중이다.
07 그의 회복가능성이 있다하더라도 거의 없다.
08 아버지는 TV를 본다하더라도 거의 보지 않았다.
09 그녀는 내가 생각하기로 너에게 매우 흥미 있을 소설을 가지고 있다.
10 그녀가 어디에서 살고 있다고 생각하세요?

정답 5 ··· 380page

01 반짝이는 모든 것이 금은 아니다.
02 구름으로부터 떨어지는 모든 비가 땅에 도달하는 것은 아니다.
03 나는 너에게 전적으로 동의할 수는 없다.
04 그가 말하는 것 모두가 사실인 것은 아니다.
05 그들 중 누구도 만족하지 못했다.
06 그들 중 누구도 파티에 참석하지 않았다.
07 그 강아지의 어떤 것도 판매용이 아니다.

Genuine knowledge is that you free your thought system beyond your interest!
진정한 지식은 당신의 이익을 넘어 당신의 사고체계를 해방시키는 것이다!
··· by the author of this book 이 책 저자

시잉글리쉬 홈페이지

www.seeenglish.com